白鳥庫吉著

神代史の新研究

岩波書店刊行

序

白鳥博士論集の別巻として「神代史の新研究」を刊行する。この一篇は、昭和三年十月から十一月にかけて行はれた東洋文庫の第九回東洋學講座で試みられた講演の草稿であつて、論文として發表せられたものではなく、從つて未定稿ともいふべきものであるから、適當な機會があつたならば、博士はその後の研究によつて改訂を加へられた點もあらうと推測せられるし、また單なる心おぼえの手記であるから、行文の整備してゐないところもあらうが、明治の末期以來、斷えず博士の念頭を離れなかつた日本の神代史に對する、博士に獨自な研究の方法および態度と、その見解の大要とは、これによつて覗ひ知ることができよう。未定稿を公にすることは、或は博士の素志に背くのではないかと考へられもするが、讀者としては、未發表のものこそその刊行が特に要望せられる、といふ一面の理由もあらうから、令嗣清氏の校訂を經て、これを上梓することにした。なほ、論集については、以後卷を追つて逐次刊行の豫定である。

昭和二十八年十一月

白鳥博士論集刊行會

目次

第一篇　神代史の開闢神

第一章　開闢神

一　序論

一家の上からいふと、その祖先の事が知りたくなると同じやうに、一國の上からいふと、其の建國者の歴史が調べて見たくなる。ことに建國者の事實が多少明かになると、今度は、更に遡つて、その祖先の事が知りたくなるのは、自然の人情である。然しさうなると、記錄の徵すべきものもなく、口碑傳說もない時代に到着するから、そこで主觀的の人物が現はれて、世界は自ら神祇の場面となつてくるのは、蓋し自然の勢である。一國の歴史の劈頭に、多くの場合に於いて、神代史が置かれてゐるのは、全く此の理由に原因するものと察せられる。さてまた神樣の談になつても、その神々達にも祖先がなくてはならぬから、玆に開闢神が現はれて來る。開闢神は、いふまでもなく天地萬物を創造せられた神にましますが故に、夫婦男女があつて、子供が出來る事情に準らへ、多くの場合に於いて天地が父母と見做されて、二神となるのが常である。而して、人智が進むに從つて、此の二神にも、その本源が無くてはならぬと考へるやうになるから、遂には此の二神は、一神によつて創造せられたものであるといふやうに歸着するのである。然し、人間が斯様に考へてくるやうになるのは、理知の發達した結果に外ならないから、唯一の創造神が、神代史に顯現するのは、知識發達の徑路からいふと、最後のものと謂はねばならぬ。然し唯一の本源神を認めるのは、必ずしもヘブライ人に限らない。近頃 Lang 氏などの論說する處に據れば、未開の程度にある民族の間にも、唯一神が現はれてゐる。それ故に開闢神の數は、一神か二神に過ぎないことになる。然しこれに多少の附屬神がつくとしても、決して大した數にはならない。それ故に何れの國の神話傳說に於いても、開闢神卽ち創造神の數の多くないのは當然のことであるが、獨り我が國の神代史に限り、其の數の非常に多くなつてゐるのは、甚だ不思議な咄であるが、これまで何人もこれに對して疑念をかけた者もないのは何故であるか。これもまた甚だ不思議のことである。

我が國で、神代史に關する最も古く且つ確實な記錄は、古事記と日本書紀とである。いふまでもなく、古事記は、和銅五年（712. A. D）、元明天皇の勅を奉じ、太安萬侶が編纂した書であり、日本書紀は、元正天皇の養老四年（720. A. D）に、舍人親王が勅命を奉じ、多くの學者を集めて編纂したもので、而も太安萬侶はその中の一人であつた。それ故に此の二書は全く同時代の作であるのに、開闢神に關する事實は、二書に於いて差異があつて一致して居らぬ。されば今、此の二書に於いて、何れの點が同じであり、何れの點に於いて相違があるかを、吟味考究するに當り、便宜の爲め、編纂の順序に從ひ、古事記の方から此の開闢神に關する記述を窺つて見ることにする。

二　古事記の開闢神十七柱

さて、古事記によると、天地の始め、高天原《ケ》にお生れになつた神の御名は、天之御中主神《アメノミナカヌシノ》、次に高御産巣日神《タカミムスビ》、次に神産巣日神《カミムスビ》であつて、此の三神は獨神で、かつ隱身《カクリミ》であらせられた。其の次にお生れになつたのが宇摩志阿斯訶備《ウマシアシカビ》比古遲神《ヒコヂノ》と、天之常立神《アメノトコタチノ》であつて、此の二神も獨身で、かつ隱身《カクリミ》であらせられた。以上、五神を別天神《コトアマツ》といふと特に斷つてある。さて、その次にお生れになつたのは、國之常立神《クニノトコタチ》と、豐雲野神《トヨクモヌノ》であつて、此の二神もまた獨神で且つ隱身《カクリミ》であらせられた。其の次にお生れになつたのは、宇比地邇神《ウヒヂニノ》、次に妹須比智邇神《イモスヒヂニノ》、次に角杙神《ツヌグヒノ》、次に妹活杙神《イクグヒノ》、次に意富斗能地神《オホトノヂノ》、次に妹大斗乃辨神《イモオトノベノ》、次に淤母陀琉神《オモダルノ》、次に妹阿夜訶志古泥神《イモアヤカシコネノ》、次に伊邪那岐神《イサナギノ》、次に伊邪那美神《イサナミノ》とあつて、其の但し書に、この國《ノ》常立神から以下、伊邪那美神までを神世七代と稱し、最初の二柱は獨神各一代で、次に雙びます十神は各二神を合はせて一代といふとある。今、此の書によると、開闢の神は天《ノ》御中主神から伊邪那美《ノ》神まで都合十七神となるわけである。

三　書紀の開闢神十一種

次に書紀の文によると、天地の中に一物が出來、その狀は葦牙《アシカビ》のやうであつて、それが國常立尊《クニノトコタチ》で、次に國狹槌尊《クニノサツチノ》、次に豐斟渟尊《トヨクミヌノ》で、凡て三神があらせられた。乾道《アメノミチ》は獨化《ヒトリナリ》するが故に、これが純男《ヲトコノカギリ》で生れた所以であるとあり、さてその次に埿土煑尊《ウヒヂニノ》、沙土煑尊《スヒヂニノ》、次に大戸之道尊《オホトノヂノ》、大苫邊尊《オホトマベノ》、次に面足尊《オモタルノ》、惶根尊《カシコネノ》、次に伊弉諾尊《イサナギノ》、伊弉冉尊《イサナミノ》とあり、以上凡て八神で、此の神々は乾坤《アメツチ》の道、相參《マジハリ》てなるから、此の男女が出來たとし、國《ノ》常立尊から伊弉諾、伊弉冉尊までを神世七代といふとある。これによると、書紀の開闢神は、國《ノ》常立尊から伊弉冉尊まで都合十一神となつてゐる。

四　兩書の相違點

さて、以上の記錄によると、古事記では開闢神が十七神であるに對して、書紀には十一神になつてゐるから、玆に六神の差異があるが、書紀の國常立尊は古事記の國常立神、彼の豐斟渟尊は此の豐雲野神、彼の埿土煑尊、沙土煑尊は此の宇比地邇神、須比智邇神、彼の大戶之道尊、大苫邊尊は此の意富斗乃地神、大斗乃辨神、彼の伊弉諾尊、伊弉冉尊は此の伊邪那岐神、伊邪那美神に當らせられることは論はない。さうして古事記にある天之御中主神、宇麻志阿斯訶備比古遲神、天之常立神、角杙神、活杙神、高皇產靈神、神產靈神の七神は書紀の本書に見えない。然し書紀が參考の爲め、一書として揭げたものの中に見える可美葦牙《ウマシアシカビ》彥舅尊、天之御中主尊、高皇產靈尊、神皇產靈尊、天常立尊、角櫼尊、活櫼尊は、上に揭げた古事記の七神と同名で、その譯名に過ぎないから、此の神々の名は書紀の編纂者にはよく知られてゐたのである。然るにこれを本書に載せないのは、それを正當の傳說と見做さなかつたからである。

五　書紀の缺點

それ故に、古事記に開闢神として列擧せられてゐる十七柱の神々は、書紀の編者に知られてゐたのであるが、古事記に見えないで、書紀に開闢神として書き出されてゐるのは、國狹槌尊一柱だけである。若しも此の神が、實に開闢神の列に入るものとすれば、此の創造神は、古事記にある如く十七柱でなく、十八柱となる譯であるが、其れが果して正しいか何うか。

（1）　國狹槌尊を加へたること。　國狹槌尊に關しては飯田武鄕の日本書紀通釋卷二に、國狹槌尊、御名義、狹の意は次に云、槌は上の常立の立と通ふ豆知なり。さて記には、こゝに國常立尊、豐斟淳尊、二柱のみ有てこの神はなし。按ふに神世《カミノヨ》七代のうちに、此一神入《リ》ては、記の趣にては八代に成れり。故この紀は、本書に角樴尊、活樴尊二柱一世なく、一書に、大戸之道尊、大苫邊尊二柱一世略かれて、七代の數は全けれど、右の神等なくては、いつれも記の傳と合はす。故熟考るに、此は記の趣正しくて、此紀の國狹槌尊は、神代系紀に、國常立尊亦云國狹立尊、亦云國狹槌尊とありて、國常立尊の亦名なり。國常立、一書に國底立とある。底は狹と殊に近し。故かく見る時は、此神を略きまつり、亦の御名なれはなり右四柱の神等を盡く數に入奉りて、七代に數らるゝなり。かくてこそ、天常立尊、國常立尊と相對ひ、葦牙彦舅尊と豐斟淳尊と相對ひ坐る事實にも、よく合ひて通ゆなれ。されと此紀も一傳なれは、本文のまゝに心得て説かは、狹は眞の義にて、只何となき美稱名か、さらば常立の常も、終古《トコシヘ》に不易《カハラ》ぬ義を以、稱奉れるにて、これも美稱とすべきか、かゝるも一つの見やうなるへし。

通釋卷二、五一頁

と說いてゐる。さて、國狹槌尊を國常立尊の一稱とする一書の說は、確かに根據あるやうにも思はれるが、國常立といふ御名は、後に詳說するが如く、國の終古に易はらず立つといふ、漢字通りの美稱であるのに反して、國狹槌尊の狹は、眞などと一樣の prefix（接頭辭）で、槌《ツチ》は筒《ツツ》、土《ツチ》などと假字にて書かれ、國語 tuti といふ尊稱であつて、常立の立と全く意味の異なる名稱である。國常立の一稱たる國狹立の立も常立の立と同義にて、國眞立といふ種の名稱で、常立の名と意味に於いては大した相違はないが、狹は常や底といさゝか差異はある。國狹立を國常立の一稱とするには妨げはないが、然し國狹《ノ》槌といふは、國常《ノ》立、國底《ノ》立とは全く異れる名稱と思はれる。古事記によると、大山津見神と鹿屋野比賣との間にできた神に、天之狹土、國之狹土の二柱の神がある。依つて思ふに、書紀の國狹《ノ》槌尊は、實はこの國之狹土であつたのを、國狹《ノ》立が國常《ノ》立神と名稱のよく似てゐる處から、遂に其れを混同したのであらう。このやうな混同は他にもその類がある。例へば書紀に擧げた一書に、伊弉諾尊の父神とせられてゐる沫蕩《アワナギノ》尊である。沫蕩《ノ》神は、古事記による速秋津日子《ノ》神と速秋津比賣との間に御生れになつた、沫那藝《ノ》神と同名であつて、沫那美神と相對した名稱と思はれる。されば此の沫蕩（卽ち沫那藝）神を開闢神の位置に揚ぐべきものではない。書紀の一書に、「國常立尊、生㆓天鏡尊㆒。天鏡尊、生㆓天萬尊㆒。天萬尊、生㆓沫蕩尊㆒。沫蕩尊、生㆓伊弉諾尊㆒。」とある。これは全く他に比類のない異れる傳說で、天鏡尊、天萬尊といふ二神は、古事記に全く見えない神々であるから、後世案出せられた神の名であつて、神代史の本文には無かつた神々に相違ない。飯田氏は此の天鏡尊を埿土煑尊、沙土煑尊の一稱とし、天萬尊を大戶之道尊、大苫邊尊の一稱と見做してゐるが、それは單に想像に過ぎないことであつて、何等の理由も根據もないことである。

（2）　高皇產靈を開闢の段に省き後に擧げたること。書紀の本書に、開闢神として國狹《ノ》槌尊を擧げたのは、全く事實を誤つたものとすれば、古事記と書紀の本文とその一書とに、開闢神として列擧せられた神々の數は十七柱となる。（玆には天鏡尊と天萬尊とを省く。）さて、此の十七柱の神々の中、書紀の本文には、前にも述べた如く、古事記に於いて重要なる神と思惟せられてゐる天之御中主神と、高皇產靈神と、神產靈神といふ神が略かれた上に、天常《ノ》立神と角杙神、活杙神とが除かれてゐる。そこで古事記と書紀とは何れを正しいと見るべきであらうか。書紀が上に論じた如く、開闢神でない國狹槌尊、實は國之狹土神を、國常立尊の次に置いたのは大なる誤謬であるが、既に開闢神でない國之狹土神を開闢神の中に數へた結果、角杙神、活杙神（角檝尊、活檝尊）を省くに至つたのも大なる謬見である。なほ書紀には、高皇産靈神と神産靈神とを開闢神の中に擧げてゐないのにも拘はらず、後段天孫降臨の段に、此の二神が記されて居り、而も、此の神が天照大神と相並んで重要な至高の神となつてゐるのも、大なる矛盾である。又この書の開闢神の中には、國常立神は、最初に現はれてゐるが、天常立尊は擧げられてゐない。國常立は、天常立と相對したる神の名稱に相違ないから、國常立のみあつて天常立のないのは甚だ杜撰の趣に聞えるのである。

書紀の本文に列擧した七世の十一神に、以上の如き缺陷誤謬があるとすれば、此の記事を以つて神代史の原文を傳承したものと見做すことは出來ない。まづかやうに見てくると、古事記の方が正しいやうに思はれる。が然し古事記が傳へてゐる十七柱の開闢神の並べ方と、數へ方とは、果して神代史の原體を傳へたものか何うか。余輩を以つて之れを見ると、大いにその間に疑念を懷くのである。

六　古事記の開闢神十七柱の排列に關する批評

（1）天常立と國常立との組合。天之常立神は、宇麻志阿斯訶備比古遲神と連結せられて、天御中主神と二靈との三神と共に、五柱の別天神の中に數へられてゐる。而して國常立神は、豐雲野神と共に、一柱にて一代の神となり、其の次に二柱一對の神五組と共に、神世七代の一に數へられてゐる。古事記と書紀の神代史に於いては、天と國とは常に相對の名稱に附せられてゐるのが常である。例へば、天之水分神、國之水分神、天之久比奢母智神、國之久比奢母智神、天之狹土神、國之狹土神、天之狹霧神、國之狹霧神、天之闇戸神、國之闇戸神の如きはそれである。されば、開闢神の場合に於いても、天常立神は國常立神に對した名稱であつて、之れを分つことは出來ない神々と斷定して差支へはない。已に飯田氏が說いたやうに、天常立神と國常立神と相對し、また宇麻志阿斯訶備比古遲神と豐雲野神とは相對したものと見るべきである。然るに古事記に於いて、天常立神を別天神となし、國常立神を神世七代の一代の中に收めて、全然之れを分離してゐるのは甚だ解し難き點である。

（2）　獨隱身神と偶生の神。また此の書によると、天之御中主神から天常立神までの五神と、神世七代の中、國常立神と豐雲野神の二柱は、何れも獨神で隱身であらせられたとあり、それから以下伊邪那岐神・伊邪那美神まで八柱の神は、所謂偶生の神で顯身であらせられた趣に見える。しかし天之御中主神はさし置き、高皇產靈神と神產靈神、天常立神と國常立神などは、偶生神たる角杙神と活杙神、伊邪那岐神と伊邪那美神との如く相對した名稱である。然るを何が故に前七柱の神を獨神とし、後八柱の神を偶生の神とするのか、甚だ解しがたき次第である。また古事記や書紀の文面から見ると、十七柱の開闢神の中、人間に均しき形相を備へられてゐる神は、伊邪那岐、伊邪那美二柱の神のみであつて、その餘の十五柱の神は何れも隱身の神としか思はれないが、何が故に豐雲野神より以上の七柱の神を特に隱身の神と斷つてゐるのであるか。これまた大いに解し難き事である。

（3）　七五三の排列法。古事記も書紀も、國常立神から伊邪那岐・伊邪那美の二神に至るまでを神世《カミヨ》七代《ナヽヨ》と云つてゐる。此の事實は、これまで國學者の間に於いて、何等の疑問を起さないで濟んで來たことであるが、余輩は此の神世七代といふ數へ方に關して、大なる疑惑を有してゐるのである。

a、國語の聖數は「八」なること、其の例證。我が國に於いて、神聖なる數詞、卽ちおめでたい數は、八であつて七でないことは、少くとも國學者の間にはよく知られてゐることである。古事記の神代の卷に見える御めでたい數は悉く八である。例へば我が國に島の數は多くあるが、其の重なるものを擧げて大八洲國といひ、神々の數も八十神、八百萬の神といひ、衢には八衢といひ、晝夜には八日八夜といひ、蛇には八股八尾といひ、寶物には八咫鏡、八尺瓊勾珠といひ、物の長には八郎子といひ、女に八稚女があり、谷に八谷が、垣に八門、門に八棧敷があり、矛に八千矛、神の名に八十禍津日神、八重事代主がある。これによつても、上代に於いて八の數が神聖なめでたい數であつたことが窺はれよう。且つまた、神を數へる場合にも、多くは八になつてゐる。例へば諾・冉二神の御生みになつた嶋々の神も、其の重なるものとして、八の嶋が擧げられてあり、伊邪那美神の御死骸から現はれた鬼神が、八の雷となつてをり、水戸神が生んだ御子が八柱になつてをる。山神と野神との間に生れた御子も八柱であり、火の神からなり出でた神も八柱であり、伊邪那岐神が迦具土神を斬られた御刀に生れた神も八柱であり、天照大神と素戔嗚尊との誓約によつて生れた神も八柱であり、羽山戸神の生んだ御子も八柱である。此等の例證から考へて來ると、神代史の劈頭に書き出された神の數もまた矢張り八であつたに相違ない。

b、七は漢土の聖數。然らば何が故に、古事記に於いても、書紀に於いても、神世七代といふ數へ方が記されたのであるか。思ふに、これは神代史の出來た時の原文にはそのことが無く、後世になつて編者の加へたものであらう。漢土に於いて神聖な數詞は七と九であつて、その中でも七は最も普通に行はれた吉數である。漢土では陰陽說が行はれるやうになつてから、天地宇宙に顯現する萬事萬物を、二元的に考察して陰と陽とに歸納することになつた。例へば、人間に於いて、男を陽とするに對して女を陰とし、形に於いて、圓を陽とするに對して方を陰とし、天を陽とするに對して地を陰とし、剛を陽とするに對して柔を陰とし、東南を陽とするに對して西北を陰とする類である。さて、かような見方に從つて、數詞の上に於いては、一三五七九の奇數を陽數とし、二四六八十を陰數としたのである。さうして陰數よりも陽數を尙び、又陽數の中でも七を少陽といひ、九を老陽と稱へ、何れも貴い數であるが、その中にも七は最も貴ばれた數である。我が國に於いては、八は神聖な數であつたけれども、漢土の文物を採用するに及んで、萬事彼の國風を尊ぶやうになり、その結果、數詞の點に於いても、八の代りに七をめでたい數と見做すやうになつたのである。書紀の神代卷に猿田彥神の風采を描いた處に「其鼻長七咫《ナナアタ》、背長七尺《サカ》餘、當レ言二七尋《ヒロ》一。」とあるのは、明らかに漢土思想の浸潤した物語であつて、七を神聖な數と思惟するやうになつたときの潤色である。これは我が國の習俗によれば八咫、八尺、八尋と言ふべき處である。神代以後、人の代になると、八の代りに七を聖數として使つた例は決して尠くない。例へば、書紀卷二神代の卷に、天稚彥の妻下照姬が、夫の死んだのを悲しんで、八日八夜啼哭悲歌すとあるのは、國俗に從つた數であるが、同書の仲哀記九年の條に、神功皇后が、御自ら神憑せられて、神慮を問はせられた處に「先日教二天皇一者誰神也、願欲レ知二其名一、逮二于七日七夜一」とするのは、漢俗に從つてその聖數を擧げたのである。國俗と漢俗とに、數に相違のある處から、同一の事物が二様の數となつて書き傳へられた例も尠くない。例へば、書紀の垂仁紀三年の條に、新羅の王子が將來した物品を擧げられて、本書には七物とあるに對して、其處に引かれた一書には八物となつてをり、又古事記の上卷に、八稚女《ヤヲトメ》の名があるのに對して、白檮原ノ宮の卷には、七媛《ナナヲトメ》の名が見えてをり、又書紀の景行紀に、日本武尊に從つて往つた膳夫に、七掬脛《ナナツカハギ》といふ名が見えるに對して、越後風土記によると、「美麻紀天皇御世有ﾚ人、名二八掬脛一、其脛長八掬、多力大强」とあるのである。此等の場合に八とあるのは、國俗に依り、七とあるのは、漢俗に依つた處から生じた結果であつて、何れも神聖の數に從つたので、その精神に相違はないのである。

八は、我が國に於いて、めでたい數であつたから、萬事につき、漠然と數を擧げるときには、必ず八を持つて來たものであるが、漢土の思想が廣く行き渡るに及んで、數詞に於いても、八といふ國俗の聖數は漢土の七といふ聖數に壓倒せられて了つた。それ故に、めでたい神を集めてよぶときにも、八の數に依らないで、七の數によるやうになつた。七福神とはいふけれど、八福神といはない類は、その最も顯著な一例である。

c、八の外に五と三とは國語に於いても聖數、其の例證。また、七・五・三といふ數に、一種の吉祥觀念が含まれる事になつたのも、全く漢土の思想にかぶれた結果に外ならないのである。然し我が國俗では、むかし八を尙び、七を忌んだけれども、三と五とは決して嫌はなかつた。例へば、伊邪那岐神が、桃子を三個取つて黄泉軍になげつけたといふが如き、此の神が橘の小門で禊をせられたときに、御生みになつた綿津見神も、筒之男神もともに三柱であり、その最後に御生みになつた御子もまた三貴子であり、素戔嗚尊が、天照大神と誓約をしたときに、天照大神の方で生まれた御子が三女神であり、皇室の神器が三であり、天照大神が、速須佐之男命の十拳の劔を乞ひ度して、これを打ち折られたのも三段であり、天《ノ》岩戸の前で、八百萬の神たちが神籬を樹てゝ、これに幣を結びつけたときも、上枝・中枝・下枝の三ヶ所であり、大穴牟遲《ノ》神が、夜見《ノ》國訪問の時、その妻、須勢理毘賣命が、その夫に蛇の比禮を授けて、其の用法を教へたときに、此の比禮を三度ふりて打ち撥へと云はれたとあり、天照大神の勅を持ちて、葦原《ノ》中國に遣はされた天《ノ》菩比《ノ》神は、大國主神に媚びて三年になるまで復命を奏さなかつたとあり、山幸彥が海幸彥に、各ゝ佐知を易へて用ひたいと謂つて、三度乞うたけれども許さなかつたとあり、火遠理命は、綿津見國の豊玉姫を妃として、三年の間その國に住まはせ給うたとある。此等の例證から見て、上代の國俗にても三の數を忌まなかつたことが判かる。

我が國の上代に於いては三の數を尙んだと共に五の數をもまたいとはなかつた。その例を神代史の中から摘出すると、天《ノ》安《ノ》河原にあつた石を五百箇磐石といひ、伊弉《ノ》諾尊と伊弉《ノ》冉尊が絕妻の誓を建てられたときに、伊弉《ノ》諾尊は日ごとに千五百頭《ノ》卽ち千五百人を產まうと云はれたとあり、また此の尊が軻遇突智命を五段に斬つた時に、それから五の山《ノ》祇神が生まれたとあり、素戔嗚尊が天照大神と誓約して御子を生まれたときに、此の尊は、大神の八坂瓊の五百箇御統を乞ひ取つて、五柱の男神を生んだとあり、高皇產靈神の產せられた兒神に、一千五百座があつたといひ、天孫瓊々杵尊が、高天原から此の豊葦原《ノ》中《ツ》國に降臨せられたときに、御伴をした重臣を五部神といひ、その時大神が皇孫に給はつた勅語に、葦原《ノ》千五百秋《ノ》瑞穗《ノ》國は、吾が子孫の王たるべき地であると云はれたとある。此等の例語を見ても、我が國上代の風習に於いて、五といふ數は、三といふ數と均しく、屢〻使用せられ忌み嫌ふなどのことは無かつたことが判かる。

d、國語の數詞の解釋。支那で七・五・三を尙ぶのは、それが陽數であるからであるが、我が國の上代に八の數を尙び、五・三の數を忌まなかつたのは何故であるか。此の疑問に滿足な解答を與へるのは、國語の數詞の性質と、その構成法と、その意義とを研究した上でなければならぬ。然しこれは、甚だ困難な問題であつて、從來、西洋の言語學者も屢〻これが解決を試みたけれども、今に至るまで未だ成功を見るに至らなかつた。余輩は嘗て國語・朝鮮語・アイヌ語に於ける數詞に就いての卑見を、史學雜誌に掲載したことがある。今日になつても、その大體の處には、變更を要することはないが、その後更に考へた處があつて、多少訂正を要する處があるので、今、さらにその要點をのべることにする。

何れの國の人でも、人智が開け始めて、物を數へることを始めたときに、必ず手や足の指を折り並べてこれを行うたことは、殆んど一致する風習である。されば、我が國の上代人も、その數に漏れなかつたものと見て差支へはない。國語の一から十までの數詞を擧げて見るならば、hi と fu、mi と mu、itu と towo とが、それ〴〵同じ語根に屬する言に相違ないことは、何人も氣づくことであらう。泰西の學者も、此の事に就いては說を述べた者もあつて、必ずしも余輩が始めて言ひ出した論でない。然しながら、七と九とを nana、kokono といふは何を意味するか、此の點が未だ解決せられない爲めに、國語の數詞は、不可解の難問として、今日まで遺された譯である。さて hi と fu との語根が、同じ語であるといふのは、hi を一だとすれば、二は大なる他の一といふ意味であるからである。それと同じやうに、六（mu）は大なる三（mi）、十（towo）は大なる五（itu）であるといふことである。此の解釋に誤がないとすれば、我が國人の祖先は、今日の人の如くに、物を數へるに片手の指を使はないで、兩手の指を並べ屈めたことが判かる。然らば如何に兩手の指を使つたかといふに、一と數へ始めるときには、片手の拇指を起て、二といふときには、第二の人指《さし》指を起てゝ、二指を並べたものである。それ故に、二（futa）といふのは、他の、或は第二の hito である。然るに三を數へるときには、第三の中指を起し、四といふときには第四の紅差指を起し、五といふときには、第五の小指を立てゝ極數としたのである。さて、其處で六を數へるときには、如何したかと云ふと、今日の數へ方とは違つて、左手の指三本と、右手の指三本とを立てゝ、之れを mu としたものである。それ故に mu（六）は mi（三）と同じ語であるが、第一の三と第二の三とを區別する必要から、第一の三を mi、第二の三である六を mu といつて、その母韻を變へて呼んだのである。それは宛かも hito（一）と futa（二）とは同じ語であるが、これを區別する爲に、母韻を更へたのと同じことである。さて六と同じやうに、八を數へるときにも、十を數へるときにも、各〻兩手の四本の指と五本の指を立てて、これを並べたものに相違ない。yo（四）と ya（八）とは、その母韻を變へたまでで、語根は同じであり、又 itu と towo との語根は to, tu であるが、此の場合には、單に o と u との相違に依るのみでは滿足せず、五の場合には、此の語根に i といふ接頭辭を冠し、十の場合には、wo といふ接尾詞を附加したのである。

かやうに國語の數詞を解釋して見ると、一から五までは、片手の指を極度まで起し立てたのであるが故に、國語の數詞は所謂 quinary-System である。それが卽ち基本數なのである。隨つて國語で數詞をいふ言は、f、m、y、t の四つ、卽ち fi (fu), mi (mu), yo (ya), itu (towo) である。さて、此の指を並べて物を數へるといふ方法、卽ち併列法では、六、八、十の三數は數へられるが、玆に、その方法では數へられない數がある。それは nana (七) と ko-kono (九) とである。然らば此の nana と kokono とには如何なる意味があつたのか、それが問題である。今でも物を數へる場合に、並《ナ》べて如何程になるかといふ。「なべて」とは「ならべて」といふことである。又指をり數へればといふことも、これは指を屈《コゴ》めて折る處から云つた言である。之れを要するに、物を數へる時には、人智の開けない大昔に於いては、我々の祖先も他の民族の如くに、手の指を並べかゞめてしたものと見なければならぬ。萬葉集などに數といふ漢字に「ナベ」といふ假名を振つてゐるのは、數へることの一の觀念が並べることにあつたからである。國書の古文で、數へ方を明かに記した例證は、古事記、景行天皇の巻に、日本武尊が甲斐國の酒折宮で、或る老人と歌の咏合せをされたときの記事に「卽自二其國一越出テ二甲斐一、坐二酒折宮一之時、歌曰、邇比婆理、都久婆袁須疑弖、伊久用加泥都流。爾其御火燒之老人續二御歌一以歌曰、迦賀那倍弖、用邇波許々能用、比爾波登袁加袁、是以譽二其老人一、卽給二東國造一也。」とある文である。さて、此の一節の中で當面の問題に最も關係ある文句は、迦賀那倍といふ言である。此の言について、古來種々の解釋があるが、その中最も有力な說は、古事記傳であるから、その說を轉載して、これに批評を加へて、此の言の定義を定める必要がある。古事記傳の二十七之巻に迦賀那倍弖《カガナベテ》は日日並《カガナベ》てなり。迦は二日《フツカ》三日《ミカ》幾日《イクカ》などの日《カ》にて、日數《ヒカズ》を計《カゾヘ》云言《フ》なり。其《ソ》を迦賀《カガ》と重《カサ》ね云は、日々《ヒビ》夜々《ヨヨ》など云と同じ。さて此迦《ノカ》は氣《ケ》長《ナガ》くなど云氣《フ》と通音《フ》にて、同じことなり。其由は「上卷に日八日《ヒヤカ》、夜《ヨ》八夜とあるところ(傳十三)にくはしく云り。さて日數を計《カゾフ》るに幾日《イクカ》と云は、晝夜を合せて云なり。(幾日《イクカ》の日、幾日《イクカ》の夜など云も、迦《カ》は夜をも兼《カヌ》る故なり。但し夜を何久夜《イクヨ》と云に對へては、晝を何久迦と云、其は晝と夜との內には、晝を主《ムネ》とするが故に、もつぱら晝の方にのみも云なり。)那倍弖《ナベテ》とは、新治、筑波を過ぎ給ひし日より、今日までの日數《ヒカズ》を並べ、都《スベ》てと云ことなり、(おしなべてと云も、凡《スベ》てと云と同意になる、其も並《ナラ》べあげて都《スベ》る意なり。)萬葉三(十七丁)に、氣《ケ》並而《ナラベテ》(今の本にイキナメテと訓るはひがことなり。)六(十一丁)に、日不並二《ヒナラベナクニ》(これも訓を誤れり。)八(十五丁)に、日並而《ヒナラベテ》、廿(四十五丁)に、吾兄子《ワガセコ》が屋戸《ヤド》の撫子《ナデシコ》、比奈良倍弖《ヒナラベテ》、雨《アメ》はふれども、色も變《カハ》らず。十一(二十八丁)に、夜並而《ヨナラベテ》、君乎來座跡《キミヲキマセト》などあるを以知《テ》べし、(但し萬葉なるは、みな日を重《カサ》ねて、夜《ヨ》を重ねてと云意なれば、此《ココ》とは用ひざまの、いさゝか異る如くなれども、云《ヒ》もてゆけば同じことなり。此《ココ》も日《ヒ》日《ビ》を重ねてと見ても、同意におつればなり。さて此《ノ》句の解《トキゴト》、昔よりみな誤れり。契沖が、物かぞふるには、指《オヨビ》をかゞめ並べてよむものなれば、かゞめを下略したるか、又かんがへなべてと云るか、萬葉一に、馬なべてを、數而《ナベテ》と書たれば、なべては、數《カゾ》ふるなりと云るも非なり。まづ指を折て數《カゾ》ふることならば、指といはでは聞えず、何物とも云ずたゞ屈並《カガメナベ》と云て、いかでか指のことならむ。萬葉八にも指折可伎數者《オヨビヲリカキカゾフレバ》などこそよめれ、又迦賀《カガ》をかうがへと云るも、聞えぬことなり。日數を計《カゾフ》るに、考へは似つかぬことなり。さて萬葉を引て、那倍弖《ナベテ》を數ふることなりと云るは、さもあるべし。されど此も日々數而《カガナベテ》とすれば、いよゝ明け《ラ》きをや。又師は、迦賀那倍《カガナベ》を、やがて考《カムカ》へと云こととして、自《ミ》の文などにも、考へをおしてかゞなへと書れたるも、ひがことなり。固《モトヨリ》考《ヘ》をかがなへと云る例も無く、又右にも云る如く、考へてふことは、此《ココ》に似つかざるをや。契沖が考數而《カガナベテ》とせるは、なほ考《ヘ》てふ言輕きを、ただに考へてとのみ云ては、いよゝ聞えぬことぞかし。さて此《ココ》には要なけれど、人の惑ふことなれば、ついでに云む。考《カムカヘ》は、加《カ》は、加易《カヤス》き、加弱《カヨワ》き、加依《カヨ》れるなどの加《カ》にて、牟加閇《ムカヘ》は對へなり。さるは彼此《カレコレ》と相對《アヒムカ》へ驗《ミ》て、思ひめぐらす意の言なり。されば本は、加牟加閇《カムカヘ》と牟《ム》をさだかに云《ヒ》、下の加《カ》をも清《スム》べき言なるを、中昔より、或はかうがへ、或はかんがへと云《フ》は、共に音便に頽《クズ》れたる言なり。）

同書十三之巻に、

日八日夜八夜《ヒヤカヨヤヨ》、八日は八夜に對ひたれば耶比《ヤヒ》と訓べきが如くなれども、猶耶加《ヤカ》と訓べし。中巻倭建命段哥に、迦賀那倍弖、用迦波許々能用、比爾波登袁加袁、これ夜に對へても日は伊久加と云證なり。（さて八日は、古今集などに耶宇加《ヤウカ》と見え、常にも然いへど、そは音便にて、耶を延《ヘ》たるものにて、古言の正しき例には非ず。六日《ムカ》を牟由《ムユ》加《カ》と云も同じ、されば耶加、牟加と書て、耶宇加、牟由加と讀《ム》はさもあるべし。）さて此《ココノ》（二日《フツカ》、三日《ミカ》、八《ヤ》日、十日《トヲカ》などの）加《カ》は、日數を云言にて、彼御哥の迦賀那倍弖《カガナベテ》も、日々並而《カガナベテ》にて、日數を並《ナラ》べ計《カゾ》ふるを云なり（屈並《カガナベ》、考へなど云說は、みな非なり。）加《カ》とは氣《ケ》を通はし云る言にて、氣《ケ》は、經日《フルヒ》數《カズ》の長《ナガ》きを、此記又萬葉の哥に、多く氣長《ケナガキ》と云《ヒ》、又每日《ヒゴトニ》を、朝爾食爾《アサニケニ》と多くよめる（食は借字なり。）氣《ケ》是なり。さてその朝爾食爾《アサニケニ》を、或は朝爾日爾《アサニヒニ》ともよめるを以て、氣は日《ノ》數なることを思ひ定めよ、かくて氣《ケ》は來經《キヘ》の切《ツヅ》まりたるなり。來經と云ことは、倭建命《ノ》段の哥に見えたり。なほ彼處《ソコ》（傳廿八）に委く云べし。されば二日《フツカ》三日《ミカ》など云は二來經《フタキヘ》三來經《ミキヘ》と云ことなり。（師《ノ》說《ノ》に此加を、數《カズ》の略にて、七日は七數《カズ》、八日は八數《カズ》と云ことなり。故に七日の日《ヒ》、八日の日《ヒ》とも云り、と云れしはわろし。若數《シカズ》と云言ならば、日にのみはかぎらで、何の數にも云べきに、他には例なくて、唯日《ノ》數にのみ云るはいかに、且《ソノウヘ》七數八數などと、數て《ヘ》ふ言を添《ヘ》て計《カソヘ》むも煩《ワヅラハ》しく、さること有《ル》べくも所思《オボエ》ずなむ。又七日の日、八日の日などと云も、七來經《ナヽキヘ》の日、八來經《キヘ》の日と云むも、なでふことかあらむ。さて二日《フツカ》より以上はみな伊久加《イクカ》と云を、一日《ヒトヒ》のみは、比止加とは云《ヘ》ぬは、いかなる故にか、未思得《ダヒ》ず。凡てかゝる言は、神代のまゝの古言なれば、必所由《ヨシ》ありなむ物ぞ、又二日《フツカ》七日《ナヌカ》は、布多加那々加と云べきを、多を都、那を奴《ヌ》と轉《ウツ》し云は、たゞ何となく通《フ》音にいひなれたるものなるべし。）さて日數を計へて、幾日《イクカ》と云には、夜《ヨ》も其中にこもれるを、此《ココ》の如く八日八夜などと分《ケ》て云も、古語の文《アヤ》なり。云々。

本居氏の、迦賀那倍弖を、日々《カカ》那弖《ナラベテ》と訓まれた說は、種々の點から疑問を發することが出來る。まづ第一に、倭建命が新治筑波を過ぎて幾夜か寢つる、と云ふ發句を承ける辭に、日々那良倍弖とあつては、何分にも見當違の感を起さしめる。老人の連句に、夜には九夜と云ひたしたのは、命の歌の、「幾夜か」といふに答へたもので、「日には十日を」と咏めるは、夜に因んで晝の數を附け加へたものである。從つて此の連歌の精神は、夜が主で晝は從であることが分る。されば、此の前後の二句を連接する迦賀那倍弖といふ句を、「日々《カガ》那良倍弖」と解しては甚だ穩かでない。且つまた、既に本居氏の擧げた萬葉の歌にも、日並而《ヒナラベテ》、夜並而《ヨナラベテ》といふ句はあるが、未だ日々《カガ》並而といふ例はないではないか。日々夜々といふことは日毎に夜毎にといふのであるから、迦賀那倍弖を日々那良倍弖《カガナラベテ》と讀んでは、殆ど意味を爲さぬではないか。さてまた、萬葉に、「日並而」とあるのは、日を重ねてといふ意味であつて、老人の歌の「迦賀那倍弖」は、それとは全く意味の違つた言と見做さなければならぬ。若しも萬葉の如き意ならば、日々《カガ》と日を疊む必要はなく、單に日とのみ云ふべきである。

本居氏の解釋には、如上の困難があるから、余輩は、契沖の試みた二説の中の一説たる「屈並而《カガナベテ》」といふ解釋を正しいと見るのである。契沖の云はれたやうに、我等の祖先も、他の未開の民族の如く、初めは指を以つて物を數へたのであり、且つまた萬葉にも「指折可伎數者《オヨビヲリカキカゾフレバ》」とあるを見れば、上代人が計算に指を使用したことも、また争ふことは出來ない。されば、我が國の上代人は、數ふることを「かゞめ」、「なべ」と云つたのに相違ない。迦賀那倍弖の一句をかやうに解するときは、問題の歌の意味も甚だ穩かに聞えるではないか。卽ちこれは初の句の「新治筑波をすぎてから幾夜になるか」と問はれた言葉を承けて、「數へますれば、夜には九夜、日には十日になります」と答へた言葉である。これを要するに「迦賀那倍弖」といふ古語を今の語に譯すれば、「數へて見れば」といふ程の意に外ならないのである。

上代の日本人は、數ふることを、迦賀とも那倍ともいひ、また之を連結して、迦賀那倍とも云つたのである。而して此の迦賀の語幹は屈むであつて、指を折りかゞむることから起つた言である。迦賀（kaga）はまた kogo（屈）ともいひ、那倍（nabe）はまた nami（並）とも narabi ともいふけれども、那倍（nabe）の語根は na である。古事記の神代の巻に、四國のことを伊豫の二名嶋といふ。これは本居氏の說かれたやうに、伊豫國を愛比賣、讃岐を飯依比古、粟國を大宜都比賣、土佐を建依別といひ男女二並になつてゐる處から、二名の名を得たのである。二名の「名」は並《ナ》の借字である。これを以つても nabe, nabi, narabi の語根が na であることが判かる。かやうに國語の古語で計算を意味する言に kaga（kogo）と nabe といふ二語があつたとすれば、こゝに始めて數詞、七を nana といひ、九を kokono といふ意味を了解することが出來る。思ふに nana の末音 na と、kokono の末音 no とは同じ言葉であつて、共に無《ナ》の義であらう。九（koko-no）の場合に no といふのは、koko といふ上の母音に同化せられて、na といふべき處が no となつたものと見られる。さすれば、na-na は卽ち「並無」、「並びの無い」、「並べやうもない」といふこと、kokono は卽ち「屈無《ココ》」、「屈めの無い」、「こゞめやうも無い」といふことで、共に計算の仕様がないといふ意味である。本居氏は、此の言葉を屈並《ココナ》と解しては、何を指すか甚だ漠然で聞えぬと非難せられたけれども、今日でも、物を數へて幾らになるかと云ふときに、並べて幾らになるかと云うて、必ずしも指を並べて幾らになると云はないではないか。此等の言が始めて出來た當時には指を並べ、指を屈めてと云つたのであらうが、後には並べて、屈めて、といへば、指のことがなくても、「計算して」、「數へて」といふのと同じことに了解せられるやうになつたのである。さてかやうに手の指を並べて物を計算すれば、こゝに其の併列方法を適用することの出來ない數が二つ生ずるのは必然のことである。それ故に、初の七を nana といひ、後の九を kokono と云つて、他の數詞とは異つた特別の名を附けたものである。

國語の數詞は、所謂十進法卽ち Decimal System であるが、數詞の根本語は、一から五までの數詞に使用せられるものである。それ故に、六から十までの數詞を作る場合にも、七と九といふ特別のものを除いて、他の三箇の數詞六、八、十は三 (mi)、四 (yo)、五 (itu) の數詞を使用したに過ぎない。かやうに見て往くと、數詞の基本語は fi (fu), mi, yo, to (tu) の四語で、六より以上の數詞は、此の基本語に多少の變化を加へて作り上げられたものである。例へば、二十を hata-ti といふ ti は、三十をいふ miso-di、四十をいふ yoso-di の di で、また此の ti と di は hito-tu、mitu の tu である。さうして、hata の ha は hito、futa の下略、hi, fu と同じ言で二の義、ta は to-wo の下略 to の變音で十の義であるから、hata とは二十 (huta-towo) の義である。三十を miso-di といふ di は、已に說いた如く mitu の tu であるから、語根は miso である。miso は mi が三であることは云ふまでもないが、so は何であるかといふ疑問が起る。國語では s と t とは、時々相通ずることがある。例へば天常立を天底立といひ、石磯 (iso) を ito といふの類である。それ故に miso-di、yoso-di などいふ so は、十をいふ to の轉音と見ることが出來る。さすれば miso は三十、yoso は四十の義であることが悟られる。また百を mo-mo といふがその mo-mo の mo は mi, mu と同語で、百の場合は、これを mo-mo と重ねていひ、三をいふ mi と六をいふ mu と區別したに過ぎない。又百を ho (fo)、oho などいふは、fi, fu などと同じ言であつて、たゞ母音を更へて fi や fu と區別したものと思はれる。千を ti といふが、これは to-wo の下略、itu の上略 to、tu と同じ言で、唯母音を變へて千を表はしたに過ぎない。萬を yoro-du といふが此の場合の du は、itu-tu, mi-tu の tu で、その濁れる點は、miso-di、yoso-di などといふ di と同じである。而して yoro の yo は四ッの yo、八ッの ya と同言であるが、單に yo といふては、四ッをいふ yo と同音になるから、これを區別する爲に yoro となし、ro といふ語尾を附加したまでである。

以上の如く國語の數詞を分解說明してみると、一から萬までの數詞は、七と九とを除く外は、悉く fi (fu), mi, yo, to (tu), の四語を基礎として、構成せられたものであることが知られる。nana, kokono の數詞の語根が、此の二語以外、他の數詞に現はれてこないのは、此の二語が、國語の數詞の中に於いて特別な數と考へられ、從つてその言も、數を表はす他の詞の要素とはなり得なかつたものである。さて然らば此の數詞の基本語たる fi (fu), mi, yo, to (tu), に如何なる意味が包含せられてゐるか。それをこれから解釋して見たいと思ふ。

日本人は、始め物を數へる時に、手の指を使つたものとすれば、何れの指を立てたのであらうかといふ疑問が起る。數の始めは一であるから、まづ hito に如何なる意味があるかといふと、hito はまた futa である處からこれを見ると、此の言は卽ち futo で大・太の義であらう。上代に太玉、太占などいふ futo で、物の大なるをいふ言である。人を fito といふのも同じ言で、人を萬物の靈長として貴んで呼んだ名であらう。東北地方の方語に、人を futo といふのも、fito の轉音で、二を futa といふのが hito の轉じたのに過ぎないのである處から察知せられる。hito の言が太であるとすれば、五本の指の中で一番太いのは拇指であるから、まづ此の指を立てゝ hito と呼んだものと思はれる。さてまた國語では、大と多とは同じ語で表はされる。卽ちこれは oho といふ言で大をも、多をもいうてゐるので悟られる。太の意味を有した hito の hi が百の場合に於いては多（oho）の義に移るものと解してよい。又三を mi、六を mu、百を momo といふのは masu（增）の ma、moro（諸）の mo、mura（群）の mu と同義で衆多の義である。四を yo といふのは彌（iya, iyo）の yo、彌生の ya で、いやが上にといふことであり、矢張り數の增加するのを意味するのである。itu, towo の to, tu は toyo（豐）の to, tasu（足）の ta で、これも增加の義である。かやうに數詞の基本語たる fi, mi, yo, itu, は、何れも數の增加、衆多を意味するものであつて、七と九とはそれ等の數詞と全くその性質を異にしてゐるのである。

以上のやうに解釋して來ると、國語の數詞の中で、七（nana）と九（kokono）との二數詞は、特別例外の數であつて、不吉、不祥の詞とも考へられるやうにもなるのである。國語の數詞の根本的基礎觀念は、「二つの物が對立する」といふのであるから、二といふ數は最も貴ばれた數に相違ない。上代の言語に、和妙・荒妙、兄磯城・弟磯城、國津神・天津神などいふ對語の多いのは、確かに一對を好む、數の根本思想の露はれと見ることが出來る。事物を二元的に見る思想は、我が國の占有物ではない。先づ我が國の文化に最も影響を與へた漢土に於いても、陰陽說が行はれるやうになつてからは、何事も陰と陽との對立と觀ることになつた。此の哲理が漢土に現はれたのは、戰國時代からであるが、藝術・文學・習俗の上にまで、此の思想が現はれるやうになつたのは、漢代からである。其の次第を細說するのは、當面の問題外に屬するが故に、これを避けることとするが、今一つ二つその中の顯著なるものを擧げて見ると、藝術の方面では、瓦の模様とか、鏡面の上に刻した紋様圖面などが、如何にも齊整的（symmetric）であることは、確かに、陰陽の二元的思想の具體化に外ならぬものと見られよう。又文章の方面から窺ふと、漢代から中唐に至るまで、對句が盛に行はれ、これを駢體とも稱する parallelism が現出し、此の文體の最も隆盛を極めたのは六朝時代である。さうして我が國人が、漢土と交際して、其の文化の影響感化を受け始めたのは、南北朝時代であるから、言語文章の方面に於いても、その影響は無いとは云はれないであらう。神々の名稱などに、對稱の多いことなどには、其の影響を受けた結果とも思はれぬこともない。然し上に論じた如く、國語の數詞が對立、並列の思想の上に築かれてゐる處からこれを察すると、二元的に事物を考察し配置することは、我が國に於いても、もとから存したものと推定しないわけにはいかぬ。我が國で、二と八とを貴ぶ思想は、易の陰陽八卦などに原因してゐるのではないかといふ、疑問も起つて來るのであらうが、我が國の數詞は、漢土と交際してから、始めて出來たものと思はれないから、二を貴び八を神聖な數とする思想は、必ずしもこれを漢文化の影響とする必要はない。

我が國では、上代に於いて、二も三も五も八も、何れも貴ばれた數詞であるが、その中に於いて、八の數が最も尙ばれて吉數、若しくは聖數となつたのは、何故かといふのに、上代の日本人の思想では、物の對立を好む處から二が土臺となつて、それを重ねて往つて、何處までも二つに分けられる數を尙んだものであらう。さて、二を五倍すれば十になる譯であるが、十を二分すれば五となり、五を二分すれば半端となつて、並立の出來ない數となるから、これを採らなかつたのであらう。これに反して、八はこれを二分すれば四となり、四を二分すれば二となつて、何處までも對立する數であるが故に、これを吉數として尙んだのであらう。

我が國俗の吉數は、八であつて七でないことは、神代史に八の數の多いことと、國語數詞の研究によつて證明せられたと思ふ。然らば古事記や書紀に、開闢神の世數を擧げるに當つて、これを七代とするのは、明らかに後世の思想で、神典の初めの事實を傳へたものでないと斷定して差支へはなからう。國俗では、三も五もこれを忌まないから、古事記が初めに造化の三神を擧げ、これに二神を加へて、此の五神を別天神《コトアマツカミ》と稱したのは、數詞の上からみれば、我が國の思想とも見られるが、その次に、七代と數へて居る處からこれを考へると、初めに三と五と書き出したのは終の七と相俟つて、七・五・三といふ漢人の陽數を現はしたい爲めの分類法としか思はれない。若しも、最初の五神が別天神ならば、何も天之御中主神と二靈の神とを三神として特に取り出だして、次の神々と區別する必要はないではないか。またその次にくる宇麻志阿斯訶備比古遲神と天之常立神も初の三神の如く、獨神にて隱身でましますならば、何が故にこれを引き離し、更に前の三神と結びつけて、五神を別天神と斷る必要があらうか。さてまた其の次ぎにくる國之常立神も、豐雲野神も、矢張り獨神にして隱身の方であつたとすれば、それは前の五の別天神の方へ編入せらるべき性質の神であつて、後にくる五つの耦生の神と同列に置き奉るべきものでない。かくの如く開闢神の分類法に、不都合が起つてくるのも、之れは不自然の分け法《カタ》を適用したからである。卽ち十七柱を數ふる開闢神に對して三・五・七といふ陽數を適用したからである。

これは古事記の數へ方に對する非難であるが、書紀本書の記載に對しても解し難いことがある。此の書が引用してゐる所謂一書に記してある神達は、無論此の書の編者に知られてゐたものであることは云ふまでもないのに、何が故に、古事記に於いて、別天神と稱する五柱の神を、全然除き去つたのであるか。何が故に開闢神の劈頭に國《ノ》常立尊を置いて、次いで國狹槌尊といふ開闢神の中に數へ入るまじき神を持ち來り、これに豐斟渟尊を加へ此の三神を乾道獨化の神としたのであるか。また何故に耦生神五組の中の角杙、活杙の二柱を除いたのであるか。思ふに、書紀の編纂者は、神代の物語も地上に關する事を主とするが故に、開闢神もまた國土の神でなくてはならぬと云ふ意見を有してゐた爲めではあるまいか。さすれば國《ノ》常立尊を劈頭に數へたことも、國《ノ》狹槌尊をその次に入れたことも解せられるのである。さうして、國《ノ》狹槌尊を一代と見做したから耦生の神が五柱あつては、八代となつて七代とならなくなるので、故意に角杙、活杙の二神を除去したのであらう。これを以てこれを觀ても、七といふ漢土の陽數が當時の人の腦裏を如何に支配してゐたかが窺はれる。

七　古事記開闢神十七柱の神の名義

此の如く古事記が、開闢神を三・五・七といふ數に依り、書紀が三・七といふ數に依つて、五別天神とか、神世七代とかいふのは、後世の人の勝手な分類であつて、神代史の古意を傳へたものでないとすれば、宜しく此の障壁を撤去して、開闢神の御神體を拜み奉らなければならぬ。さてさうすると、こゝに天之御中主神から伊邪那美神に至る、十七柱の開闢神が顯現するのであるが、此等の神々は、當初如何なる順序で排列せられてゐたものであるか。これについて余輩は、神々の名稱の意義から、その順序を推知することが出來ると思ふ。まづ古事記の記す順序を追うて神神の名義を考へて見る。

（１）天之御中主神。國語では、天空を呼ぶに二つの語がある。一つはアメ（ame, ama）一つはソラ（sora）である。ソラは空虚の義で、その間に何等遮るもののない空間を指す言である。さうして、sora のソ（so）は間隙をいふ su であつて、これにラ（ra）といふ語尾を附したものである。sora と區別せられたアメは、本居氏などの說いた如く、sora の上にある場合で、高天原などといふのと同じ意味の言であり、その名義に就いては、今まで解釋を與へた人はないが、試にいへば、ame, ama の語根は ma で、ma は間（ma）、場（ba）といふことで、これに a といふ接頭詞を加へると、大なる間といふ意味になつて天上を指し、これに u（う）といふ接頭詞を冠すると、umi 卽ち海となる。海人と書いて ama といふのも umi の轉音で、それが適〻天をいふ ama と同音になるのも、畢竟天の a-ma も海の umi も同語の轉で、廣大なる場、間といふ意であるからである。（ama, umi の語根たる ma は空間にも時間にもいふ。例へば此の家に幾間あるなどいふ ma は空間であり、その間に往つてこいなどいふ ma は時間である。）國語では、sora も、ama も、畢竟同じく天を指すことであるが、これを區別して云ふときは、sora は透《ス》き通りたる空間を指し、ama といふときは、天極の四方に打ち廣がりたる様をいふ名である。

中を naka といふのは、場所の位置を指す一つの言であつて、上下、前後、左右の中間に位する處をいふ言である。naka といふ形は、下を saka、上を poka といふに屬する言である。下を sita, simo といふ外に、單に si とも云ふ。これを saka といふことは今は死語となつて使用せられないが、上代には存してゐたと見えて、古事記の太安萬侶の序文の中に、日下と書いて玖沙訶とよむとあるので證せられる。kusaka の ku は、日をいふ ka の轉音であることは、暦を koyomi といふ ko が日であるのと同じである。それ故に saka は確かに「下」にあたる古語である。上を po と云つたことは、神典の天石屋戸の段に、神籬を立てゝ、其の上・中・下三ヶ所の枝を、それぞれホツエ、ナカツエ、シツエと訓んでゐるので分る。ナカツエは中の枝、シツエは下の枝、ホツエは上の枝であるから、上が單に po と云はれたことのあつたことは確かである。今の語にホカ (poka) といふ語があつて、それは他とか、外とかいふ意になつてゐるが、原は上の義から轉じたものと思はれる。そのホカに此の事もあるなどといふのは、その上にといふのと同義である。そこで、poka, naka, saka の末音 ka は araka, arika など云ふ ka で、場所をいふ言であるから、poka は高い上の處、saka は低い下 (sita) の處、naka は根 (na, ne) の處といふ意味である。

中の左右を migiri, hidari といひ、その前後を mahe, atohe といふ。我が國では、何れの方に向つて、方角を定めたかといふと、それは南方に向つて左右、前後を定めたのである。その證據には、國語で南を minami といふは、menomo 卽ち「目 (me) の方」、「面 (mo) の方」といふ意味であり、其の反對の北を、kita といふのが kata (肩) の轉音であると思はれるからである。さて、南方を正面とすれば、東は左、西は右、南は前、北は後になる。左を hidari といふ hida は hita の訛で直の義であり、右を migiri といふその migi は、maga の訛で曲の義であり、これを hidari, migiri といふは、hidaru, migiru といふ動詞の名詞形と思ふ。前を mahe といふのは、目の邊の意で、後を atohe といふのは足の邊といふ義である。さて六合の方向に於いて、上といへば下に對し、左といへば、右に對し、前といへば後に對すのであるが、中はその中央に位してこれに對する位置はないのである。それ故に、中といへば絶對であり極處である。また事柄の根本となる處である。naka の na は na, ne の「根」であると思はれる。主を nusi といふのは、usi といふ言の上に、接頭詞の na, nu の加はつた形である。古書に大人とかいてこれを usi と訓ませる。それが一宗、一國の君主を尊ぶ敬稱であることは云ふまでもない。

かやうに天之御中主神の名義を解釋して來ると、此の神は、天上を支配する絶對唯一根本の主君であることゝなる。此の神こそ獨神で、而も隱身であらせられる元始の神であることは、その御名の上から決定せられるのである。

（2） 高御產巢日神・神產巢日神。書紀には、此の神の御名を高皇產靈尊、神皇產靈尊としてあり、其の訓に「皇產靈此云二美武須毗一」とある。此の二柱の神の御名は、タカミムスビ《ノ》神、カミムスビ《ノ》神と申すべく、古事記に神產巢日神とあるのは、カミミムスビとミが重なる故に、其の一のミを省いたのである。此の名稱はムスビといふ言に、高と神との二語を加へて二神としたものである。これは高ミムスビ《ノ》神を陽神とし、神ミムスビ《ノ》神を陰神に擬したのである。神は高と相對した言で、上の義である。上を kami といふのは、下を simo といふに對する言で、kami の mi、simo の mo は同語の轉訛で、方をいふ mo の義である。また方向を mo といふのは、面卽ち omo 又は mo より轉じた言に外ならぬ。故に上を kami といふのは上の方、下を simo といふのは下の方といふ義と解すべきである。神の解釋には、古來種々の說があるが、尊などいふ如くそれは一種の尊稱で、上といふ處から生じた言である。

產靈を、武須毗《ムスビ》といふことに就いては、古事記傳三之卷に、御名義《ミナノココロ》、神《カミ》御は高御《タカミ》と並びたる稱辭なり。産巣日《ムスビ》は、字は借字にて、産巣《ムス》は生《ムス》なり。其《ソ》は男子女子《ムスコムスメ》、又苔の牟須(萬葉に草武佐受《クサムサズ》などもあり。)など云牟須《ムス》にて、物の成出《ナリイヅ》るを云、(されば産字《ノ》は正字と見ても可《ヨ》し、書紀にも産靈《ムスビ》と書かれ、又産日《ムスビ》とも書くことあればなり。さて牟《ム》に此の字を書《ク》は、宇牟《ウム》てふ言なり。仁徳天皇の大御歌に、子産《コウム》を古牟《コム》とよませたまへり。さて又産巣《ムス》を生《ムス》の意とはせずして、産《ム》を生《ウム》の意とし、巣日《スビ》を連《ツヅ》けて見るべきかと思ふ由もあり。其考《ノ》は七之巻誓約の段に出せり。)日《ビ》は書紀に産靈《ムスビ》と書れたる、靈の字よく當《カカ》れり。凡て物の靈異《クシビ》なるを比《ヒ》と云、(久志毘《クシビ》の毘《ビ》も是《レ》なり。)高天原《ノ》に坐々《シス》天照大御神を、此地《ノクニ》より瞻望《ミサケ》奉りて、日《ヒ》と申すも、天地間《ノ》に比類《タグヒ》もなく、最靈異《モトモクシビ》に坐《ス》が故の御名なり。比古比賣などの比《ヒ》も、靈異《クシビ》なるよしの美稱《タタヘナ》なり。又禍津《マガツ》日《ビ》直毘《ナホビ》などの毘《ビ》も此意《ノ》なり。されば産靈《ムスビ》とは、凡て物を生《ナ》成すことの靈異《クシビ》なる神靈《ミタマ》を申すなり。(さきに此毘《ノビ》を、神佐備、荒備などの備《ビ》と同じくて、夫流《ブル》とも活用《ハタラキ》て、米久《メク》と云に似たり。されば牟須毘とは、生《ムサ》むとする狀《サマ》を云なり、と思へりしは非ず。彼夫流《ノブル》と活用《ハタラ》く備《ビ》とは異なり。故《レ》假字も彼《レ》は備を書き、此《レ》は毘と書り。)此外《ノ》に、火産靈、和久産巣日、玉留《タマツメ》産日、生《イク》産日、足《タル》産日、角凝魂《ツヌコリムスビ》など申す御名もあり、牟須毘の意皆同じ。云々。

同書七之巻　熊野久須毘命《クマヌクスビノ》について、本居氏は、

熊野は地名なり。出雲國《ノ》意宇《オウ》郡の熊野なるべし。(中略)久須毘《クスビ》は久志須毘を約《ツヅメ》たるなり。(志須を切《ツヅム》れば須なり。)その久志《クシ》は奇靈《クシ》なり。(書紀に、奇魂此云二倶斯美拕摩《クシミタマ》一、また奇稲田姫《クシナタビメ》、また奇靈《クシビアヤシキ》などあり、さて續紀廿七に、久須之久奇事乎《クスシクアヤシキコトヲ》云々ともあれば、今も直《タダ》に久須を奇《クシ》とせむもあしからねど、某《ナニ》須毘てふ例を思へば、なほ久志須

毘の約れるなり。）須毘《スビ》は、書紀に、熊野大隅命《オホスミノ》とも忍隅命《オシスミノ》とも有て、隅《スミ》と同じ、なほ須美《スミ》の例は、水垣《ノ》宮《ノ》段に飯肩巣見命《ノ》、伊邪河《ノ》宮《ノ》段に比古由牟須美命《ヒコユムスミノ》などもありて、某《ナニ》産巣日《ノ》神といふ巣日《スビ》と通ひて、美《ミ》は耳《ミミ》の略なること、忍穗耳命《ノ》の所に云るがごとし。此《ノ》御名書紀には熊野忍蹈命《クマヌオシホミノ》ともあり。式に出雲國《ノ》意宇郡《ノ》志保美《シホミノ》神社あるは、此忍《ノオシ》の意《オ》を略《ハブ》ける神號なるべし。

と說明されてゐる。

此の說によると、產靈を musubi といふことに就いて二つの解釋が與へられてゐる。その一は此の語を musu と bi の結合したるものと解くことと、其の二は umu と subi との結合したものと見ることとである。本居氏はその何れであるかを決定しないで了つたのである。然し前者の解釋に對しては、產靈が musu（產す）と bi の結合だとすれば、古事記に、これを產巢日の三字にて譯出してゐるのが穩かに說明が出來ない。何となれば古事記の他の場合に於いては、產の一字でムスと訓ませてあるからである。云ひ換へれば、此の語が產《ム》す靈《ヒ》の義ならば、古事記はこれを譯するのに、產日の二字でこと足りた譯で、必ずしもこれを產巢日と三字にする必要はない筈である。產の下に巢といふ借字を附ける處からこれを見ると、此の巢は、下の bi と結びついて、subi を一語と見るのが穩かなやうに聞える。又第二の解釋に從つて、此の名が umu と subi との結合だとすれば、魂と書いた場合に、何故これを umu, subi と訓まないで、mu-subi とよむのであるか。かやうに論じつめて見ると、畢竟此の musubi の mu は、產む《ウ》(umu) とか產《ムス》(musu) とかいふやうに、これを動詞にして解くべきものかどうかといふことになる。若しも此の mu を動詞と見ないで、名詞と解したならば、さる支障はなくなる譯で、musubi は mu と subi との結合したものと見て差支へないことになるではないか。國語の古書に魂と書いてこれをムスビともタマとも訓んでゐる。即ちムスとタマとは同語である。さうしてまた、魂をタマシヒともいふ。此のタマシヒのマシヒ（正しくはマスビ）はムスビと同語と見ることができるではないか。要するにタマシヒといふ言は、ムスビとタマとの兩語を連結した語である。然らば、此のタマの語に如何なる意義があり、また如何にこれを分析説明すべきものか。

本居氏は、其の古事記傳九之巻、宇迦之《ウカノ》御魂神條に、

宇迦は上（傳五大宜都比賣處、又豐宇氣毘賣神處）に云るごとく食《ウケ》なり。書紀に、伊弉諾尊又飢時生兒、號二倉稻《スウカノ》魂命《ミタマノ》一、倉稻魂此云二宇介能美拕磨《ウカノミタマ》一（介は書紀にはカの假字にのみ用ひたり。氣《ケ》に用ひたる例なし。）大殿祭祝詞に、屋船豐宇氣《ヤフネトヨウケ》姬命、是稻靈《レイネノミクマ》也、俗詞宇賀能美多麻《ウカノミタマ》とある。此等は、此の記に豐宇氣毘賣神とありし（上に出）にあたりて、此《ココ》なる神とは別《コト》なるを、御名の同きは、功德《イサヲ》の等《ヒトシ》き故ぞ、彼《レ》は食《ウケ》の元始《ハジメ》の靈《ミタマ》、此《レ》は其食《ウケ》の事に功坐《イサヲマシ》し神なり。御魂《ミタマ》とは、恩賴《ミタマノフユ》（神靈《ミタマノフユ》又靈《ミタマノフユ》などもあり。）又萬葉五（二十六丁）に、阿我農斯能美多麻多麻比弖《アガヌシノミタマタマヒテ》などある意にて、其功德《イサヲ》を稱へたる名なり。書紀神武御巻に、粮名爲二嚴稻魂女《イツウカノメト》一、稻魂女、此云二于伽能迷《ウカノメト》一と見ゆ。（中略）和名抄に、稻魂和名宇介乃美太萬《ウケノミタマ》、俗云二宇加乃美太萬一とあるは誤なり。云々。

と言つて居る。さて、此の解釋によると、魂を tama といふのは恩賴の義でその功德によつて賜ふの義といふことになる。

恩賴をミタマノフユと訓んだのは、日本書紀神代の巻に引いた一書に、

夫の大己貴命、少彦名命と力を戮《アハ》せ心を一つにして天下《アメノシタ》を經營《ツク》る。復た顯見蒼生《ウツシキアヲヒトクサ》及び畜産《ケモノ》の爲めに、則ち其の病を療《ヲサ》むる方《ノリ》を定む。又鳥、獸、昆蟲《ハフムシ》の災異《ワザハヒ》を攘《ハラ》はむ爲めに、則ち其の禁厭之法《マジナヒヤムルノリ》を定む、是を以て百姓《オホムタカラ》今に至るまで咸恩賴《ミナミタマノフユ》を蒙ぶれり。

とある處に見える。書紀通釋巻之十二に、此の恩賴を解釋した處に、

恩賴、垂仁紀に聖帝之神靈《ミタマノフユ》、景行紀に皇靈之威《ミタマノフユ》などあり。言義、通證に、蓋御賜之殖也《ミタマノフユ》と云れど、信友云、美多麻は靈《タマ》を尊びたる詞、布由《フユ》は震《フル》ふの義にて、神の靈の威を震ひて、殊更に幸ひ給ふを、辱《カタジケ》なみ稱へて云るなり。(天皇の御魂に申すも、凡人の魂に云も、同じ意ばへなり。)布由、布留、同言なる證は、古事記歌に、大雀《オホサヽキ》佩《ハカ》せる太刀、本劔末布由《モトツルギスヱフユ》とよめる、布由は布留と同言にて、太刀を揮《フ》る狀を云る事、記傳の說の如し。また神靈に布留と云る事は、神の出行《イデマシ》に供奉《ツカヘマツ》るを、振奉《ル》、布理出《イダシ》奉《ル》など、古語どもに見えたり。其は多く神輿につきて、云る如く聞ゆめれど、言の本は、神靈の威震ひ玉へるよしを、畏み稱たるなり。大鏡に春日の大神の事を、帝この京に遷《ウツ》しめ玉ひては、また近くふり奉りて、大原野《オホハラノ》と申し、なほも近くとて、又ふり奉りて、吉田と申て御坐すめり。此の吉田の明神は、山蔭の中納言の、ふり給へるぞかし、とも見えたり。(後世の行列に、フルといふ言のあるも威震《イキホヒ》ふ意あり。またフルマヒと云も、フルを活かせたる詞にて安康紀に威儀をよめるなど叶ひて聞ゆ。)萬葉三に、大夫之心振《マスラヲノコヽロフリ》起《オコシ》とよめるも、心震《フル》ひ起《シ》にて、布理は布留比の約たるなり。(今俗にも、心を振ひ起すなど云ひ、

また威《イキホヒ》を震ふなども云り。また雅言に、ふりさけ、ふりはへ、など言ふ布理も、殊更に心のふる由なり。此外に、ふり某と云ふ布理に此意なるが猶あり。）これ魂《タマ》に、布留布、布留比、布里、布留といへると、其意ばへ更に相同じきをも思べし。天武紀に招魂を美多麻布里と訓み、臨時祭式に、鎮魂祭を於富牟多麻布理《オホムタマフリ》と訓るも古言にて、天皇の御魂の、威靈り玉ふべく、奉仕る由の稱とこそ思はるれ。斯て布留比の本語は布留にて、比《ヒ》布《フ》門《ヘ》と活用く辭なるを、布由とも云るに依て、ルとユとは殊に親しき音なり美多麻乃布由と云るなるべし。好忠集に、暇なみかひなき身さへ急ぐかな、御たまのふゆと宜も云けり。奥儀抄に、此歌を擧て、歳の終に、亡魂《ナキタマ》を祭りて、恩徳を報すとて、御魂の冬といふ。謂ゆる荷前祭なりと云はれたるはいかゞ。但し昔は年の終に荷前使《ノサキツカヒ》を立て、定まれる陵墓に、幣帛を奉られ、又なべても、年の終に、祖々の靈祭《タママツリ》する例なりければ、其祭を、御魂の布由と云りし由なり。其は祖々の靈の布由、蒙らむとする意なり。好忠の歌も、然もやと、聞ゆげなりと云れたり。（小山田與清曰、みたまのふゆ奥義抄說たがへり。これは日本紀に、恩賴靈、神靈、皇靈などの字をよみ、古語拾遺にも恩賴の字をよみて、御賜《ミタマ》の義也、萬葉にあがぬしのみたまたまひてとよめる、我主の御恩賜《ミタマ》ひ也。ふゆは波江《ハエ》の通音なり。御恩《タマ》の榮《ハエ》といふよし也。波江はハエアル、ハエナキなどの波江にて、榮耀の義也。草木のしげりひろごれるを、ふゆといふも榮なり。さてうつりては、何にもあれ、物の多くなるをふえ、ふゆるなどもいへるなり。谷川氏が御賜の殖也と釋るはもの遠し。伴氏曰、色葉字類抄に、生字をフエとよめるによりておもふに、淺茅生《アサチフ》、篠生《サヽフ》、麻生《ヲフ》、芝《シバ》生《フ》などのフは生《オフ》のフにはあらで、フユのフなるべし。榮しけるさまよりいへる事なるべし、と云り。これは右の說とは異なれど、考の爲にこゝに擧ぐ。

と見えてゐる。Aston 氏は、我が國學者の說を襲うて、tama（魂）の語根は與（atafu）ふるの tafu、賜ふ（tamafu）の tama である。賜物を tama-mono、年頭の贈物を tosi-dama などいふ tama は確かにその原義を現はしたものである。さて其の義から轉じて物の貴きもの、假令へば玉を tama と呼ぶやうになり、人の身體の中に於いて、最も貴重なものは精神、生命であるから、これをも遂に tama と稱するやうになつたと說いてゐる。（Shinto. p. 44.）。此の說によると、tama の原義は無形の「賜與」とか「貴重」とかいふものであつたけれど、貴重する珠玉の形が圓いによつて、人に取つて最も貴い靈魂をも亦 tama と呼ぶやうになつたといふのである。然るに此の說に對して Visser 氏の反駁は傾聽に値する。同氏は、原始未開の人民は、最初に無形の思想を懷いて、それから後に有形のものを思惟するやうになつたのではなく、それは寧ろ反對であると思はれるから、日本人は最初先づ人の靈魂として、玉のやうな圓い形をしたものを考へたのであらう、と論じてゐる。（De Visser; Fire and ignes fatui. p. 79—81.）それ故、此の學者の說に從ふと、人の靈魂をいふ tama なる言は、珠玉を tama といふのと同じ言だといふのである。

靈魂といふ tama が玉の義とすれば、これと同じ言の musubi や tamasihi は如何に解釋すべきか。tamasihi の tama は玉（tama）の義でとけるとしても、musubi といふ言はこれを玉と見ることは出來ない。余輩の考へる所によると、tama といふことばの語根は ma であつて、ta はその接頭語に過ぎない。さうしてこの ma は實（mi）の轉音に外ならぬ。mi が ma に轉ずるのは me（目）が ma, mo と變ずるのでも分かる。さて草木などの殖え生ずるのは、その實、即ち核仁《タネ》から生ずるのである如く、人の生長するのも、その魂《タマ》の活《ハタラキ》に外ならぬと考へたからである。また魂を musubi といふ其の musubi の言は、mu と subi との結合した複語で、上の mu は mi の轉に過ぎない。subi の su は tama の ta の如く bi と云ふ語根に冠する接頭辭であらう。今俗に生靈を iki-sutama などいふ su が明らかに接頭辭であるのを見ても此の間の理が悟られる。tama が核仁、實質だとすれば、上代の人は草木に實があるが如く活きたる人にも實があつて、次第に生長もし、活動もすると考へた。その作用が如何にも奇靈《クシキ》が故に此の言に hi (bi) といふ言を添加したのである。それ故に魂といふ正しき形は、musubi か tama-subi かでなければならぬ。tamasubi は餘りに長い言であるから、遂にはこれを略して、ただ tama とのみ云つたものであらう。さうして又 hi といふのは靈妙の義で、聖を hisiri、祕を himu、潛を hisomu などいふその hi で、事物の奧裏に幽くれてゐたその活用の神變不思議のものを指す言である。神靈をまた mitama no fuyu といふ fuyu については、これを布由、布留の轉と見る者と、paye（榮）と見る者とがあるが、余輩を以つてこれを觀ると、何れも正鵠を得たものでない。此の fuyu は musubi, tamasubi の bi (hi) と同じ言であつて、それを延べて發音したものに外ならない。例へば、數詞に於いて六を mu といひ、八を ya といふのは正しい形であるが、古くよりこれを延べて六を mu-u といひ、八を ya-yu といふの類である。

國語で根本といふ意を現はす言に ne と mi との二語がある。核仁を sa-ne とも ta-ne ともいふが、此の言の sa と ta は接頭詞で語根は ne である。また tane を tama といふのはその言の轉訛に外ならない。これと同じやうに、

mi の場合でも、tama といふ言の ta は接頭辭で、語根は mi, ma である。さうして此の語根たる ne が動詞となれば、na-su, na-ru となつて、發生の義となり、mi, ma が動詞となれば、musu, umu となつて、生産の義となる。古語の musubi を古事記に産巣日、書紀に産靈と譯した産の義は、元來この mu といふ語根の中に包含せられてゐるのである。

（3）天之常立神・國之常立神。常立とは終古に易らぬといふ處から得た名である。天之常立神は國之常立神と相對した神であることは他例からも推知せられる。

（4）宇麻志阿斯訶備比古遲神・豐雲野神。此の神は、古事記に書いてある通り、葦牙の如く萠えあがる物によつて名を得られた神である。比古は比賣に對する言で、男性の神であるから。妹神を必要とすることは名稱の上から察せられる。

豐雲野神の雲は、既に先輩も說いた如く芽ぐむなどの、ぐむにて、豐雲とは萠芽の豐かに榮え芽ぐみたる姿をのべたものである。此の神の名稱からは、その性を知ることは出來ないが、阿志訶備比古遲神が、始めて芽を發生したる姿に對して、附けられた名稱と思はれるから、比古遲神に相對すべき神である。

（5）宇比地邇神・須比智邇神。既に眞淵氏の說かれた如く、宇比地邇とはウキヒヂの略で「浮く土」、須比智とはスツヒヂの略で「沈む土」の義であらう。邇は神の稱言である。これは天地の國土が次第に凝まりゆく有樣を語つた名稱と思はれる。

（6）角杙神・活杙神。杙とは書紀に櫼と書いてあつて橛なりと解いてゐる。これは借字でなく、その文字通り木の杙を云つたものである。角杙といふのは角《ノ》田、角《ノ》筈、角《ヌ》鹿などと同様の名稱であり、活杙は活島、活田、活弓、活矢などと同様の名稱である。角の如く生ひ立つた杙、活々とした杙といふ程の意味を有する名稱である。

（7）意富斗能地神・大斗乃辨神。意富は大の義、斗能は殿、地は比古遲の遲と同じく男子をいふ尊稱、辨は賣と同じく女子を呼ぶ名である。材木が大きな殿宮に築き上げられた姿を述べたものである。書紀の本書に、大戸之道尊《ノ》を大苫邊尊《ノ》に對した名稱と書いてあるが、これは、注に、一云大戸之邊尊とあるから、大戸之道は大戸之邊に對した名稱と改むべきである。大苫邊尊《ノ》の下にある注に「亦曰大戸《オホト》摩彥《マヒコ》尊、大戸《オホト》摩姬《マヒメ》尊。亦曰二大富《オホトムヂ》道尊、大富《オホトムベ》邊尊一。」とあるから、大苫邊尊は大戸摩姬尊と同名で、大戸之道尊と對すべき名稱ではない。此の大戸之は、古事記の意富斗能と同言で、大殿の義であるが、書紀の注文に擧げたる大戸摩と大富は同語で大富の義である。これもまた宮殿に關係ある言である。

（8）（淤母陀琉神・阿夜訶志古泥神）（缺）

（9）伊邪那岐神・伊邪那美神。此の二神の御名は書紀には伊弉諾、伊弉冉とある。從來この名稱はイザナギ、イザナミと訓まれ、それの名義を解くのが常である。古事記傳三之卷に、

伊邪那岐神、伊邪那美神、御名義《ミナノコヽロ》、書紀の口決に、伊弉《イザ》は誘語《イザナフコトバ》といひ、師も、伊邪那比君《イザナヒギミ》、伊邪那比女君《イザナヒメギミ》てふことなりと云れき。（那比の比を省きたるぞ。）信《マコト》に此の二柱神《ノ》、遘合《ミトノマグハヒ》して國土《ウミナ》を生成さむとして、互に誘ひ催

し賜へる意、（中略）然《サ》もあるべし。君《キミ》を岐《キ》とのみ云る例、明宮段の《ノ》大御言に、佐邪岐阿藝《サザキアキ》、又忍熊王の《ノ》歌に伊奢《イザ》阿藝《アギ》（共に吾君《アギ》の意なり。）などあるが如し。又女君《メギ》を切《ツヾ》むれば美《ミ》となるなり。（或説に、岐《キ》は比古の倒反、美は比賣の倒反なりといへれど、其《ソ》はたま／＼合へるにこそあれ、然ることはあらじ。）又思ふに此は遘合せむとしたまふ時に、交《カタミ》に伊邪汝《イザナ》と誘ひ賜へる御言を以《テ》、即《チ》御名に負せ奉《リ》しにて、那は汝《ナ》にもあるべし。（中略）岐《ギ》と美《ミ》と相對へる例は、神漏岐《カムロギ》・神漏美《カムロミ》、那藝と那美と偶《タグ》へる例は、沫那藝神・沫那美神、頰《ツラ》那藝神・頰那美神これなり。

と說いてある。又書紀通釋卷之二（八〇―八一頁）に、

伊弉諾尊《ノ》、伊弉冊尊《ノ》、御名義、平田翁云、口訣に伊弉は誘語と《ノ》云り、信に此二柱神、遘合して、國土を生成さむと、互に誘ひ催し給へる意にて、伊邪之岐、伊邪之美と負せ奉りしなるべし。之《ノ》を那《ナ》と云る例あまたあり（麻奈《マナ》子《コ》、手末《タナスエ》、足末《アナスエ》などの奈即是なり。）と云り。さて岐と美とは、大戶之道尊、大苫邊尊の道と邊、又大戶摩彥尊・大戶摩姬尊の彥姬と同じ事にて、男神女神を別ち奉れるなり。然稱奉り別る例は古き祝詞に高皇產靈尊、天照大神を神魯伎神魯美命と申てあるも同例也。かつ越前國敦賀郡氣比神社七社御子神の《ノ》中に、天伊佐奈彥神社、天伊佐奈姬神社とみえたるも此大神におはし坐なるべき事をも、思ひ合すべくなんありける。さて此御名の文字の事、諾《ナク》は奴各反なれば、吳音那久なるを久を岐に轉じて用たるなり。冊《ナム》は冉と同字奴甘反、これも吳音奈牟なるを、奈美に轉用したる例は、南を奈美、深を自美に用ひたるが如し。

と云はれてゐる。

伊弉諾、伊弉冉の伊弉《イザ》を、イザとよみ、これを誘ふといふ言であると說く上の說は、殆んど定說となつて、何人もこれに疑も反對もする者はなかつた。然し書紀にある伊弉は、祝詞、神名帳などに伊射、伊佐ともあるから、津田左右吉博士は、神代史の研究（六八―六九頁）に、これをイサとよむべしと決定せられた。然し其の名義に就いては別に新意見を提出しないで、從來の說に從つてゐる。已に伊弉諾、伊弉冉の名がイサナキ、イサナミと訓み得るとすれば、余輩は此の名義に對して誘ふといふ言よりも、猶ほ一層御神の御名としては、適切な解釋を下し得ると思ふ。遘合は此の二柱の神の萬物を生成せられた原因には相違ないが、その御名を撰ばれる時に、これに因んで命名せられるのは如何なものであらうか。余輩は此の名稱は二神が國土諸神を生成せられた功德によつてつけられたものと思ふ。此の神の偉勳功德は書紀に特記せられてゐる。其れは此の書の神代上卷に、

是の後に伊弉諾尊神功《カンゴト》既に畢《ヲ》へたまひて、靈運當遷《カミアガリマシナントス》。是《ココ》を以て幽宮《カクレノミヤ》を淡路の洲《クニ》に構《ツク》り、寂然《シヅカニ》長く隱れましき。

亦曰く、伊弉諾尊 功《カンゴト》既に至りぬ、德《イキホヒ》亦大いなり。是《ココ》に天に登りまして 報命《カヘリコトマウ》したまふ、仍て日の少宮《ワカミヤ》に留まり宅《ス》みましぬ。

とある文を以つて知るべきである。書紀には神功をカムコト、德をイキホヒと訓んであるが、それが果して正しいか如何か。余輩は功德は何れもイサヲと訓むべきであらうと思ふ。有功をイサヲと訓むべきことは他にもその例がある。假へば、五十猛が樹種を持ち來つて、筑紫より始め、次いで大八洲國に播き殖えた功德によつて其の名を得たことを書紀に、「所以稱二五十猛神一、爲二有功《イサヲ》之神一」とあるにても知られる。通釋卷之十二（五八一頁）に、

有功之神、平田翁云、今本にイサヲシノ神と訓たれど 師の伊佐遠能神と、訓れたるに從ふべし。江家の點と云を加へたる本にはイサヲノカミと訓り 然るに類聚國史に、伊佐乎之久と見え、日本紀竟宴歌に、伊佐遠志久、正しき道のおむかしさ、などある故に、伊佐袁志と云を、體語と心得たるも有げなれど、志は活用し云詞にて、伊佐袁と云ぞ本語なりける。其は同竟宴歌に、得二天穂日命一、竹木みな言止よとて葦原の、國へ立にし夷裝《イサヲ》鳴なりけり、と詠て、其語書《コトカキ》の中に、あまのほひのみこと、このかみのいさをなり、とあり。（此は日本紀に僉曰《ク》天穂日命是神之傑《イサヲ》也、云々とある文を假名に書たるにて、いさをなりは傑也に當れば、古訓にさそありけんを、今本には傑也《スクレタル》と訓たり。此は後の訓にこそ）是を以て、伊佐袁能神と訓べき由を辨ふべし。言義は勇雄《イサヲ》ならむ。（武鄕云、紀中功字幹字を、イサヲ、イサヲシ、イサミと訓み、猛幹をタケクイサヲシとも訓り。）然るに、伊佐袁といふ語を功字《ノ》、德字《ノ》などの義と思ひ、打任せて然言むこと、義は違へれど、旣に有功字を、伊佐袁とも、伊佐袁之とも體言に訓來つれば、功德などの字を然訓むも、非とは云がたし。

とある。

さて功德を isawo といふのが古語であるとすれば、五十猛命の御名は iso-take と訓むべきで、これを itake と訓んでゐるのは正しくないと思ふ。國語にては恪勤を iso といひ、それは isawo と同語源に屬することばであるから、iso-take の iso は勤勞をいふ iso と見ても差支へはないが、また、isawo の訛が isa ともなり得るのである。それはさて措き、樹木を國中に繁殖せしめたといふので、有功の名を得た神があるとすれば、國土諸神を生成した神の功德の大なることは云ふまでもないから、此の神こそ有功の名稱を負ふべき理由は充分に存するのである。そこで余輩は伊邪那岐、伊邪那美の伊邪（伊弉）は、これを isa と音じ、功德を意味する言 isawo の語根 isa の義であらうと察するのである。

以上の如く神代史の劈頭に記されてある、開闢神の名稱を解說して見ると、元始神の分化發展してゆく形跡と、其の神の屬性とを表はした名稱のあるのを認めざるを得ない。十七を數ふる開闢神は、主觀的に出現したるものであるから、またこれを主觀的に考慮して、それ等を原始の正當な位置に排列することが出來ると思ふ。其の發展の順序は、伊邪那岐・伊邪那美二柱の神が萬物を創造した順序にも從つてゐると思はれる。卽ち二神は初めは國土の如き無機的のものから、草木の如き有機的のものに移り、最後に人間に似た神を御產になつたのである。それと殆ど同樣の發展階段は開闢神の發現にも存するものと見て差支へはなからう。此の主義に依つて開闢十七神の順次を立てて見ると、天之御中主神はその御名によつて元始絕對の神で、偶者を要せざる神であつたものと定めて差支へはない。次は高御產巢日神・神產巢日神の二神であらう。古事記にも書紀にも、此の二神を獨神で而も隱身であると明記してあるが、此の神は產靈といふ觀念を二つに分けたに過ぎなく、さうしてこれを二つに分けたのは陰陽二神と見立ててのことであるから、此の二神は偶生の神に相違ない。次は天之常立・國之常立の二神であり、次は宇比地邇・須比智邇の二神、次は宇麻志阿斯訶備比古遲・豐雲野の二神、次は角杙・活杙の二神、次は意富斗能地・大斗乃辨の二神、次は淤母陀琉・阿夜訶志古泥の二神、最後は伊邪那岐・伊邪那美の二神である。

さてかやうに十七柱の開闢神を排列して見ると、天之御中主神より以下十六神の中、八神は陽神で八神は陰神であらせられる。陰陽二神を一對とすれば、こゝに八對の神卽ち八偶生の神が認められることとなる。然らば此の八對の神々は、互に如何なる關係にあらせられたか。若しも古事記や書紀のいふが如く、偶生一組の神を一代とすれば、天之御中主神より伊邪那岐、伊邪那美二神まで、八代となる譯である。これらの神々の發展して行く性質に、異つたもののある處から見れば、斯く見ても差支へないやうであるが、しかしさうなると實際に萬物を生成した神は伊邪那岐・伊邪那美二神であるから、元始の神たる天之御中主神の次に此の二神があれば、それで事足りる譯である。そこで思ふに此の八對の神は實は一神であつて、其の發展の過程と屬性とを取つて、これに神位を與へたものと見るのが、最も適當な解釋であらう。これを一人の人に就いて言へば、十歲の某は二十歲の某と全く同樣のものでなく、まして八十歲の某と同樣のものでない。然しその人が十歲になつても、二十歲になつても同一人たるに相違ないのと同じである。かやうに見ると、最後の伊邪那岐、伊邪那美の二神は、最初の高御產巢日神、神產巢日神の二神と實際は同一である。だから八對の十六神は、宛も各〻八面を有する柱のやうなものである。その各面は特別の名稱を有するとしても、それは同一柱の神たるに過ぎない。然らば何の爲めに同一の陽神と同一の陰神に、各〻八種の名目を立てたのであらうか。これには必ずその理由が無くては叶はぬことであらう。それをこれから說いて見よう。

八　開闢神と漢土の思想

日本書紀卷ノ第一、神代上の書き出しに、

古《イニシヘ》、天地《アメツチ》未だ剖《ワカ》れず、陰陽《メヲ》分れずあるとき、渾沌《マロカレ》たること鷄子《トリノコ》の如く、溟涬《クヽモ》りて牙《キザシ》を含《フク》めり。其の清み陽《スミアキラカ》なるものは、薄靡《タナビ》きて天《アメ》となり、重く濁れるものは淹滯《ツヅ》きて地《ツチ》となるに及びて、精《クハ》しく妙《タヘ》なるが合《ア》へるは搏《アヒ》ぎ易く、重く濁れるが凝りたるは堨《カタマ》り難し。故《カ》れ天《アメ》先づ成りて地《ツチ》後に定まる。然《シカウ》して後、神《カミ》聖其の中に生《ア》れます。

とある一節が、漢籍の文句を剽窃し來つたものであることは、已に先輩も發見してゐる處である。卽ち此の中、最初の「天地未剖、陰陽不分」の句は、淮南子の天地未形の文を敷衍したものであり、次の「渾沌如雞子」の文句は、三五曆記の「天地渾沌如雞子」とあるを採り、最後の「神聖生其中焉」の一句は、同書の「神於天、聖於地」を書き換へたものに過ぎなく、「溟涬而含牙」は、春秋命曆序にある「溟涬始牙」の文によつたのであり「其淸陽云々」より「天先成而地後定」の文句は、全然淮南子天文訓の文辭を用ゐたものである。

さて、書紀の本書に、此の漢文句の後に、

故れ曰く、開闢之初《アメツチノヒラクルハジメ》に、洲壤《クニツチ》の浮び漂へること、譬へば猶游ぶ魚の水の上に浮かべるが如し。時に天地《アメツチ》の中に一物《ヒトツノモノナ》生れり、狀葦牙《カタチアシカビ》の如し。便《スナハ》ち化爲《ナ》りませる神を國常立尊《クニノトコタチノミコト》と號す。

とある如き、又一書に、

古、國稚地稚の時《クニワカクツチワカカリシトキ》、譬へば猶浮べる膏《アブラ》のごとくにして漂蕩《タダヨ》へり。時に國の中に物生《ナ》れり、狀、葦牙《アシカビ》の抽出《ヌケイ》でたるが如し。

とある如き、又古事記に、

國稚《ワカ》く、浮脂の如くして、久《ク》羅《ラ》下《ゲ》那《ナ》洲《ス》多《タ》陀《ダ》用《ヨ》弊《ヘ》琉《ル》時《トキ》に、葦牙《アシカビ》の如《ゴト》萠《モ》え騰《アガ》る物《モノ》に因《ヨ》りて、成りませる神の名は云々。

とある如きは、漢文に其の成句も見えないところから、これから以下のことは、純粋な日本思想を傳へたものと多くの人々に信じられたのである。然るに猶ほよくこゝに列擧せられる神々の名稱を吟味研究すると、それもまた大部分漢土の典籍に出處を見出すことが出來る。假令へば元始の神を天之御中主神と云ふのは、漢人が、元氣を包含して萬物の本源と考へてゐた、中宮、天極星、楊宗が物理論などに「北極《へ》天之中」と言つて居る其の思想と名稱とを取つたものである。それより以下八對の開闢神は、春秋命曆序（平田篤胤撰春秋命歷序考、全集卷六）に、

天地初立、溟涬而始芽、鴻濛、滋萠、歲起二甲寅一、元氣肇啓、有二天皇氏一、十二頭、號曰二天靈一、以二木德一王、萬八千歲、地皇亦十二頭、號曰二地靈一、興二于熊耳龍門等山一、萬八千歲、人皇九頭、乘二雲祇車一、駕二六提羽一、而出二谷口一日暘谷一分二九河一、依二山川土地之勢一、裁渡爲二九州一、謂二之九囿一、各居二其一一、因レ是而區別、各三千三百歲。

とある文より脱化胚胎したものと思はれる。例へば書紀に、高皇產靈、神皇產靈の二神に、皇靈の二字があるのは、天皇氏を天靈といひ、地皇氏を地靈といふ處から思ひついた名稱であつて、古事記にこれを高御產巢日神、神（御）產巢日神と書いてあるのは、皇靈の和譯名といふに過ぎない。天之常立、國之常立といふ名稱は春秋命曆序の冒頭に、天地初立の句から得た名稱に相違ない。本居氏などを始めとして多くの國學者が、此の常立の立を國語の尊稱たる槌（tuti）と解したのは、此の出典を知らないからの誤りで、此の常立はその文字の通りに解すべきものである。宇比地邇、須比智邇二神の名稱は、これを直ちに漢籍の中に求めることは出來ないが、これは恐らく淮南子の文で、書紀

も襲用してゐる「精妙之合摶易、重濁之凝塲難」の文句から考へついた名稱であると思はれる。而して宇麻志阿志訶備比古遲神の名は、命曆序の溟涬而始芽の文句より得たものに相違なく、豐雲野神の名は、同書に「鴻濛滋萠」の文を和譯したものとしか思はれない。更に角杙・活杙の二神と、意富斗能地・大斗乃辨二神が、何れも木に關係ある名稱であるのは、天地二皇氏が木德の神であるので、それを取つてつけたものと思はれる。從來の國學者が角杙の名を、角クムなどとしクムの義に解したのは、此の義を解せざるよりの誤である。淤母陀琉神、阿夜訶志古泥神の名は、此の神の容姿相貌の畏しき處から得た名であつて、春秋合誠圖に「伏義龍身牛首、渠肩達腋、山準日角、䖍目珠衡、駿毫翁鬣、龍唇龜茲、長九尺有一寸、望レ之廣、視レ之專」「蒼帝之爲レ人、望レ之廣、視レ之專、而長九尺一寸。」とあり、又拾遺記に、「庖犧長頭脩目、龜齒龍唇、眉有二白毫一、鬚垂委レ地、布二至德于天下一、元々之類莫レ不レ尊レ焉」とあり、孝經援神契に、「伏羲大目、山準日角、衡而連レ珠」とあるのが種子本となり、其の文意を取つて作り出した名稱に相違ない。

伊弉諾・伊弉冉二神の名稱が、二神の功德の廣大なるによつて得たものであることは、前に既に述べた通りであるが、此の推測の誤らないのは、伊弉諾尊が神功を畢へて、其の次第を天神に復命したとある書紀の記事を解決する爲めには、先づ淮南子の覽冥訓に虙戲氏女媧氏の功德を敍した處に、

考二其功烈一、上際二九天一、下契二黃壚一、名聲被二後世一、光暉重二萬物一、乘二雷車一、服二駕應龍一、驂二青虬一、援二絕瑞一、席二蘿圖一、黃雲絡、前二白螭一、後二奔蛇一、浮游消搖、道二鬼神一、登二九天一、朝二帝於靈門一、宓穆休二于太祖之下一、云々。（淮南鴻烈解卷六、九丁）

と見え、また漢武帝内傳に、

木公萬神之先也、亦云二東王父一、冠二三維之冠一、服二九色之服一、以二紫雲一爲レ蓋、以二靑雲一爲レ城、仙童侍立、王女散香、直僚僊友、巨億萬計、各有二所職一、皆稟二其命一、故得レ道者、名籍所レ隷焉、校二定功業一、上二奏元始一、稟二命於太上一也。

とあり、又他の處に、

木公生二於碧海一、理二於東方一、亦號曰二王父一焉、金母生二于神州一、理二於西方一、亦號曰二王母一焉、與二木公一共理二二氣一、而育二養天地一、陶二均萬物一矣、仙凡有二九品一、其昇天之時、先拜二木公一、後謁二金母一、受事旣訖、方得レ昇二九天一、入二三天一拜二太上一、勤二奉元始天尊一耳。

とある文などを參照するがよい。平田篤胤はこの東王父、木公の元始太上に復命するといふ記事は、神代に於いて大物主神が八百萬の神を率ゐて、天皇祖神に復命し給ひ、大物主として、無窮に事しろし食す趣《サマ》に似たるは謂あることであると說いてゐるが、(三五本國考、二十一丁)確かに伊弉諾尊が神功を畢へ、天神に復命して日之少宮に留まらせ給うたことは、淮南子の伏羲氏、漢武內傳の木公が元始太上に朝宗して復命したことに同じく、尊が日の少宮に留まるといふのは、淮南子に伏羲が帝に朝して太祖の下に休したとあるに當ることである。それ故に書紀に伊弉諾尊が天神に報命したといふその天神は天之御中主神に相違なく、而して天之御中主神は淮南子の太祖、內傳の元始太上、元始天尊に當り、伏羲氏、木公は皇產靈神卽ち伊弉諾尊に當るのである。

かやうに考察して見ると、春秋命曆序の天皇氏は淮南子の伏羲氏、內傳の木公に當り、春秋命曆序の地皇氏は淮南子の女媧氏、內傳の金母に當る。而して天皇氏、伏羲氏、木公は、我が開闢神の陽神八柱に、女媧氏、金母、地皇氏は陰神八柱に該當するものと定むべきである。

さて命曆序によると、天皇氏、地皇氏は各十二頭とあるが、これは如何に解釋すべきものであるか。漢儒の或る者はこれを十二人とし、或る者はこれを兄弟十二人と考へてゐるが、それが果して正鵠を得たものであるか。拾遺記によると、

春皇者、庖犧之別號、所レ都之國、有二華胥之洲一、神母遊二其上一、有二青虹一、繞二神母一、久而方滅、卽覺レ有レ娠、歷二十二年一而生二庖犧一……、以二木德一稱レ王、故曰二春皇一、其明叡照二於八區一、是謂二太昊一、位居二東方一、以含二養蠢化一、叶二于木德一、號曰二木皇一。

とある。庖犧氏が十二年で生れたといひ、天皇氏・地皇氏の頭が十二あつたといふ其の十二の數は必ずや同一の觀念から案出せられたものと思ふ。さうしてそれが一年を爲す十二ヶ月の觀念から來たのでないといふのは、庖犧氏が十二年で生れたとあるので推される。然らば此の十二といふ數は何處から來たのかといふと、恐らく五星の中の木星の週期が十二年である處から案出した數に相違ない。漢土の五行說によると、天の五星が地上に降りては木火土金水の五元素となつて現はれるとされてゐる。さうして此の五星は天地の五方を司るが、その中で東方を支配するものは木星であつて、漢土にてはこれを歲星と謂ふ。歲星は萬物の發生を司る神であるから、大昊、伏羲氏も、天皇氏、木公

も、此の星を人格的に表現したものに過ぎなく、我が國の開闢神に於いては、それが皇產靈の神にあたるのである。それ故に天皇氏地皇氏が各〻十二頭あるといふのは、木星が天を一週するに十二年かゝる處から、其の一年の過程を一頭と見て、十二年に運化が結了完備せられる意を取つて、十二頭と書いたものである。また拾遺記に、庖犧が神母の胎内に十二年の間這入つてゐて、それから生れたといふのは、木星が天を一週するに因つて、その運勢が完結せられるのを比喩的に云ひ表はしたものである。言ひ換へれば、庖犧が完全なる人間の形體を取るまでに、一年づつ漸次發達して十二年目に形相の具足した人物となつて生れて來たといふ意である。我が國の開闢神が、最初に皇產靈といふ靈體の神であるのが、漸次天地となり、國土となり、草木となり、遂に相形圓滿の人體を具備する伊弉諾、伊弉冉の二神になつた趣になつてゐるのも、畢竟するに木星が十二年の間に、運行を進めて往つて、遂に天を一週することを表はしたものである。漢土でこれを表はす爲めに、天皇氏地皇氏を各〻十二頭とし、庖犧氏は母胎に十二年宿つたとなつてゐて、何れも木星の週期の數を表はしてゐるのに、我が開闢神に於いてそれが八對の神となつてゐるのは、我が聖數が八である爲めである。

かやうに解釋して來ると、我が國の開闢神が八對の神で、二並づゝ都合十六柱といふ多數の神となつてゐるといふ根本の理由は說明せられたと思ふ。此の十六柱も、實は陰陽の二神に排列せられるから、偶生の八神となり、此の八神も陰陽二神即ち皇產靈二柱神の顯現發達に過ぎないので、結局は二神になるわけである。それ故に開闢神に八對あるのは、宛かも天皇氏地皇氏が各十二頭あるのと同一である。此の八對の神は皇產靈の變化屬性を表はしたもので、その本體は一身に過ぎないのである。一身で十二頭であつたといふ表現法は、開闢神の場合にはそのまゝこれを模倣してはゐないが、他の處に此の筆法を採用してゐると思ふ。それは春秋命曆序に天地の二皇を十二頭とし、人皇を九頭としてゐる。これは身一つにして頭十二乃至九あつたといふ表現法である。十二は木星の週期で、九は支那の國土を九州に分けたその數に當るのである。神代史によると、伊邪那岐、伊邪那美の二神が大八洲國を御生みになつたとき、その中で、四國と九州の國を表はした處に、此の二島は各身一にして面四つありと云つてゐる。これは明かに二皇の十二頭、人皇の九頭を眞似た言ひ表はし方で、彼れに頭とあるのを此に面と變へたまでである。

九、結言

以上我が開闢神に關する卑見を概括すると、天之御中主神は漢土の元始天尊に當り、産靈二神は伏羲と女媧、木公と金母に當る。更にこれを概括すると、開闢神構成の思想に木星崇拜の觀念があり、なほそれを溯つて考へれば、それは樹木崇拜に淵源するのである。その證據に高皇産靈神の一名を高木神と稱するではないか。

高木神のことは從來の國學者に全く等閑視された神名であるが、余輩は更に題を改めて、此の神のことを論述して見ることにする。

第二章　高木神に就いて

神代史の中に高木神といふ特殊の神名が記し出されてゐる。日本書紀には見えないが、それが高御産巣日神の別稱であることは、古事記の神代巻に「是高木神者、高御産巣日神之別名也」とあることにより明白であつて、從來異論のない所である。併しながら、何故に其の高御産巣日神を高木神と呼ぶかの理由に至つては、まだ十分な解釋が與へられてゐない。只僅に、高木の「高」は、高御産巣日の高に同じく、木 gi は具比 gu-bi の切音であつて、角杙神・活杙神の「杙」に同じい。そして此の杙は具美 gu-mi とも通うて、其の活用形は角ぐむ・芽ぐむ等の gu-mu である、これ等は何れも草木の生ひ初め、芽し初めることを云ふ辭であるから、結局産靈と同意である、と云ふやうな解說が德川時代の學者によつて爲されてゐるが、これ等は、前代の學者に、慣用的な一種牽强附會の語源解釋に基づいたものであつて、今日の學界では多く顧るに足らない說である。自分は寧ろ漢字の表現通り、高木神とは高い木の神の意に解すべきであらうと考へる。「高木」が斷然借字ではないとすると、それでは何故にそれが、高御産巣日神の別稱となつたか、と云ふことは、可なりの難問性を帶びて來るが、それに就いては次のやうな觀察が展開されるであらう。

一　天地創造の開闢の八對神

第一に神代史の開闢篇を見ると、其の劈頭には創世神・開闢神十七柱の名が列記せられてゐる。卽ち古事記に據ると、天地初發の時高天原に成りませる神として天之御中主神を最初に擧げ、以下伊邪那岐神・伊邪那美神まで、別天神五柱、神世七代の神十二柱を算へてゐる。此の十七柱の中で天之御中主神は元始の神であるから、それが記されてゐる如く「獨神」である事に異論はない。ところが古事記は其の次に、高御産巣日・神産巣日二神の出現を報じて、「此三柱神者、並獨神成坐而隱レ身也」と記録してゐる。以上が所謂造化の三神であるが、これ等の三神は皆獨神であつたと云ふ記述に從ふならば、何れも耦神ではないのであつて、隨つて三神共に、御子神の在るべき理由はないのである。然るに、その後の記事に據ると、天孫正勝吾勝勝速日天忍穂耳命が、高天原から豐葦原中國へ降臨せよとの御命令を受けて、その準備をしておいでになる間に、御子が生れ坐したので、代つてお降しになつた、それが天津日高日子番能邇邇藝命である、とあつて、而も「此御子者、御二合高木神之女、萬幡豐秋津師比賣命一生子」と明記されてゐる。これで見ると、高御産巣日神卽ち高木神には、明かに御子神が坐した事となるのみならず、更に日本書紀には、少彦名命をも高皇産靈尊の御子神とし、それは高皇産靈尊の所産兒凡て一千五百座の中、「一兒最惡、不レ須二教養一自二指間一漏墮者」であるとしてゐるのである。既に御子神があつたとすれば、古事記劈頭の「獨神成坐」とある記事とは明白に矛盾する。卽ち此神は耦神の一であつて、これと對を成す女性神が無ければならぬ事に歸する。そこで其の對偶神を神代史上に求めると、高御産巣日神と恰も相並んで記されてゐる神産巣日神が、名義の上から考へても、それであらうと思はれる。然るに之を各〻獨神と立てて、天之御中主神と共に造化の三神と算へ、別天神中の三代と立ててゐるのは甚だ解釋が當を得てゐないと云はねばならぬ。

さて、開闢神十七柱の中で、對偶性の最も顯著に認められるのは、最後の伊邪那岐・伊邪那美の二神であらう。これは古事記に於いても明かに耦神の形を取られてゐる上に、其の神名から見ても、一は男性神、他の一は女性神である。此の伊邪那岐・伊邪那美二神は、日本書紀では伊弉諾・伊弉冉と書かれてゐる。普通には之を iza-na-gi, iza-na-mi と讀み習はしてゐるが、果して伊邪をイザと發音したかどうかは疑問であつて、祝詞、延喜式神名帳等には、伊射又は伊佐と書いてゐる所から考へると、イサと讀むべきだとの說もある。さすれば、伊邪那岐・伊邪那美はイサナキ・イサナミであつて、ナは書紀通釋（卷之二）に從ふと、テニヲハのノの轉化であるから、結局 isa-no-ki, isa-no-mi である。卽ちイサナは兩神に共通であつて、これにキ又はミを附けて男女兩性を別つたに過ぎない。そこで此の觀點からすると、高御産巣日・神産巣日の二神にも産巣日 musu-bi が共通で、その一神に「高」他の一神に「神」を附けて兩性を別つたのであると見ることが出來る。故に神名から考へても、伊邪那岐・伊邪那美兩神が耦神ならば、高御産巣日・神産巣日の二神も亦耦神であるとせねばならぬ。

そこで考へられるのは、神代史の初めに掲げられてゐる開闢神十七柱の中で、最初の天之御中主神は、單に御名の上のみから見ても、天中に坐す元始絕對の神であられるのだから、當然に獨神であつてよいが、其の次後の十六神は、何れも耦を成してゐる神々ではないか、と云ふ事である。此の考へに據ると、高御産巣日・神産巣日神以外の十四神も亦、左記の如く互に耦神關係に立たれる事となる。

天之常立神
國之常立神
宇麻志阿斯訶備比古遲神
豐雲野神
宇比地邇神
妹須比智邇神
角杙神
妹活杙神
意富斗能地神
妹大斗乃辨神
淤母陀琉神
妹阿夜訶志古泥神
伊邪那岐神
妹伊邪那美神

古事記では、是等の對偶神を、或は其儘の關係に存置し、或は引離して單獨とする樣な排列法を取つて、天之御中主神の外、本來對偶神でなければならぬ高御産巣日・神産巣日の二神を何れも獨神とし、之を造化の三神と算へ、次に宇麻志阿斯訶備比古遲神と天之常立神とを何れも其の對偶關係から引離し來つて、加へて合計五柱を別天神と稱し、更に後に取殘された國之常立神と豊雲野神とを、これ亦各一代の獨神と立て、爾餘の五組の神々を算へて、加へて神世七代と稱してゐるが、要するにこれは三・五・七を聖數として尊ぶ支那流の思想から出たものであつて、日本的な數へ方としては甚だ不自然且つ不合理である。三・五・七の三數は、何れも奇數・陽數であつて、支那では古來吉數としてゐるが、三と五とは兎も角として、我國では七を吉祥の數に入れることが出來ない。隨つて此の數は神祇に關して用ふべきではないのである。日本固有の分類法としては、天之御中主以外十六柱の神々は、どうしても二柱づゝが pair を成してゐる八組の對偶神でなければならぬのであつて、即ち其の組合せは、前示の如く、例へば、天之常立神に國之常立神を配し、宇麻志阿斯訶備比古遲神に豊雲野神を配すると云ふ風に、一個の陽神があれば必ずこれに correspond する陰神があつて、十六柱の神々が、それぞれ二柱づつ八組の對偶關係を形成すべきである。此の組立ならば、我が國俗では古來二も八も共にめでたい數であるから、それでこそ日本の神典にふさはしい original な現し方である。支那思想にかぶれて、七・五・三の三段に組合はせた排列は、何としても當を得てゐない。

そこで右の如くに觀て來ると、我が神代史に書き出されてゐる十七柱の開闢神は、天之御中主神を別として、二柱宛八組の對偶神にまで縮少されるのであるが、それでも猶ほ天地創造の開闢神としては甚だ多數に過ぎる。嚴格に言ふならば Creator は唯一神か又は唯一對神たるべきであつて、基督教の聖書では明かに一神である。我が國の如く八對神を算へると云ふやうな事は世界に於ける他の國の神代史上に絕えて例を見ない所である。さればこれは、一見甚だ不思議な事のやうであるが、日本書紀及び古事記の何れを見ても、開闢神十七柱の多くは、只其の名が傳へられてゐるばかりで、實際の業績については殆んど記錄されてゐるものがなく、現實に國土山川河海を生み、草木を生み、諸々の神たちを生れたのは、最後の伊邪那岐・伊邪那美二神である。故に予は八個の pair は只發達の徑路を示すもので、實は一組の男女神としての伊邪那岐・伊邪那美二神が代表的なものであると思ふ。卽ちこれを柱に譬へるならば、八組の開闢神は八角の柱の各面を意味し、全體から觀れば、其れ等の各〻は、屬性 attribute であり、決して其處に獨立の八組が存したのではないのである。卽ち予は、天之御中主神以下、開闢神十七柱の神系を左記圖表の如きものと觀察する。

改定系圖表

Ⅰ　天之御中主神

Ⅱ　陽神

1　高御產巢日神
2　天之常立神
3　宇比地邇神
4　宇麻志阿斯訶備比古遲神

Ⅲ　陰神

1　神產巢日神
2　國之常立神
3　須比智邇神
4　豐雲野神

5 角杙神	5 活杙神
6 意富斗能地神	6 大斗乃辨神
7 淤母陀琉神	7 阿夜訶志古泥神
8 伊邪那岐神	8 伊邪那美神
（以上實は一柱）	（以上實は一柱）

二　高御產巢日神、神產巢日神は高木神の別稱

さて、以上に述べて來た天之御中主神、並に二柱づつ八組の耦を成してゐる十六柱の開闢神は、之を神名の上から考へると、先づ天之御中主神は天中の神であつて、別に說くべき仔細もないが、就中最も問題性に富んでゐるのは、高御產巢日神と神產巢日神とである。從來の解釋では、「高」も「神」も美稱であつて、「產巢日」が中核たる名であり、ムスは生產、ビは靈妙の働きであつて、奇靈（クシビ）の靈と通ずる、故に生產する靈的な働きそれがムスビである、日本書紀に之を產靈の二字で現してゐるのもその表意であるとするのが通說である。これでも確に說き得てゐるのであるが、予は今一つ別個の側面から說を出して見たい。先づ產靈 musubi と云ふ語と最も密接な聯絡を持つ語を他に求めると、魂 tamasihi (tamasipi) がある。此の魂といふ語にも、從來まだ適當な解釋を與へられてゐないが、tamasipi の tama は之を更に分解すると、ta は prefix であつて、ma が root である。此の ma は mi 卽ち實であつて、生成の力の根源的存在である。例へば草にしても木にしても、其の生みの力の根源は實 mi にある。枝葉

は枯れ、根幹は朽ちても、實 mi さへあれば再生することが出來る。ところが此の mi が轉じて ma とも mu ともなる。其處には母音の變化があるが、根本の意味は同じであつて、卽ち植物にあつての mi は人にあつての tama である。次に又此の mi が變化して mu となつたものに接尾辭 su を加へれば動詞 musu（產す）であり、接頭辭 u を加へれば動詞 umu（生む）である、斯ういふ風に、ma, mi, mu は同じ事であつて、根本的な意味は通じて皆「實」にある。tama といふと、別個の語の如くに思はれるが、前にも述べた如く、ta は單なる接頭辭に過ぎないのであるから、やはり其の本義は實（mi）である。それでは次の sihi（sipi）はどうかと云ふに、これも si と hi（pi）との二つに分解して考へると、si は su と同轉の語であつて、スダマ su-dama スハダカ su-hadaka 等の su であり、稻の事をsi-ne とも云ふ場合の si である。故にこれは結局、次に來る語幹を强める爲めの prefix であつて、sihi（sipi）にあつては、hi（pi）が root である、卽ち靈妙の作用である。そこで此の sihi（sipi）と tama とを合せて熟語の形にすると、生成する靈力（生活力）の奇靈の働きである。つまり實（mi）が持つてゐる靈妙な生產力の作用である。

そこで魂（tamasihi）に關する右の如き解釋が許されるとすれば、當然に「魂」も「產巢日」卽ち產靈も同じ事でなければならぬ。之を單に語形の上から見ても、musubi に接頭辭 ta を附けた tamusubi は tamasihi と相酷似してゐるのであつて、古來ムスビの語を表すのに產巢日・產靈と書く外、往々「魂」字を代用する理由も玆に存するのであらう。斯樣に、產巢日と魂とは只漫然と見ると甚だ緣遠い語のやうであるが、內部的には甚だ深い關係を有するのみならず、音聲上からも緊密な類似點を具へてゐることが現證せられるのである。予は此の點から產巢日神の神名を解釋するのも亦一方法であらうと考へるのである。さて、以上の如くに見て來ると、高御産巣日神も、要するに其名の原づく所は靈魂である。魂靈である。古くは之を産靈の字で表現したが、何れにしても偉大なる生産力を持つた Soul である。大 Seele である。故に之を只其の神名の上のみから云ふと、靈魂だけでまだ形を成してゐない。まだ何等生成の作用も現してはゐられないのである。我が神代史に、宇宙の太初には未だ天地の剖判もなく、たゞ渾然たる靈妙の氣魂のみが遍滿して之を産巣日神と稱へた、といふ意味の事を記してゐるのもそれである。

ところが、其の靈魂が分れて天地となると、玆に天之常立神・國之常立神を生じ、次には砂土の神としての宇比地邇・須比智邇の二神が生れられた。賀茂眞淵に從ふと、宇比地邇とはウキヒヂの略語で、浮く土の義を有し、須比智邇とはスツヒヂの略語で、沈む土の義を有する。古事記の所傳では、宇比地邇・須比智邇の兩神以前に、天之常立神、國之常立神を挾んで、宇麻志阿斯訶備比古遲神・豐雲野神の二神がゐられた事に成つてゐるが、宇麻志阿斯訶備比古遲の宇麻志は讃美の語で「甘し」、阿斯訶備は「葦牙」、比古遲は「彦父」或は「彦舅」で男子の美稱であるから、これは物が葦芽の如く抽出する形に基づいた名であり、豐雲野神の「豐」は美稱、「雲」は芽ぐむ、角ぐむなどのクムの轉で、畢竟苗芽の豐榮に生える狀態を以つて名づけたこと、本居宣長の解說の如くであるとすれば、二神共に草木の盛に萠え出でる生氣を神としたものでなければならぬ。果して然らば草木の發生して繁茂する前には、其の培養苗床となるべき沙土が豫め發生してゐねばならぬ。此の事から考へると、天・國卽ち天地兩常立神の次に位置せられるのは、當然宇比地邇・須比智邇の二神たるべきである。そこで予は古事記所傳の順序を後世的な語り違ひであると觀て、此の兩神を第三位に据ゑたのである。次に第四位は宇摩志阿斯訶備比古遲神と豐雲野神とで、是は草木の神であるが、第五位は角杙・活杙の兩神で、共に柱の神であり、之に次いでは大殿を名に負ふ殿堂の神の意富斗能地神と大斗能辨神とが出現された。チは男性、べはメの轉音で女性神を示す。そして其次は人間の形相を取つて圓滿具足相の淤母陀琉（面足）神と、其端嚴あな惶やと仰がれる阿夜訶志古根（惶根）神が出現され、最後に伊邪那岐・伊邪那美二神が現れて、肇造の神功を成就されたのである。

斯の如く天之御中主神から伊邪那岐・伊邪那美二神までの間には種々の神があつて、結局八組を記録することが出來るが、それ等は只神業發達の順序を示すものであつて、實は一組の神の働きである。故に高御產巢日神も伊邪那岐神も實は同一神であつて、兩者の間には何の違ひもないのである。勿論、其の餘の神についても同じ事が言へるのである。そこで此の事を前提として考へると、高御產巢日・神產巢日の二神と其の名號に於いて最も深い親緣を持つ神に角杙・活杙の神々がある。此の神名の中にある杙の字を從來はクミの轉と見て、角ぐむ、芽ぐむなどのクムと同じと解して來たが、强ひて持つて廻つた解釋をするまでもなく、杙は書紀に橛又は檝なりとあるやうに、杭である、柱である。活杙であるから活きたる杭、角杙は角ある杭で、結局柱の神である。そしてかく活杙・角杙の神が柱の神であると云ふことは、當然に高御產巢日神の別稱たる高木神の名を聯想させる。

世界の諸民族を通じて樹木崇拜が古く行はれたのは周知の事であるが、それは我國にもあつた。神を算へるのに柱を以つてする根據も其處にある。最初には立木・生木を其のまゝに神として拜んだのが後には柱を立ててこれに代へ、柱を神の棲處とし、神代として崇拜するに至つた結果が、遂に神を幾柱と算へる慣例となつて殘つたのである。されば角杙・活杙といふが如く杙を以つて名とする神があるのも怪しむを要しないであらう。ところが是等の神々が杙を以つて名とするに對して、直接に木を以つて名とするのが高木神である。卽ち此の方が活杙・角杙の神々よりも原本的であつて、古代人は樹木の生育繁茂に奇靈の力を感じ、生産發達の氣に神を認めて、樹木それ自身を崇拜した。そしてそれは高く聳えた巨大な樹木ほど一層強くその威力を感受した。玆に高木神崇拜の根源が存するのである。此の巨樹崇拜の痕跡は現代にもなほ殘つて、大和或は伊豆其の他にも見られるが、それが後には一歩を進めて、樹木それ自身が神ではなく、神魂は別に在つて、樹木は其の神の棲處であると考へられるに至り、更に後には、生きた木の崇拜から轉じて、人工的な柱を以つて神の憑依料とするに至つて、玆に角杙・活杙の神を生じたのである。柱に神を認める事となると、やがてそれは殿堂に神を認める事に進んで、玆に又、殿を其の名に含む意富斗能地神・大斗能辨神を生むに至つたことは、既に述べた所の如くである。かうなると、最早、柱が神の棲處ではなくして、殿堂が神の棲處であり、後代の信仰狀態と合致するのである。故に今日から考へると、高木神と云ふが如き神名は如何にも理解し難いものであるが、殿堂に神の鎭在を認める事から逆に、杙卽ち柱に神の憑依を信じた時代、生きたまゝの樹木に神を認めた時代と次第に遡つて考へるならば、高御産巣日・神産巣日が高木神の別稱を取る事は、これ亦決して怪しむに足らない所であつて、斯く考へる事によつて、從來難解であつた高木神の名の原由も易々と解けると共に、更にそれに關聯して、これ亦古來難解とされたカムロギ・カムロミの語意も解釋されるのである。

三　神漏伎・神漏美・神籬の語意

此の解釋は先づ神籬の解釋から進むのが便宜であらう。神籬卽ち Himorogi といふ語の解釋については從來種々の說があるが、初めの Hi は只後續の語を强める爲めの敬稱的接頭辭で、格別深い意味はない。恰も hiko（彥）hime（姬）、hokora（洞）等の hi, ho と同じである。次の moro は muro（室）、ki は樹木であつて、卽ち語全體に於いては靈なる室木の意である。樹木それ自身に神の棲處を認める思想の表現であると見るのが最も正しい解釋であらう。これは旣に學界の定說となつてゐる所であつて、予が事新らしく說くを要しない事であるが、而も此の himorogi といふ語に酷似してゐて今なほ定解を得てゐないのが、kamurogi, kamuromi の語である。

この語は神漏伎・神漏美・神留伎・神留彌、或は賀味魯岐・加味魯彌などと書いて、祝詞には 皇親神漏伎神漏美命云々とあり、一般に高御產巢日・神產巢日の二神を初め伊邪那岐神・伊邪那美神、天照大神及び其の他の尊貴な神の汎稱とされてゐるが、而も其の語義に至つては今までに殆ど解かれてゐない。種々の說は出されてゐても多くは只皮相を摩するに止まつてゐる。大槻博士の『大言海』（一の七〇〇頁）には、之をカミロギと讀んで、「ろハいろノ約（母《イロハ》、兄《イロエ》）、親シミ云フ語、ぎハ男神ノ稱、かみろみト云フみハ女神ノ稱ナルベシ。いざなぎノ尊（男神）いざなみノ尊（女神）ノ如シ」と解してゐるが、前半カミロの解は當を得てゐない。予は kamirogi 又は kamurogi を以つて ka-mu-murogi の省略語と想定する。kamu は云ふまでもなく「神」であつて美稱、次の muro は himorogi の moro と同じく室、最後の gi, mi は、男・女であつて、一は男性神の稱呼、他の一つは神聖女神の稱呼であること、伊邪那岐・伊邪那美の岐・美と同じく、この點は大槻博士の解釋が當つてゐるのである。kamu-murogi を kamurogi と一音を略したのは、mu 音の重複を避けたのであつて、これは恰も神產巢日の御名が本來は kamu-mimusubi であるのを略して kamimusubi と呼ぶのと同例であらう。

そこで以上の如く解すると、kamu-murogi も Himorogi も全く同じであつて、神聖なる木の室それが himorogi であり、神聖なる木の室の神それが kamurogi, kamuromi である。言ひ換へれば木それ自身が神の室であり、その神は卽ち神漏伎・神漏美である。高御產巢日神・神產巢日神が高木神と呼ばれる理由は玆に至つて頗る顯著になつて來るのであつて、其の木室の神に各〻男女の性を配したものが、卽ち神漏伎・神漏美である。故に神漏伎と云へば、それは當然に高木神たる高御產巢日神の事である。勿論前にも述べた如く、高御產巢日神以下八組の耦神は、その間只發達があるのみで、元來同體であられるのだから、神漏伎の稱を伊邪那岐神に應用しても差支へのないわけであるが、伊邪那岐神は既に人間の形相を取られた神であるから、嚴密に言へば、神漏伎・神漏美の稱は、高木神たる高御產巢日・神產巢日の二神に限つて用ゐらるべきであつて、それ以上に擴延するのは稍〻度を過ごした感じがする。隨つて天照大神に神漏伎・神漏美の語を及ぼし奉るべきではなからうと考へる。

四　天照大御神の天石屋戶御幽居の場合の高木神

以上に於いて予は何故に高御產巢日神が高木神の別稱を以つて呼ばれるか、同時に又、神漏伎・神漏美として呼びかけられるかの理由に就いて考察を述べたが、更に次には稍〻異なつた視角から此の高木神の行動に觸れて觀察した所を述べて見たいと思ふ。

古事記の記述に從ふと、伊邪那岐神が黃泉國を訪うて歸り、其の汚穢に觸れたことを厭うて、筑紫日向の橘小門の阿波岐原で禊祓をせられ、その時色々の神を化生された最後に三貴子を生まれた。三貴子とは卽ち、第一に天照大御神、次に月讀命、建速須佐之男命であらせられる。それで伊邪那岐命は大いに歡喜されて其の御頸珠を天照大御神に賜ひ、「汝命者、所㆓知高天原㆒」と事依し賜うた、とあるが、更に日本書紀は之に漢文的潤飾を加へて、「吾息雖ㇾ多、未ㇾ有㆓若ㇾ此靈異之兒㆒、不ㇾ宜㆔久留㆓此國㆒、自當㆘早送㆓于天㆒而授以㆗天上之事㆖」と詔して天上にお封じになつたと記してゐる。卽ち是等紀記の記事に據つて考へると、天上高天原は天照大御神の御支配處である。隨つて高天原の主宰者は絕對に天照大御神であらせられる。天照大御神のみが至尊無二の御方であらせられる。故に書紀に就いて見ると、高天原に於ける最高最要の御命令は、常に大御神獨自の御名に於いて發せられてゐる。高皇產靈尊も準備的副的な神業に就いては屢〻重要な行動をしてゐられるが、例へば天孫降臨の御時に下し給ふ神勅の如きは、大御神の發せさせ給うたものである。ところが古事記には、それが「爾高御產巢日神・天照大御神之命以」「是以高御產巢日神・天照大御神、亦問㆓諸神等㆒」或は「天照大御神・高木神之命以」と成つてゐて、天孫御降臨に際しての御命令も兩神の御連名であるので、若し之を粗雜に見ると、或は二神が相並んで天界を御支配になつたのではないかとの誤解に陷るものがあるかも知れないが、云ふまでもなく眞の御主宰神は大御神御一人であつて、高木神卽ち高御產巢日神は、祖神であらせられる爲め、神業御輔翼の意味で活動されたまでである。併し何れにしても高木神が、天照大御神に亞ぎ奉つての貴い神であられた事は、確であつて、其の事は高天原の重大事に當つて屢〻諸神に命令し、或はそれ等を指導してゐられるので明かである。ところが茲に考へなければならぬのは天照大御神の天石窟御幽居の場合である。

これ亦古事記の記述に從ふと、此の時、天照大御神は、御弟速須佐之男命の餘りに甚だしい御亂行を見畏んで、天石屋戸を閉てて御籠居になつたので、天地悉く常闇の狀態になつた、そこで萬神は、神集ひに集はれて、思兼命の發意で、鏡・玉を作らせ、天香山の五百津賢木を根ながら掘り取つて來させ、其の上枝には八尺瓊勾珠、中枝には八咫鏡、下枝には和幣を懸垂して、布刀玉命が之を捧持し、天兒屋命が祝詞を奏し、此の二神が主人役となつて、天宇受賣命に踊らせて騷ぎ立てた、それで天照大御神が不思議に思召して、天石屋戸を僅に開いて窟外を覗かせ給うた時に、天兒屋命と布刀玉命とが其の賢木に附けた美しい鏡をお示し申上げたので、大御神は愈〻奇しく思召して彌〻御身をお乘出しになつた、それを戸の陰に隱れてゐた天手力男神が引出し奉つたので、天地は再び照明を得、萬神悉く喜び合うた、と云ふのであるが、此の一段の出來事に於いて最も注意せらるべき問題は、斯かる重大事に際して高木神卽ち高御產巢日神が何處にゐられるのか、其の所在が分らない事である。卽ち古事記には「高御產巢日神之子思金神云々」と僅に其の名が揭げられてゐるに止まり、日本書紀も亦同樣である。高天原の重大事には必ず現れて發令の位置に立つてゐられる高木神が、此の場合に限つて姿を見せてゐられない理由は何處にあるのか、問題の重要性は其の點に懸つてゐるのである。そこで予の考へでは、事に當つて神々が天香山から根ながら掘り取つて來て立てたと云ふ五百津眞賢木こそ卽ち高木神自身であつて、高御產巢日神は其の木に住まはれてゐるのである。故に其の眞賢木には生々の氣があつて、深く籠つてゐる物を引き出す力があり、その生々の力が天照大御神の御心を動かし奉つて、遂に天石窟からの御出座を拜したのであると思ふ。卽ち此の意味に於て高木神は、高天原の重大事變に際して姿を見せられないのではなく、實に重要な役目を勤めてゐられるのである。それでは何に依つてそのことを證明するかと云ふと、先づ古語拾遺には、天照大神の天石窟御幽居の時、思兼神の議に從つて石凝姥神に日像鏡を鑄させた所が、初度の鑄造品は其の意に適せず、次度の鑄造品は其の狀美麗であつて、恰も大神の光華明彩なるが如くであつたので、之を天香山から掘り取つて來た五百箇眞賢木の中枝に懸けて招禱し奉つたとあつて、其の鏡のことを記した下註には、「是伊勢大神也」とある。既に日像鏡といひ、又、後に伊勢大神の御靈體となつたと云ふので、それが天照大御神の尊い御姿に象り奉つて謹作したものたることは明白であるが、果してさうであるならば、今一方の高貴な神であられる高御產巢日神を象つた物もなければならぬ。予はそれが卽ち諸々の神によつて天香山から掘り取つて來られた眞賢木であると思ふ。而も其の眞賢木は尋常の木ではなく、大日輪に擬して作られた偉大なる鏡を懸垂するに足る所の高く天空を突いて聳立する大木であつたに相違ないと思ふ。卽ちこゝにも高木神の名の由つて生ずる因緣が存するのである。

ところが此のことは更に天孫降臨の御時の神籬持降りにも關係して來る。hi-morogi が、高木神卽ち高御產巢日神の更に別稱を爲す所の ka-murogi と相關的である事は、既に注意した所であるが、紀記の神代の巻に據ると、天孫降臨の御時には、天照大神が「其遠岐斯八尺勾璁・鏡及草那藝劒」と三種の神器を授け給うた中にも殊に鏡を重んじて、「吾兒視二此寶鏡一當レ猶レ視レ吾、可三與同レ床共レ殿以爲二齋鏡一」と仰せられたのに對し奉つて、高皇產靈尊は「吾則起二樹天津神籬及天津磐境一、當爲二吾孫一奉レ齋矣、汝天兒屋命太玉命宜下持二天津神籬一降二於葦原中國一、亦爲二吾孫一奉上齋焉」と勅して、天兒屋・太玉の二從神に Himorogi を手づから賜はつてゐる。此の高皇產靈尊の神勅の前半、「吾則云々」の下には天津神籬及天津磐境とあり、後半「汝云々」の下には天津神籬とのみあるが、天津磐境は天津磐座と同義であつて、Himorogi を植ゑ立てる所として岩石で積み立てた座を稱し、後に「磯城神籬」といふ磯城と同物である。ところが之に對して Himorogi は運搬に適するものであるから、高皇產靈尊卽ち高木神は、之を御自らの形代として天兒屋・太玉の二神に授け、葦原中國に持ち降らしめられたのである。これは、天照大御神が、「如レ拜二吾前一伊都岐奉」と勅して日像鏡を賜うたのと同じく、高木神も亦自らに模した Himorogi を授けて祭らしめ給うたのであつて、卽ち天孫瓊瓊杵尊は、天照大御神・高木神御兩神を奉じて此の葦原中國に降臨せられた事となるのである。されば、靈鏡と神籬とは、二つながら共に重要なものであつて、葦原中國を榮えに置き、五穀の生產を豐饒ならしめて、蒼人草を幸福平安に生活せしめるためには、此の二靈寶の力を必ず仰がねばならぬのである。既に天孫降臨の御時に持ち降られた Himorogi が高木神の形代たること明瞭であるとすれば、これと同似的で而も亦根源的な天石窟の時の眞賢木が、高木神であることも爭ひの餘地がないであらう。

五　穀物に關係ある天兒屋命と太玉命

以上記した所によつて高御產巢日神が何故に高木神と呼ばれたかの理由は略ぼ明白にされたことと信ずるが、なほこれに因んで附隨の說明を加へて置く必要があるのは、此の高木神の神籬の事を掌る上に重要な働きをしてゐる天兒屋・太玉二神の事である。天兒屋命は中臣連の遠祖、太玉命は忌部首の遠祖であつて、いつも神事の儀式には右の二神が重要位置を占め、兒屋命は太祝詞を宣べ、太玉命は神籬を捧持する役を務めてゐるが、其の所役はそのまゝ子孫にも傳承されて、中臣氏は代々中臣壽詞を奏し、忌部(齋部)氏は代々式場の裝飾に當る例である。而も斯くばかり神事に重要關係を持つ天兒屋・太玉二神の神名の意味については、從來まだ何人も解釋を與へたものがないのは不思議な事である。予の考察した所に據ると、此の兩神の名は何れも五穀の豐饒に關係を持つものであつて、既に神籬を葦原中國に持ち降つて之を祭る事が五穀の豐饒に重要關係があるとすれば、そのことを掌る神々の名も亦同一關係に立つのが至當であらう。そこで其の意味に從つて解釋すると、先づ天兒屋命の「天」は尊稱で、次の兒屋 koyane は音の上のみから觀ても koyone である。小さい米である。その koyone の yo が轉じて ya となつたまでであつて、穀物其のものの名が神名となつてゐるのである。故に其の遠孫で神武天皇の御代に神籬の祭祀を掌つた者の名も、やはり穀物に關係の深い天種子命と云ふのである。これは一見して穀物の種を名としてゐる事が分るのである。これから考へても、兒屋命が小米命であることは明白であるが、此の小米命の「小」と對稱を爲すものが「太」字を冠する太玉命である。恰も少彥名命に對して大已貴命があるのと同じ關係である。次に太玉の「玉」は何を意味するかと云ふと、これは珠玉ではなくして穀物の種子の玉である。故に天兒屋命も太玉命も、兩神共に穀物に關する神であつて、之を大小と對立せしめられるのである。さすれば、書紀の一書に、天孫降臨時、天照大神が特に此の二神に神勅を下して、「以二吾高天原所一レ御齋庭之穗一亦當レ御二於吾兒一」と仰せられたと記してゐるのも偶然ではないと云はねばならぬ。

第二篇　諾冉二神の大業

第一章　天之御柱

一　磤馭盧嶋を天之御柱とする説と天《ノ》沼矛を天之御柱とする説

國土諸神を生成する資格を有する創造神は、天之御中主神から後に現はれた八對の神々にあらせられたが、實際これを生成せられた神は諾冉二神とせられてゐる。さうして此の大業を爲し遂げられる際に行はれた儀式作法は古事記にはかうかいてある。

是に天神諸《モロモロ》の命《ミコト》以ちて、伊邪那岐命伊邪那美命二柱の神に、是のただよへる國を修理《ツク》り固め成せと詔《ノ》りごちて、天沼矛《アマノヌボコ》を賜ひて、言依《コトヨ》さし賜ひき。故二柱の神天浮橋に立たして其の沼矛を指し下して畫きたまへば、鹽こをろこをろに畫き鳴《ナ》して、引上げたまふ時に、其の矛の末《サキ》より垂落《シタタ》る鹽、累積《ツモ》りて嶋と成る。是淤能碁呂嶋《コレオノゴロシマ》なり。其の嶋に天降り坐して、天之御柱を見立て、八尋殿を見立てたまひき。是に其の妹伊邪那美命に、汝《ナ》が身は如何に成れると問曰ひたまへば、吾が身は成り成りて、成り合はざる處一處ありと答曰したまひき。伊邪那岐命詔りたまひつらく、我が身は、成り成りて成り餘れる處一處在り。故此の吾が身の成り餘れる處を、汝が身の成り合はざる處に刺し塞ぎて國土《クニ》生《ウ》み成さむと爲《オモ》ふは奈何とのりたまへば、伊邪那美命、然《シ》か善《ヨ》けむと答曰したまひき。爾に伊邪那岐命然らば吾《ア》と汝《ナ》と是の天之御柱を行き廻り逢ひて瘦所の交合《マグハヒ》爲《セ》なと詔りたまひき。如此云ひ期《チギ》りて、乃ち汝は右より廻り逢へ、我は左より廻り逢はむと詔りたまひ、約《チギ》り竟へて廻ります時に、伊邪那美命先《マ》づ「美《アナ》哉好少男《ニヤシエヲトコヲ》」と言《ノ》りたまひ、後に伊邪那岐命、「美哉好少女《アナニヤシエヲトメヲ》」と言りたまひき。各言りたまひ竟《ヲ》へて後に、其の妹に、「女人を言先だちて良《フサ》はず」と告曰りたまひき。然れどもくみどに興して、子水蛭子《ミコヒルゴ》を生みたまひき。此の子《ミコ》は葦船に入れて流し去てつ。次に淡嶋を生みたまひき。是も子《ミコ》の例《カズ》には入らず。

是に二柱の神議《ハカ》云りたまひつらく、今吾が生めりし子良《ミコフサ》はず。猶天神の御所に白す宜しとのりたまひて、卽ち共に參ゐ上りて、天神の命を請ひたまひき。爾に天神の命以ちて、ふとまにに卜相《ウラ》へて詔りたまひつらく、女を言先だちしに因りて良はず。亦還り降りて改め言《イ》へとのりたまひき。

故《カレ》爾ち反り降りまして、更に其の天之御柱を先の如《ゴト》往《ユ》き廻《メグ》りたまひき。是に伊邪那岐命、先づあなにやしえをとめをと言りたまひ、後に妹伊邪那美命、あなにやしえをとこをと言りたまひき。如此言りたまひ竟へて、御合ひまして、子淡道之穗之狹別嶋《ミコアハヂノホノサワケノシマ》を生みたまひき。云々。

さて此の記載の趣きによると、夫婦結婚の大禮を擧げるに際して、天之御柱を建てて其の周りを繞ることは、甚だ大切の作法と成つてゐたやうに見える。然らば此の天之御柱とは何物であるか、それを巡り廻るのは何を意味するか。

先づ此等の點から考察を進めて見たいと思ふ。書紀に此の段の條を記してある趣は、大體に於いて同一であるが、ただ書紀の本書によると、諾冉二神は磤馭盧嶋《オノゴロ》を以つて「爲二國中之柱一」とあつて、此の嶋が卽ち天之御柱となつてゐる。然し書紀に引いてある一書には「二神《フタハシラノカミ》彼の嶋に降居《アマクダリマ》す、八尋《ヤヒロ》の殿を化作《ミタ》つ、又天柱を化竪《ミタ》つ」とあつて、磤馭盧嶋は二神の留らせ給へる處で、其處に別に天之御柱を建てられた趣に見える。さてこれらの傳の中で、何れが正しいか。古事記の趣は一書の傳と同樣であるが、書紀の本書は云ふまでもなく、多くの編纂官が考察決定した結果であるから、それには必ず根據とする處があつたに相違ない。しかし嶋を柱と見立てるといふのは穩かでない。書紀に引く一書に「以二磤馭盧嶋《オノコロシマ》一爲レ胞《エ》」とあり、また他の一書に「二神合爲二夫婦《ミトノマグハヒシテ》一先以二淡路洲《アハヂノ》、淡洲《アハシマ》一爲レ胞《エ》」とあるから、磤馭盧嶋を胞とするといふことの方が事實に合するやうに聞えるので、本書に此の島を天柱と爲すとあるのは誤傳と見做すことも出來る。まして本書には二神が日神を御生みになつた處に「故れ二神《フタハシラノカミ》喜こばし曰く、吾が息多《コサハ》なれども、未だかく靈異《クシビ》なる兒《ミコ》はあらず、久しく此國に留むべきにあらず、自らまさに早く天《アメ》に送りて、授くるに天上《アメ》の事を以てすべし。」とある記事は同じく本書の文であるから、大に顧慮して前文と考へ合はすべきものである。さて前段の文によると、磤馭盧嶋を以つて國中の柱と爲すとあるから、これは大地の表面にある平たき處と思はねばならない。然るに後文によると、この天之柱によつて日神を天上に送り上げられたとあるから、其の文の上からも、此の柱は地上に建てられたものと見做さなければならぬ。此の書の記す如く、その當時、天地の懸絕は今日の如く高くないとするも、其の間に距離があつたものと見做してゐることは、その文の上からも已に想像せられる。然るに若しも前文の云ふが如く、磤馭盧嶋を天柱或は國中の柱とするときは、天は地と相接觸してゐたものと云はねばならぬ。それ故に前文に此の嶋を國中の柱とすることに就いては、其の間に何等かの誤解か、誤傳があつたものと推測せざるを得ない。そこで釋日本紀卷五（述義一、神代上、國史大系本）國中之柱の釋に、

私記曰。問。何故謂二之國中一哉。答言。以二此嶋一爲二國中之柱一也。或說。此嶋正値二天地之中一。故云二國中一者、甚非也。

又問、此柱何物哉、答、古說云、天神所レ賜瓊矛、既探二得磤馭盧嶋一畢、即以二其矛一衝二立此嶋一爲二國中一也、即其矛化爲二小山一也、今如二此紀一者、以二磤馭盧嶋一爲二國柱一也、然其實以二此小山一爲レ之、今又依二古說一耳。

とあるのは此の非理を合理的に解釋しようと試みたものとも見られる。また此の書「以二天柱一擧二於天上一」の釋に、

私記曰、問、以二天柱一擧二於天上一云々、是日神上レ天之時、以二天柱一爲二登橋一歟、將又天神先所レ賜之天瓊矛、今返二上于天一歟、書紀之文今見涉二兩端一、以レ何可レ爲レ是哉。答。天照大神光華無レ雙、故以二天之御柱一爲二其登橋一。卽送二之於天一也、天柱甚短、而爲二其登橋一者、是時天地相去未レ遠之故也、此卽天地倚杆之義也。

又問、或說、凡云二天柱一者、是天神先所レ賜瓊矛也、方今洲國已生、萬功皆畢、故以二其瓊矛一返二上於天一也、非レ爲二天照大神之橋一云々、又公望私記云、案二此文次一、但論二日神上天之事一、非レ謂二他事一、何更遠指二彼矛一乎云々、如何。答、說者云、彼矛卽於二磤馭盧一、爲二小山一也、何以二小山一上二於天一乎、此說非也、然則天柱者瓊矛也、此矛爲レ山、傳レ自二彼山一登レ天歟、是猶以二天柱一爲二其橋一之義也、豈非レ爲二天照大神之橋一哉。

又問、次生二月神一、其光彩亞レ日、可下以配レ日而治上、故亦送二之于天一云々、已無二登橋一歟、日神以レ橋得レ登レ天者、月神何無二此儀一、然者、以二天柱一非下爲レ橋之義上歟。答、先文以二天柱一爲二登橋一、送二日神於天一之由明矣、送二月神一之時、定用二同橋一歟、製レ文之法、具レ前略レ後、常事也。

又問、今云下日神以レ柱爲レ橋昇上レ天也、然則、前伊弉諾尊及素戔嗚尊等神、共有レ登レ天、其時以二何等一爲レ橋、得レ昇レ之哉。答、是神明靈異之事、未レ詳二其意一、又無二所見一歟。

とある。此處に記された問答は書紀の文面から自然に起つて來るもので、怪しむに足らない。卽ち磤馭盧嶋は地上の嶋であるので、それを柱と見ることは甚だ不自然のことであるから、假令その當時天地の間の距離は如何に短くあつたにもせよ、必ず地上に突起したものでなければ、これを柱と稱する譯はないといふ考說が生じてくる。そこで一說には、それは二神が天神から賜はつた矛を島の上に衝き立てゝ、これを天柱と爲したのであるといひ、又一說には、磤馭盧嶋が小山と爲つたので、それから日神は上天したといひ、また一說には天瓊矛それ自身が小山となり、それを傳つて昇天したのだといふ。何れにしても磤馭盧嶋から直ちに上天したものと見做さないのである。要するに書紀が前段に此の嶋を國中之御柱と爲したといふのは正しい傳でないと見なければならない。

二　天之御柱を天まで屆くものと信じたる國學者

德川時代の國學者は固より、明治の代になつても、國學者の中には、尙ほ、書紀の文にある通り、上代にあつては、天地の距離が短かいので、高き柱を立てて、それによつて天上することが出來るものと、眞面目に考へてゐた者があつたのである。平田篤胤の云く、「神等の磐船に乘て、天降坐しゝ事實を熟考ふるに、みな高山《キ》の頂上なるは、其降り坐すに便よきに依てならんと思ひ合さるればなり。然れば、此の御柱を登《リ》橋としたまへるは、未《タ》高山の生出《ナリイデ》ざる間にぞ有けむ。其は高山のもとより有らむには登《リ》橋を用給《ヒ》ふべくもあらねばなり」とあり、また飯田武郷も「さて天《ノ》柱より、天上に昇り玉へる狀は、彼少彥名命の粟莖に彈かれて、常世國に渡り坐しになそらへて思遣奉るへし。また或說に、雷獸の墮て、空中へ上るに、必樹木なとの高きものに據て、上るか如くなるへきよし云る、これまた然るへき譬なりかし。」と云つてゐる。(通釋卷四)

三　天之御柱を風の神とする說

然し、神典を如何に眞面目に信じてゐた國學者と雖も、柱により或は高山によつて、直ちに上天し得るものと信じ得なかつた者もある。通釋卷四に(百五十六―七頁)

又一說、天柱は磤馭盧島に化立玉ひし、八尋殿の御柱にもあらず、又瓊矛の化れる小山を云にもあらず。此は風神を申すなり。其は風神祭詞に、我御名者天之御柱乃命、國之御柱乃命止、御名者悟奉氏、とあるを以知へし。かく此神の天御柱國御柱を以負坐るはいかにと云に、風神の御功用は、記傳にも云れたる如く、天と地との間を支持ちて、其風氣の往來《カヨ》はさる處なく、其至らさる隈なくして、信に天地の御柱とも稱へ申すへき事也、されは天上に昇るにも、其風氣に乘るにあらされは、至りかたき由こそありけらし。さて今日《ノ》神を天柱以て送り奉らせ玉へるは、風神を任《ヨサ》して、高天原に送り奉る事をかくは云傳へたるにて、なほ其例は、天孫降臨章に、天稚彥の反矢にて亡にし所に、天國玉ノ云々、遣二疾風《ハヤチヲ》一、擧レ尸致レ天とあるを、舊事紀には速飄神《ハヤツムシノ》とあり。此は風神の支屬神とは通えたれと、其旨趣は右に同じ。掛卷は畏かれと、日神を送り奉るも天稚彦を天に擧たる此時の事も、其功用に至りては、かはることなきをおもひ遣奉るへし（漢籍河圖に、風者天地之使也。と云るもよしありけなり。）と云り。此二說何れ善けむ。今思ひ定めかたし。

とある。通釋が擧げた二說の中、後の說は何人の言つたのであるか、その名を擧げてないから、知ることは出來ないが、これは古事記傳によつて考へ得た說と見える。それは古事記傳卷七に、天柱を以つて神を天上に送り奉つたことを解いた處に、

天地相去未レ遠とは天地分れ成りて、いまだいくほどもあらざる代なればなり。以二天柱一とは師ノ云ク此天柱ノは伊邪那岐大神の御息《イキ》にて、風なり。立田ノ風ノ神ノ御名を、天御柱國ノ御柱ノ命と申すを合せてしるべしと云れき。まことに然るべきなり。天と地との間を支持ものは風なればなり。

とあるので分かる。だから、天柱ノとあるのを、凡て風のことと解し始めたのは加茂眞淵であつて、本居宣長などはその說を帶した一人であつた。

四　天地接觸の觀念、其の分離したる次第

さて風の神が天國の御柱と稱へられたのは、その間を支持する處から得たのであるが、これは寧ろ理知の方面から考へついた名稱であつて、上代の考からすれば、天地の未だ相距ること遠からない時に、此の二者を連結するものは

獨り風のみでなく、猶ほ一層具體的の木柱もまた天柱と見做されてゐたのであつて、日月二神を天上に送り奉つた天柱などは、確かに普通の柱に相違なかつたのである。上に引用した古事記、日本書紀の文が地上に天柱を建てられたなどといふ風に考へられるのでもそれは知られよう。これをいかでか風と見做すことが出來よう。要するに加茂氏や本居氏などが、天柱を悉く風神で說かうとしたのは、その當時の思想を以つて、上代の思想を理論的に解釋しようとした結果に外ならないのである。

眞淵や宣長などの國學者が、古書に見える天國の御柱を悉く風で解かうとしたのはそれを普通の柱としても、或は山や岡としても、これに依つて天上に登ることは如何にも困難なことと考へたからであるが、今日の人達から見ると、これを風にした處で五十步百步の論で、空氣の厚さが實際如何程と知られてゐる以上、風の神によると雖も、これに依つて天上に登ることは不可能の事と一笑に附し去られるのである。然しながら、德川時代の人達は、實際に、風ならば天上に達せられると思惟したのである。されば、それより千何百年といふ昔の日本人が、高い柱なり高い山なりに依つて天に登られると考へたのも決して無理の事とは謂はれまい。かやうな考へは獨り我が國にばかりあつたことではなく、また外國の古にもさやうな時代はあり、又現今未開野蠻の狀態にある民族の間にも存在してゐるのである。天地の距離が柱や山で支持せられるといふ考へは、已に今日の人々から見れば甚だをかしい話であるが、上代の人間はそれより猶ほ一層天地は接近してゐたものと考へてゐたのである。近く例を漢土に求めるなれば、此の國の古傳說に盤古氏の譚がある。徐整の三五曆記に、「天日高一丈、地日厚一丈、盤古日長一丈、如此一萬八千歲、天數極高、地数極深、盤古極長」とあるのがそれであり、また此の書の他の處には「天地渾沌如ニ鷄子一、盤古生ニ其中一、萬八千歳、天地開闢、陽淸爲レ天、陰濁爲レ地、盤古在ニ其中一、一日九變、神ニ於天一、聖ニ於地一」とある。此の傳說の精神を考へるに、天地のまだ分れない時に、その間に盤古といふ人間が生れた。然るに此の人間が日々長大するに從つて、天と地とが分離するやうになつたと信ぜられたのである。これと同じ談はギリシャの古傳にもある。此の國の傳說によると、天の Uranos と地の Gaea とは、初めは互に抱合してゐたのであるが、その間に Titan が生れたので、互に分離するに至つたといふ趣きであり、またマオリ（Maori）人の傳說によると、天の Rangi と地の Papu とは、はじめ結びついてゐたが、その間に子供が生れた。するとその中の一人の子は足を天に向け、父の Rangi を上方に押し上げたので、それから天地は分離したといふ。又 Mangaia 人の傳說によると、天は靑色の石から出來た天井である。初め天は地に引き着いてゐたが、Ru の神によつて二つに引き裂かれたとある。又サモア（Samoa）人の信仰によると、天は、はじめ地に落ちて來て、其の上に載つてゐた處が、Arrowroot や他の植物が生えて來た爲めに、上方に指し上げられたといふ。又バビロニヤ人の古傳說によると初め Thiamat といふ元始の大母があつたが、これを有力なる Marduk といふ神が二つに分解した。その時その一半は大洋となり、他の一半は蒼天となつたといふ。（Wundt, Folk Psychology p. 386—387. A. Lang, Myth, Ritual and Religion. vol. I. p. 234—235, 187—188.）

五　天の墜落を恐れる觀念

天と地とは分離して上下に位置を占めることになつたけれども、天は上の方から再び地に落ちてくることもあらうと云ふ心配が、上代の人の頭には生じてくる。これは單に想像の談でなく、世界にその例は尠くない。例へば中央歐洲人の間に此の杞憂心はあつたのである。その證據としては、Strabon や Arrian などが書いたものによると、紀元前三百三十五年頃に、海の沿岸に住んで居り、體格の長大でたくましい尊大な性質を備へてゐたケルト人の處から、アレキサンダー大王の處へ使者を遣はして、好を結びたいといふ意思を表はしに來た。そこでこのマケドニヤ王は威儀を盛に設けて、此の使者を引見に及んだ。其の時大王は、彼等に向つて、世界の中で汝等の最も畏れるものは何であるかといふ問を發し、心底では必ず「大王陛下」と答へるであらうと期待したのであつた。然るに意外にも其の使節の云ふのに、我々の恐れるものはたゞ一つある。それは餘の儀ではなく、天が何時か地上に落ちてくることがありはしないかといふ恐怖であると返答した。そこで大王は大いに不機嫌で、ケルト人は元來生れついての自慢者であると云つて、其の使者を退去せしめたといふ例がある。また紀元前百七十九年頃に、三萬の勇壯な Bastarnia 人は、その酋長 Cloudicus に率ゐられて、Dardania の方面へ進行してゐる中、Doruco といふ大山の邊にくると、烈しい雷雨に遭遇した。すると彼等の云ふのに、神たちは我等を擊退し、上天は我等の上に墜落しつゝあると叫んだ、と史家 Livy が書いてゐるのも其の例である（Livy, p. 40—58 參照）。かやうな考が獨り中央歐羅巴の人民の間に懷かれてゐたばかりでなく、これと同じことが、イタリヤ人やギリシャ人の間にも行はれてゐたことは、それもまた、文獻の上から徵することが出來る。例へば Horace の詩の中に、「よしんば天が彼の頭上に落ちてくるとも、善く導かれて、固き決心を有つたローマ人は一歩も引かぬ」といふことが書いてあり、又 Terenee の文中に、「假令天が此の瞬間に落ち來るとも何かあらん」といふ文句もある。又それよりも四百年前に當る Megara の Theognis の書いたものの中に、「我れは友を愛し、親を戀ふ。若し此の言に違ふことあらば、地上の人の恐れてゐる、銅で出來てゐる彼の廣天が我が頭上に落ち來つてもよろしい」といふ文句もある。此等の例證から見ると、イタリアの下級の人民、少くとも Megara 人は、その昔ケルト人や Bastarnia 人の抱いてゐた如くに、上天は何時かは地上に墜落して來るといふ疑心を懷いてゐたのである。(Cook, Zeus. vol. 2 p. 215 seq)

六　墜落を支へん爲めの天之御柱、柱の意義

斯くの如く上天が墜落して來るといふ恐怖の念があつたが故に、これを支持する爲めには、柱が必要になつてくるのである。其れは家屋の屋根或は天井を支へるのに、柱が必要なのと恰度同じことである。然し柱といふことは家屋によつて得た名であるから、天を支へるものを柱といふのは、家屋の上から演繹した觀念に相違ない。國語で柱をハシラ (hasira) といふ意義に就いては、已に本居氏は、その著、古事記傳巻四に、

柱と云名《ノ》義は、波斯《ハシ》は間《ハシ》なるべし。間を波斯《ハシ》と云例多し。間人《ハシビト》、又萬葉の歌に、相競端爾《アラソフハシニ》と云るも、端は借字にて間《アヒダ》にの意なり。又木にもあらず草にもあらぬ竹のよの波斯《ハシ》に吾身はなりぬべらなりと云歌も、竹を木と草との間と云るなり。かくて柱は、屋《ヤネ》と地との間に立る物なればなり。又橋も同意か、此岸《ノ》と彼岸《ノ》との間にわたせばなり。又今俗言《ノヨノ》に、妻どひの最初《ハジメ》に、言を通はしそむる媒を、波斯加氣《ハシカケ》と云、橋懸の意にて、右の柱の事にもおのづから通へり。又箸《ハシ》と云名も、此物《ノ》は必二《ツ》相對《ムカ》ひより合《ヒ》て其用をなす物なれば、夫婦の意に似たり、又事の初《メ》を

端《ハシ》といふも、此の御柱廻りの事に由あるなり。

と說いてゐる。さて事物の發端をハシといふのも間の義とする本居氏の說は如何かと思はれるが、その餘の解釋は全く正鵠を得たものである。また此の外に鋏をハサミといひ、挿をハサムといひ、山峽をハサマといふ類のハサもハシと同語源に屬するものである。また走をハシルといふハシも同義にて、間を經る義から起つた言である。走を wasiru といふのは hasiru の轉であり、足を asi といふのは wasi-ru の wasi の更に轉訛した言である。さて此の hasi の語幹は ha, fe, fu であつて、時と處とに亘る時間、空間を表はす言である。經過を he といひ、程を ho-do といふの類である。

柱をハシラと云ふ言の原義が、上下にせよ左右にせよ、二物間にかけわたすといふにある以上は、たゞ一本の棒を地上に撞き立てたばかりでは、これを柱と云ふことは出來ない譯である。それ故に、柱と云ふ言は、家屋を築造するときに、天井屋根を支へる爲めに、土間から立てた材棒を指して云つたのに起つたのに相違ない。だから野天に木を建ててこれを國中の御柱とか、天之御柱とか云ふ場合には、その木は高大にして大地から天上に達したものと、想像したからの名稱と謂はねばならぬ。斯樣な場合の御柱は天地を大きな家屋と見立てた上の名である。

さて、古事記によると、諾冉二神が、磤馭盧嶋で夫婦の大禮を擧げられたときに、「見ニ立天之御柱一見ニ立八尋殿一」とあり、書紀に引いてゐる一書にも、「化ニ作八尋之殿一、又化ニ竪天柱一」とある。此等の文面によると、天之柱は八尋殿の他に別に建てられた趣に解せられる。然るに本居氏は、古事記傳卷四に、天之御柱は、卽ち次に見えたる八尋殿の柱なり。(別《コト》に立賜《フ》には非ず。源氏物語明石卷歌に、宮柱めぐりあひける云ことあるは、蛭子をよめる歌の答へにて、こゝの天の御柱のことなるを、宮柱とよめる作者の心は知らねども、自ら實《マコト》にかなへり)。……凡て殿《トノ》を造ことを云《フ》とて、先《ヅ》柱を云《フ》は、底津石根に宮柱布刀斯理など古への常なり。大殿祭の祝詞に、天皇の御殿《ミアラカ》造奉《リ》ることを云るにも、奥山の大峡《カヒ》小峡爾立《タテル》留木《キ》乎《フ》、齋部能齋斧乎以伐採《キリトリテ》氏、本末乎波山神爾祭氏、中間《ナカノマ》乎持出來氏、齋鉏乎以齋柱立氏、皇孫之命乃天之御翳日之御翳止、造奉仕禮流瑞《ミヅノ》之御殿《ミアラカ》云ゝ、かく專柱のことをとりわきて云り。且此處は、下に柱を行廻たまふ大禮を申す段《クダリ》なる故に、初《メ》に其を立賜ふことを、先《ヅ》云置《ヒケ》るなり。書紀一書に、化二作《ミタテ》八尋之殿一又化二竪天柱一とあるは、此柱を又別に立《テ》賜ふ如く聞ゆれど、さにはあらず。是《レ》も其始《ノメ》を先云置《ヅヒク》とて、猶たしかに又字をさへ加賜《ヘ》へる物ならむ。さて天之《アメノ》と云は天なる殿舍の柱のさまに作立《リテ》たまふ故に添《ヘ》て云こと、天沼矛の所に說るが如し。(書紀に國柱とあると對ては見べからず。) さて書紀に、以二磤馭盧嶋一爲二國中之柱一(柱此云二美簸旨邏一。)とあるは、趣異なるが如くなれども、彼嶋の成れるは、此殿の柱を立《ツ》べき基《モトヰ》の成れるにて、其基も卽《チ》柱なれば、たゞ同じことなり。(屋《ヤ》を支《サ》へ持《ツ》物は柱にして、其柱の本を支《ヘ》持《ツ》物は地《ツチ》なれば、地《ツチ》も柱なり。風をしも天御柱國御柱と申すにてもさとるべし。……さて此《ココ》の柱を、國中之柱とも國柱とも云《フ》ゆゑは、まづ國土《クニ》を生成むとて、遘合したまふ、其初《メ》に先《ヅ》此御柱を廻《メグ》りたまふ。然れば此御柱は、國土の生るべき本元《モト》なるがゆゑなり。かの風を云る國御柱とは、名の意は異なり。云々。

と說いてゐる。

七　天之御柱と殿柱の心《ノ》御柱

此の趣によると、本居氏は古事記と書紀とに、八尋の殿と國の御柱とあるのを一物と見做したのである。文面上からはさやうに見ることは困難であるが、これを實際上から考へると、さやうに解釋しなければならないやうである。何となれば、後世神の宮殿を造り奉るときには、必ず其の中央に心御柱《シムノミハシラ》と云を建てて、特に齋ひかしづくことになつてゐる。此の心《ノ》御柱といふのは、俗に云ふ大黒柱のことで、たゞの家屋にても、また特に宮殿などにては最も重んぜられたものである。今に伊勢の神宮の記錄に、心《ノ》御柱のことを天之御柱とも云つてゐるのは、此の故事の自ら後世に傳へられたものに相違ない。已に心御柱《シムノミハシラ》が神代の天の御柱だとすれば、八尋殿の外に別に天の御柱を見立つべき必要もない譯である。

天の御柱は何れの處にあるにしても、必ず天にとゞく程の高い柱と見做さなければならない。だから、それが宮殿の心御柱《シムノミハシラ》、即ち俗の大黒柱とすれば、それは必ず高いものと解しなければならぬ。古事記や書紀に宮殿を築くときには必ず「底津石根に宮柱太しり、高天原に氷木高しり」といふ文句の見えるのは、決して單に形容修飾の靈文ではなく、實際天空に達する程のものと信ぜられてゐたものである。何となれば、此の宮殿の中なる天《ノ》御柱は、天地の間に至る柱であるからである。本居宣長の玉勝間、出雲大社金輪の造營の圖によると、「出雲大《ノ》社、神殿の高さ、上古のは三十二丈あり、中古には十六丈あり、今の世のは八丈也。古の時の圖を、金輪の造營の圖といひて、今も國造の家に傳へもたり。」とあり、其の圖に注して「此圖千家國造の家なるを、寫し取れり、心得ぬことのみ多かれど、皆たゞ本のまゝ也。今世の御殿も、大かたの御構は、此圖のごとくなりとぞ」と云つて、其の圖が記載されてゐるから、就いて參照せられたい。谷川氏は「聞ㇾ之其製四方施二八柱一。中央有二心柱一。自ㇾ礎至ㇾ棟。長十三間半。本口徑九尺。」（書紀通釋卷十八）といへり。出雲の大社の制は伊勢神宮のそれに準らへて造られたものであるから、これによつても此の神宮の形造狀態が想像せられる。

八　山岳を天柱とする例證

天の御柱の本來の性質は、宮殿の大柱を指して云へることまた云ふまでもないが、それより義の轉じて風のことをも天國御柱とも稱するのは、天と地とを連結すること、宮殿の御柱のやうである處からその名を得たのである。これと同樣の關係で山岳の高いのも、天と地とのはしかけになる處から、我が國に於いても漢土に於いても天柱とは云ふのである。天孫饒々杵尊が、日向の高千穗の峯に御降臨になつたのは、此の山が神典の作者の考では、非常に高く天空に達してゐて、天地を連結してゐたものと見做されてゐたからである。此の高千穗の峯については古來二說があつて、一によれば日向の北部にある臼杵郡知鋪であるといひ、一說にはその南部にある今の霧島山だといふ。書紀の一書に、此の山を高千穗の槵日《クジヒ》の二上の峯とある處から察すると、此の山の顚は二つになつてゐて、火山であつたと思はれるから、これは霧島山を指したものと思はれる。それは何れにしても、神典の高千穗の峯は非常に高くて、そのいたゞきは天に達してゐたものと想像せられた、半ば思想上の靈山と見做すべきものである。淮南子によつて傳へられた漢土の古傳說によると、「當二其（女媧氏）末年一也、諸侯有二共工氏一、任二智刑一、以二强覇一而不ㇾ王、以ㇾ水乘ㇾ木、乃與二祝融一戰、不レ勝而怒、乃頭觸二不周山一崩、天柱折、地維缺、女媧乃鍊二五色石一、以補レ天、斷二鼇足一以立二四極一、聚二蘆灰一以止二滔水一、以濟二冀州一」とある。これによると、不周山は天を支へてゐた天柱であつて、その山が共工氏の頭に觸れた爲めに折かれたので、天地の位置がくるつたといふのである。女媧氏が五色の石を以つて天の缺けたのを補つたとあるから、當時天上は岩石を土臺として構成されたものと見做されてゐたと思はれ、さうして此の天が墜落して來ないのは、天柱があつてこれを支へてゐたからである。不周山は固より思想的空想上の靈山で、北極の邊にあつたと信ぜられてゐた山で、實際の山でない。此の山よりも、事實上の山であつて、それが天柱と見做された山は崑崙であるが、これも道家の文獻に見はれる處では、殆ど空想の山となつてゐる。之と異つて支那の域内に在る山で、天柱と見做されたのは五岳である。その中に於いても、最も貴ばれたのは山東省にある泰山であつた。後漢・三國時代に、此の山の靈山とされた所以は、その山の靈それ自身の爲めに尊ばれたと云ふよりも、此の山の頂が高い處から、人の靈は此の山の頂上によつて上天し得ると考へられた爲めである。それは魏志（卷三十）の東夷傳に引いてある魏書烏丸傳の中に、「死者神靈歸二乎赤山一、赤山在二遼東西北數千里一、如下中國人以二死之魂神一歸中泰山上也」とある文面からも推されるのである。漢人が泰山、烏丸人が赤山を靈山と尊崇するのは、此處に人の靈魂が集るからであるが、今一つの理由は、その靈魂は此等の山の頂上から上天が出來ると考へてゐたからである。漢人などの思想によると、人間の精神は魂と魄とから成り、さうして死ぬると、魂の方は天に上り、魄の方は地に歸ると信ぜられてゐたのである。かくの如く精神を二つに分解するのは、漢人の陰陽思想に原因するのであるが、その他の民族に於いても、靈魂は上天するものと思惟せられるのが常であるから、蒙古とツングースの雜種と思はれる烏丸鮮卑族などの間に於いても、人間の精神は死すると天に昇ると信ぜられてゐたので、其の國中の高山は、其處に達する階梯卽ち天の御柱として尊ばれたのであらう。また烏丸鮮卑族は、漢人の所謂東胡であるが、此の民族の東方にゐたツングース人を、漢人は昔肅愼といひ、三國時代には挹婁と稱へた。山海經によると、肅愼氏の地に不咸山といふのがあり、また晉書（卷九十七）四夷傳肅愼氏の條に、「肅愼一名挹婁、在二不咸山北一」とあるから、不咸山が今日の長白山であることは察するに難くない。ツングース語では天を bɯka といふから、不咸が此の bɯka の對音と見ることが出來る。また北史（卷九十四）の外國傳に勿吉といふ國がある。此の勿吉は後の靺鞨と同名で、晉代の挹婁、戰國時代の肅愼で、今日のツングースを云つた名である。さて此の書によると、「國南有二從太山者一、華言太皇、俗甚敬二畏之一、人不レ得二山上溲汙一、行二經山一者、以レ物盛去、上有二熊羆豹狼一、皆不レ害レ人、人亦不二敢殺一」とある。太皇とは天をいふ一稱とあるから、此の山卽ち今日の長白山が、南北朝時代に於いても、天山として尊崇せられてゐた樣が窺はれる。此の山は、近く滿洲人の間に於いても、依然として崇敬せられてゐたことは、清朝の頃に「封白山」の禮のあつたことなどによつても想像せられる。ツングース人が長白山を天山として崇んだ如く、蒙古人も古くから肯特（Kentei）山を神山として貴んだのである。元朝祕史などに此の山を Burχan Ɣaldun と稱してゐる。此は蒙古語で神の峯といふ意味である。又匈奴人が、今の甘肅省の南境に連亘する南山脈の中の高山を祁連山といつたのも、此の民族の語ではそれが天山といふことである。また今の新疆省の北部に據つてゐたトルコ人も、今の天山を前漢時代に此の名で呼んでゐたのである。此等の山が天山の名を負ふ所以は、固よりその山が高山であるから、自然その山の精魂を崇んだといふことも理由の一であらうけれども、天山の名を負ふに至つた有力な理由は、人の魂魄は此處に集り、其處から上天すると考へたからである。また天上の神達も此の高山によつて地上に降ると思惟せられたからであらう。

九　柱を祭る日本、朝鮮、滿洲、蒙古等の例證。鳥居についての説

前段に已に論述せる如く、古事記と書紀とには八尋殿を見立て、また天之御柱を見立てたと明記してあるから、その文面からすれば、天之御柱は、八尋殿の外に見立てられないと見られるのである。然し當時八尋殿の中に心御柱《シンノミハシラ》があつて、天地往來の料に供せられたとすれば、これは天の御柱が八尋殿の中にあつたものと解するのが至當である。然し後世になつて神社の外《ソト》に柱が立てられてゐるものがある。例へば信州の有名な諏訪神社の神木の如きは、最も顯著な一例である。此の神社の柱は、東西南北に各一本づゝあると云ふことであるが、信州の他の處にある諏訪といふ神社にあるのは、多くは只一本の柱であると聞く。此の例に依つて之を考へるのに、天の御柱といふものは、最初野天に建てられたものであるが、その後人智が開けて、家屋を建てる術も進んで來たので、天柱を納め得る程の宮祠を造ることになつたのであらう。さてさうなると、宮の中にある心の御柱は、卽ち元の天の御柱に當ることとなつたのであるが、何事も格式を重んずる宗教上の習から、元の天の御柱も、依然として神社の境内に建てられてゐたものであらう。然し、さうなると、屋外の柱は形式のものとなるのであるから、普通の場合には、神社の前にある門がその役を務めるものとなつて仕舞つたのであらう。卽ち今日の神社の前に建てらるゝ鳥居は、元の天の御柱の名殘で、而

もその性質を變化したものとなつたのであらう。余輩の此の推測の誤らないのは、外國の習俗に徵してこれを推知することが出來る。例へば、魏志（卷三十）東夷傳馬韓の條に、「國邑各立二一人一、主レ祭二天神一、名二之天君一、又諸國各有二別邑一、名レ之爲二蘇塗一、立二大木一懸二鈴鼓一、事二鬼神一、諸亡逃至二其中一、皆不レ還レ之、好作レ賊、其立二蘇塗一之義有レ似二浮屠一、而所レ行善惡有レ異」とある記事である。これによると、三國時代に、只今の朝鮮の京畿道の南、忠淸全羅二道の地に據つてゐた馬韓人は、大木を立てて、これを尊んで神主としてゐたのである。蘇塗とは韓語である。このことに就いて、近頃崔南善といふ朝鮮人が「不咸文化論」といふ論文を著はし（朝鮮思想通信社 昭和二年八月十四日發行）その五十頁の處に、

> 最近に至るまで、昔のその餘流といふべきものが솟대 Sot-tai；효ㅅ대 Hyot-tai；수구막이ㅅ대 Sukumaki-tai 等の名を以つて流來するあり。今も尙ほ鄕村には魔除けの護りとして、彫物の神鳥を頭に載せたる神杆を、常時庭內に建てて置く風のある等によりて知る通りである。神杆は早く不咸文化系共通の靈標だつたのであるが、他には廢れ若くは變轉を遂げる中に、滿洲には索莫杆として、朝鮮には Sot-tai 其他として、その面影を傳へて居るのであるらしい。かの日本に於ける、神社の前に建てる鳥居の如き、種々にその起源意義を說かるゝも、吾輩の見る所では矢張り不咸系の共通古俗たる神杆の變形されたもので、二個の神杆に連結を與へたのが、今の門形鳥居の起源と思はれる。

と說いてゐる。崔氏が不咸文化を以つて、世界文化のこの方面の起源を、朝鮮國にあるとする議論や、不咸の意義に就

いての說には贊成することが出來ないが、魏志の蘇屠を今の Sot-tai とし、又これと本邦の鳥居と起源を同じうするといふ說には同意するのである。尤も、馬韓の蘇屠と朝鮮の Sot-tai 及び滿洲の索莫とを、同一に見る說は、崔氏が始めて云ひ出したのではなく、嘗て鳥居博士もこれと同樣の意見を發表したことがあり、又余輩も明治四十一年に、朝鮮に存する憧杆の談を致したときにこれを說いたことがある。さうして馬韓の蘇屠、今の Sot-tai の語源、名義に就いても、余輩はこれを公表したことがある。韓語では杆を tai といふから、Sot-tai の tai は杆、杙の義であつて、ツングース語でこれを dai といふのと同じ語源に屬するものである。また今の朝鮮語で、涌出する、突出するを Sot といふ（涌くを Sol-sum-hăta 소솟ᄒᆞ다、沸を솟구다지다、突出する、躍ねるを솟고다、仰視るを솟보다、高柱大門を소슴대문といふ）(Gale, Korean Eng. Dict. Ist Ed. p. 600—601.)。此の語例によつて考へるに、朝鮮語の Sol には、上方に突出する、飛び上る、跳躍するの義がある。故に Sol-tai 卽 Sot-tai は、突出した杆といふ義であることが知られる。又滿洲語で、此の神杆を somo といふ。淸文彙書（卷之五、十丁、乙）に「ᠰᠣᠮᠣ滿洲家還願立的杆子」とあり、滿洲語では木を moo といひ、Tungus 語では mo, muo といふ (Grube. p. 118.) から、神杆をいふ somo の mo は杆の義に相違ない。又蒙古語では此の神杆を oro šmodo といふ。此の國語の modo は木の義で、滿洲語の moo, mo に該當するから、蒙古語の šoro は滿洲語の so に該當するものである。蒙古語では毛髮の端鋒などの穗先を šor といふ (Kow. p. 1411. a)。これは突出する義であるから、滿洲語の so もこれと同義であらう。これを要するに、滿洲語で神杆といふ šomo も、蒙古語でこれを šoro modo といふのも、均しく朝鮮語の Sol-tai と同じ義で、突起

する木といふ義である。朝鮮語で松を So-namgi, Sor-namo といふ。この Sor も多分突出する木といふ事であらう。

神社の前に鳥居を立てるのは、天の御柱、國の御柱の名殘りで、元は御神體を代表したものであつたが、神が神殿に奉祠せられるやうになつたので、その神柱は神の附屬物となつて社前に建てられ、今では全く神社に入る門戸といふ事になつて了つたのである。然らばこれを鳥居と稱するのは何故であるか、是れ全く解決せられないで、今日に殘つてゐる問題の言語である。崔氏の言によると、朝鮮では神杆の頭上に鳥の彫物を載せるとあるが、此の神鳥は果して何物であるか。さて、太陽の精靈が鳥であることは、山海經などに、太陽の中に三足の烏がゐるといふ文があるのでも解かる。漢人の思想では、鳥を陽の精であると考へる處から、鳳凰、朱雀、朱鳥が南方陽方の表徵となつてゐるのである。我が古典に於いても、雉が天照大神の使者となつたり、八咫烏が神武天皇の道案内をしたり、又その使者となつたりするが如き、また此の天皇が長髄彥を御討伐せられたときに、輝き光る鵄が表はれて、敵軍の眼を射たといふ物語の如きは、何れも太陽に原因した處からの思想が元となつて神話となつたものである。その外またギリシャの Zeus, ローマの Jupiter などいふ天神の表徵が鷲であるなど、更に此の類の事は、世界の古今の民族の間に廣く行はれた習俗思想であるが、今これを詳說する必要はない。それ故に、神木卽ち御柱の上に神鳥を載せたのは、天神卽ち專ら日の神がこれに宿らせ給うた意を表はしたもので、本邦でこれを鳥居といふのは、神の住處といふ程の義に解せられるのである。これを鳥居と稱するのは殆んど石井、岩井といふのと同じ意味で、石の中に住んでゐたから之を石井（石居）といひ、岩の中に住んでゐるから之を岩井卽ち岩居といふのと同じ義である。それ故に御柱を鳥居といふのは鳥のありか、若しくはアラカ、卽ち神のミアラカといふ義と同じ事である。これで鳥居の眞意義は了解せられたであらう。

然らば何が故に太陽なり天神なりが、鳥を以て表彰されるやうになつたかといふ問題が起る。大空を飛行するものの中、最も人の注意を惹くものは日月星辰であり、次に鳥の類である。天體の中で最も顯著なるものは太陽であり、これは常に運行してゐるので、自然鳥類と結合せられるやうになつたのであらう。又人が死すると、末期の鬼は飛ぶ精靈となり、その精靈は鳥類でも殊に白鳥に化するものと考へられ、また屍體が分解して其處からわいて出る蛆や、その變化たる蠅は、靈物として地上に留る。一方また漢土に於いては飛揚する靈魂は天體の精と考へられ、地上の蛇は龍の化身とされ、この龍蛇は水の精となる處から生命の神と考へられ、その水はまた天上に於いて雲となり雨となる處から、地中の龍は天上にも飛揚し、太陽の精たる朱鳥として陽物となり、萬物生成の本源と思惟せられるやうになつたのである。また龍の羽翼を具備するもののあるのは、人の最後の息の化物で白鳥となり、空中を飛行するものと、地上の龍蛇とが結合した觀念の上から生じたものと考へられる。漢人の陰陽五行思想や天文などに於いては、東方の陸が蒼龍となり、南陸を表はす朱鳥と共に陽の表徵となつたのである。此の事は後に說かうとすることと關係するので、茲に一言して置く必要があるのである。

十　ギリシャ、ローマ、ゲルマニヤ、エジプト、ヘブライ人の柱及び火柱

天《ツ》神が柱を宮とし、またこれに依つて上天するといふ信仰は獨り我が國に限らない。遠くギリシャやローマの古代

にも行はれた趣に見える。Kroton 及び Metapontum の近傍では、Zeus 神は柱の内にまた柱の上に住んでゐると信ぜられてゐた。また Tarentum にても同様の信仰があつたと見えて、Lysippos が製作した Zeus の巨大な銅像の傍には、長大な柱があつて、これにも電神 Zeus, Katai-bates の名の下に犠牲が捧げられる習俗であつた。又 Apulia と Campania の土瓶の文様に Zeus が柱の顚の上に電の神として現はされた畫が書いてある。此等の例證によつて、これを考へるに、ギリシャ人も昔は、Zeus 神は高き御柱によつて上天もし、又その上にも留まると信じてゐたと思はれる。

天《ッ》神に關しては、これと同様の思想が、ローマ人の間にもあつたといふ證跡がある。ローマの共和時代即ち紀元前百五十二年に、Campus 丘上に立つてゐる Jupiter の殿堂の前にあつた圓柱が、その上に載つてゐた銅像と共に吹き倒されたことがあつた。そこで太占はトして、これは執政官と僧侶とが共に死ぬる兆なりと豫言した。すると凡ての執政官は一度に辭職したといふことである。又現今ベルリンの博物館には、イタリヤの大理石の盤面に、Jupiter 神が地から天上まで高く聳える柱の頂上に安座し、また二人の女神が天空の宮門に登つて Jupiter 神の前に朝する光景を表はした石彫のものがある。同様の思想は古代のゲルマン人の間にも行はれた。此の民族の間では、天《ッ》神(sky-god) を Ziu とも Irming とも稱へた。これは宛もギリシャ人の Zeus 神、ローマ人の Jupiter 神に該當する天《ッ》神である。(Irming とは Uplifted-one の義である)。Saxon 人は天《ノ》柱を天《ッ》神の表標として崇拜し、これを Irminsûl と稱へた(Grimm ; Teutonic Mythology)。カルル大帝は、紀元七百七十二年に、Westphalia の Aresburg といふ處に、Saxon 人が天空と萬物を支へる天の御柱として尊んで、野天に立てたその大木を倒させたことがある。又紀元五百三十年に、Saxon 人は Unstrut 河上の Scheidungen と云ふ處で、Thurigia 人を打ち敗つた時に、その東門上に鷲を安んじて勝利の神壇を築き、祖先以來の儀式によつて彼等の神を祭つたことがある。その神を Mars といふが、これはギリシャの神名をかりたので、其の神體は圓柱であつた。これは卽ち Irminsûl に相違ない。神を崇拜する民族の間に、かやうな圓柱を祭るのは普通であつたやうである。

紀元二世紀の末から三世紀の中頃に亘る時期、卽ち Rhein 地方のゲルマン人が、ローマ文化の恩澤を受けた以後に、再び自國の祭祀を復活せしめた時期があるが、此の時期に立てられた孤立の柱の殘跡は、嘗つてゲルマン民族に占領せられた Rhein 地方に發見せられる。斯様な柱は、普通には Jupiter 柱、或は巨大の柱と呼ばれ、その部分を云へば、基礎石を除き、其の最下部に屬する脚柱を、Viergöttersteín（四神石）と稱し、普通 Juno, Marcurius, Hercules, Minerva の四神を浮彫にしてある。此の Viergöttersteín と Wochengöttersteín とが二重の脚柱を爲して、其の上に圓柱の身部が立つのである。此の部分は時にはそのまゝ滑かにされたのみで、何の飾も模樣も施されないが、通常は之れに鱗形の模樣を施し、時には、葡萄の葉を刻したものもある。Hertlein 氏は此等の飾り物の存するによつて、その柱の原は木幹で、ゲルマン人の所謂 Irminsûl であつたけれども、これをローマ風に石にしたものであると說いてゐる。其の圓柱の頂上には、馬を走らせてゐる騎者と、これを肩と手で支へる人物とが載せられてある。さうして騎者は普通には有髯の Jupiter 神の像であるが、時には鬚のない戀人の自國固有の裝束をした者などもある。

かやうな形式の圓柱を Jupiter 圓柱と稱し、而して此の種の柱で最も古く且つ最も佳良なるものは Mayence で發見せられたものである。此の圓柱の二重脚部は二・九八メートル、柱身は五・六〇メートル、礎石は〇・六二メートルで、上に Jupiter の銅像が載つてゐる。

ローマ帝政時代に立てられたローマ及びコンスタンチノープルの大記念柱は、Jupiter 柱を模倣したものである。此の圓柱の主人公は天《ッ》神でなく、然しその代りに皇帝であつた。Trajanus と Antonius Pius 皇帝は實に Jupiter の稱を以つて貴ばれた。Marcus Aurelius は流石に神と稱することを敢てしなかつたが、Jupiter に佑護せられし者、Zeus の模倣者として尊敬せられた。帝政の末期になつても、此の傳統思想は續いてゐて、皇帝は Jupiter Copitolinus の副帝と見做された。Jupiter Optimus Maximus 神の圓柱の制は、全く Antonius Pius のそれに均しく、これはみがき立てた花崗岩で、その柱頭に居る神の皇帝は、Optimus Maximus que Princeps の稱で唱へられ Jupiter 神の表象たる鷲と笏とを携へてゐる。(以上 Cook ; Zeus. vol. II pp. 45—74 seq)。

柱を神の表徴とし、天上への階梯とする習俗は、またアジヤの他の國にも多く見られる事であるが、今その中の顯著なものを擧ぐれば、エジプトの Obelisk は卽ち神 Helio の標柱である。また柱を崇拜することはアジヤの西部に據つた Sem 族の間にも見られ、一神教の本地たるヘブライ人の間にも此の信仰は存した。例へば Jacob は柱を立ててこれに油を灌ぎ、其處を God の家と稱へた。聖書に「余が柱として建てたる此の石は、God の家なるべし」とある。(gen. 28 : 18—20) 而して彼の妻 Rachel が死んだ時に、彼はその墓に柱を立てた。聖書に「神(主)は火の柱によつてエジプト人の間に現はれ、また神は火と雲の柱となつて Israel 人を導いた。又 Moses が Tabernacle の内に入つたときに雲の柱が降りて來て、Tabernacle の前に立つた。さうして神（主）は Moses と語り、總ての人民は雲柱が、Tabernacle の門戸に立つのを見た。此の時凡ての人民は起立して、各〻その帳幕の入口の處でそれと拜んだ」とある (gen. 33. 9—10)。

十一　天之御柱の材質の變化、スキチア人の劔神《マルス》、匈奴の徑路神、匈奴の祭天の金人十二體

天柱はもとは木であつたのが、後に石でこれを造ることになつた、Teuton 民族の所謂 Irminsûl が、ローマ時代になると、それが石で造られたことは已に記述した通りである。またそれが金屬で造られた劔や鉾にて代用せられたことは、我が古典に伊邪那岐命、伊邪那美命が磤馭盧嶋に天降りました時に、此の嶋に天の沼矛をつき立てて、これを天の御柱としたといふ一說のあるのでも知られる。また後世の傳說ではあるが、天孫瓊瓊杵尊が天上より御降りになつた高千穗の峯、今の霧島山の嶺には、天逆鉾が立つてゐたといふ。これもまた一種の天の御柱と見做すべきものである。また書紀に、武甕槌神と經津主神が出雲に降つて、大己貴神に降參を諭した時に、「拔二十握劍一、倒植二於地一、踞二其鋒端一」とあるのも、霧島山の上なる逆鉾と同じく、神靈の御柱となつた形と見做される。なほ古事記仲哀天皇の巻に、神功皇后が新羅を征服された時の記事に、

故是《カレコレ》を以て新羅國をば御馬甘《ミマカヒ》と定めたまひ、百濟國をば、渡屯家と定めたまひき。爾に其の御杖を、新羅の國主《コニキシ》の門《カナト》に衝き立てたまひき。卽ち墨江大神《スミノエノオホカミ》の荒御魂を、國守ります神と爲《シ》て、鎭め祭りて、還り渡りましき。

とあり、又書紀巻九に、此の事を次の如く記してある。

卽ち皇后の杖《ツ》ける矛《ミホコ》を以て新羅王《コキシ》の門に樹《タ》てて、後葉《ノチノヨ》の印《シルシ》と爲す。故れ其の矛今猶新羅王の門に樹てり。

とある。さて古事記には、新羅王の門前につきたてたのは杖となつてをり、書紀には矛となつてゐるけれども、それは何れにしても墨江の大神の荒魂の留ります御柱たるに相違はない。

以上の例證によつて始めて Herodotos に見える Scythia 人が奉祀する劍の神の次第が明瞭に了解されると思ふ。此の書(第四篇六十二章)に云はく、

まづかやうなのが他の神等に供せられた犧牲であり、又かやうなのがその犧牲の捧げられる作法であるが、Mars 神に對する儀式はこれと異つてゐる。各〻の地方に於いて官衙の在る所には、此の神の社がある。其の由を記すと次の如くである。それはそだを多く集めた柴木の堆積であつて、その長と幅とは三 furlog ほどで、高さは稍〻短く、其の上部は四角形を爲した廣場で、其の三方は切り落し、ただ其の一方のみは、人が其處へ登るだけの傾斜を爲してゐる。毎年柴木の百五十臺を此の杙堆に積重ねる。それは雨のために低下するからである。さて古劍の一握を此の小阜の頂にさし樹て、これを Mars 神の代とする。毎年牛馬を此の神に供へる。その犧牲の量は他の神等に供するよりも多い。戰に虜を得ると、百人の中から一人を選んでこれを犧牲とする。その作法は牛馬などのとは異つてゐる。まづ最初に其の頭の上に酒を灌ぎ、さてその後でそれを切り殺す時に血を皿に受け、その皿を堆山の頂上に持ち往きて、その血を劍の上にそゝぎかける。山の上で此の作法が行はれてゐる間、下の方

では切り殺された虜の右の手と腕とは、切り放されて空中に高くなげ上げられる。云々。

とある。Ammianus Marcellinus によると、Quaden 人と Iran 種の Alan 人の間にも、劔を祀る風俗の存することが記されてあり、又 Hun の酋長は、偶然にも劔を叢中に於いて發見したのは、天の賜なりと云つてこれを祀つたといふ。史記・漢書などによると、前漢時代、北蒙古に據つた匈奴では、また劔を祀り、これを徑路神と稱へたといふ。此の匈奴語の徑路（King-lu）と、トルコ語で劔をいふ Kynluk とを比較したのは Hirth 氏である。氏はこれを以て匈奴はトルコ種であるといふ一證とせられた。然し蒙古語に於いても兩刄の刀を Kinggharaといふ（Kow. p. 2523. a)。思ふに此の語は波斯語で兩刄の劔を kandžar, Kurd 語で Xäncär, Arabia 語で chandžar, Russia 語で kinžal, パミル山中に住した Iran 系統に屬する諸族の間ではこれを Xohgar 等といふのと同語であらう。Herodotos の所謂 Scythia 人は、Iran 系の游牧民を指したもので、Ural-Altai 民族でないから、此の書に書いてある Scythia 人の祭つた劔は、Iran 語で Kinggar, Kangar などと稱せられたものと思はれる。何となれば、今のペルシヤ語でこれを Kanžar といふのは Kangar の轉音であることは明かであるからである。天山以東に據つてゐた匈奴人は、劔を祀る風俗を Scythia 人より得たものと察せられるから、その神體たる劔の名も亦 Iran 系統に屬する此の民族から得たものであらう。

漢書によると、匈奴では徑路神祠といふものがあると共に、また祭天の金人を奉祠したといふ。それは霍去病が武帝の命を奉じて、河西に據つてゐた休屠王を伐つたときに、其處から此の金人を得たといふのである。此の金人に就いては古來東洋學者の間に種々と解釋せられて來たが、未だ定論を見るに至らない。それが佛像でないのは、その頃は未だ佛陀の本國たる印度に於いても、此の敎主を金人に鑄る風習の無かつたので察せられる。余輩は嘗て栗特考を草した頃に、これは西域の Zoroaster 敎に屬する Töstör,（Tyster）神の金人であらうといふ假定說を提出して置いたが、まだこれに安んじないでゐた。何となれば、前漢時代に西域に於いて、金人を鑄たといふ事實は、史上に傳へられてゐないからである。これに反して、支那では世人の熟知する如く、秦の始皇帝の時に已に金人を鑄造してゐる。始皇帝の金人を鑄た理由は漢書に記されてある通り、臨洮に長狄が現はれたといふのを吉祥と解し、天下の兵器を聚めてこれを鎔かし、これに依つて金人十二體を鑄造したといふ。さて然らば此の長狄とは果して何物であるか。從來の史家は、此の長狄を以て西域地方のある國の人を指したものと解しようとしたが、それは大に解釋の見當を失したものであらう。余輩の考ふる處によると、此の長狄といふのは、西方日沒處を支配する金德の神仙とすべきである。それは宛かも東方日出處を支配する木德の神仙が、大人と思惟せられたと同樣に見做すべきである。秦の始皇帝は、徐福などいふ方士の說に惑うて、東海の三神山から不老不死の神藥を得ようとして、方士を海中に遣はしたときに、其の方士は三山の一なる蓬萊山に到ることは出來なくて、ただ渤海の邊で巨人の跡を見たといふことを復命するに過ぎなかつた。此の巨人は卽ち山海經の海外東經などに大人とあるその大人と同じ意味のもので、東王父、木公、伏羲の一名たるに過ぎない。それ故に臨洮に現はれた長狄も、東海にありと信ぜられた大人、巨人であつて、實際の人間ではないのである。支那の五行思想によると、東方は木德で生成を司り、西方は金德で殺伐を司るといふ。始皇帝が天下の武器を集め、之れを以つて金人十二體を造つたといふのは、卽ち道家の所謂金德を有する大人で、兵器の擬人に過ぎない。言を換へてこれを云へば、漢人の間に於いては、初め武器の神は、たゞの劔であつたのが、始皇帝の時にこれが人に擬せられて金人となつたのである。果して然りとすれば、これと同樣のことが、匈奴民族の間にも起つたのではあるまいか。此の國で劔を立ててこれを天《ツ》神としてゐたことは Herodotos 以來のことであつた。然るに秦の始皇帝が兵器を鑄て金人十二を作り、これを西方金德の神體としたので、匈奴も之を學んで金人を造り、これを以つて徑路神が擬人の形體を具備する樣になつたのであらう。かやうに見れば、匈奴の徑路神祠は御柱の姿にて、我が國の天の御柱、ゲルマン人の Irminsûl, ギリシャ、ローマ人などの圓柱に當り、金人はギリシャの Zeus, ローマの Jupiter の銅像に比すべきものであらう。

十二　ミケーネ人が兩頭斧を柱とすること

ギリシャの古典時代に先だつミケーネ時代に、崇拜の對象となつてゐた物は殆ど悉く神聖な石と柱と木とであるが、然し此の外に、また時には二重斧（double axe）と思はれる符號的の物が神の代りとして拜まれたものらしい。斯くの如き原始祭祀の一例として有益に思はれるのは、キプロス嶋 Salamis の舊地にて發掘せられた Mycenaean Vase の上に畫かれた繪である。此の瓶は、いま現に英國博物館に所藏せられてゐるが、それには doubl axe が二重に描かれてゐる。卽ち、二匹の牡牛の間に地上から立てられてあり、またそれと共に此等の牡牛の兩角の間にも、各〻此の斧が立てられてある。さうして斧の柄の脚部には、Horns of the Consecration とも稱するミケーネ流の儀式の具が表はされてゐる。此の物が Double 斧に對する關係は、宛もそれが柱や木に於けると同樣であるから、此の斧も亦崇拜の目的物で、木や石に於けるが如く、この斧も亦神の神籬（ヒモロギ）としか思はれない。Ammianus によると、彼の時代にポントス海の東岸に住んでゐた Alan 人の間では、拔身の劍を地上に突き立てて、これを軍神として崇拜したといふ（xxxi. 2, 21.）。これとよく似た一例は、また Pterium といふ處にある Hittite の浮彫の繪に、大きな劍が、大地を切りつけてゐるものがある。而してその柄はこれを活かして、神自身と獅子の像を表はしてゐる（A. J. Evans ; The Mycenaean Tree and Pillar Cult. London, 1901. p. 8—9.）。

國語ハシラの語源は、前にも述べた如く、上と下とを連ねるハシの義であるから、風の神を、天之御柱、國之御柱といふのも、天と地との間をかけ渡す處から得た名である。此の種の類で、天地のかけ橋となるものは火柱である。聖書によると、主なる神は雲の柱、火の柱となつて現はれることが記されてある。プラトンは Arminos の子 qr は、柱の如き眞つすぐな光の上に立つと云つてゐる。qr 或は Irmin は Teuton 人の所謂天《ツ》神で、Irminsûl は天の御柱である。Platon の qr と Arminos はゲルマン人の天《ツ》神の名で、彼の「柱の如き眞正な光」といふのは、Irminsûl に比すべき一種の天柱である。又 Krastonia といふ處に Dionysos の神殿があつて、祭の時犧牲などを供へる際に、神がその年を豐年にしてやらうとするときには、火柱が立つて、凡ての人に見られ、又凶年にしようとするときには、其の火柱がなく、普通の夜に異ならぬといふ。これによると、Thracia 地方の祭祀に於いて、神の來降は火柱によつて認められると信じられてゐたのである。（Cook, Zeus. II. p. 114—115.）。

天の御柱は、普通には一本であるが、時にはその押へとして二本のも、四本のも、また五本のもある。我が國の鳥居などは二本で、上に一本をかけ渡してこれを連結して門戸の形を爲してゐるが、諏訪神社のは、四本の柱を神社の四方に立てたものである。また出雲の大社などの制は、前にも記した如く、四本の柱を四方に建て、其の中央に心の御柱があるのである。これと同樣な種類が外國の天柱にも見られる。歐洲の天柱は前に說いた通りに普通には殆ど一本であるが、Sardinia の天柱は五本から成立つてゐる。Cagliari の博物館には、Mandas で發見された銅器があつて、それには Sardinia 地方の古代の祭祀を表はす繪畫が刻されてゐる。それによると、土臺は四角の厚いもので、その四方には各〻一本づつの圓柱があり、また中央にも一本の柱があつて、その頂上には牡牛の角に留まつてゐる鴿が置かれてゐる。そして此の傍には小さな家屋があつて、そこに三羽の鴿がゐる。此の光景は何を示したものかと考へるに、五本の柱の中、中央なのは所謂天を支へる天の御柱で、その頂上に止つてゐる鳥は天《ツ》神が鳥の姿をしてゐるもので、またその傍にある小屋の鳥は本殿の神の來降を示すものである（Cook, Zeus. p. 140—143.）。此の例によつても分る如く、我が國で神前に立ててある門を鳥居といふが、それは元來天の御柱で、これを鳥居といふのは卽ち神の住處を意味するものである。また漢土に於ける天柱は、中央の一本であるが、五岳となつて天を支へる五本の柱のある場合には、中央の岳、卽ち一說によれば嵩山、一說によれば崑崙山は、天の御柱にあたるのである。

天の御柱は、これを單に棒とし、杆とするときは、勿論それは木であるが、後に劍や鋒や、石や、斧などになつても、それはたゞ神の靈代、神のアラカと見做されるのである。然し此等の物を柱といふときには、神靈が地上から上天に登る階梯としての名稱である。

十三　天《ノ》浮橋、丹後風土記、播磨風土記

さて此の階梯には柱の外に橋がある。天上の神々は天《ノ》浮橋によつて下界に降り、地上の神々は此の橋によつて上天するのである。此の天《ノ》浮橋の始めて神典に見えるのは伊邪那岐命、伊邪那美命の天降の段で、古事記神代（上）に、

故《カレ》二柱の神天浮橋に立たして、其の沼矛《ヌボコ》を指し下して畫《カ》きたまへば、鹽《シホ》許袁呂許袁呂《コヲロコヲロ》に畫《カ》き鳴《ナ》して、引き上げたまふ時に、其の矛の末より垂落《シタタ》る鹽、累積りて嶋と成る、是淤能碁呂嶋《オノゴロジマ》なり。

書紀神代巻一に、

伊弉諸尊、伊弉冉尊と天浮橋の上に立たして、共に計らひて曰く、底つ下に豈國なからんやとのたまひて、廼《スナハ》ち天の瓊矛《ヌボコ》を以て指下して探りしかば、是に滄溟《アヲウナバラ》を獲き。其の矛の鋒《サキ》より滴瀝《シタタ》る潮、凝りて一の嶋と成れり、名づけて磤馭盧嶋と曰ふ。

其の一書に

伊弉諸尊、伊弉冉尊、二神《フタハシラノカミ》天霧《アマノサギリ》の中に立たして曰く、吾《ア》れ國を得んとのたまひて、乃ち天瓊矛《アマノヌボコ》を以て指垂《サシクダ》して探りしかば、磤馭盧嶋を得たまひき。

又書紀神代巻に引いてある一書に高皇産靈尊が大己貴神に賜つた勅語の中に、

又汝は天日隅宮《アマノヒスミノミヤ》に住むべし、今供造《ツク》りまつらん、卽ち千尋の栲縄《タクナハ》を以て結ひて、百八十紐《モモムスビアマリヤソムスビ》にせん、其の宮を

造る制《ノリ》は、柱は則ち高く太く、板は則ち廣く厚くせん、又田供佃《ミタツク》らん、又汝が往來《カヨ》ひて海に遊ぶ具《ソナヘ》の爲に、高橋、浮橋、及び天鳥船亦供造らん、又天安河にも亦打橋造らん、又百八十縫《モモヌヒアマリヤソヌヒ》の白楯《シラタテツク》供造らん。

又同書天孫降臨の章に、

既にして皇孫遊出《イデ》ます狀《カタチ》は、則ち槵日二上《クシヒノフタガミ》の天浮橋より浮渚在平處《ウキニマリタヒラ》に立たして、膂宍《ソシシ》の空國《ムナクニ》を頓丘《ヒタヲ》から國覓《クニマ》ぎ行《ト》去《ホ》り、吾田長屋笠狹《アタノナガヤノカササ》の碕《ミサキ》に到ります。

とあり、飯田武郷氏著通釋巻之三天ノ浮橋に就いての解釋に、

天浮橋、釋記に兼方案之、天浮橋者、天橋立是也とあり。記傳云、天浮橋は天と地との間を、神等の昇降り通ひ玉ふ路にかゝれる橋なり。空に懸れる故に浮橋とはいふならん。丹後國風土記曰、與謝ノ郡々家東北隅方有二速石《ハヤシノ》里一、此里之海有二長大石前《ノイソサキ》一、長二千二百二十九丈、廣《サノルハ》或所九丈以下、或所十丈以上《ルハ》、二十丈以下、先名二天梯立《ハシタテ》一、後名二久志濱《クシノ》一、然云者國生《マセル》大神伊射那藝ノ命、天爲《ニシ》二通行《ヒント》一而梯作立《リタマフ》、故云二天梯立一、神ノ御寢坐間ニ仆伏云々、此に因は此浮橋もと此神の作り坐しなり。さて天に通ふ橋なれば、梯階《ヘシ》にて立て有しを、神の御寢坐る間に、仆れ横たはりて丹後國の海に遺れるなり。又播磨國風土記曰、賀古《カコノ》郡益氣里有ニ石橋一傳云、上古之時此橋至レ天、八十人ノ衆、上下《リリ》往來、故曰二八十橋《ヤソ》一、これも天に往來し一の橋と見ゆ。神代には、天に昇降る橋、此所彼所にそ有けんとあり。皇御孫命の天降り玉ひし時の事を、續後紀長歌、天照國乃日宮能《ノ》、聖御子曾《ヒシリノソ》、瓠葛天能梯建《ヒサカタノアマノハシタテ》、踐歩美《フミアユミ》、天降坐志々《アモリイマシシ》、大八洲云々とあり、又平田翁云、天浮橋は神の天より降り給ふ時に、大虚空に浮へて、乘給ふものなる故に浮橋

といひ、(和名抄に、魏略五行志云、洛水浮橋、和名宇岐波之と訓るはさることなれと、水上に浮たるなれは物は異なり。)また如此乘て往來することは、水を乘る舟と等しき物なる故に、天磐船とも云なり。(記傳に此を天梯立と同物に解れたれとしからす。)

又同書卷之十六天孫降臨の章に見えたる天浮橋の解釋に、

天浮橋は、重胤云、第四、一書にも、日向襲之高千穗槵日二上峯天浮橋、と有て、此二の傳の如くは、其高千穗峯より、笠狹之碕に渡らせ御坐す道に、架れる橋なるか如し。然るに記の趣にては、於二天浮橋一宇岐士摩理《ウキシマリ》、蘇理《ソリ》多々斯弖《タヽシテ》、天二降坐于竺紫日向之高千穗之久士布流多氣一、と有て、天浮橋云々を、天上より高千穗峯に、天降らせ玉へる間の御事と傳はれり。萬葉十九に、蜻島山跡國乎《アキツシマヤマトノクニヲ》、天雲尓磐船浮《アマクモニイハフネウカヘ》、等母尓倍尓《トモニヘニ》、眞可伊繁貫《マカイシシヌキ》云々、安母理《アモリ》摩之《マシ》云々、と有て、天磐船と云も、天浮橋と云も、其御坐て通はせ玉ふ御料を云るなれは、何れにしても同しきを、續後紀長歌に、云々天能梯建、踐歩美、天降利坐志々、と詠るに、纂疏に、天浮橋猶レ言二天梯立一、と注させ玉へるも、必承る所有る説にて、天神御子の天降らせ玉へる梯の、此高千穗峯に架れるにて、此より笠狹之碕に遊幸るにて、此梯より御坐つらむを、記には、天上より二上までの事のみに係り、紀には、二上より笠狹までの事のみに係れるは、互に其片方を略かれし者にて、實は兩度共に、同し御出立なり、とこそ見えたりけれ。偖大同本記に、皇御孫命詔久、從二何道一曾參上志止問給《ヒフ》、申久、大橋波須賣大神並二皇御孫命乃、天降坐乎恐《カシコミテ》天、從二小橋一參上支止申云々、と有を思ふに、此の二上の天浮橋と云は、謂ゆる大橋にて、供奉神の降られし小橋は、又別なる地に在し也けり。其大橋小橋の岐《チマタ》は、謂ゆる天八達之衢なり。俿火闌降命《ホスセリノ》、卽吾田君小橋等之本祖也。記に阿多之小椅君なとあるを、口訣に、吾田小橋者共姓也云々、小橋者彼所〻居之名、とも見えたれは、小橋と云地は、吾田の中に在へくして、其吾田は和名抄に謂ゆる、薩摩國阿多郡阿多鄕と有る、此地は決めて、小橋は架りて在しならんを、其神名に後小橋命《ノチノヲハシノ》と有も、其二上なる大橋を前とし、其に對へて阿多なりしを、後小橋と云ふにこそは有ならめ。此等を以ても、天浮橋は、天上より御往來の時に、架れりし梯なるを、後に笠狹に遊行る時に、此橋を仆して、（武鄕云、丹後風土記の、天椅立の仆れたるなとを思へし。）其地に御坐けるより、天上の往來は絕たりけんとそ伺奉らるゝ。

とある。本居・平田等いふ德川時代の國學者は申すまでもなく、明治時代の國學者に於いても、天浮《ノ》橋をその文字の通りに、天と地との間に架りたる橋が神代に實際存在したものと解してゐたやうであるが、昭和の時代となつては斯かることは小學校の兒童といへども信じないことである。然らば神代史などに見ゆる此の橋は、果して何物を指したのであらうかと考へる必要がある。伊邪那岐、伊邪那美二神の立たせられたといふ天浮《ノ》橋は、高天原から磤馭盧嶋に至る間に架つてゐた橋と見なければならないし、叉天孫が高天原から日向に御來降になつた時に御通りになつた天浮《ノ》橋は、二上峯の天浮《ノ》橋と記載してあるから、此の橋は或る一處にかゝつた橋とは思はれない。また高皇產靈神が大己貴命に勅せられた處に見ゆる天浮橋は、それは何處とは定めがたいが、天安《ノ》河には打橋を渡すとあるから、此の橋の外に、天浮《ノ》橋と記されてある以上、打橋と天浮《ノ》橋とは同じでなく、從つて天浮《ノ》橋は天安《ノ》河にあつたものとは考へがたい。また書紀に引いてゐる一書には、諸冉二神が御降臨の際に、二神は天ノ浮橋の代りに天ノ霧に乘つて御降りになつたとあるから、天ノ浮橋とは霧を指したものとも思はれる。大空に浮んで見えるのは雲であり、叉架つて見えるのは虹であるから、天ノ浮橋とは霧か雲か虹か此等の自然現象の何れかのものを指したものと解釋するの外はない。

十四　天ノ磐船、天ノ鳥船、天と海、天ノ浮橋と天ノ磐船は雲霧を指したものといふ考

神代の頃に天地の間を往來する料となつたものにまた天ノ磐船といふものがある。このことは神武紀の文に、

抑《ハタ》叉鹽土老翁《シホツツノヲヂ》に聞きしに曰く、東に美地《ヨキクニ》有り、青山四周《ヨモニメグレリ》、其の中に亦天磐船《アマノイハフネ》に乘りて飛び降れる者有り。余謂《ワレオモ》ふに、彼地《ソノクニ》は必ず當《マサ》に以て天業《アマツヒツギ》を恢弘《ヒロメノベ》て天下《アメノシタ》に光宅《ミチヲ》るに足りぬべし、蓋し六合《クニ》の中心《モナカ》か。厥《ソ》の飛び降れる者は、謂《オモ》ふに是れ饒速日《ニギハヤビ》歟。何ぞ就《ユ》きて都《ミヤコツク》らざらむや。

とあるので知られる。此の磐船の事につき飯田氏の日本書紀通釋卷之二十二に、

天磐船は、大空を乘て飛行する船なり。さて磐とは、その物實に磐にて造れる故にしか云か、また其堅固を稱てしか云か、今定めては云かたしと、平田翁云り。萬葉集に、皇孫尊の天降ますことをも、磐船に乘まし丶よしよめり。さて舊事紀に、船長率ニ領梶取等一、天降供奉、とある、卽此時の事なり。延喜六年日本紀竟宴、得ニ饒速日命一、藤原忠紀、空みつに、あまの磐船くたしゝは、聖のみよをわたすとてなり。また得ニ磐余彦天皇一、三統宿禰理平、飛かけるあまのいはふねたつねてそ、あきつしまには宮はしめける。

飛降、天降りますを云、舊事紀云、饒速日命乘ニ天磐船一、天ニ降坐於河內國河上哮峰一、則遷ニ坐於大倭國鳥見白庭ノ

山一、所謂乘二天磐船一而翔二行於大虛空一、巡二睨是鄕一、而天降坐矣云々、とあり。鳥見は、大和國添下郡今鳥見庄の地なり。哮峰は、大和志添下郡巖船神社在二南田原村一、河內國河上哮峰卽是とあり。右の河上哮峰なる天磐船は、貝原篤信か諸州廻に、河內國天川を、東に上ること三十町許り、左方なる山際の坂を少行て、岩船に至る。南山の間狹し、岩舟とは、大磐方十間も有べし。長くして舟の形に似たり。谷によこたはれり。其外家の如く、橋の如く、或は横たはり、側たてる大石多し云々、岩舟石の下を、天川流れ通る奇境なり。凡大石は何方も多けれとも、如此く大石の多く一處に集れるところを、いまた見すとあり。また重胤云、五十鈴川にて、太神宮よりは一里許も上方に、鰒石と云かあり、鰒には非すて、磐船の狀なり。又神名帳、越後國磐船郡石船神社と云舊社あり。古老の傳に、石船に乘て天降給ふなりと云り。社の傍に石舟あり。さて鳥見白庭山は、添下郡なるを、予はしめ大和志また記傳の說によりて、城上郡なる外山《トビ》の地なりと定めて、しかしるしゝかど、後にたしかなる證を得て改めたり。其說附錄に載せたり。云々。

とある。磐船の盤は磐樟船、磐盾、磐靫、などの磐と同じく、決して實際の岩石を指して云つたのでない。磐は上代人の信仰によると、神の室屋として神聖なものと思惟せられたので、天事に關係する物の名に形容詞として附せられたものである。さる磐が實際天空にある道理はないから、これも天浮橋の如く神話作者の詩想から湧出した談で、その實、天象のあるものを指したものと思はれる。

天地の間に往來するものに鳥船といふものがある。これは古事記に伊邪那岐、伊邪那美二神の御出生になつた御子

神に鳥之石楠船神、亦名天鳥船神と申すのがある。古事記傳卷五に、

鳥之石楠船神、鳥とは行くことの疾《ハヤ》きをかたどりて云と、口决には云《ヒ》、師は水鳥の浮るさまによそへて云《フ》と云《ヘ》れき。此は何かよけむ。書紀に天鳩船と云あり。又其の釋に播磨國風土記を引て云るは、仁德天皇の御世に、いと大《キ》なる楠ありしを、伐て船に造りしに、其船飛ぶが如迅《ゴトトカリ》し故に、速鳥と號《ナヅケ》つとあり。是らに依《ラ》ば、口决の意なるべし。又萬葉十六（二十五丁）に、奥鳥鴨云船之《オキツトリカモチフフネノ》と（から書にも鳧舟といふあり）あるを思へば、師說も捨てがたし。（中略）

天鳥船。名意上の鳥に同じ。さて書紀に、蛭兒を天磐櫲樟船に載て流やるとも、又鳥磐櫲樟船を生《ウミ》て、其に載てとも、又別段に、高橋浮橋、及《マタ》天鳥船亦將供造などもあり。はた此の亦名にも、神と云《ハ》ぬなどを以見れば、是は直《タヾ》に船を指て神と申《ス》歟。されど次に生《マセル》神名と云《ヒ》、下に天鳥船神副ニ建御雷神一而遣、ともあるを思へば、正しき神とも聞ゆ。

とある。萬葉に「奥鳥鴨云船之」とあるのは、船の水上に浮べるさまが鳥に似てゐるので、鴨に擬せられたのであり、播磨國の風土記に記された如く、仁德の時に製造せられた船が速鳥《ハヤトリ》と名づけられたのも、古事記に鳥之石楠船といふ神の名のあるのも、船が鳥に似通ふ所があるからである。だから天鳥船といふ名は、大空を飛行する鳥を指したのでなく、其處に浮び又飛行する物即ち雲霧を指したのに相違ない。漢土では、天上の神仙が乘るものの多くは車とか龍とか鳥とかであるが、我が國の神話には多く橋とか船とか、凡て河海に緣あるものの名が多い。これは多分日本上代

の人は、天空を大海の一種と見做してゐたからであらう。前にも言つた如く、國語で天を Ama といふのは、海を Umi といふのと同語であり、そのことは海人と書いてこれをまた Ama といふのを以つても察せられる。

上代の人は、天を地の如く、固體と見做したから、これを支える爲めに柱を要すると考へ、また其の間を往來するに柱によつて彼處に攀ぢ上ることが出來ると思ひ、またその間に横たはるものは風であるから、これに依つて彼處に至ることが出來ると考へ、また大空を海洋と見て、これが地上の海水と連續するものと考へたから、船に依つて往來することが出來ると考へたのである。大木を押し立てたるを、天之御柱と呼び、風を同名で呼ぶのも此の考へからであり、雲霧を浮橋と呼び、又鳥船などと稱するのも此の考へからである。

十五　エジプト人、ヘブライ人、バビロニア人、ペルシヤ人、サビア人、ローマ人、ギリシヤ人の梯子

天國に登るに梯子を用ゐたと云ふことは、他國にもその例は數多あることで、その中最も顯著なものを擧ぐれば、エジプト人の信仰である。E. A. Wallis Budge 氏の記す所によると、埃及史の太古及び中古時代に屬する墳墓から、木や他の物で拵へた梯子の形をしたものが發見せられて、その何物を意味したものであるかは、從來不可解の物となつてゐたのである。然るに Unas, Teta, Pepi 等の王のピラミッドの廻廊や室間の壁上に刻んである銘文を讀んで見ると、古代のエジプト人は天國の床、卽ち下界から望む碧落は、四角形の鐵板を擴げたもので、その四方に四本の柱が立つてゐて、丁度四極の方向を示してゐる。此の鐵の板の上に神々や死んだ幸福なる男女などは住んでゐる。それ

で死後に此處へ行くのが善良なるエジプト人の希望である。此の方板の緣邊の部分は、地上の山岳の峯と非常に接近してゐるので、死人は其處から容易に天上に登り上ることが出來るが、またある部分は天地の隔絕が甚しいので、天國に至るには何らかの手段を要したのである。ところで Osiris の神といへども、此の鐵板に登ることが出來なかつたけれど、その父 Rā のこしらへた梯子に依つて、遂に上天することが出來たと信じられてゐた。此の梯子の一端に Rā 神、他の一端に Isis 神の子 Horus 神が立つてゐて、共に Osiris 神の上登を助けたのである。元來此の梯子の擁護者は Horus と Set の二神であつて、古い方の銘文などには、此等の神が Osiris 神を助けて上天させたことが記してある。さて梯子模型を墳墓の死人の傍に置くのは、これによつて梯子の守護神にその職務を盡くさせようと希願する意を寓したものである。(Egyptian Magic. 1899. pp. 51—55)。

天國に到るに梯子を要するといふ思想は、またヘブライ人の間にもあつた。その證據は舊約聖書(Gen. 28. p. 10—20)に、Bethel といふ處に Jacob の夢を見た話が記されてゐる。「さて Jacob は Beersheba を去つて Haran の方へと參つたが、或る處にいたつた時日が晩れたので、彼は或る宿所につき、其所に一夜を明かすことになつた。さて其の時そこで一つの石を拾つてこれを枕として眠りについた。すると夢に一つの梯子が地上に立つて居り、其の頂は、天に屆いてゐて、God の天使等がそれによつて天地の間に往來昇降するのを見た。さうして主《エホバ》は其の上端に立せられてゐた。Jacob は目を醒まして云つた。如何に畏しき處よ、此處は是れ卽ち God の家としか思はれぬ。是れは天國の門であると。Jacob はその朝夙く起き、彼が枕としてゐた石を取り柱とし、これを建てゝその頂に膏を灌いだ。そこで彼は其處の名をBethel（神殿）と名づけた。此邑の初めの名はLuzであつた」と書いてある。又Babylonia の Zikkurat 塔は、梯子と柱とを結びつけたものであるが、此の塔が七階であるといふのは、これによつて天上に登る意味を有し、我が國の所謂天の御柱であらう。波斯人の Mithra の梯子や Sabia 人の七星の梯子も、これと同樣の性質を有するものである。(Cook, Zeus. II. pp. 125—129)。ギリシャ人の間にも此の如き信仰があつたと思はれるのは、Pidar の詩の中に、天の火柱を「畏るべき階段或は梯子」と稱へてゐるのでも推察せられる。又ローマ人の間にも同樣の迷信があつたと思はれ、墳墓の中から銅製の梯子の形をしたものが發見せられた。これは確かにエジプト人の天國へ登る梯子と同じく、死人の靈がこれに依つて上天する料に供されたものと思はれる。我が古典にある天ノ浮橋も、また上代人がいふ天ノ橋立といふのも、此等の Cosmic の性質を有したものであることが判かる。

漢人の學說によると、人の精神は魂魄の二つから成り立つてゐて、死すると魂は天に登り、魄は地に歸するといふ事になつてゐる。これは陰陽說が行はれた結果、何事も二元的に考察する論法から來てゐるもので、精神をも、かく二分して考へたものと察せられる。何となれば、魂と魄とは、已に Groot 氏も論じてゐる如く、共に鬼といふのが土臺で、それから發展して魂と魄とに分化することになつたのである。それ故、漢人の初めの思想でも、人の死するときは、その精神は鬼となつたのである。そうして此の鬼が、死して何處に至るかに就いては、當初に於いて未だ明瞭な考は無かつたのであらう。然し人が死ぬると、其の一部の靈魂は蛆となり、又蛇となつて地上に匍匐する蟲となり、他の一部の靈魂は息となつて上騰するが故に、その靈は羽族に化するものと信ぜられた。莊子に、夢に胡蝶となるといふ物語のあるのも、唯に偶然とのみ見るべきものでなく、漢人の思想に、人の魂が、睡眠中に肉體を離れると、羽のある飛揚する物に化するといふ信仰があつたからである。我が古傳にも日本武尊が御他界になつたときに、其の陵から白鳥となつて飛び去られたといふのがあるのも、其の當時の人が魂は天上に飛揚するものと信じてゐたからであらう。又魏志卷三十の東夷傳弁辰の條に「以ニ大鳥羽一送レ死、其意欲レ使ニ死者飛揚一」とあるのは、明らかに當時の韓人が、死者の靈魂は羽により空中に飛揚するものと考へたからである。今日も朝鮮の北部や滿洲に據つたツングース人などが、屍を樹上にさらすのは其の靈が上天するに便なるを考へたからの習俗である。已に前にも述べた如く、三國時代の烏丸鮮卑の如き蒙古人間では、人が死すると、その靈は赤山にゆくものと信じ、又當時の漢人がその靈は泰山に歸すると信じたのも、赤山、泰山などいふ高山は、靈の上天するに便なるが爲めである。

十六　墳墓と土地神との關係

また更に進んで考へるに、墳墓を造るに、世界の多くの民族の間で土を盛つて高くすることも同じやうな意味があるのである。我が國に於いても墳墓は土を以つて高く盛上げたと見えて、その塚なるものは丘狀を呈してゐる。國語で塚を tuka といふのは、土を高くつき上げるより得た名であり、又墓を faka といふのも、これは woka と同語源に屬し、高處といふ意味である。魏志（卷三十）の倭人傳の處に、「其死、有レ棺無レ槨、封レ土作レ冢」とある。此の事は、當時の朝鮮に據つた諸族に於いても同樣であつたと見えて、同じ魏志の高句麗の條に、「厚レ葬、金銀財幣盡ニ於送レ死、積レ石爲レ封、列ニ種松柏一」とあるのでも判かる。朝鮮語で墓を뫼 moi といふ。moi とはまた山の義である。韓

人の北に據つたツングース人も同樣であつたと見えて、Gold 語で墓を úntaka といひ（Grube, p. 23）、Oročon 語で okdokso といふ。此等の語はその國語で、高きをいふ Gugda, Ukdá 等の轉音である。漢語に於いても墳墓に對する觀念が同じであることは、其の文字の上から推測せられる。說文解字十三篇下墳の解に、

墳墓也、此渾言レ之也、析言レ之則墓爲二平處一、墳爲二高處一、故檀弓、孔子曰、古者墓而不レ墳、邯鄲淳孝女曹娥碑曰、丘墓起墳、鄭註禮記曰、墓謂二兆域一、今之封塋也、土之高者曰レ墳、此其別也、方言曰、冢秦晉之間謂二之墳一、或謂二之培一、或謂二之堬一、或謂二之埰一、或謂二之埌一、或謂二之壠一、自レ關而東謂二之丘一、小者謂二之塿一、大者謂二之丘一。

とある。此によりて見ると、漢人が墓を墳とも言つて居り、それはまた丘岡と同義であつて、高く土を盛り上げたものであつたことが知られる。墓に土を盛り上げて高くするのは、此の外至る處に見えて、殆んど世界的の風習とも云へるから、今一々その例を擧げるまでもないが、たゞ一つその中の最も顯著なものとしては、エジプトの金字塔である。これが國王の墳墓であることは世人の周く知る處である。

墳墓が既に土を盛り上げたものであるのに、更にその上に標木を立てたり、樹木を植ゑたりするのは、益〻これを高める所以で、遊魂の飛揚を容易ならしむる意志から起つた風習であらう。高句麗で松柏を墳墓の上に列植したことは、已に上に引用した魏志の文で見られるが、猶ほ支那の北部、蒙古の地方に據つた突厥にもこれに類した風習がある。其れは周書卷五十異域下、突厥傳の條に「葬訖、於二墓所一立レ石建レ標、其石多少、依二平生所レ殺人數一、又以二祭レ之羊馬頭一、懸二挂於標上一」とある。此處に見える標とは、木にて拵へたものに相違なく、これに羊馬等の犧牲を懸けるの

は、猶は馬韓などの蘇塗と云ふ大木に鈴鼓を懸けたのと同じ意味で、此の標中に宿る死者の靈に供養する趣に外ならぬ。佛家で佛舍利の上に柱を建てるのも、これと同じ事と思はれる。書紀推古紀元年の條に「春正月壬寅朔丙辰、以二佛舍利一置二于法興寺刹柱礎中一、丁巳建二刹柱一」といふ一節が見える。日本書紀通釋卷之五十三に、

佛舍利、十四年紀に、勅二鞍作鳥一曰、朕欲下興二隆内典一、方將建中佛刹上、肇求二舍利一時、汝祖父司馬達等、便獻二舍利一、據レ是は此舍利は、司馬達等の獻する所なりと、集解に云れたり。○刹柱、通證に私記曰、刹字音讀、玉篇、刹、刹柱也、字典、釋冢上立レ柱、中藏二舍利子一、亦曰レ刹、經音曰、梵云二刺瑟致一、此云レ竿、今略名レ刹、卽幡柱也、倭名抄四聲字苑曰、樖佛塔中心柱也、俗云心乃波之良、とあり。

と說いてゐる。佛教辭林塔《タフ》の解に、

佛塔、塔婆は、ともに梵語率塔婆(Stūpa スツーパ)の略、或偷婆ともいふ。ここに大聚、方墳高顯等と譯す。佛舍利を安置するところなるが故に、或は佛舍利處ともいひ、また靈廟ともいふ。飜譯名義集に「後分經」を引いていはく。佛告二阿難一、佛般涅槃荼毘既訖、一切四衆收二取舍利一、置二七寶瓶一、當下於二拘尸那城内四衢道中一、起中七寶塔上、高十三層、上有二輪相一と。佛滅後、諸王舍利を分ちて八分となし、塔を起して、供養す、阿育王出づるに際し、八萬四千の寶塔を造り、各所の勝地にこれを設け、以て佛舍利を供養したり、我が國にありては、密宗に五層の塔婆を設けて、これを大日世尊の標幟なりと爲し、一般にこれを五輪の塔と呼び、塔を以て佛塔を示す語となすに至れり。

と見え、又同書舍利《シャリ》の解に、

舍利は梵語、また、室利羅、設利羅（Śarīra シャリーラ）といひ、骨身或は靈骨と譯す。釋尊の入滅して、遺したまひし、骨分を、通稱して佛舍利といふ。その質頗る堅固にして、試にこれを椎撃すれども碎けず。戒定慧の薰修によりてなれるものなるがゆゑに、これを得ること甚だ難しとぞ。法苑珠林に三種の舍利を明す。一は、これ骨舍利、その色白し、二は、これ髮舍利、その色黑し、三は、これ肉舍利、その色赤しと。この佛舍利を供養する法會を舍利講或は舍利會といふ。昔、傳教大師支那に留學し、歸朝の際、佛舍利を傳來してこれを叡山に安置し、貞觀二年より、之が法會を叡山に創められたり。舍利塔は、もと卒塔婆をいひしが、今は舍利を安ずる塔形の小龕をいふ。

と說いてゐる。佛家の刹柱は塚上の竿、柱を意味したのである。これは此處を佛の靈の宿る處と思惟した處から起つたのである。舍利は屍の一部分であるから、その上に建てられた刹柱は、突厥人などが墓墳に立てる標柱と異ならないのである。かやうに論じて來ると、これまで學者の間に問題になつてゐて、未だ定論を見ない漢碑の性質も、解決闡明せられるやうに思はれる。本邦の學者で碑の事に就いて研究せられた人は關野博士、塚本博士、市村博士などであるが、未だ此の問題は解決せられたものとは思はれない。

十七　碑と刻石

漢籍の中で碑のことが記されてある最も古い文は、儀禮の聘禮、禮記の祭義、檀弓、喪大記等に見られるのであるが、此等の書が碑に就いて記する處を概說すると、碑は廟域に立てられたもので、多くは石造のものであるが、時には木にて作られたものもある。其の用途は犧牲を繫ぐものとして、又棺を壙中に下すときに綱を支へるものとして用ゐられたもので、後世の碑と全くその性質を異にするものであることが判かる。然るに漢土の學者は、此の二種を同一の種類と見て解釋を試みた。例へば劉熙の釋名に、

碑被也、此本葬時所レ設也。設二其轆轤一以レ繩被二其上一以引レ棺也、臣子追二述君父功美一、以書二其上一、後人因舊、故建二於道之顯見之處一、名二其文一就謂二之碑一也。

とあり、又封氏聞見記に、

墓前碑碣、未レ詳レ所レ起、按儀禮廟中有レ碑、所下以繫レ牲並視中日景上、禮記公室視二豐碑一、三家視二桓楹一、天子諸侯葬時、下レ棺之柱、其上有レ孔、以貫二紼索一、懸レ棺而下、取二其安審一、事畢、因閉二壙中一、臣子或書二君父之勳一、伐二於碑上一、後又立二之于隧口一、故謂二之神道一、言二神靈之道一也。

と說いてゐる。漢土の學者は、儀禮と禮記とに見える碑も、漢碑と同樣の形式を備へてゐたものと假定して解釋を試みてゐるが、上記の二書の文にては、當時の碑が果して漢碑の如き形式を備へてゐたか、未だ詳かでない。漢以後の碑は實際現存したものもあつて、その形狀は明らかに知られるのである。此の碑は碑身と碑趺とより成り、碑身は大抵長方形であるが、その上部の形に二樣あつて、其の一は角首形で、其の一は圓首形である。さうして漢時代の碑には穿孔のあるものが少なくない。これを碑穿と稱へ、圓き穴を穿つて碑を貫いてゐる。漢碑の天地及び輪廓には或種

の裝飾を施したのもある。その中で、特に人の注意を惹くのは、圓首形の碑に限り、その頭部に數條の淺溝を刻したものがあることである。古來これを碑暈と云ひ、その種類は一樣でない。或る碑の如きは碑の上部三角形の處に朱雀を刻し、下部の趺に玄武を刻したものがあり、或る碑には上部に龍を、下部に玄武を刻したものもあり、また或ものには上下に朱雀玄武、左右に蒼龍白虎を刻したものもある。漢以後の碑文には、上に龍首、下に龜趺を有するものがあるが、漢代のものには未だ龜趺はない。然し此の時代の碑には下部に玄武を刻したものもある。

そこで碑に關する問題は所謂碑穿と碑暈とは何の爲めに設けられたるものであるか。またそれに圓首形のものと方首形のもののあるのは何故であるかである。

漢土の學者は前にも述べた如く、碑穿と碑暈とは棺を壙中に下す時に索を通し、又これを結びつける爲めであると說いてゐる。關野博士は、

思ふに碑に穿あるは、一は廟庭の石碑の牲を繫がんが爲めに設けられたる穿孔に出で、一は墓碑の鹿盧の端を支へんが爲めに設けられたる穿孔より出でしものなるべし。否らざれば其由來殆ど解すべからず。又此鹿盧に捲きたる繩の一方、人の負ひ引く所の者を碑の頭部に斜に被らせ、摩擦により容易に滑下すべからざらしめ、且外に失脫せしめざらんが爲め陰溝を作りしもの、蓋し碑頭の暈の起原なる可し。否らざれば、碑頭に前後に斜に暈を作り、其端の左座右座せるが如き、殆ど說明の途なきなり（工科大學紀要第八册第一段）。

と說かれてゐるが、要するに同博士の說は從來漢儒の唱へ來つたものを一層敷衍說明したのに過ぎない。然るに從來

の說明と全く異つたる說明をこれに加へたのは塚本博士である。同博士は書苑（第二號）に於いて「碑碣に就いての疑問」と題して、

漢碑の穿孔は確に他の目的に供せられた結果らしい。更に疑つて見れば、漢碑の穿孔は碑を他の實用の爲めに他へ持ち運ぶ際に穿つたものかも知れぬ。漢代の昔に建てられた碑碣のその原地點に依然として建つて居るものは殆どなくして、大抵は諸所に移されて居る。

といひ、又

漢碑の額首に虹彩狀を爲せる所の暈の由來沿革の問題だが、是れは恐らく龍であらうか。其魑首の眼が後世次第に殖ゑて五つとなつた。その時代その沿革及び暈の龍の腹の如きものは、簡單より次第に複雜となつたか、或は其反對であるか、此等も研究上の問題である。

といつてゐる。又同博士は考古學雜誌（第五卷第十二號）に於いて「碑の裝飾」と題して、

されば、此の同心圓若しくはこれに似たる裝飾は、何を意味するかといふに、私はこれは虹の形だと思ふ。石索にはこれを暈と記してあるのも、虹と多少の緣がある。元來同心圓の模樣は、其性質頗る原始的のもので、世界各地に汎く使用せられて居るが、支那では漢から六朝へかけて盛に用ゐられて居つて、何も碑書の裝飾にのみ限り用ゐられたものでない。漢及び六朝の磚などの裝飾には、盛に用ゐられて居る。

といつてゐる。塚本博士の此の說明は何れも薄弱にして人を首肯せしむることは出來ない。市村博士がこれに反對し

た點は余輩の言はんとした處のものであるから、今博士の言をかりてこれを述べることとする。卽ち博士は東洋學報（第十五巻、第十二號）誌上に「漢碑の様式に就きて」と題して、

塚本博士は角首形と圓首形との來歷に就きて何等説明を試みず、唯〻碑穿と碑暈とのことに言ひ及んで居るが、碑穿を運搬の實用より出でたるものとする說は根據が十分でない。若し果して運搬の爲めならば、必しも中央に穴を穿たずとも濟むであらう。特に漢碑の中でも餘り大きくない孔謙碣の如きは運搬の困難少なかるべきに、却つて穿を設けてあり、最も廣大で運搬に困難なるべき孔廟百石卒史碑の如きに穿のないのは何故であらうか。これを以て塚本博士の實用說は根據の乏しいことが知られるであらう。又同博士の碑暈を虹彩と爲す說は單に類似を以てこれを言ふに過ぎないと思はれる。若し虹彩を裝飾となすならば、何故その全形を表面に現はさずして、碑首の側面にまで被らせたか、且支那に於ては虹を裝飾に用ゐたことを聞かない。故にこの虹彩說も何等の根據ないことになる。

としている。市村博士は此の如く塚本博士の說を論駁し去つて後、自說を述べてゐる。同博士の說によると、漢土の古代に琬圭と琰圭とがあつて兩者は全く形を異にし、前者は圓首形で、後者は角首形である。そこで漢碑の圓首形は琬圭を模し、角首形は琰圭を模したものであらうといひ、其の證據として、碑が琬琰の文字で呼ばれた記錄を引き、さて曰はく、「かく漢碑の様式が琬圭琰圭を學んだものであるとすれば、その碑穿や碑暈の點も亦從つて解釋し易くなる。何となれば琬圭や琰圭にはその一方に孔があつて、紐を貫通するが爲めに穿たれたものである。漢碑の穿は卽ち

これを模したもので、その暈は紐をたゝんで垂れかけた形狀を模したものであらう」と說いてゐる。

市村博士の如上の解釋が、果して碑に關する疑問を解決し去つたものであらうか。余輩は未だこれに贊成の意を表することが出來ない、琬琰の字義に就いては市村博士の引用した如く鄭玄の註に「琬猶圜也」といひ又「琰有二鋒芒一」とある如く、琬は圓を意味し、琰は角或は方を意味するのは亦爭ふことは出來ない。然らば何故に圭に琬琰の二樣があるかといふと、これは天圓地方の陰陽說に基いた形式に外ならぬ。漢人は戰國時代から事物の形狀をも其の用途の性質に依つてこれを陰陽に分かち、陽を圓とし陰を方とする習はしであつた。故に天を祭る處を圜丘といひ、地を祀る處を方澤といひ、又天に象つた璧の形を圓にし、地を祭る琮の形を方とするの類である。又碑の全體の形式からすれば、碑の圓なるを碣といひ、その方なるを碑といふのも、天地陰陽の說によつて區別せられたものである。それ故に圭にも陰陽の二樣の形があつて、圓首形のものは陽を表はし、方首形のものは陰を表はしたものである。それで碑にも二樣の形式があり、それが偶然にも圭の二樣の形式に暗合したのであつて、その間に何等直接の關係はないのである。凡べて一の物が他の物を模する場合には、其の用途が同一であるとか、その性質に類似するところが有るとかに因るのである。例へば刀幣の刀が刀の形を模したといふのは、上代には實際刀を通貨に使用したからであり、また圜丘の圓なるは上天の穹窿が圓なるが故である。然るに圭と碑とはその用途も性質も全く異なつたものであるから、碑の全體が圭を模倣したものと解することは出來ない。その形狀に圓方首の存するのは、陰陽說に基き、天地を方圓とする原則を適用したが爲めに偶ゝ類似の形を取つたまでで、圭と碑との間に何等の實質的の關係が存してゐたと見ることは出來無いのである。

墓或は墳の上に石や木柱を建てることは、世界に遍滿した風習であつて、已に前にも述べた如く、高句麗では墳墓の上に石を建て、突厥では石や木標を建てたのも、正しく其の實例である。此の風習の行はれたのは、神社に竿柱や石柱を建てるのと同樣の意味を有するものである。卽ち死人の靈魂は此の石柱を住家とし、又これに依つて天上に飛揚するのである。漢碑が墳墓の前に建てられるのも此の理由に由るのであるから、その表面に刻せられる模樣なども、その意味に依つて解釋すべきであらう。

さて、斯樣な態度を以つて碑面の構造を見るに、その頭部に龍や朱鳥を刻するのは天を表するもので、下部に玄武を表はし、又下部が龜趺となつてゐるのは地を表すものである。それ故に碑身は天地の間を連結する所以で、所謂天御柱卽ち Cosmic Pillar である。されば碑の上方に圓き穿孔のあるのは、靈魂の出入する門戶である。その形の圓いのは、漢人の思想によれば、人の魂魄の天に揚るものは魂なるが故に碑の中に住し、又これに依つて上天するものはその形圓いものと思惟せられ、隨つてその出入する門戶も圓孔とせられたのであらう。また碑の頭上に斜に掘り引いてある所謂碑暈といふものは、靈魂の上天して行く道路を示したものであらう。碑を神道碑といふ道も此等の意味を含めて云つたものであらう。

最後に碑の字義を解釋して見よう。說文に「碑竪石」とあるのは石の竝立した樣をいつたものと思はれるが、碑字の音については字典によると、廣韻に「彼爲切、集韻、韻會に班糜切、正韻に逋眉切、竝音陂」とあるので、碑は陂と同音の pi であることが知られる。字典を案ずるに、說文に「陂阪也」とあり。阪は說文に「陂者曰阪、一曰澤障、一曰山脅也、玉篇險也」とあるので、又碑と同義であることが分る。碣は說文に「特立之石、東海有碣石山……揚雄爲獵賦、碣以崇山、碣山特立貌」とある。此の解によつて碑碣の元義を案ずるに、碑とは堅石にて石の竝立してゐる貌、碣も殆どこれと同義である。碑も碣も共に山の竝立、突出した貌を取つて撰んだ名と思はれる。

第二章　嶋を胞とすること

神代史の上に現はれる天之御柱、國之御柱が從來、學者の間に難解の問題になつてゐたと同様に、嶋を胞とする記事も亦不可解の問題になつてゐるのである。書紀神代史巻一に、

是に陰陽《メヲ》始めて遘合《ミトノマグハヒ》爲夫婦《シタマヒキ》。産《コウ》む時に及至《イタ》りて、先づ淡路洲《アヘヂノシマ》を以て胞《エ》と爲す。〔意に快びざる所なり、故れ名づけて淡路洲と曰ふ。〕

とある。然るに此處に引いた一書には、

二神《フタハシラノカミ》合爲夫婦《ミトノマグハヒ》して、先づ淡路洲《アヘヂノ》、淡洲《アヘシマ》を以て胞と爲し、云々。

とあり、又他の一書には

磤馭盧嶋を以て胞と爲して淡路洲を生む。

とあつて、其の指す處が一つでない。さて然らば嶋を胞とするといふは何の義で、又その胞とは果して何物を指すのであるか。まづ先輩の説く所を揭げて卑見を陳べることとする。

書紀通釋巻之三に、此の胞を解釋して、

胞は其假名古書に未見當らす。名義も詳ならす。また以㆓淡路洲㆒爲㆑胞の義詳ならす。重胤云、胞衣は兒の胎中

に在る時に、此を裹て日足す器にこそ有けれ、已に生れ出れは、何の用にも立さるものなり。其上胞衣の出るは、自然の事なるを、爲レ胞と云ては大に義違へり。されは爲レ胞は、最初に出來れる子長《コノカミ》なるよしを以て、淡路島爲レ兄《エト》と云傳へたるを、言の同じき任に、兄《エ》を胞《エ》と誤れるならん。然は舊事紀に先生二大八洲一兄生二淡路洲一とあるは受る所あるなるへしと云り。（按に胞は今云胞衣の事にはあらじ。こゝにてはたゞ大凡に、腹と見てあるへきか。景行紀に同胞而雙生とあるなとも、胞衣ならす。世に同胞兄弟なと云るは、同胞衣の事にはあらす。一腹にて他腹をましへぬを云。卽それと同く、淡路洲より次々に大八洲みな一腹に生給へるよしをかく云るなるへし。さらは波良と訓へくや。なほよく考へし。）

と解いてゐる。

康熙字典を按ずるに、胞の條に「說文兒生裹也、莊子外物篇、胞有二重閬一、心有二天遊一、註、胞腹中胎閬空曠也、前漢外戚傳、善臧二我兒胞一、師古註、音苞、謂二胎之衣一也」とあり、又胎の條に、「說文、婦孕、三月也、从レ肉台意兼レ聲、廣韻、始也、增韻、凡孕而未レ生、皆曰レ胎、爾雅釋詁、胎始也、註、胚胎未レ成、亦物之始也」とある。此等の解釋によつて考へるに、胎とは子の形始めて母の腹中に生じたるものを云ふ名で、胞とはこれを包むものの名である。然し此の元義から轉じて、胎も胞も共に婦人の Womb 子宮卽ち子の種子の宿る處を呼ぶこととなつたのである。書紀に應神天皇の一名を胎中天皇と申すも、母の腹中、正しく云へば母の胞内に、三年の間留まられたといふ傳說によつて得た名である。又同胞といふのは、子の未だ生まれないときその宿る處の子宮を同じうするのを云ふのである。

書紀に嶋を胞とするのは、その意に解すべきである。

嶋を胞とするといふことは、普通に考へては解し難いことであるが、伊邪那岐命は天であり、伊邪那美命は地であらせられるが故に、此二神が夫婦とならせられて御子を生ませられたといふのであるから、此の神の胞とする處も亦自然界のものと考ふべきで、直にこれを人間の胞と見做すべきでない。後に述べる如く、古事記・日本書紀に、伊邪那岐神がお目を洗はれたときに日神が生れたといふ記載があるのも、此の神を天と見れば決して怪しむに足らないのである。さて書紀の中なる胞を斯様に解した處で、胞と爲つた嶋に異說があつて、本書の趣きでは、それが淡路嶋であり、一書では淡路嶋と淡島であり、又一書では磤馭盧嶋である。然らば此の三說の中何れを正しいとすべきか。それがまた一つの問題である。

天神の往來行通して地上に降らせ給ひ、又其處に宿らせ給ふ天之御柱が磤馭盧嶋であつたことは、古事記や日本書紀の文面の上から見てこれを爭ふことは出來ない。日本書紀の本書によると、「以二磤馭盧嶋一爲二國中之柱一」とある。これによると、天之御柱は磤馭盧嶋に建てられたもので、それがまた國土の眞中に位するものと考へられたのである。天之御柱は天神たる伊邪那岐神の生氣を、地神たる伊邪那美神に傳へる機官と見做されるから、嶋の胞は地神たる伊邪那美神のこれを受ける機官でなくてはならぬ。左樣にこれを解釋して見ると、胞なる者が磤馭盧嶋であるべきことは甚だ明かである。何となれば、天之御柱と胞とは相對したもので、これを分異することは出來ないからである。さうして天之御柱を國土の中央に位するものとすれば、その胞も自ら其の地位にあるべきものである。

一　ギリシャ人の Omphalos

天地の神をかやうに見倣すことは、獨り我が國の上代人に限らず、他にもまた幾多の例證のあることである。然し、その中最も此の場合によく似た一例は、ギリシャ人の神話の中からこれを擧げることが出來る。ギリシャ人の考へでは、地球は平たい盤面のやうなもので、其の中央に位する處を Omphalos と稱へる。Omphalos といふのは、此の國語で臍といふ意味である。即ち大地を人と見立てれば、人の臍が、からだの眞中にある如く、地にもそれが有つて、これを Omphalos と稱へたのである。ギリシャ人の住む處では、地の中心と信ぜられた處は幾箇處もあつて、その中最も有名なのは Delphoi であるが、他に Branchidai, Delos, Gyneion, Patara なども、各〻自分の處を Omphalos であると主張して、主神として Apollo の神を祭る習である。Byzantium にも Omphalos があつたと主張せられた證據と見るべきものは、紀元前三四世紀の頃に、此の都市で使用した銅貨幣に、刻された繪紋によつて推測することが出來る。此の貨幣の表面には、桂の冠をした Apollo 神の肖像が刻してあり、又その裏面には、網形の模様を表面に表はしてゐる Omphalos の上に Agyieus 圓柱が建ててあるのが刻せられてゐる。W. Drexler 氏の説によると、此の圓柱は Apollo Karinos の柱と稱せられ、Byzantium の母國 Megara 市では、これを神の代りとして崇拜したものであるといふ (Z. Cook, Zeus. Vol. II. pp. 166—168)。この説の當否はさて措き、此處に注意すべきことは、天の柱と云はれる Agyieus 圓柱が地の中心と信ぜられた Omphalos と結びつけられてゐることである。

Delphoi にも Omphalos があつて、此處は天地の中心であつたと信ぜられて居り、又此處の口碑によると、Hypeboreoi の子に Pagasos と Agyieus といふのがあつて、託宣を開始したといふことになつてゐる。さうしてヨーロッパの學者の說によると、Delphoi の Apollo の神體は、圓柱であつたといふことになつてゐるから、此の圓柱が所謂 Agyieus 柱であつたことが推される。從來此の Omphalos と圓柱との關係は明瞭で無かつたけれど、Byzantium の Omphalos の上に Agyieus 圓柱の建ててある處から、Cook 氏は Delphoi の Apollo の柱は Omphalos の上に建つてゐたのであらうといふ推斷を下した。此の說を確むる證據は、Delphoi の故址を、フランスの學者が調査した結果である。千九百十三年の九月に、寺殿の南壁の邊に於いて、所謂 Omphalos が發見せられた。それは荒い石灰岩を漆喰で塗り堅めたものであつて、其の頂上から底部に四角の穴が通つてゐる。此穴の末端に小刀形の鐵片があつて、二本の釘で打ち著けられてゐる。これは多分此の穴に嵌められた木の柱を喰止める爲めに設けられたものであらう。此の岩塊の上に四つの文字が記されてゐ、その書體からこれを判斷すれば、紀元前七世紀に屬するものらしい。四つの文字Ε、Λ、Α、Νの第二字より以下の三文字は、ga 卽ち母なる大地、或は地母の性格で、最初の文字は神祕な符文と思はれる。Cook 氏は、これによつて推斷を下して云ふに、さて此の石塊 Omphalos の坑に建てられた木杆は卽ち Apollo の高大な圓柱を表はし、Omphalos は大地の中心を示したものである。ピタゴラス派の學者の所謂 Zan 及び Apollo の軸とか塔とか稱するものは、卽ちこれを意味してゐるものに相違ない。Apollo の高柱は左右に齊柱を備へてゐたといふが、これは卽ち天を支へる Apollo の天柱は、左右に支柱を有してゐたといふことである。さすれば、從來難題として未定に屬してゐた Delphoi の E といふ符號文字も、自然と解せられるのである。卽ち、中央の高柱と左右の支柱とに依つて、上天を支持する意を寓した符號に外ならないのである。エジプトの神聖文字で天といふ字は、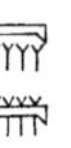であるのも同樣の意味の符號である。斯樣に論じてくると、Delphoi の Agyieus 柱と、ゲルマン人の Irminsûl との間に、非常な類似の存することを看過することは出來ない。Widukind によると、Irminsûl は、市邑の門口に建てられて、其の左右に各〻一柱を付してあり、また其の上に鷲を載せてあつたのである。(Cook, Zeus. vol. II. p. 179.)

さて上に述べた Agyieus 柱が、我が神典に見える天之御柱であることは、前段に說いた通りであるが、余輩が更に論證しようとするのは、ギリシャ人の所謂 Omphalos は、神典に見える胞であらうといふ點である。Omphalos はギリシャ語で臍といふことである。臍と胞とは、その指す所が異なるやうであるが、其の義は同一である。何となれば、臍は胞の外部に現はれて小高く突起した形である。國語でこれを feso, fodo といふのは高き所といふ意味である。然しその根基なるものは胞である。國語でこれを ena といふのは、e は接頭辭で語幹は na である。此の na は中或は根の轉音に外ならぬ。要するに胞或は臍は人の生命の根本である。胞や臍が民族心理的に神聖視せられ、現に我が國俗でこれを祭るといふのも、此の物に生命が宿るといふ信念があるからである。まづ此の說明に誤がないとすれば、神典に見える胞はギリシャの Omphalos と見做して何の差支へもないのである。ギリシャの Agyieus 柱が、正しく Omphalos の上に建つてゐたとすれば、神典の御柱も必ずやこれが土臺となるべき胞の上に立つてゐたに相違ない。國典の一つである大殿祭の祝詞に、「底津石根に宮柱太しり、高天原に氷木高しりて云々」とあるのは、誠に意味深長の文句である。高天原に氷木高しりといふのは、天御柱の天界に達するを云ひ、底津石根に宮柱太しりといふのは胞の所在が底津岩根にあるより得た名である。ギリシャに於いて、Agyieus 柱が天を支へる柱と考へられ、Omphalos が大地の中心と見做された如く、神典に於いては天御柱は高天原を支へ、胞は大地の中心と思惟せられたのである。さうして此の御柱と胞とが結びついて、大地と上天とを連結するのは、後世理論の進むに從つて、これを天地の中樞、根軸と思惟せられるやうになつたのである。天にありて北極星が此の御柱とせられるのも卽ち此の思想の故である。ギリシャに於いてもこれと同様に、Nonnos は Delphoi の Omphalos を mid-navel-axis と稱へてゐる。これは蓋し Omphalos が天柱を支持するものと思惟せられたからである。

一家屋の柱は土臺を待つて初めて其の用を完備する如く、天之御柱もその基礎たる胞がなくてはならない。ギリシャの Agyieus 圓柱も、下に Omphalos が無ければ、その體制を完備することが出來ない。然し時としては柱のみが拜まれ、また胞のみが拜まれる場合もある。天之御柱は天を現はし、國中の胞は地を代表するものであるから、大地の中心となる神は、ギリシャの Omphalos の如く、地上に盛り上りたる處を、或は我が神典の胞の如く窪《クボ》まりたる處をそれと考へる事もある。

二　蒙古人、トルコ人の Obo、突厥の勃登凝黎、朝鮮の Chothap, Öbo

その高まつた場合としては、これを蒙古の地の神の表徴に見るのである。蒙古人は天を父とし地を母としたのである。此の國人が成吉思汗時代に、地神を崇拜したことはマルコ・ポーロの見聞錄にこれを記してゐる。

彼等の宗教は此の通りである。彼等の間で至高の神は天であつて、これには毎日香を焚いて拜をする。尤もこの神に對しては、たゞ精神と身體の健全を祈願するのみである。然しまた此の外に Natigay といふ神がある。これは地の神であつて兒童、家畜、穀物を守護し監視する。蒙古人は此の神を尊み敬ふこと甚しく、各人は其の家に毛や布で拵へた此の神の像を安置してゐる。またこれと同樣に、その神の妻子の神の肖像をもこしらへる。妻神をばその左側に、その子神をその前に安置する。彼等が飲食するときには、肉の油を取つてその神の口とその妻神子神の口へなすりつける。さてそれから汁を取つて、家の門でこれを灌ぐ。かくてその神とその妻子の神は御供養《トキ》を召したものと考へる。(p. 258)

さてマルコ・ポーロのいふ Natigay はプラノ・カルピニの itoga と同名で、Banzaroff 氏は此の itoga を蒙古語で地をいふ etūgen と同語であると說いてゐる (On the Black Religion, 1846)。

マルコ・ポーロの記す處によると、當時の蒙古人は地の神を人の形に見立てて、その像を造つたのであるが、又その像のないときには、神の體として、單に土石を小高く積み重ね、それに物を供へて崇拜する。これを Obo と稱へる。またこれを Oboga ともいふ。蒙古語で Oboga bosxaksan は Obo を立てる、Oboga takytu は Obo を祭る、Obogalaxu は物を積み重ね高めるといふことであるが、かゝる言がある處から見て Obo は蒙古語であることが分る。然しこれと同樣の言がトルコ語族の方言にも存在する。例へば、Kirghiz, Schor, Küärik, Saga, Koibal 等の語では堆積、丘岡、墳墓を Odō といひ、Altai-Teleut 語ではこれを Odō ともいふ。Odō は石を積み重ねたるもので、山の峠などにあつて、旅人はこれに物を捧げて山神を祈願するよしである。(Rad.; Ver. Bd. I. S. 1159) Kirgiz, Küärik 語では、堆を造るを Obāla といひ、Altai-Teleut 語ではこれを Odolo といふ。(Rad.; S. 1160)。

滿洲語でこれを Obo といふのは、蒙古語の借用であるが、蒙古語 Obo はトルコ語の Odo と同語で、何れが先なるか詳かでない。Odo といふ語が史上に見えた最も古いのは、南北朝末葉の編纂に屬する周書(卷五十異域下)の突厥傳であるやうに思はれる。左に同書の文を引用して置く。

可汗恒處二都斤山一、牙帳東開、蓋敬二日之所レ出也、毎歳率二諸貴人一祭二其先窟一、又以二五月中旬一集二他人水一、拜祭二天神一、於二都斤四五里一有二高山一廻出、上無二草樹一、謂其爲二勃登凝黎一、夏言地神也。

此の勃登凝黎の登凝黎は、tängri の對音で、元來は天をいふ名であるが、それより轉じて凡て神をいふことになつたのであらう。現に蒙古語で、總て神を tängyeri といふの類であらう。然らば勃は突厥語で地の義に相違ない。Klaproth 氏は、これを Yakut 語で地をいふ bor と比定した。(Mémoire relatif à L'Asie. V. 2. p. 386)。音聲の上から云へば、此の考案は當つてゐるやうに思はれるが、然し南北朝の末頃に屬する突厥語と、唐の玄宗皇帝時代の突厥語とは言語の點に於いては、大なる變動を受けたものと思はれない。突厥の闕特勤の碑文を始めとして、其の兄、苾伽可汗、敦欲谷の碑文などには、地を常に Ger と云つて居るが、曾て Bor といふ言は傳はつてゐない。因つて思ふに、この勃は bor ではなく、トルコ及び蒙古で地神をいふ Odo の上略であらう。漢人は外國語の母音を以つて始まるものを往々省略することがある。此の場合に最も適切な例は、上に引用した文句の中にある都斤山の名にも見られる。此の山の名は、突厥の碑文に現はれてゐる Ütükän の對音である。都斤は明かに Ütükän の首音 Ü を省略したものである。さるによつて、トルコ語地神を云ふ勃は、Odo の上略ではあるまいか。崔南善の著はした不咸文化論（朝鮮及朝鮮民族第一集）を讀むと大略斯ういふ事が書いてある。

この鄂博は一寸他の處には、類似の俗を見出し難いが、朝鮮にはチヤンとそれがある。村毎にあつて共同の大祭場たる tangsan、多くの場合兩地の境を意味する峠の上とか、山野神祠の前とかに設けて、行旅者により供物を獻げられる chothap がそれである。tangsan は堂山と書かれ、chothap は造塔を意味すると思はれるから、イヅレ後代的の稱呼であらうが、他方民家の岱内に淨所を選んで、土を盛り藁覆ひをして、家内の守護神、乃至財帛神として、嚴かに祭られるものを、업 Öp と呼ぶのは、蓋し蒙古の Obo と同語根に違ひあるまじく、tangsan の一家的の縮約形（勸請物）が Öp に外ならぬは察し難からぬ所である。今の民俗に tangsan が村の入口にある時は、多く石堆であり、村の中にある時に、重に黃土を高く堆んで、その上に一枚石（尖頂たること多し）を載せて置くが、これは實に於いて Obo を現はし、これと相對し、家內の Tangsan たる Öp は名に於いて Obo を現はし居る。かく朝鮮を通じて Obo が蒙古に限るものでなく、古い起原を有する普通の俗たりしことが知られる。云々

さて崔氏が擧げた Chothap は、字典にこれを見出すことが出來ないので、その原意を尋ねることが出來ないが、Öp の方は、その語根を他の言にも認められる。朝鮮語では Öp-čip 업집=a shanty or out-house, with but one slope of roof-where spirits are worshipped であり、Öp-Kurörgi 업구렁이＝the guardian serpent of the house-to which sacrifice is offered であり、Öp čyok, čyo pi 업족제비＝the guardian weasel of the home to which sacrifice is offered である。(Gale ; Corean-English Dict. p. 33)。また朝鮮語で、負＝to carry on the back を Öp-ta 업다 といひ、覆＝to up set を Öp-ta 엎다といひ、伏＝to prostrate oneself before を Öp-tōi-ta 엎디다といふなどの例からこれを考へると、Öp といふのは、土石を蔽ひかぶせる所からその名を得たのであらう。

朝鮮に於いて土地神を祭るに、Chothap と Öp との二種あることは大に注意すべきことである。崔氏の說によると、Chothap 即ち堂山といふのは、共同の大祭であつて、Öp といふのは一家族の祭る土地神である。これは支那の古代の土地神である中霤と社とに當るのであらう。

三　漢人の中霤

中霤とは支那古代の土地神で、一家の中に穴を掘つて、其の上に祭をする處である。これは五祀の一である。五祀とは竈、井、門、戸、中霤の祀である。中霤の名は早くも廢れて行はれず、後には中霤の代りに土地神といふ名稱が現はれて來たのである。禮記の郊特牲篇に「家主二中霤一、國主レ社」とある。朱熹が后土氏之祭を問はれたときに、その答に「即古人中霤之祭而今之所謂土地」とある(文獻通考、卷八六)。中霤は一家族の祀る土地神であるが、未だ社といふ位を得ない。社の單位は里である。前漢書（卷二七下）に「建昭五年、兗州刺史浩賞禁二民私所自立一社」とある。その註に曰く「臣瓚曰、舊制二十五家爲二一社一、而民或十家五家共爲レ社、是私社」とある。また司馬遷の史記（卷四七）

孔子世家の註に「索隱曰、古者二十五家爲レ里、里則各立レ社、則書社者、書二其社之人名於籍一」とある。これによると、二十五家が共同して社を祭ることが出來たのである。社は郊に對する祭で、郊は皇天を祭り、社は后土を祭るのである。禮記の郊特牲篇に「取二財於地一」とあり、又禮運篇に「禮行二於社一而百貨可レ極焉」とある。それ故、朝鮮でÖp を財帛神とし、蒙古で Natigay 神を祭つて一家の兒童、家畜、穀物の繁殖を祈るなどは、漢人の此の社神に類似する處があると考へられる。

四　漢人の社稷

一家の土地神を祭る中霤の制では、地を掘つてその上に祭禮を行ふのであるから、其の場合は、必ずしも隆起したものとは思はれないが、里閭の祭祀たる社の制に於いては、土を盛つて塚の形に築き上げたのである。白虎通（巻三）には社稷の本義を記して「土地廣博、不レ可二徧敬一也、五穀衆多、不レ可二一一祭一也、故封レ土立レ社、示二有土一也、稷五穀之長、故立レ稷而祭レ之也」と言つてゐる。書經の太誓によると、周の武王が殷の紂王を討伐したとき、その出發に際して、先づ上帝に祈つて類の祭を行ひ、冢土に願つて宜の祭を行つたとある。「類于上帝、宜于冢土」といふ句がそれである。これは卽ち天と地とを祭つて勝利を祈禱したのである。此處に冢土とあるは地面に土塊を積み上げて壇を作る處から得た名稱である。また詩經の大雅の篇に、周の祖先古公亶父が、出兵の際の記載として「迺立二冢土一、戎醜攸レ行」といふ句もある。これに由りてこれを觀ると、古代支那に於いて王者が出陣の時には、社の祭を行つたことが知られる。蔡邕（133—192 A. D.）の獨斷によると、「天子社稷、土壇方廣五丈、諸侯半レ之」とあり、また杜佑の通典（巻四十五）には、「天子之社、則以二五色土一、各依二方色一爲レ壇、廣五丈、諸侯則但用二處方之色一爲レ壇」とあり、又漢魏叢書本の獨斷には、なほ

天子大社以二五色土一爲レ壇、皇子封爲レ王者、受二天子之社土所レ以レ封之方色一、東方受レ青、南方受レ赤、他如二其方色一、苴以二白茅一授之、各以二其所レ封之方色一、歸レ國、以立レ社、故謂三之受二茅土一、漢興、以二皇子一封爲レ王者得二茅土一、其他功臣及卿亭他姓公侯、各以二其戸數租入一爲レ限、不レ受二茅土一、亦不レ立レ社也。

とある。社の祭に土地を塚の如く盛り上げたること勿論である。

社の壇は物を以つて蔽はない。社の神は天氣と通じて始めて生存し得られるからである。若しもそれが蔽れるときは、宛かも植物が光と雨とを得ないで、枯れ萎れるやうなものである。それ故に後漢書（巻十九）には「建武二年、立二大社稷于雒陽一、……無レ屋、有二牆門一而已」とある。社神の生存には、此の如く天より來る生氣を享けることが必要な條件と考へられてゐたから、若しも敵國の社神を無力、無效のものと爲さうとするときには、其の社の上に家屋を建ててこれを覆ひかくす風習であつた。故に殷の湯王は、夏の桀王を伐つてその社を遷さうとしたが、不可であつたから、始めてそれに家屋を建ててこれを蔽覆せしめた。書經湯誓の小序に、「湯既勝レ夏、欲レ遷二其社一、不可、作二夏社一、疑至、臣扈」、とあり、又竹書紀年に、「始屋二夏社一」と見えてゐる。また禮記の郊特牲の篇に、「天子大社必受二霜露風雨一、以達二天地之氣一也、是故喪國之社屋レ之、不レ受二天陽一也、薄社北牖、使二陰明一也。」とあり、又蔡邕の獨斷に、「亡國之社、古者天子亦取二亡國之社一、以分二諸侯一、使レ爲レ社、以自儆戒屋レ之、掩二（奄）其上一、使レ不レ得レ通レ天、柴二其

下一使レ不レ得レ通レ地、自於二天地一絶也、面レ北向レ陰、示二滅亡一也」とあり、又公羊傳の哀公四年の條に、「其言災何、亡國之社蓋揜之、揜二其上一而柴二其下一」とあり、穀梁傳の哀公四年の條に、「亡國之社以爲二廟屛一、戒也、其屋二亡國之社一、不レ得レ達レ上也」、とある。此等の例證によつてこれを考へるに、上代の支那人が、社の祭に壇を築くのは、地の氣と天の氣と相通ずる便を圖つたのであることが分る。亡國の社にこれを揜ひ、下に柴を布くのは、天地の氣の交通を杜絶するの意を示したものである。

社の祭に於いて、地に壇を設けたのみでは、其の制は完備したものでない。必ず其處に木を樹ゑるのが其の原の制であつた。その證として說文、社の條に、「周禮二十五家爲社、各樹二其土所レ宜木一」とあり、その註に、「大司徒設二其社稷之壝一、而樹二之田主一、各以二其野之所レ宜木一、遂以名二其社與其野一、注、所レ宜木謂二若松柏栗一也、若以レ松爲レ社者則名二松社一、五經異義、許君謹案、論語所云謂二社主一也、鄭無駁注、周禮從許義、按莊周書二之櫟社一、高祖所レ禱之枌楡社、皆以レ木名レ社之遺、韓非子云、社木者樹木而塗之、鼠穿二其間一、掘レ穴、託二其中一、熏レ之則恐レ焚レ木、灌レ之恐レ塗レ地、此可レ見二樹レ木爲レ主之制一」とあり、尙書逸周書曰、「大社唯松、東社唯柏、南社唯梓、西社唯栗、北社唯槐」、とあり、又論語（巻三）に「哀公問二社於宰我一、宰我對曰、夏后氏以レ松、殷人以レ柏、周人以レ栗、曰使二民戰栗一」とある。此等の例を以つて見ても、古代支那では社に木を樹ゆる制であつたのが窺はれる。且つまた說文には、社字の古體として𥘴と書いてある。社に木を樹ゆるの風のあつたことはこれでも知られよう。其の理由は五經通義に、「天子太社王社、諸侯國社侯社、制度奈何、曰社皆有レ垣無レ屋、樹二其中一以レ木、有レ木者、土主レ生二萬物一、萬物莫レ善二於木一、故樹レ木也。」とある。又魏書（卷五十五）に「見二諸家禮圖一、社稷圖皆畫爲レ樹、唯誠社誠稷無レ樹、」とあり。又墨子（卷八）に「昔者虞夏商周三代之聖王、其始建レ國營都日、必擇二國之正壇一以爲二宗廟一、必擇二木之脩茂者一立以爲二叢位一」とあり、Chavannes, Tai-Chan（泰山）p. 413. に

Le mot（叢), dont se sert Mot-tsen dans cette dernière phrase, désigne un bouquet d'arbres, et, comme il est question ici de l'anie ragement d'une capitale où il fallait tout dábord établir le temple ancestral et le dieu du sol, il est evident que ce bouquet d'arbres n'est autre que le bois sacré représentant le dieu du sol.

とある。社に禱る一例は呂氏春秋（卷九、四丁乙）に、

天大旱、五年不レ收、湯乃以レ身禱二於桑林一、日余一人有レ罪、無レ及二萬夫一、萬夫有レ罪、在二余一人一、無下以二一人之不敏一、使二上帝鬼神一傷中民之命上、於レ是剪二其髮一、鄽二其手一、以レ身爲二犧牲一、用祈二福於上帝一、民乃說、雨乃大至。

とある。又書傳（孔安國の書經の註釋なりと言ふ）に、「湯伐桀之後、大旱七年、史卜曰、當三以レ人爲二禱、湯乃剪レ髮斷レ爪、自以爲レ牲、而禱二於桑林之社一、而雨大至、方數千里」とある。

社の祭には、壇と木との外にまた主となるものがある。Chavannes 氏の說く所によると、漢人の所謂主といふものは、今普通に木牌の義に解せられて、其の上に神の名を書きつけ、以つて神の坐ます處となつてゐるが、其の原に溯つてこれを考へると、それは神の住所でなくして、神それ自身の象であつた。祖先崇拜の祭祀に於いて、點主と稱

する儀式がある。これは死せる人の目と耳が木主の或る點にあると信ぜられた爲めに、血を點ずる儀式である。さうすると、木の内に宿る靈魂は聞いたり見たりすることが出來るやうに、活きて來ると信ぜられたのである。それだから木主といふのは後の木偶で、肖像の最も簡單なものに外ならない。通典（巻四十五）に「皆立レ樹以表二其處一、又別爲レ主、以象二其神一」とある（Tai-Chan. pp. 476—477）。これを要するに主と稱するものは、初めは木で造られたもので、それ自身が崇拜の目的物たる神であつたけれども、その後には神の宿となり、神の宿る處を表すとも解せられるやうになつたのである。

社の主は木である外にまた石であつたこともある。書經の甘誓に、命を用ゐるものは祖に賞し、命を用ゐざるものは社に戮せんとある處の社の鄭玄（127—200 A. D.）註に、「蓋用レ石爲レ之、以レ石爲二土類一」とあり、又崔靈恩の三禮義宗（唐會要二十二巻所引）に、「社之神用レ石、以二土地所主最爲一レ實」とあり、又魏書（巻一〇八下）に「天平四年四月、七帝神主既遷二於太廟一、太社石主將レ遷二於社宮一」とあるので證せられる。社主の大きさに關しては古書にその徵すべきものは無いが、後世になつて唐會要（巻二十二）に「其社主請准二五數一長五尺、准二陰之二數一方二尺、刻二其上一以象二物生一、方二其下一以象レ地、體埋二其半一、以三根在二土中一、而本末均也」とあり、又宋史（巻百二）に、「社以レ石爲レ主、形如レ鐘、長五尺、方二尺、剡二其上一、培二其半一」とあるにて、その制が知られる。

さて既に前にも縷說した如く、天之御柱、國之御柱といふものを崇拜するのは、天地の氣が此の柱によつて上下するのであるから、此の柱は上は天に通じ、下は地に通ずる所以の道である。さうして柱の土臺となるものは地であるから、地の精神は地中にあり、その支へられるものは天であるから、天の靈は天上にあるわけである。漢土では天を祭るを郊といひ、地を祭るを社といふ。さうして社の原形は中霤である。中霤といふのは、家內に坑を穿ちて其の上に土を盛る儀式である。これを人の身體に譬へて云ふと、中霤は人の臍胞の如きもので、その高い處は臍にあたる。國語で臍を foso, feso といふ（方語では fodo とも云ふ）。fo, fe は高の義、so は to, do の轉で、處の義である。中霤の、土を盛る高い處にあたり、又社の祭に土を築く壇に該當する。さて、人の胞、胎は中霤の地を穿つて穴をあけてあるところにあたる。國語で胞を e とも ena ともいふは、前に說いた如く根（ne）の義である。

五　秦漢の封禪

漢土では秦の時代から天地を祭る儀式に、封禪といふものがある。封とは泰山に壇を築いてその高さを愈が上にも高からしめる。これは天と地とを連結せしめる所以で、泰山を天柱と見做す思想に胚胎し、又地を祭るには泰山の近傍なる上山の土を除いてこれを祭る。これを禪といふ。禪はまた胚に作る。周代に天を祭るに圓丘に於いてすると共に、地を祭るに方澤に於いてするのは、封禪と同樣の思想に淵源するのである。淮南子によると、漢代の支那人が山嶽を陽とし、谿谷を陰とするのも同樣の觀念から生じた見方である。

六　高句麗の隧

これと同樣の思想は、他の國にも見られる。例へば、魏志（卷三十）、東夷傳、高句麗の條に「其國東有二大穴一、名二隧穴一、十月國中大會、迎二隧神一還、於二國東上一祭レ之、置二木隧於神坐一」とあるのが是である。此の國では地神を祭ると共に天神をも祭つたのである。これは同書に、「以十月祭レ天、國中大會、名曰二東盟一」とあるので證せられる。此の木隧は社祭の主である。卽ち漢人はこれを木主といふ。時にはそれが石なるものもある。此の木隧は地の靈の宿る處と見做されると共に、また天神の下降して此に宿り、地神と交會する處と解せられる。ギリシャ人の Omphalos は隧であり、その木隧は Pillar である。その隧は國史の胞であり、その木主は天之御柱に當る。

ギリシャ人の所謂 Omphalos なるものは地神を表するものである。Byzantium に於ける Agyieus Pillar が Omphalos の上に植ゑ立てられてあるのは、その外部の形であるが、Omphalos の本體は地の內部にあるのである。ギリシャ人の間に於いては、當時病氣などを患ふときには、或る社寺に行つて、其の療法を尋ねると、其處にゐる僧侶は、寺內の床で一夜宿泊することを命ずるのである。その夜、その夢を見て、その病氣が平癒する。此の夢知らせのあるのは、地の神卽ち地なる母の思召であると信ぜられた。此の女神の寶藏に於いて、生きとし生けるものの靈魂は、滿たされてゐる。斯樣な社寺は Kos の嶋にもある。さて社寺の內には一箇處に坑があつて、粗末な石でこれを蔽うてある。此の石を除きとると、その下には地下室がある。それが卽ち此の神の寶藏庫である。Delphoi の社寺で、斯樣な坑が歷史時代になつて猶ほ有つたか否かは此處に論ずる限りでないが、此の社祠の豫言託宣を發するものは、卽ち大地の神、地なる母であつたに相違ない。然しそれが後には種々な神に橫領せられて、遂に Apollo の神が其の地位を得ることとなつた。Delphoi には Apollo 神の肖像の外に、Omphalos がある。これは確かに地なる母（卽ち Goia）の表標に外ならぬのである。さうして此の Omphalos の在る處は卽ち世界、地球の中心、臍と信ぜられた。

(H. Goiten, Primitive Ordeal and Modern Law. pp. 155—156.)。

七　ローマ人の Mundus

ギリシャの Omphalos に似たものはまたローマにもあつた。此の都の中央に小さき穴を覆ふ石があつた。此の石を取りのけて内を窺ふと、下に降りる階段がある。さて其の階段を降りて見ると、其處は大きな地下室で、上は圓天井になつてゐ、その中心に穴があつて、其處から出入するのである。此の地下室は、ローマ原住民の居住した處で、其の中の一は特別に穀物を蓄へ置く倉となつてゐた。ローマ市が初めて建設せられたときに、此の地下室は寶藏として、其の中にあらゆる種類の ἀπαρλοι が貯へて置かれた。又總べての植民地の人は、其の土を持つて來て此處に置く例になつてゐた。これは卽ち所謂 Mundus と稱へられて、一の靈場となつゐた。Mundus は實用としても、市民一般の共同の倉庫であつて、此處に五穀の種子が藏せられた。一年に三回(卽ち八月の廿四日、十月の五日、と十一月の八日)此の寶藏庫の石の蓋を開いて、種子を取り出して蒔くのである。種子を此處に置くと、それが地の氣を受けて穀物の豐饒を致すと信ぜられたのである。

八　Arizona の Moqui 人の Kiva

穴藏を祭る事は、世界の各地に見られる風俗であるが、今その中ローマ、ギリシャなどのそれとよく似た一例を取つてこれを記すと、Arizona の Moqui といふ民族の間では、十二月の末日に Soyaluna と呼ぶ祭をする。此の際には其の地の總べての Kiva が使用せられるのであるが、その中で、最も顯著な有名な祭は、主要な Kiva で執り行はれる。Kiva といふのは土言で、圓き地下室を稱する名である。此處へ這入るのには、上の穴から下に梯子があつて、地底に達せられるやうになつてゐ、穴の上は板でこれを蔽うてある。此の坑穴は下界の門戸である（Panna inferum）。儀式を擧行する際に、舞手は此の板を蹈みとゞろかす。これは彼等の祖先の靈に祭祀を告ぐる爲めである。大 Kiva の祭は九日の間打ち續けられ、其の時の祭官は王族の人々である。室の一偶に神壇のやうなものが打ち建てられてあつて、それに草木の枝葉や造花が多く結びつけられる。この頂に木綿でかぶせた弓が載せられる。それは雪や雲を表はすのである。神壇の前には穀物を各村から集めて來たものを壁の如くに高く積み重ねてある。此等は儀式が濟むと、元の處に持ち歸られ、其れで豐饒の氣が充たされたものと信ぜられたのである。その藥盆、キセルのパイプ、羽根で拵へた棒、石や木の fetish が適當に排列せられてある。さて音樂歌謠がはじまり祈禱があげられる、宗教的身振劇が演ぜられる。そこで Eototo が穀物を携へて現はれて來る。それから僧侶は爐を廻つて烈しい蹈舞をする。此等の事が終つて後に、儀式的な劇が始まる。數多の Kiva の諸員は、王者の楯を持つてゐる者に向つて、激烈な攻撃を開始する。大聲を立て、劇的な手振をして太陽楯に向つて激戰中の如く、てん〴〵に楯を突き出す。然るに太陽の楯を持てる者は、其等を擊ち返し、一つ一つにこれを伐ち從へて了ふ。それから數番の舞がある。此の儀式が畢ると、穀物は村人に分ち與へられる。さうして四日の間清められた Paho は祠に納められる。一部は死者の靈に一部は家畜、穀物を豐饒にする爲めに供せられる（Goiten, pp, 141—145）。

九　天柱は陽の表徴、國胞は陰の表徴

以上長く外國に行はれた宗教的儀式を列擧したのは、甚だ岐路に走つた嫌はあるが、其の實は神典に見える天之御柱と胞との性質とその意義を闡明せんとしたのである。天之御柱は前にも述べた如く、天と地とを直結するものと解せられる。卽ち天の氣は御柱によつて地に傳はるのであるから、これを天の代表者と見做すことが出來る。それで此の氣を受けるものであるから、此の御柱の土臺となつてゐるオノコロ島は地の神の胞胎と見做すべきである。それ故に御柱を陽氣の表徵とすれば、胞となれる島は陰の表象となるわけである。さうして伊邪那岐、伊邪那美の二神は此の柱を各〻左右に分れ廻つて國土、諸神を御產みなされたのである。然らば之を左右に廻轉する意味は何か。是れは次に考究すべき問題である。

第三篇　諾冉二神の國土生成

第一章　天《ノ》御柱を左右に巡つて國土諸神を生成

一　オノコロ嶋は二神の生み給うたものにあらざること

記紀の記す所によると、諾冉二神は高天《ノ》原を御出立になり、天の沼矛を指し下して磤馭盧嶋を得たので、其處に降りまして國土を御生みになつたといふ事になつてゐる。後の世になると、此の嶋は四國と畿内との間にある海の中に位する一ツの嶋となつて、淡路嶋などと一處に擧げられてあるが、其れが果して二神が御發見になつたオノコロ嶋であつたかどうか。若しもこれが實際在つた嶋ならば、此の嶋もまた二神の生みなされた嶋の中に數へねばならぬ。さて此の嶋の出現に關する記紀の文を案ずるに、先づ古事記によると、

於是天神諸の命以ちて、伊邪那岐命伊邪那美命二柱の神に、「是の多陀用幣流國を修理り固め成せ」と詔りごちて、天沼矛を賜ひて、言依さし賜ひき、故二柱の神天浮橋に立たして、其の沼矛を指し下して畫きたまへば、鹽許袁呂許袁呂に畫き鳴して、引き上げたまふ時に、其の矛の末より垂落る鹽、累積りて嶋と成る。是淤能碁呂嶋なり。

其の嶋に天降り坐して天之御柱を見立て、八尋殿を見立てたまひき。

とあり、又書紀の本書には、

伊弉諾尊、伊弉冉尊と天浮橋の上に立たして、共に計らひて曰く、底つ下に豈國なからんやとのたまひて、廼ち天の瓊矛を以て指下して探りしかば、是に滄溟を獲き。其の矛の鋒より滴瀝る潮、凝りて一の嶋と成れり、名づけて磤馭盧嶋と曰ふ。二神、是に彼の嶋に降居して、因て共爲夫婦して洲國を產まむと欲す。便ち磤馭盧嶋を以て國中の柱と爲し、云々。

とあり、其處に引いてある一書には、

天神伊弉諾尊伊弉冉尊に謂りて曰く、豐葦原千五百秋瑞穗の地あり、宜しく汝往いて修すべしとのたまひて、廼ち天瓊戈を賜ふ、是に二神天上浮橋に立たして、戈を投して地を求む。因て滄海を畫して引擧ぐるとき、卽ち戈の鋒より垂落つる潮結りて嶋と爲る、名づけて磤馭盧嶋と曰ふ。二神彼の嶋に降居す、八尋の殿を化作つ、又天柱を化竪つ。云々。

とあり、又他の一書に、

伊弉諾尊伊弉冉尊、二神天霧の中に立たして曰く、吾れ國を得んとのたまひて、乃ち天瓊矛を以て指垂して探りしかば、磤馭盧嶋を得たまひき。則ち矛を拔きあげて喜びて曰く、善きかな國の在りけること。

とあり、又一書に、

伊弉諾、伊弉冉、二神高天原に坐して曰く、まさに國あらむかとのたまひて、乃ち天瓊矛を以て磤馭盧嶋を畫り成す。

とあり、又その一書に、

伊弉諾、伊弉冉、二神相謂りて曰く、物あり、浮べる膏の若し、その中に蓋し國あらむかとのたまひて、乃ち天瓊矛を以て、一の嶋を探り成す、名づけて磤馭盧嶋と曰ふ。

とある。

以上列擧した諸傳の文を案ずると、磤馭盧嶋は二神の天降りました前に已に存在してゐたもので、その嶋が形になつたのは二神の矛でかき廻された結果に外ならぬ、此の嶋の元質は大地であつて、此の大地は高天原と同じやうに二神の生成されたものでないのである。書紀の本書に「獲二滄溟一」とあるのは大地の上に漂へる海であつて、此の海は二神の造り出されたものでない。又一書に「投戈求地」といひ、「吾欲レ得レ國」とあり、「當有レ國乎」とあり、「其中蓋有レ國乎」とあるのを以つて見ても、大地は二神天降の前に已に存在してあつたと假定した書きざまである。且つまた此の嶋が二神の生み出された嶋でなく、換言すれば大八洲國の嶋でないことは、其の名が磤馭盧嶋といふのでも推される。オノコロは云ふまでもなく自ら凝結した嶋といふことで、二神の生成されたものでない處から得た名稱である。然るに書紀に引いてある一書に、「有二豐葦原千五百秋瑞穗之地一、宜二汝往脩一レ之」とあるのは大いに此の傳の眞意を誤れるものである。瑞穗之國は二神の生成された國であるから、オノコロ嶋出現の後に生れた嶋で、その前に瑞穗國のあるべき理はないからである。

二　諸神は天、冉神は地、天柱は天地の樞軸

更に進んで之を論ずると、大地は開闢神の中、國常立神であつて、高天原は天常立神に外ならぬ。さうして元來天常立神は、伊弉諾尊と同一であり、國常立神は、伊弉冉尊と同體である點からこれを考へると、オノコロ嶋は伊弉冉尊の國土として顯現されたものの一部と見做さなければならぬ。書紀の本書によると、オノコロ嶋を以つて國中之柱となす、とあるから、此の嶋は大地の中央に位する樞要の地點と解すべきである。さてまた二神が此の嶋の上に立てられた天御柱または國御柱が決して尋常の柱でないことは、書紀の一書に記してある通り、伊弉諾尊は此の柱に依つて日月二神を天上に差上げたといふのでも知られる。卽ち此の柱は天地の中央に位する樞軸であつて、固より理想化せられた宇宙の樞柱であることは、ギリシャの Pillar Omphalos が天地の軸莖と思惟せられたと同樣である。天御柱はオノコロ嶋に立てられた柱であつて、其れは大地を土臺として天上を支へる柱なのであるから、必ずしもこれを神社の殿堂の大柱とする必要はない。然し書紀二神の見立てられた八尋殿は決して世の常の殿堂でない。天照大神の詔を以つて大己貴神の爲めに築かれたミアラカは大神のそれの如く廣大なものであつたことは、古事記にこれを記して「唯僕住所者、如二天神御子之天津日繼所知之、登陀流（此三字以レ音、下倣此）天之御巢一而於二底津石根一宮柱布斗斯理（此四字以音）於二高天原一氷木多迦斯理（多迦斯理四字以音）而治賜者」とあるので知られる。後世になつてこれを考へると、底津岩根に宮柱太しり、高天原に氷木高志りといふのは神宮の建築の高大なのを形容した詞に

過ぎないと見做されるが、諾冉二神の化作《ツク》られた八尋殿はその文字の示す通りに、其の柱の土臺は大地の岩根に達し、その氷木は高天原に屆いた程の高いものと解せねばならぬ。何となれば此の殿堂は天地の間に築かれた Cosmic の社としか思はれぬからである。

三　天柱巡旋の左右についての二說

此の如く天地の中樞、宇宙の軸莖として立てられた天御柱を中心として、それを廻られた伊弉諾・伊弉冉の二神は人間の形を御備へになつてゐられるが、その實、普通の人にましまさずして、天地の間にある萬物を生成せられた產靈の神と了解せざるを得ない。さて此の二柱の神達が天御柱を御廻りになつた方向順序に關しては、記紀の文によると、二說がある。古事記では上に引用した如く、伊邪那岐神が伊邪那美神に「汝は右より廻り逢へ我は左より廻り逢うと仰せられた」とあり、これは書紀の本書に「陽神左旋、陰神右旋、分二巡國柱一而同會二一面一」とあるのと同じで、伊弉諾尊は左より右へ、伊弉冉尊は右より左へ廻られたといふのである。然るに書紀に擧げたる一書には、最初二神が天御柱を廻らせられたときに、伊弉諾尊が伊弉冉尊に仰せられた語に「妹自左巡、吾當右巡」とあり、第二回に此の御柱を廻られたときには、「陽神自レ左、陰神自レ右」とある。古事記と書紀の本文には、二神の天御柱を廻られたのは、二回であるが、二度とも男神は左から右へ、女神は右から左へ廻られたことになつてゐるに反して、書紀の一書に限り、二神の中で初めは男神は右より左へ、女神は左より右へ廻られたことになつてゐる。然るに平田篤胤はその著古史傳二の卷の處に、此の二說の中、書紀の一書にある左右の順序を正しいと斷じ、古事記の傳を全く誤謬だと痛言してゐる。左が陽の方向、右が陰の方向であることは、次に説明する通りであるから、女神が左巡したといふ一書の傳はその順序方位を誤つたので、更にこれを改め廻られたと云ふ話の筋は一應尤もな話に聞えるので、平田氏は此の點に重きを置いて、一書の説を正しいと論じてゐるが、さて此の物語の全文を精讀してみると、二神が最初に御柱を廻られたのが不吉だといふのは、女神が先きに言擧げされたといふのにあつたのである。それ故に書紀の一書にも「時天神以二太占一而卜合之、乃教曰、婦人之辭、其已先揚乎、宜更還去、乃卜二定時日一而降之、故二神改復巡レ柱、陽神自レ左、陰神自レ右、云々」とあるのであつて、陰神が最初左より巡られたのがよろしくないと教へられたのではない。それ故にこれは古事記と書紀の本書とにあるのが正しいので、一書のいふのは、寧ろ古傳の意味を失したものとも見られる。

四　左右尊卑に關する國學者の説

陽の方位を左とし、陰の方位を右として、これに尊卑の意味を寓するやうになつたのは何故であるか、それに就いて、從來我が國の國學者が如何なることを語つてゐるかを一考して見たい。

本居宣長はその古事記傳巻之四に、

さてかく廻りの左右を定賜《メフ》は故あることなるべし。されど其傳《ノヘ》はなければ、庻知べきにあらず。（然るを妄《リ》に漢籍の陰陽と云ことを以て解《ト》くは、都《スベ》て信《ウケ》られぬことなり。又是を月日の廻坐《メグリマス》ことに取なすも強言《シヒゴト》なり。又書紀に同會一面《ノ》とあるを、東北方なるべしと、纂疏にあるも、甚《イタク》うけられず。何方《イヅレノカタ》より廻《リ》そめて、何方にて行逢賜ふといふこと、傳《ヘ》なければ、此《レ》も知《ル》べきことにあらず。）

と説かれてゐる。然るに平田氏はその古史傳二の巻に、上に引ける本居の説を陳べて、

かく言はれたるは然言ながら、左右を定め賜ふことは思ふ由あり。其れは記に伊邪那岐命の御禊《ミソギ》し給ふ處に、左《ノ》御手の手纏《タマキ》に成れる三神を、奥某神《オキナニノ》といひ、右の御手の手纏に成れる三神を邊某神《ヘノナニノ》とある。此れを師説《ノ》に、奥《オキ》は海の奥、邊は海邊にて、常にも對へ言なり、左を奥《オキ》に當るは、岡部翁説《ノ》に萬葉九に、吾妹兒者《ワキモコヘ》。久志呂爾有《クシロニラ》奈武。左手乃。吾奥手爾《ワカオクノテニ》。纏而去麻師乎。とある此意なりと言れき（今思ふに、釧《クシロ》は左右共にまく物なるに、取り分て左手としも云るは、左を奥として、殊に重くする意にてよめるなるべし）。此に依らは左の手を奥手《オクノテ》とするなり。然れは右は邊なること著し、砌《ミギリ》も邊の意にかなへり（また萬の事をまづ右の手して爲《スル》も、邊の意はへ有て、左は奥なるか如し）。とあるに據つて思へは、左は男の位にて奥なり上なり本なり。右は女の位にて邊なり下なり末なり。かく思ひ定めて始を思ふに、まつ產靈《ムスビ》の女男の始たる大神は高皇產靈神次《ニ》神皇產靈神とあり。此の二柱の神の生坐《ナリマセ》る處にも、伊邪那岐神次《ニ》妹伊邪那美神とあり。此は男神は左上に成坐し、女神は右下に成坐て、次とあるは、右に成坐る由なるへく、是そ天地初發《ハジメ》の時より男は本にて尊く、女は末にて卑しき義理の起原《ヘジメ》なりける。（内侍所御神樂次第にも、左を本方とし、右を末方とするを始め、神の御坐も左を上とし、右を下とすることは言も更なり。是そ神隨《カムナガラ》に始れる上下本末の定りなる。然るを外國には左を上とし、右を下とする事もあれど、南に向ひては西を上とし東に向ひては南を上とすと云ひ、或は亂れ世には武を右にし文を左にす。治れる世には、文を右にし、武を左にすと云ひ、また佛の右を本とし、上とすなど云るは、神の道の自然に背ける萬人などのさ

かしらに習へる事も多かれど、猶古の趣なるは官司《ツカサ》に左を上とし本とし、常に人の並び坐《ヲ》るにも、貴きは左に、卑きは右に著くことと知れるは、神隨の道にこそ)。然れは此も、男神は左より、女神は右より廻り給ふへき理なるに、男神は右に坐し、女神は左に坐て廻り給へる、是行違《キヒ》なり。其は下に改めて、男神は左より、女神は右より廻給へりと有るにて知られたり、是を以て古事記の此の傳へは甚く謬にて、神代紀の傳の、正きことを辨ふべし。然るを記傳に、いさゝかも其の由を解かれざるは、いとも心得かたき事なり。

と論じてゐる。

さて上の解釋によつて奥手は左手であり、邊手は右手なりとするも、何が故に左が尊く右は卑しいかといふ説明にはならぬ。また古事記が開闢神を記す順序に、高皇産靈神、次に神皇産靈神と次第し、又伊邪那岐命次に伊邪那美命と記してあるので、男は貴く女は卑しいと考へられてゐたと云ひ得るが、此の文にては左は男の位、右は女の位に當るといふ證據にはならぬ。古事記の記する所によると、伊邪那岐命が左の眼を洗うた時に天照大神が御生れになり、右の眼を御洗ひになつたときに月讀命が御生れになつたとある。天照大神は女神であり、月讀命は男神であらせられたことは本居氏、平田氏をはじめ、凡ての國學者の間に熟知せられてゐることではないか。此の場合に、女神たる天照大神が左の眼から生れたとすれば、左は必ずしも男の位と見做すことは出來なく、男神たる月讀命が右の眼から生れたとすれば、右は必ずしも女の位と定めることは出來ない譯ではないか。さすれば左右尊卑の理由は平田翁の論議では未だ解釋せられたものでない。

飯田武郷氏の著、日本書紀通釋卷之三左旋右旋の解釋の條に、平田篤胤の左尊右卑の說を肯定し、更に他の理由を記してゐる。即ち「皇祖天神の成出玉へる物共は、天地は更なり人類萬物に至るまて、男女左右の眞理を、自然に備たる物にて、其は天地に男女の理を具へて有ることは誰も見る任にしられ、人及生とし生る物に男女の體を具へさるは無く、鳥の雌は右羽を上となし雄は左羽を上にかさね、介類の牝は右に卷き、牡は左に卷き、草木又男女の差別ある事誰も知れるか如し、又火は男神に坐故に火炎は左に上り、水神は女神に坐す故に、水の渦は右に卷き、風神は男女二柱なる故に飄の吹に左右あるなと、皆自然の性なり」と說いたるを飯田氏は實にも然るなりと贊成の意を表し、なほその傍證として、漢土の典籍を擧げて、

（此鳥の雌雄に、左羽右羽の別ある事は漢土にても古き傳說ありて、詩經小雅魚藻之什白華詩に、鴛鴦在レ梁、戢ニ其左翼一、箋注に、戢斂也、斂ニ左翼一者、謂ニ右掩ヒ左也、鳥之雌雄不レ可レ別者、以レ翼知レ之、右掩レ左雌、左掩レ右雄、陰陽相下之義也、夫婦之道、亦以ニ禮義一相下、以成ニ家道一とあるにて知へし。）また龜相記に此段の事を書て、宜ク汝命者御柱自レ右廻レ之、吾者自レ左廻會ム、男女之服左右此由也とあり。此文に據れは、上古は男の服は左衽、女の服は右衽なりしこと知られたり。さて後に漢風に押移りて、一般右衽とはなれりしにこそ、まことによしある傳なり。

と說いてゐる。さて此處に陳べてあることは果して事實なるか否か。如何にも牽强附會のやうにも思はれる事である。然し今假りに事實とするも、男を左とし、女を右とすることは、諾冉二神の左旋右旋の場合を說明するには都合よき

話なれど、前にも云へる如く、それが天照大神と月讀命の場合には適合しないとすれば、此の問題は未だ解決せられないものと見て差支へはない。

五　外國に於ける左右尊卑の例

若し平田氏の說くが如く、左尊右卑が天地自然の公道だとすれば、世界の各國でも均しく此の習俗であるべき筈だと思はれるのに、事實は全く之に反して、右を尊とし左を卑とする處の方が多いのは何故であらうか。今其の例を一一枚擧するは徒らに煩勞するのみであるから、その中に於いて吾人に最も適當なるものを擧げることとする。例へば歐洲諸國に就いて之れを見ると、英語で右を Right といひ、佛語で Droit、獨語で Recht といひ、露語に Pravo というふのは何れも正直正義權利の義であり、英語で左を Left、佛語で Gauche、獨語で Linke、露語で Ljevo といふのは何れも弱とか不適とかいふ意味を有してゐる。それ故に此等の國では右を尊んで左を賤むのである。又 Ural-Altai 語族の中でその例を擧げると、Hungari 語では右を Jol といひ、善の義を有し、左を Bala といひ、惡の義を有してゐる。トルコ語にて右を Jak, Jag, Sak, Saq, Sav などといふのには、善、良、正直、健全の義があり、左を čol, čon, Sol, Son などといふのには、弱い、不器用、ちんば（跛）等の意が含まれてゐる（Van. Ety. Wört. No. 122. No. 165)。又同國語で右を Ong, On といふのに正直、正義の義があり、又滿洲語で右を Iči といふのは方向の義で、方向を誤らない意味が含まれてゐ、又左を Hoshū といふのには背戾の意がある。又朝鮮語では右を Or とも Parǎ ともいふと共に、是非の是とか正直などを意味し、左を Oin といふには僞の義がある。漢土にあつては時代によつて左右の尊卑に變異があつて、一様でない。周の時代には左を尊び、漢より以後長く右を尊び、近代になつてから左を尊ぶやうになつたのである。それ故彼地の右を尊び左を卑しんだ習はしは日本人にまでよく知られてゐる。その右に出るものなしなど云ふのは右を尊んだ證據であり、左遷されたとか、左道とかいふのは左の卑しまれた例證である。

此の外、世界諸國の左右をいふ言の意味と其の尊卑の次第を尋ねて見ると、殆んどその過半は右を尊んで左を卑しんだやうに思はれるに反して、左を尊んで右を賤しむのは稀有のことに屬する事を發見する。然らば何が故に我が國では左を尊び右を卑しんだか、それには必ずその理由が無くては叶はぬ筈である。さて方位の左右はその正面とする處に隨つて其の指す處に差異を生ずる。例へば南を正面とする處では左は東で右は西であるが、東を正面とする處では南が右で北は左である。漢土で南を正面としたことは殆ど熟知せられたことで此處に論ずることを要しない。突厥にては東方を正面とするが故に、その右は南、その左は北である。又蒙古にては時代と場合とで或は東方を正面とし、或は南方を正面とする處があるので、左右の指す方面はそれによつて差異がある。

韓國では古くから今日に至るまで南を正面としたのである。其の理由は日本書紀に南加羅と書いてアリヒシカラと訓《ヨマ》せてある。是れは余輩の解釋によると、Alps-Kara の韓語をよませたものである。朝鮮の現語では、前を ap といふけれども、類合の如き足利時代に當る頃に編纂された字彙には前を Alp と記してあるから、今これを ap といふのは 1 の中間音が失した形と見るべきである。又朝鮮語では我が國語の天風《ツ》の場合の「ツ」にあたるテ ニヲハを人(s) といふのであるから、アリヒシカラのアリヒシは alps の對音で南の義であり、「アリヒシカラ」とは「南の加羅」といふ意味である。類合によると、朝鮮語では、前と南とは同語で、共に alp といふとあるから、南を正面としたことは争はれない。又この字彙には北と後を tui といつてゐるから、此の國では南北と前後とが同じ言であることも知られる。さすれば此の國の左は東で、右は西に當ることは勿論である。

六　國語の左右尊卑と漢土陰陽道の符合

然らば我が國に於いては、東西南北の何れの方向を正面としたかといふことが問題となつて來る。今日では南を正面とすることは勿論であるが、上代に於いても亦さうであつたかどうかは言語の外にこれを證明する記録は無いのである。國語で南を minami といふのは何の義であるかといふと、余輩の見解によると、それは目の方、或は面の方卽ち me-no-mo, ma-no-mo の轉訛である。テニオハの no が na となる其の例は必ずしも尠くないが、此の場合に適切な例を引いて見ると、伊邪那岐命の御名が Isa-no-gi であり、Awanagi 神が Awa-no-gi であるなどでも知られよう。又目（me）が mi と轉ずるのは、見るを mi-ru といふやうに、me の活用した時の形であることからも悟られる。國語で方向を mo といふのは面、或は目の轉である。今日でもどの方向といふことをどの方面といふのでも知られよう。此等の理由によつて南を minami といふは me-no-mo 卽ち目の向つた方面といふ言から起つた言と解せられるのである。又國語で前を mae といふのは目の邊といふ程の義であるから、國語では前方も南方も結局は同語である。その證據に國語で北方を kita といふのは kata（肩）の轉訛に外ならぬ。北が已に肩だとすれば、南が面、目の方たることは自然である。漢字で肩と北とが同言であることは、南方を正面とし前方としたからである。朝鮮をはじめ蒙古、滿洲語では南北は多く前後と同語であるのは國語と同様である。

我が國で南方を正面としたことが minami といふ原義で了解せられたとすれば、國語で左は東を指し、右は西を指したことも勿論である。前に列擧した例證によると、外國で右は正、正直を意味し、左は曲、弱、拙劣を意味するのであるが、それと反對の意味と習俗を有してゐる民族の左右の言語に如何なる意味があるかを考究することは興味あることと思ふ。前にも一寸斷つた如く、國語で左を hidari といふは直の義である。國語で直を fita といふ。直面と書いてこれを fita-omote とよみ、直兜と書いてこれを fita-kabuto とよみ、直垂とかいてこれを fita-tare とよむの類を以つても知られる。左を fidari といふのは fita の活用卽ち fitaru（今は死語）の動名詞 fitari の訛れる形に過ぎない。又右を migiri といふは、曲を maga, mage といふ語の活用した magaru の動名詞 magari の訛れる形に過ぎない。maga に曲惡の意味の含まれてゐることは、禍を maga といひ、喪を mo といふのでも解かる。これを要するに國語では左を直とし、右を曲としたもので、外國のと全く正反對の意味の語であることが知られる。外國で右を尊び左を卑しむのは、右の手が強くてよく用を辨ずるに反して、左は弱くして右の如く活動しない所から起つたに相違ない。日本人といへども皆左きゝといふわけでないから、此の關係は決して外國人と異なる筈はない。それにも拘らず、弱い左を直として之れを尊び、強い右を曲としてこれを卑しむのは何故であらうか。これは民族心理の上から見ても甚だ興味ある問題たるを失はない。余輩は此の事を津田博士と語つたことがある。その時博士が、それは弓を引くときの兩手の形から來たのではあるまいかと云はれたことを記憶してゐる。此れは面白い考へで、なるほど弓を引くときには、左手は弓身を押す役を務めるが故に直になり、右手は弓弦を引く役をするが故に曲になる。migiri, fidari といふ二語が始めて作られた大昔に於いては、此の二語に曲直の意味があるのは弓を引くとき兩手の形を見てつけたものとも思はれる。然し右を卑しみ、左を尊ぶといふ思想は、此の言語の形造られたときに起つたものでなく、必ず他に原因がなくてはならぬ。然らば果して何であるか。

既に前にも一寸述べた如く漢土では左右の尊卑は時代によつて相違があるが、古典時代には左を尊び、漢の頃からは右を尊び、又近代に至つて左を尊ぶことになつた。然らば何が故に古典時代に左を尊んで右を卑しんだのかと云ふと、其れは陰陽說の起つた結果だらうと思ふのである。此の說によると東方日出の方面は陽氣の中する處で、西方は日沒の方向で陰氣の中する處である。陽氣は萬物發生の本源であるから東方卽ち左の方が尊ばれたのであらう。然らば此の思想の未だ起らない左右に關する觀念は如何であつたらうかといふに、其れは此の二字構造の上からこれを推察するの外はないのである。說文解字（三篇下）によると、

「又手也、象形（此卽今之右字、不言又手者、本兼𠂇又二而言、以𠂇別ㇾ之、而又、專謂ㇾ右）三指者手之列多、略不ㇾ過ㇾ三也、凡又之屬皆从又、右助也、厷臂上也（臂手上也、古假弓爲厷、二字古音同也……穀梁邾黑肱、公羊作黑弓……）从又从古文𠃋、𠃋古文厷象形（象曲肱、肱左或从ㇾ肉）。

とある。此の解釋の如く古に於いて又の字は手を意味すると共に、右の義であつたと云ふ處からこれを察すると、支那の古代に於いては右手を尊んだことが推知せられる。後になつて右を右と書き助の義であつて、口を以つて手を助

ける義と見てゐるのである。然し余輩からこれを見ると、此の解釋はその當を得てゐないやうである。それは左の古字構造の上から他の意味に解せられる。勿論說文の云ふが如く[illegible]の厶は肱の象形で、左は臂を上げた形と解してゐるが、然し肱は厷と同義で、弓のことと解して差支へないことは、黒弓を黒肱と書いたので判かる。因つて思ふに、左を[illegible]と書くのは、左手で弓を持つ義であらう。而して右を[illegible]と書くのは、弓の弦を引く形と見るべきであらう。それは此の書の十二篇下に「引開弓也、从弓」とあるに依ると、引の左偏[illegible]は弓の形にて、前の左の厶と同形なるべく、右の[illegible]の厶は引を直に向けた形の變にて、引の義なるべく、今の楷字の左の工は厶の變で弓の形、右の口は厶([illegible])の變で弓の弦を引く形と見るべきであらう。

若しも如上の解釋に一理ありとすれば、支那にての左右の二字は弓に關係ありと見られる。これは國語で左を直とし右を曲とするの義が弓を引くときの形に因つたといふ說明を補助する例證となる。支那が日本に異なる所は、もと左を尊ばないで、右を尊んだことである。陰陽說の起るに及んで、東方日出の方向を吉祥と思惟するやうになつたから、左を尊んで右を卑しんだものと見て差支へなからう。日出の方を尊ぶのは人情の常である。昔ギリシャ人は北方を正位としたから其の尊んだのは日出の方にあたる右を尊び、ローマ人は南を正位としたから、彼等の尊んだのは左であつた。此等の例證から之れを推すと、我が國で左を尊び右を卑しんだのも、太陽を崇拜する風が興つてからの結果と見て差支へがない。それが偶然にも、左の國語が直であり、右が曲であつたのである。必ずしも左に直の義があつたに因つてこれを尊び、右に曲の義があつたからこれを卑しんだわけでもあるまい。

七　天柱及び左右尊卑は支那の天文說に原因するといふこと

左を尊んで右を卑しんだのは本邦人の古俗からも、支那人の古典時代の思想にも合するから、諸冉二神が天御柱を左右に廻られたと云ふ物語は、何れの風俗から說いても差支へはない。然し天御柱が已に宇宙の柱で、天地の樞軸の柱といふ思想上のものであるから、その左右も亦 Cosmic の左右と見て說くのが適當であらう。

さて此の宇宙の間に於いて左右に回轉するのは天體であるから、此の運動を普通人間のそれと見るよりは、天文上の廻轉と見るのが合理的と考へられる。諸冉二神の左右の御廻旋が、宇宙天體の運行を意味するものとすれば、其れは決して原始的な幼稚な思想でなく、天文學や占星術の進んだ時に起る知識と見做さなければならぬ。我が國は天文學や占星術を漢土から輸入したのであるから、二神の御廻旋の事實は、これを漢土の曆書、道家の書籍に求めなければならぬ。晋書の天文志と呉王蕃の傳によると、「天圓如二倚蓋一、地方如二棊局一、天旁轉、半在二地上一、半在二地下一、日月本東行、天西旋入二于海一、牽レ之以西、如三蟻行二磨上一、磨左旋、蟻右行、磨疾蟻遲、不レ得レ不レ西」とある。これによると、天は左旋し日月は右行するといふのである。諸冉二神の御旋行の中、諸神は天に當り、冉神は日月に當ることとなるが、此の二神は「同會一面」するといふ書紀の文句は解きがたいのである。且つまた漢土の陰陽說によると、天と日とを陽として論ずるのであるから、日と月とを同じく陰の中に數へることは、それに合はないことになる。

漢土の緯書の類によると、「天左旋、地右動」といふ文句がある。此の事に關しては平田篤胤の大昊古曆傳卷之一（平田篤胤全集卷六）に左の如くに說いてゐる。

天左旋地右動は、玉海三巻に春秋元命苞曰と引たる文と古微書に出せる、河圖括地象の文とに據れり（但し其括地象の文に、天左動起二于牽牛一、地右動起二于畢一と有れど、牽牛といひ、畢と云へる說は後の附會なれば取らず）。また同書の春秋元命苞と出せる文に、地不レ足二東南一、陰右動終而入二靈門一（宋均注、右動動《ヘ》而東也、靈門巳也、陰藏巳也。地所二以右轉一者、迎レ天佐二其道一とも所見《ミエ》たり。地不レ足二東南一と云へる古語の義は、既に太古傳の三皇紀に云へり）。天を左旋と云へる古說は此の二書より外に有ること無し。抑天地日月の旋回のこと、我が神典の旨と赤縣州の古說とを折衷して、稽ふるに、其の初は既に云ふ如く、彼の言ひ難き一の物、乃ち謂ゆる太極、元より大空に根係する所なく漂蕩として右旋せるこれ三神造化の元運なり（三神とは天《ノ》御中主神、高皇產靈神、神皇產靈神を申す。卽赤縣籍に謂ゆる上皇太一、元始天尊、太元聖母是なり。淺人或は當昔《ソノカミ》かの一物の混沌として漂へる時に左旋なりしか右旋なりしか誰かは知らむと論ふも有むか、此は今現に日と大地との旋回を驗るに、共に右旋なるを以て其未分れず混沌たりし時も其右旋なりし事を慮り知たり）。斯て其の物の混沌たる中より、萠騰る物有りて天と爲り日と爲れるが、天は謂ゆる天樞の獨立して改めず、周行して殆からぬ、彼の三十輻一轂に共する道に從ひ、衆星を帥て左旋するを日は中央に位して、未分の時の元運の隨《マ》に居なから右旋すること今現に見るが如し。西川正休云、天體と衆星と常に東より西に行きて、一晝夜に一周す。是れを左旋と云ふ。日月五星は各々その行に遲疾有れど、常に西より東に行く、是れを右旋と云ふ。此の左旋右旋の說は黃帝よりの說なるを宋朝に至りて儒士の辨に、天も七曜も共に左旋のみありて右旋なしと云ふ。此の說始まりてより、儒學の徒みな之を唱ふ。

甚しく天地の正實を誤まる最も嘆すべしと云へり。其の謂ゆる儒説は朱熹の言に、天最健、一日一周、而過㆓一度㆒日之健次㆓於天㆒而少遲、常不㆑及㆓天一度㆒月尤遲、一日常不㆑及㆑天十三度有奇、歴家算所㆑退之度云㆓日行一度月行十三度有奇㆒此乃截法、故有㆓日月五星右行之説㆒其實非㆓右行㆒也と云へる是なり。然は有れど此は玉海三巻に、暦家謂、天左旋日月五星右旋、儒者謂、天左旋日月五星亦左旋、其言似㆑不㆑同、曾以㆓二法㆒算㆑之、但逆順不㆑同、其歸一揆也と云へる如く、算に於ては違ふ事無れど、實徴より云ふときは天左旋大地及五星は右旋なるに論なし。其は末に委く論ふを俟つべし。さて大地は天日の分りし後もなほ元運の任に、日の周圍を一年一周の右旋しつつ、漂蕩して在けるに、造化の三神、特に皇祖二神に、是の漂へる國を修理固成せと詔命して天瓊矛を賜ひしかば、(皇祖二神とは伊邪那岐伊邪那美神を白す。卽ち赤縣籍に謂ゆる天皇氏地皇氏なり。此の二氏を天靈地靈と稱し、また天皇氏を天に復命せる後は天皇太帝とも皇天上帝とも尊稱せり)。二神その瓊矛を以て大地の潮、凝凝に攪回らして、其を天之御柱に見立て、自凝島に國中之御柱を突立給へる、是五岳の第一《ハジメ》にて、是より後大地は、かの一年一周の公運しつゝ、別に二神の攪成し給へる御手の運の隨《マニマ》に、また自己の三百六十五日有奇の右轉及び四游の動あり。此は二靈造化の私運なり。(二靈とは古事記序に、伊邪那岐伊邪那美神をかく白せるに據れり)、扨《サテ》見立《ミタツ》とは今の語にも何を某と見たて、某を何と見立るなど云ふに同く、擬ふる義なり、抑此の瓊矛をしも天之御柱に擬へて國中の柱に建給へる由なれば、傳へは無れど天にも日にも樞軸の御柱ある事知るべし。其天なるは天左旋の固め、其の日なるは日輪右旋の固めにて、二神の大地に立給へるは大地運動の固めなり。此を以て彼を准へ彼をもて此をも准へ知べきなり。斯て大地の御柱は今の一と所のみに非ず大地の四方五所に植て、眞の地上に出る柄はやがて謂ゆる地の中を知るべき自然の土圭と爲給へり。此を五岳と云ふ。委しくは太古傳また天柱五嶽餘論に論へるを見て知るべし）。かくて月はもと根國とも夜見國とも云ひて大地の根底に附きて成れる物なるが、天日と大地と斷《キレ》放れて晝夜をなし始めたる時より遙に後れて運り始めたるが、此は大地より分りし物なる故に、其の運動の勢ひに制せられて、大地の周圍を右旋する物なり。是ぞ左旋右旋の大略なる（なほ天地日月五緯衆星の轉度の委き事は第十五條の末に云ひ、月の運り始めの事は第三十四條に云ふを俟て見るべし）。

平田氏が天の御柱を天地の樞軸と見て、二神の之れを左右に旋らせ給へるを天左旋地右動と說いたる見當は全く正鵠を得たものである。然し書紀の此の段の物語が此の天地旋動の文によつて出來たとすれば、二神が一面に會したといふ事は說きがたい。

漢土の天文學に於いて雌雄の二星が左右に分かれて一面に會合するものがある。その一は歲星と太陰とである。その事は平田氏が太昊古曆傳卷之二に淮南子の天文訓と史記の天官書とを折衷して其の要點を記錄してゐる。その文は、

太陰之雄爲㆓歲星㆒、太陰左行在㆑寅、歲星右轉居㆑丑、仲冬與㆓斗牛㆒晨出㆓東方㆒、太陰在㆑卯星居㆑子、季冬與㆓女虛危㆒晨出、太陰在㆑辰星居㆑亥、孟春與㆓室壁㆒晨出、太陰在㆑巳星居㆑戌、仲春與㆓奎婁㆒晨出、太陰在㆑午星居㆑酉、季春與㆓胃昴畢㆒晨出。云々。

この歲星とは木星をいふ古代の名稱であつて、此れと反對の方向を取つて天を周る太陰といふのは、實際存在する

星でなく、便宜上設けた木星の反映を稱したものである。此の事については飯島忠夫氏の支那古代史論（六六―六七頁）にかやうに說いてゐる。

木星と反對の方向に運行する太陰を設ける必要は何によつて起つたかと考へれば、それは大角及び攝提の指す方向卽ち北斗の柄の指す方向の移り行く順序に類推したのであらう。北斗の柄は正月の初昏の時刻に當つて寅の方位を指し、二月の同じ時刻に卯の方位を指し、次第に此の如くして、辰巳午未申酉戌亥子丑の順序を取るのである。淮南子天文訓によれば、此の觀測の標準時刻は春夏秋冬を通じて同じ時刻を取つてあつて、日の長短によつて加減しないのである。故に斗柄の指す方向の移動は毎日一樣である。方位の十二辰が、天の十二辰から轉じたものであることは、十二の數が方位とは何等の必然的關係を有し居らないことと、辰といふ語が十二の日月交會若しくは十二の時節を意味して居ることとによつて明に知られる。しかし天の十二辰に類推して十二の方位を分けた上で、更に方位の順序を定めようとすれば、その基礎となるべき最も顯著な現象は毎日東から西に向つて天を一周する樣に見える日月星辰の位置の變化である。これによつて方位の順序は東を先として南を經て西より北に及ぼしたものであらう。さて北斗の柄の指す順序は方位の順序であつて、此の順序から復た逆に類推して、木星の一年毎に其の所在を稱す所の天の十二辰の順序をも、東から南を經て西より北に進むものとしようとするときは、日月五星が恒星の間を運行する方向は其れと反對に西から東に進むのであるから、便宜上木星の反映を造ることが必要となり、これに陰陽思想が附會されて、太陰が成立したのであらうと思はれる。

それに故に太陰と呼ぶ星は實際ないのであるが、然し思想上これを設けて、實際の木星を雄と呼ぶからには、此の太陰は雌でなければならぬ。木星の天を一周するのは十二年であるから、太陰と歳星とは此の年に必ず寅の位置に於いて會合一致することとなる。かやうに見ると、星に雌雄二性のあることと、一面に會合することとは、諾冉二神が一面に會合するのと類似する所がある。然し書紀の諸神は陽卽ち雄であつて左旋し、その冉神は陰卽ち雌であつて右行するといふことは、雄たる木星が右行し、雌たる太陰が左行するといふ點に於いて差異がある。それ故に、二神左右旋行の事實は、歳星の運行を語つたものでないことと決定しなければならぬ。

然るに玆にたゞ一つ漢土の占星學に於いて諾冉二神の旋行と符合するものがある。それは淮南子の天文訓にある左の一節の記事である。

北斗之神有二雌雄一、十一月始建二於子一、月從二一辰一、雄左行、雌右行、五月合レ午謀レ刑、十一月合レ午謀レ德、太陰所レ居爲二厭日一、云々。

書紀の本書に「陽神左旋、陰神右旋、分巡二國柱一、同會二一面一。」とあるは、北斗の柄が極星を中心として、雄神は左より雌神は右より廻り、一年の間に午と子との方位に於いて會合するを取つたものと察せられる。書紀の此處の文章の中に、諸神に雄元《ヲノハジメ》、冉神に雌元《メノハジメ》とある言も淮南子の北斗に雌雄の二神あるといふ文字を襲用したものと思はれる。又此の二神が會合した際に陽神は陰神に對つて古事記には「美哉小女《アナニヤシエヲトメ》を」といひ、書紀には「憙哉遇二可美少女一焉《アナウレシヤウマシヲトメニアヒス》」といひ、陰神が陽神に對しては古事記には「美哉小男を」といひ、書紀には「憙哉遇二可美少男一焉」とある。此の言も敢へて本邦にかやうな呪文めいた儀式があつたわけでなく、是れは漢語の「夫唱婦隨」の文字を物語體に反譯したものと見做すべきである。

八　火の起源に關する外國神話

まづかやうに論じた處に誤がないとすれば、二神國土神祇生成の物語に於いて、天御柱を巡行した一段は全く漢土の思想に依つたものであることは爭はれまい。然し此の物語の末段に於いて、二神が火の神卽ち軻遇突智神を御生みになつて、その爲めに伊邪那美神は遂に御避《カクレ》になつたとあるのは、漢土の故典には無い話であつて、全く我が國の習俗から出來た物語である。

火といふものは云ふまでもなく人類の文化史上に最も重要な位置を占めてゐるものである。されば火の起原に關する神話は世界の各處に見られるのであるが、その中、火を太陽から起つたものと見る神話は隨分廣く擴がつてゐて、ギリシャのプロメトイスが太陽の火を盜んで下界に降つたとあるのは能く人に知られてゐる。此の類の神話は已に西人の研究した處で、自分が玆にこれを紹介する必要はない。然しそれと同時に木を鑽つて火を造る法卽ち鑽火臼と鑽杵とを摩擦して火を造るといふことは亦多くの神話に作られてゐる。これは多く例證を引くに及ばないが、我が國人と古來より密接な關係を有してゐたアイヌの神話にも其れがある。金田一京助氏の著はされたアイヌの研究によると、國造の神が始めて國土を創造したときには、まだ一本の草も木もなくさびしい國土であつた。そこへ最初に天降つた神は Chikisa-ni kamui 春楡神であつた。(「チキサニ」は火を鑽る樹の義卽ちアイヌの燧臼燧杵に用ふる樹)

諸々の天神たちが議してこの女神を此土の主神として降すことにしたのである。とある。此のアイヌは天降つたとある處から見ると、太陽の火が下界に下つたものと思はれるが、その名が春楡樹とあるのからこれを察すると、火の起原は太陽の火でなく、木の火であると斷ぜざるを得ない。又支那人間でも、火の起原は木であつたことは、古の大聖人が燧人氏で木を鑽つて民に火食の道を教へたとあるので知られる。また印度でも同樣であつたと思はれるのは、Rig-veda の神話によると、火の神卽ち Agni は兩親を燒き殺したとあるので推される。兩親とは云ふまでもなく燧臼燧杵を云つたものである。

九　日本の火の神話、諾冉二神と樹木（火切火打）

然らば我が國の神典に於いて火の起原がどう說かれてゐるかといへば、已に述べた如く、諾冉二神の生みなしたものだとある。古事記の記す處によると、日の神の御生れになつたのは軻遇突智神の御生れになつた後であるから、火が太陽の火から起つたものと見られてゐないことは明かである。且つまた諾冉二神は一方に於いて天地陰陽の二神と考へられてゐたと同時に、また一方に於いて角杙神、活杙神と御一體であらせられ、また此の二神の一顯現神たる產靈神の一名が高木神であつたことなどを思ふと、諾冉二神から火が生れたといふのは、木から火が生れたと見なければならぬ。

それでは我が國の風俗で、火を作るに木を使つたかどうか。日本武尊が東夷を御征伐になつたときにその姨倭姬から與へられた火の道具が「ひきり」「鑽火」でなく、燧石卽ち火打であつたことは、古事記に「其の姨倭比賣命の給へる嚢の口を解き開けて見たまへば、其裏に火打ぞ有りける」とあるにて明かである。然らば我が國の上代に火を造るに火打のみであつたかといふに、それは決してさうでない。殊に神事に用ふる火が主として鑽火であつたことにはその證據がある。例へば古事記神代の巻に、天照大神が大國主神の請ひ給へるをゆるして天の御舍と天の御饗を賜へるを語つた處に、

如此白して、出雲の國の多藝志之小濱に、天の御舍を造りて、水戸《ミナト》神の孫、櫛八玉《クシヤタマ》神を、膳夫《カシハデ》と爲て、天《ノ》御饗獻る時に、禱ぎ白して、櫛八玉神鵜に化りて、海底に入りて、底の土を咋出でゝ、天八十毘良迦を作りて、海布の柄を鎌《カ》りて、燧臼《ヒキリウス》に作り、海蓴の柄を燧杵に作りて、火を鑽り出て云しけらく、是の我が燧れる火は、高天《ノ》原には、神產巢日御祖命のとだる天之新巢の凝煙の、八拳垂《ヤツカタル》まで燒《タ》き擧げ、地の下は底津石根に、燒《タ》き凝《コラ》して、栲繩の千尋繩打ち延へ、釣せる海人が、大口の尾翼鱸、さわさわに、控き依せ騰げて、拆竹のとををとををに、天の眞魚咋獻らむと白しき。

とあるに知られる。

さて此の鑽火のことに就いては、古事記傳十四に、

鑽出火は、肥袁伎理伊傳氏《ヒヲキリイデテ》と訓べし。和《ヘ》名抄に、火鑽和《ヘ》名比岐利《ヒキリ》、燧和《ヘ》名比宇知《ヒウチ》とあり、凡て火を出すに、打と切との異あり、中巻倭建《ノ》命段に以二其火打《ヒウチ》一而打《ウチ》二出《イデ》火《ヲ》一とある、是《レ》打火《ウチビ》にて、尋常《ヨノツネ》の如し、又上代より、忌て清くする火は、皆鑽《キリ》出すことにて、（火打をば用ひず、火切を用ふ。是《レ》いかなる故にか、其《ノ》意は知りがたし。然るを木

より出るは陽火、金より出るは陰火なる故なりなど云は、例の取るに足らぬ漢意なり）。今に至るまでも大神宮の御饌炊ぐ火などは然なり。（故に伊勢國《ノ》にては、必しも切《リ》出さねども、別に忌清めたる火をば、切火《キリビ》といふなり）。玉葉（月輪兼實公の記錄）に、神宮之習《ノヒ》、不レ用二火打一《ヲ》、用二火切一《フヲ》と見えたり。さて伎留《キル》と云は、轢磨《キシ》ると本同言なるべし。今俗には毛美火《モミビ》とも云り。靈異記に、鑽岐里《ヘキリ》又母美《モミ》とあれば、古《ヘ》より毛牟《モム》とも云しなり。（錐《キリ》にて穴を穿《エル》を、俗に伎理毛美《キリモミ》と云、錐といふ名は、伎留具《キルモノ》なる故なるに、其伎留《ノキル》を毛牟《モム》とも云る、是も同言なり。）さて右の和名抄、又書紀倭建命段《ノノノ》に、以レ燧《ヒウチヲ》出レ火《ヲ》とあるなどに依れば、燧は火打なるに、此《コ》の燧臼燧杵の燧を、肥伎《ヒキ》理《リ》と訓《ム》は如何と思ふ人あるべけれど、燧は火打にも火切にも通はし用ふべき字なり。（燧字注に、取レ火具也と云《ヒ》、禮記內則篇《ノノ》に、左佩二金燧一《ニヒヲ》、右佩二木燧一《ニフヲ》、註に金燧取二火於日一《ヘリヲニ》、木燧鑽レ火也と云り。木燧にては火を打出《チ》すべき由なければ、これ火切《リ》なること明らけし。）和名抄に、鑽を比岐利《ヒキリ》燧を比宇知《ヒウチ》と分《ケ》たるは、やゝ後の事にぞ有ける。さて火を切《リ》出す法《サマ》は、まづ鑽字《ノ》を、所二以穿一《ヲル》也とも穿器也とも注せると、錐字《ノ》の注に、穿器之鋭者、似レ鑽而小、と云るとを合せて思ふに、漢國にては、鑽は錐の如くに鋭らねども、穴を穿る器の名なり。然るに又鑽レ燧と云ことも、古き漢籍に見えたるを思へば、火を取にも、かの鑽と云器に似たる物（いはゆる燧是《レ》なり、必しも金に限らず、木なるもあり、かの木燧これなり。）を以て、穴を穿るが如くに、碾《キシ》り揉て出せしと見えたり。さて今此に燧臼燧杵とあるを其に思《ヒ》合すれば、御國にても、火を切るは、然爲《シカセ》しこと知られたり。（火切《リ》を以碾り揉狀《モムサマ》、物を舂《ウスツク》に似たる故に、臼杵とは云るなるべし。今も大神宮忌火屋殿にて、神供を炊く火は、皆切火なり。其法は、よく枯たる檜の木口《コグチ》を切り、その木口の中央にすこしくぼみを付《ケ》て、又錐の柄の如くなる木を以て、力を入れて、かの木口をつよくもみて火を出すなり、右の杵は檜にても、又山枇杷といふ木にても作るとなり。）大嘗祭式に、次火燧《キリ》一荷（納二筥一合一、呉竹爲レ足、覆以二緑纈一、夫一人。）と見え、（此は悠紀主基兩國供物等を、齋場より大嘗宮へ運ふ行列の中に見ゆ。）また火鑽三枚、（是は阿波國より造備《リヘ》て獻る種々物の中に見ゆ。）また云く火鑽三枚、已上料鐵二廷（此は神服を織る處の作具の中に見ゆ。此は御饌などを炊ぐ料の火を切具《ル》には非る故に、鐵を以造《テ》るにや。委くは知がたし）。など見ゆ。年中行事祕抄に引る、高橋氏文に、是時上總國安房大神乎、御食都神止定奉、若湯坐連等始祖意富賣布連之子豐日連乎令二火鑽一氏、此乎忌火手止爲氏、伊波比由麻々閇氏、供二御食一云々。倭姫命世記に、其伎佐宇乎令レ進二大神御贄一、而佐々牟乃木枝乎割取而、生比伎爾宇氣比伎良世給時爾、其火伎理出而、釆女忍比賣我作之、天平賀八十枚持而、伊波比戸爾仕奉支。大嘗祭式に、伴造燧レ火、兼炊二御飯一、安曇宿禰吹レ火などもあり、云々。

伴信友の正卜考一卷（國書刊行會本　伴信友全集第二）に鑽火の事は詳かに記されてある。その文を錄するに、其は糟屋春雄云、己か遠江なる產土わたりにて、神事はさらなり、尋常も火を鑽て用《ツカ》ふ家あり。其火切の杵は、篁《ナヨ》竹《タケ》の圍一寸二三分（切たる小口の徑り四分）ばかりなるを、上下の節を切去りて、筄閒《ヨアヒ》一尺ばかりなるを、本方《モトベ》を先とすべくかまへて、筄《ヨ》中に藁をさゝし籠るなり、臼の板は厚さ五六分許檜また杉の心を撰て、圖のごとくに造り、杵を受くばかりに圓く凹《クボ》めおきて、臼の儲とす。又其凹より外の木口を竪さまに下まで深さ二分ばかりに細く切目をつくるなり。その杵臼藁ともにきはめてよく枯れ乾きたるを用ふべし。さて火を取る時、まづ臼板の動かざるべくはからひ堅めて、杵を臼の凹にさしあてゝ錐を揉むごとくたゆみなく揉めば、互に碾合《キシリ》ふにあはせて、漸々に火氣出くるほどに、杵の竹も、中の藁も臼の中の木も、共に粉になりて臼を溢れでゝ、外の木口の切目よりつたひこぼるゝ頃、火氣いやましに募りて、焦れ熏《クスモ》るきはみ、その焦れたる粉すなはち火口となりて、火の燃著くを、やがて着木の硫黄に移取りて用ふなり。さて其臼焦れ損ぬれば、かの凹をいくつも儲置て、度々更用ふと云へり。おのれ其教のまゝにものし試つるに、辛くして火を得たりき。尋常に用馴ぬればさばかりはあらず、容易くおぼゆと春雄いへり。その後出雲人中村龍輔が云けらく、おのれが產土わたりにて、ものするも同趣なるが、杵には溲疏《ウツギ》を用ふ。臼板は櫻また松をも用ふといへり。伊勢外宮にて大神宮御饌炊く燧の模を造りて、橋村正兌神主の贈遺せさせたるも全同じきが、臼板は檜にて、杵は山枇杷と云ふ木をもて作れり。但し其杵を工人が轆轤錐といふものゝ如くにものしてあり。是は揉むに便宜《リ》きが故なりとぞ。これをも試るにかの篁竹にはこよなし。古事記に見えたる海布の莖の燧臼、海蓴の燧杵はいかなりけむ。おのれ前に浦人に誂らへて、海布莖の太きを得て、乾堅めたるに、くねくねしく小さくなりて、さらに臼杵などに用ふべくもあらざりき。そも／＼かの火鑽の故實は、あるが中にも具に傳はりて、臼杵の物質さへに聞えたるを思ふにも、いとも殊なる貴くめでたき神事にこそありしなるべけれ。

と說いてゐる。

十　漢土と日本とに於いて火切に使用する種々の樹木

鑽火に用ふる木は、國により處に從つて一樣でないと見えて、已に我が國に於いても、上に記した如く檜の外に山枇杷、松、篁竹等を用ひるので知られる。漢土にても同樣にその木は一樣でない。殊に此の國にては陰陽說に從つて四時に用ゆる木の種類は異つてゐる。それは李時珍の本草綱目卷六に、

火久而不變、則炎赫暴熇、陽過二平亢一、以生二癘疾一、隨二四時一而更二變之一、變レ之之法、則鑽燧而改レ之、春取二楡柳一、夏取二棗杏一、季夏取二桑柘一、秋取二柞楢一、冬取二槐檀一、四時各鑽二一木一、時運而往、火變而新、用二諸烹飪之間一、使レ之資以養レ生、故疾不レ作。

とあり、又同書卷六火部（燧火集解）に、

楡柳先二百木一而青、故春取レ之、其火色青、杏棗之木心赤、故夏取レ之、其火色赤、柞楢之木理白、故秋取レ之、其火色白、槐檀之木心黑、故冬取レ之、其火色黑、桑柘之木肌黃、故季夏取レ之、其火色黃。

とある。此の如く漢土に於いて鑽火に用ひる木の種類が四時に異るのは全く陰陽說に基づいたものであるから、此の說の未だ起らなかつた戰國以前に於いては、必ずしも玆に記してある順序によりて、使用する木に差異があつたとは思はれない。然し漢土にて此の料に供した樹木には種々あつたことは確かである。國語で檜をヒノキといふのは火の木の義であるから、上代に於いては主として鑽火に此の木を使用したに相違ない。前に記した如く、アイヌ人の神話に火の神を春楡神（チサキニ・カムイ）といふ處からこれを察するに、此の國の火切木は主に楡樹であつたことが推

測される。又蒙古人やトルコ人などの如く、沙漠の地に住する人民は、鑽火に楡柳を使用したと思はれる。何となれば、此の二木は此の地方に於いて最も繁茂する木であるからである。ギリシャ人やローマ人などの間では、主にカシハの樹を使用した。これは彼等の崇拜する至高の神 Zeus, Jupiter の木はカシハであつたからである。

十一　諾冉二神天柱廻旋の物語は漢土の天文說と土俗との混成

我が國の上代に火を造るに木を鑽つたとすれば、諾冉二神が火を生んだと云ふのは、燧臼と燧杵とを以つて火をきり出したことを神話的に云ひ表はしたものと見て差支へはない。特に此の二神の一の屬性は、已に前に述べた如く木であらせられたのからもさう考へるのが自然である。さうして臼杵を以つて火を切り出す際には兩手を以つて杵を左右に廻轉させるから、その運動は一は左より右に、一は右から左に廻り一處に留まるのである。雌雄が各〻左と右とに廻ることはまた鑽火の場合にも起る事實である。それ故に諾神を燧杵の左方の廻轉とすれば、冉神はその右方の廻轉と見做すことが出來る。かやうに運動を續行すれば自然にその間に火氣を發生するのである。それで燧杵を夫とし、燧臼を婦とすることは何れの國の神話にも現はれてくる事であるから、此の習俗は我が國古代にもあつたものと思はれる。まづ斯樣に考へて見ると、神典に於ける諾冉二神天柱廻旋の物語は、天極を中心として陰陽二神が各〻左右を廻つたといふ漢土の進步した天文上の知識と、燧杵を中心としてそれを兩手で各左右に揉み廻らしたと云ふ我が國古來からの習俗とを混合融和せしめて、而もその痕跡を示さない巧みな文章で現はした物語と見做すべきであらう。

十二　物の周圍を廻旋する土俗

諸冉二神が國土神祇を御生みになるときに、天の御柱を左右に廻り逢はれた如く、凡て宗教上の儀式作法に於いて、或るものを中心としてその周圍を巡ることは世界の諸國の習俗に現はれてくることである。我が國に於ける此の土俗については中山太郎氏が土俗私考と題する書の中に「物の周りを廻る土俗」と稱する題目の下に多くの例證を擧げてゐる。余輩はこれに依つて卑見を確かむる資料を得たのを喜ぶのである。さて其の中で（參宮名所圖繪巻上）伊勢外宮二鳥居玉中所の邊りに「廻り榊」と云ふのがあつて、祭日に其の榊の下で宮司は玉串を執つて東を廻り、禰宜は玉串を執つて西を廻ることがある。中山氏が此の儀式を諸冉二尊の國中の柱旋りに緣を引いたものと斷定せられてゐるのは誤りでないと思ふ。然し當面の問題は其の左右に廻旋するのは果して何を意味するかと云ふことである。先づ此の問題解決の端緒ともなるは、中山氏が擧げてある例證の中、廻旋の結果として其の中にゐるものが色々に影響せられる事實である。例へば富山市神通川の堤上に一本榎といふのが有つて、これを七回廻ると、此處で殺された早百合の亡靈が現はれるといふこと（大日本老樹名木誌）、又越後國刈羽郡內鄉村大字上山田の五社神社の前に双幹の川杉があつて、これを俗に女夫杉とも一本杉とも呼ぶ。傳によると、七百餘年前に鬼源兵衞なる者が子の無いのを悲しんで、此の杉を植ゑて此の神に祈願し、遂に一男一女を儲けた。そこで今に子の無い夫婦が手を携へて深夜に此の杉を一匝して神に祈誓すると、必ず感應があると云はれてゐる（越後鐵道案內）。又武州熊谷町の堤の上にある「土手稻荷社」の周りを、着衣の裾を持つて息を吐かずに七度廻ると、衣物に白い毛が附くと云ふ傳說がある（同町上野考之氏報告）。又宇都宮市西塙田町には、祭神不明の小社の周りを同じく息をせずに三度廻ると强力になると云ふ傳へがある（同市黑尾照明氏報告)。又筑後國三井郡御原村字用丸の高松と稱する舊家の墓地に一株の老松があつて、その木の周圍を呼吸せずに三度廻つてヤーイと呼べばオーと應へ、七遍廻れば白蛇が出ると云ふことである(鄕土研究三ノ七)。

此等の例によると、或るものの周りを廻ると、その中から蛇が出たり、亡靈が出たり、或は巡る者に靈驗があつたりする處からこれを考へると、それによつて生ずる結果は周るといふ行事に原因するのであつて、神がこれを致すのでない。これを言ひ換へると、此の儀式は宗教的のものでなく、一種の Magic であるといふのである。卽ち此の廻旋するといふことが、神なり人なりに生成の元氣を附加賦與するといふ Magic であるといふのである。先づ此の假定を以つて他の例を解して見るならば、或る神社の周圍を松明を持つて巡るといふのがある。これは明かにその神に生成の力を添附する Magic である。何となれば火それ自身が已に神に力を與へるものと信ぜられてゐることは神話學者の一般に認めてゐることであるからである。中山氏の擧げた面白い一例は、常州土浦在の小港村の大波神社では、毎年六月四日の宵に、村の娘達一同が赤裸になつて神社の拜殿前の焚火を廻りながら盆踊のやうな歌を唄ふ。それが終ると巫女が霞ヶ浦へ飛び込んで肩まで水に沒して翌曉まで水浸りになるのが古例だとある(人類雜誌二九ノ二)。これは水火の活力を强めて穀物の豐饒を祈る Magic である。まづかやうな次第であるから、神社寺院の周圍を旋るのは神の力を增し、葬式の際に棺の周りを旋るのは靈魂の健全往生復活を致す Magic である。

然らば何が故に物の周りを旋ることが生成の力を附加する Magic となるかといへば、それは一は天體の運行殊に太陽の運行が萬物を發生增殖せしむるといふ自然の事實と、燧臼と燧杵の旋回によつて火氣を發生せしむるといふ事實に存するのであつて、此の運轉を模造すれば、物が發育生成するものと信じたのであらう。それ故に、此の儀式土俗は一種の Imitative Magic に外ならぬのである。余輩の此の推測を確める一の材料とも云ふべきものは Frazer の擧げてゐる左の事實である。Sweden 國の Lerbach といふ村落では、夏至の祭の日に山の中へ往つて松の枝を折つて來て、これを太陽の方へ向けて左から右にふり廻しながら御姫樣は周つた〳〵と呼ぶといふことである（Golden Bough. Magic Art Part I. vol. 2. p. 65）。此の場合に松の枝を左から右にふり廻すのは太陽の運行を眞似る Magic であつて、これによつて一年の五穀の豐饒を願ふのである。

祭祀の際に物の周りを巡る習俗は世界の各地にあるが、その中、アジアの北部に據つた民族の間にもその土俗はあつた。其の中で記錄の上から最も古いのは匈奴及び東胡民族の間に見られる。史記（卷百十）匈奴傳に「歲正月、諸長小二會單于庭一祠、五月大會二龍城一、祭二其先天地鬼神一、秋馬肥、大會二蹛林一」とあるから、匈奴では正月と五月と秋と三度の祭があつたのである。さうして「漢書音義曰、匈奴秋社、八月中皆會二祭處一」とあるから、史記に蹛林に會するのは八月の社祭であつて、これは家畜の豐饒を謝し、併せて來る年もまたかくあらんことを祈る祭である。「索隱曰、鄭氏云蹛林地名也、晉灼曰、李陵與二蘇武一書曰、相競趍二蹛林一、則服虔說是也」とあるから、蹛林とは地名ではなく、祭の名である。「正義曰、師古云蹛遶二林木一而祭也、鮮卑之俗、自古相傳、秋祭無二林木一者、尙豎二柳枝一、衆騎馳遶三周乃止、此共遺法也」とあるから、蹛林の祭は匈奴にも鮮卑にも行はれた秋の社祭である。蒙古語で犧牲するを tai といひ、これを供へるのを tailagatai といふ。蹛林の蹛は正しく此の tai の對音で、東胡と匈奴語で祭ることをいふ

名である。又北史（魏書卷九十八）高車傳に、

俗不二清潔一、喜致二震霆一、每震則叫呼射レ天、而棄レ之移去、來歲秋馬肥、復相率俱於二震所一埋二羖羊一、然レ火拔レ刀、女巫祝說、似レ如二中國祓除一、而羣隊馳馬、旋繞百匝乃止、人持二一束柳桋一回竪レ之、以二乳酪一灌焉、……其死亡葬送、掘レ地作レ坎、坐二尸於中一、張レ臂引レ弓、佩レ刀挾レ矟、無レ異二於生一、而露坎不レ掩、時有二震死及疫癘一則爲レ之祈レ福、若安全無レ他則爲二報賽一、多殺二雜畜一、燒レ骨以燎、走レ馬遶旋、多者百匝。

とある。此の場合に馬を走らせて旋遶するのは、これによつて生氣を增進して邪氣を擊退し以つて死者の靈を鎭め、家畜の繁殖を期する Magic である。高車と同種でやはり Turk 人に屬する突厥人の處でもこれと同意味の儀式があつたことが北史（卷九十九）の突厥の條に記されてある。

死者停二屍於帳一、子孫及親屬男女、各殺二羊馬一、陳二於帳前一祭レ之、遶レ帳走レ馬七匝、詣二帳門一、以レ刀剺レ面且哭、血淚俱流、如レ此者七度乃止、擇レ日取下亡者所レ乘馬及經二服用一之物上、幷レ屍俱焚レ之、收二其餘灰一、待レ時而葬、春夏死者、候二草木黃落一、秋冬死者候二華茂一、然後坎而瘞レ之、葬日親屬設レ祭及走レ馬剺レ面、如二初死之儀一、表爲レ塋立レ屋、圖二畫死者形儀及其生時所戰陣狀一、常殺二一人一則立二一石一、有下至二千百一者上、又以祭レ之、羊馬頭盡懸二之於標上一、云々。

此の場合に馬を走らして死者の周圍を遶るのもその復活往生を祈る Magic であると見るべきである。以上に引用した三例は前に中山君も引く所である。然し余輩はまた北方民族の土俗からこれと同樣の例を一二增加することが出

來る。その一は南齊書(卷五十七)の魏虜傳にある左の二項の記事である。

城西南至㆓白登山㆒七里、於㆓山邊㆒別立㆓父祖廟㆒、城西有㆓祠天壇㆒、立㆓四十九木人㆒、長丈許、白幘練裙馬尾被、立㆓壇上㆒、常以㆓四月四日㆒、殺㆓牛馬㆒祭祀、盛陳㆓鹵簿㆒、邊壇奔馳、奏伎爲㆑樂。

太和十年……宏(北魏の孝文帝)西郊、即前相天壇處也、宏與㆓僞公卿㆒從㆓二十餘騎㆒、戎服繞㆑壇宏一周、公卿七匝、謂㆓之蹋壇㆒、明日復登㆑壇祀㆑天、宏又繞三匝、公卿七匝、謂㆓之繞天㆒、以㆑繩相交、絡㆓紐木枝棖㆒、覆以㆓青繒㆒、形制平圓、下容㆓百人坐㆒、謂㆓之爲繖㆒、一云㆓百子帳㆒也。

南齊の漢人が魏虜と稱するのは拓跋氏を呼ぶ名である。拓跋氏は鮮卑匈奴と同種である。此の場合に天壇を廻るのは、明かに天體の運行を擬する作爲で、發生力を添加する Magic であることは明瞭である。

鮮卑の苗裔に屬する契丹人の間にも同様の儀式が行はれてゐたと思はれるのは、遼史(卷五十三)禮志再生儀の條に「皇帝入㆑室釋㆑服跣、以㆓童子㆒從、三過㆓岐木之下㆒、毎過、產醫嫗致㆑詞、拂㆓拭帝躬㆒、童子過㆓岐木㆒七」とある記載から想像される。此處には繞旋の語はないが、岐木の下を度々過《ヨ》ぎり行くのは、これを繞るのと同じ意味で、これによつて木の發生力が帝の身體に移つて再生するのと同然だと信ぜられたからである。樹木の周圍を廻り、生者の魂を鎭めて益〻健康安寧たらしめる呪法は成吉思汗時代の蒙古民族の間にも行はれた土俗であつた。成吉思汗實錄卷の一に忽圖刺合罕の位に即いたのを國人が賀する狀を敍した處に、同じ意《コヽロ》ばへである。

俺巴孩合罕の合荅安、忽圖刺二人を名ざして遣りたるに依り、普き忙豁勒、泰赤兀惕は、斡難の豁兒豁納黑赤不兒に裝ひて、忽圖剌を合罕となせり。忙豁勒の樂しき踊筵會樂しくありき。忽圖剌を君に戴くと豁兒豁納黑の繁れる木の周圍に肋《アバラ》だけの溝、膝だけの窪となるまで踊れり。

とある。さて此處の忽圖剌以下の原文は

Xutla-ɣi《各行》 Xā erküɣet《立ち》 Xorgonag-un saqlaɣar modun《樹》 herčin《周圍》 Xabirga《没肋扇的》 Xaɣarga《路渠》 ebüdektē《没膝的》 Ölgeg《灰土》 boltala《做》 debsebe《跳躍了》

である。

かやうに物の周りを廻る土俗は、以上引用した諸民族の外にも隨分多いことと思はれるが、此處に引用したものによつてもその意味は充分了解せられようと思ふ。卽ち天上に於いては太陽が囘轉運行し、その光が地上に來るので、草木は繁茂し、家畜は繁殖し、人類は發育健全になるのであるといふことは實に顯著な事實であるが故に、或る物の周りを人が旋繞すれば、その中にあるものが、生者なれば、生者の氣力が益〻旺盛になり、それが死者の靈魂なれば、その靈魂は復活し或は往生安樂を得られ、それが神祇なれば、其の威德が益〻增加せられて、人間に幸福を來らすものと信ぜられたのである。それ故に物の周りを繞る土俗は、一種の Imitative Magic に外ならぬと見られる。然るにその原意が忘却せられるに及んで、此の作業儀式は神に對する供養と信ぜられ、また神祇を招き迎へる宗教上の意味に解せられるやうになつたのである。

第二章　國土生成

一　水蛭兒と淡島は諾冉二神の御子に入れられざること

古事記の記す所に據ると、諾冉二神は、天ノ御柱を廻るときに、女神の方が先きに御言葉をかけられて御子を生ませられた。その時に先づ第一に御出產になつたのが水蛭兒で、次に淡島を御生みに成つたといふ。水蛭兒の方は葦船に入れて流し捨てさせられ、淡島の方は御子の數に御入れにならなかつた。水蛭をfiruといふのは、ヒルムの意で、痿《ナ》へ、撓む、萎縮する等の意がある。また痺をシビルといふのも同語で、シはprefix、ビルが語根である。此の御子は水蛭の如く骨筋なへたわみて、ぐにやぐにやとしてゐたので、水蛭兒の名を得たのであらう。又淡島の名の淡《アハ》は泡《アワ》と同意にて、泡沫の如く體質淡く堅固ならぬ處からその名を得たのである。古事記の解釋によると、天ノ御柱を廻るときに陽神がまづさきに御言葉を女神にかけさせ給ふべきに、それに反して女神から言を擧げられたので、陰陽の順を失つた結果と解かれてゐる。此の解釋は一寸考へると道德的のやうに思はれるが、更に進んで考へると、漢の陰陽說では人のふむべき道は天體の運行する順序に順ふべきものであるのに、その順序に過失があつた爲めに不吉の子が生まれたといふのが根本の理由である。また更に民族心理の上からこれを考へると、凡て物には、初めを尊ぶのと、これを卑むとの二樣があつて、子などを生む場合にも此の二樣の見方があるやうである。今の俗語にも惣領の甚六といふが如く、長子には少し足らぬ處があるといふ思想がある。諸冉二神が大八洲嶋國を御生みになつたときにも、此の思想が働いてゐたのではあるまいか。土俗學によると、長子にも尊卑があるが如く、末子についても二樣の見方があつて、一の說ではこれを卑しみ、一にはこれを尊むのである。さうして長子を卑しむ場合には末子を尊び、長子を尊ぶ場合には末子を卑しむことになつてゐる。さて然らば諸冉二神が大八洲を御生みになられたとき、此の二樣の見方の中何れであつたかを考へて見るのも意義がなくはない。古事記によると、二神が最初に生ませられた御子が不完全の方であつて、これを御子の數にも御入れにならなかつたといふ不具者であられたに反して、最後に御生みになつた三神卽ち天照大神、月讀命、素戔嗚命は、最も靈異の神と信ぜられた。故に古事記に伊邪那岐神が此の三神を御生みになつたとき御喜びの言として、「此の時、伊邪那岐命、大《イタ》く歡喜して詔りたまはく、吾は御子を生み生みて生の終に、三ばしらの貴《ウツ》の御子得たりとのりたまひて、云々」とある。今の俗語にも、殘り物に福があるなどといふのは末子を重んずるのと同じ思想から出たものと思はれる。それ故に古事記によると、最初に生まれた子が水蛭兒と淡島とであり、最後に御生れになつたのが日月二神と素戔嗚命の三神であつたといふのは、民族心理學上から、また土俗學上から考へても自然の事で、矛盾はないやうである。然るに書紀の本書によると、二神が生產した次第は、第一に大八洲國、次に海川山木、次に日月二神、次に蛭兒、次に素戔嗚尊となつてゐる。これは後世になつて合理的に神話を解しようとした結果であつて、その古傳の精神を失つたものと斷ぜざるを得ない。

二　古事記に見える大八洲生成の順序

古事記によると、二神が大八洲國を御生みになつた順序は、第一に淡道嶋、次に伊豫之二名嶋、次に隱伎之三子嶋、次に筑紫嶋、次に伊伎嶋、次に津嶋、次に佐度嶋、最後に大倭豐秋津嶋である。我が國にある嶋は八に限らないが、其の中から特に八嶋を選んで一團となし、これを大八洲國と名づけたのは、國語に於いては、劈頭に述べた如く、八はその神聖な數であるからである。それは恰かも漢土に於いて九・七が神聖な數であるから、禹貢にその全土を九州に分つたのと同じ意味である。然し我が國の嶋を八としたのでは、まだ外に多くの著名な嶋が漏れることになるから、更に六嶋の名を擧げてある。それは第一に吉備兒嶋、次に小豆嶋、次に大島、次に女嶋、次に知訶嶋、最後に兩兒嶋がそれである。

三　大八洲國及六國の兩性排列

以上十四個の島に對して古事記にはそれぞれ男女二性の名稱が擧げられてある。さて國土に生きてゐる人の名や神の名のやうなものが記されてあるは何故かと云ふ問ひに對しては、飯田氏の日本書紀通釋卷三、にその理由を記して、さるはまつ國を産むと云るは、口訣に、「八洲各有二國魂一、卽洲成之精神也、淡路神號二穗狹別一。」とあり。これ古說なり。又松下見林か、神代卷校正評閲に、生二大八洲國一者、生二其神一ともあり。さすれは、國魂は國を以體とし給ふ精神にて、其國に屬き其國を幽世より主領き坐す神の御名なり。然れは淡路なと云國名こそは、人代に成ての事なりけれ、神代には右の如く穗之狹別島、又は伊豫を愛比賣國、讃岐を飯依比古國なとそ云けらし。（さてそれに女男の名あるからには、自ら國の上にも女男の體具はれるなるへし。）

と說いてある。

大八洲國の國々が男女の神々から成立つてゐるとすれば、男に對して女のあらせられたのは勿論である。それ故に伊豫を二名嶋といふのは此の理を明かに示してゐる。卽ち伊豫國を愛比賣といふに對して讃岐國を飯依比古と呼び、土佐國を建依別といふに對して阿波を大宜津比賣といふの類である。四國が二名の嶋と稱せられたのは男女の神二並びあるが故である。先づ此の理を推して大八洲國の中で男神と女神の名を有してゐる國を擧げてみると、男神の方は淡道の穗之狹別、隱岐の忍許呂別、筑紫の白日別、大倭の天御空豐秋津根別の四柱である。又女神の方は明かにその名で現はされてゐるのは津島の天之狹手依比賣の一柱のみで、佐度國にはその名が記されてゐなく、伊伎島は天比登都柱とのみあつてその性は分からなく、伊豫の二名嶋にも男女二並びとあつて何れとも分ちがたい。然し伊豫の二子島卽ち今日の四國は男女二並びであるが、四國の中の一國伊豫は愛比賣とあるから、二名嶋は女神の中に數へて差支へなかるべく、佐度と伊伎とを假りに女神とすれば、女神は都合四柱となつて、男神の四柱と相對する事になる。又次の六の島に就いてこれを見ると、明かに男神とあるのは吉備兒嶋の建日方別、大島の大多麻流別、知訶嶋の天忍男の三柱である。女神の方で明かにその性を表はしてゐるのは小豆嶋の大野手比賣一柱であるが、女嶋の天一根は嶋の名が女であるから女神であらうし、兩兒嶋の天兩屋は名の上から男女何れとも決し兼ねるけれども、これを女神とすれば三柱となつて、男神の三柱と對することになる。

四　大八洲生成の順序に關する古事記と書紀との記載の差異

今これと書紀に擧げたものとを比較して見ると、島の順序にも島の名に於いても相違がある。まづその本書に於いては、古事記の六嶋の中に數へてゐる大洲と吉備子洲があり、古事記には八島と六嶋との中にも見えない越洲が入れられてある。さうして隱伎と佐度とが一國となつて一島の如くに見做され、古事記の伊伎島、津島の二島が擧げられてゐない。書紀には一書として八洲の名が五通りほど擧げられてあるが、何れも島々の順序と名稱とに相違があつて一致してをらぬ。さて其の中で注意すべきことは第九、一書には淡路島が除かれて、その代りに淡島が這入つてゐることである。又書紀の本書をはじめ豊秋津洲は第二位或は第一位に書き擧げられてあつて、古事記のやうに最後に置かれて居らぬ。

五　豊秋津嶋の意味についての諸説

大八洲の一嶋豊秋津嶋の名義に就いてはその解釋が一定して居らぬ。本居氏をはじめ多くの人は、此の名を神武紀に腋上《ワキノカミノ》嗛間《ホヽマノ》丘に登り、國形を廻望させる所に、「曰雖二内木《ウツユ》綿眞《フノマ》迮《サキ》國一、猶如二蜻《アキツ》之《ト》臀呫《ナメ》一焉、由レ是始有二秋津洲之號《ナ》一也」とあるより起つた名で、もと畿内の大和の國内の地名であつたのが、遂に天下の大名になつたのであると云ふやうに信じてゐるのである。然しそれは決してさうではなく、これは瑞穗國の稻によつた號であると主張する論者もあつた。然るに近年に及んで、津田氏は之を明のアキツとよんで明かな嶋といふ義であらうと說かれた。余輩は津田氏の解釋に贊成の意を表するのである。其の理由の一は古事記にもある如く、天御空豊秋津根別とあるから、豊秋津は豊葦原の瑞穗に緣があると見るよりも天御空の明かなと見る方が穩當である。第二の理由としては後に詳論するが如く、豊秋津嶋といふ名は、日本といふ名に緣故を有する名稱日出處といふ思想から起つたものと見られるからである。余輩は此の島の名稱を光明の嶋と解するが故に、大八洲の國の嶋々の中に於いても、最も主要な島と見做されたと考へるのである。古事記に、島々の中で此の島を最後に擧げたのも、二神が御生みになつた御子の中に日月素尊の三神を最後に擧げたのと同じ心理で、大切なものが最後にくるといふ神話などに普通に見られる心理である。此の點から見ても古事記の記載の方が原意を傳へたもので、書紀の記載は後世になつて合理的に變更を加へた記載であると認定すべきである。

六　國土神祇に關する古事記と書紀との差異

さて二神が大八洲國を御生みになつてから、古事記によると、大事忍男神、石土毘古神、石巢比賣神、大戸日別神、天之吹男神、大屋毘古神、風木津別之忍男神、大綿津見神、水戸《ノ》神、風神、木《ノ》神、山《ノ》神、野《ノ》神、鳥之石楠船神、大宜都比賣神を生み、次に火之炫毘古神（亦名火之迦具土神）を御生みになつたが、その時御陰上を燒いた爲めに御病にかかり、神避りませる中に六柱の神を御生みになつて、遂に夜見《ノ》國に御出でになつた。そこで伊邪那岐命の御涙に泣澤女神が生まれ、此の命が迦具土神を御斬りになつたとき、御刀に八柱の神が生まれた。夫《ノ》命が夜見國より御還りになり、御身に著けさせた物から十二柱の神が生まれ、又夜見《ノ》國の汚垢から八十禍津日神と大禍津日神とが生まれ、禍を直さんが爲めに神直毘神、大直毘神、伊豆能賣神が生まれ、次に阿曇連祖の三柱《ノ》神と墨江《ノ》三《ミ》前《マヘ》大神が生まれ、最後に天照大神、月讀命、速須佐之男命が御生れになつたとある。

然るに書紀の本書によると、二神は大八洲國を御生みになつた後で、海を生み、川を生み、山を生み、木神、草神を生み、次に日神次に月神を生み、次に蛭兒を生み、最後に素戔嗚尊を御生みになつた。そこで伊弉諾尊は神功を御遂げになつたといふので、一說には淡路洲に幽宮を造つて永遠に御隱れになつたともあり、一說には天上に御登りになつて日之若宮に御留まりになつたともあつて、二神の物語は玆に終局を告げてゐる。此の傳によると、伊弉冉尊が訶遇突智神を御生みになつたこともなければ、此の神が夜見に赴かれたこともなく、隨つてそれに附隨して起つてくる凡ての物語は無いことになつてゐる。

さて然らば古事記の傳と此の書紀の傳と何れが正しい傳であるかが、一ツの問題になつて來る。まづ書紀の傳によると、種々の疑問が湧いてくる。第一、此の傳によると伊弉諾尊は神功を御畢りになつて日之少宮に御留りになつたとして、その結果を結ばれてゐるが、伊弉冉尊は最後は如何に御成り遊ばしたか。その消息は絕えて聞かれないのは甚だ怪しむべきことである。第二に磐裂、根裂の神、武甕槌神などは何れも伊弉諾尊が迦具土神を御斬りになつた時に御刀に成り出でられた神々である。書紀には已に迦具土神の事がないので、これを斬つた御刀に出來た神々も無い筈だのに、後段天照大神が大國主命を御諭しになるとき諸神を遣はされたときに、彼の神々の名が現はれてくるのは、あまりに唐突のやうに聞えて前後照應しない事になるのは不思議である。又第三に冉神が迦具土神を御出生になつたことが原因となつて、天國と地國とが神代史上の對象となり、全篇の物語は活動を演ずるのであるから、此の出來事は實に肝要なものである。伊弉諾尊が日の若宮に御留まりになると共に、伊弉冉尊が夜見神と御成りになり、御夫婦で天國地國と其位置をお分ちに成つたといふことは、後に天照大神が天國の主となり、素戔嗚尊が地國の君となり、御兄弟で天と地とに御分かれになつたといふ話に相對するものである。それ故に冉神の夜見國に赴かれた物語が無くなつては、神代史の結構の上に大いなる缺陷を生ずることになる。

然らば、何が故に書紀の編纂者は此の重要事實を記さないのであるか。此の書に擧げてある一書には正しく古事記と同じく迦具土神が生れて冉神が夜見國へ赴かれた事や、諸神が夜見國から御還りになつて日月素神を御生みになつた始末を記してある。それ故に編者は此の一段を充分よく承知してゐたことは爭はれない。然るに此の事實を略して記るさなかつたのは必ずそこに理由が無くては叶はぬのである。思ふに編者は古事記や一書に擧げてあるやうに、冉神が迦具土神を御生みになつた物語を、普通の人事の如く合理的に了解しようとしたのであらう。迦具土神を御生みになつた事は卽ち冉神の御隱れになつた原因であるから、その後で伊弉諾尊御一柱で種々の神々をはじめ神代史に重要な日神と素戔嗚尊とが御生れになつたといふことは如何にも不自然な談で、常識では合理的に了解が出來なくなる。それ故此の迦具土神を冉神が御生みになつたのを、凡ての神々を悉く御生みになつた最後であつたとすれば、諸神の夜見國御訪問や日月素神の御生れになつた事實は記載することが出來なくなる。此等の理由で迦具土神生成の物語と、それに附隨して起つて來る諸神の夜見國の訪問や、三神御生誕の物語等を削除したのであらう。

書紀の編纂者は何れも漢籍によつて頭を養成せられた者に相違ないから、神代史を見ること今の人がこれを讀むが如く、神の物語を人の歷史の如くに了解しようと務めたに相違ない。さういふ人々の目から見ると、天照大神が伊弉諸尊の左眼から御生れになり、月讀命はその右眼から御生れになり、素戔嗚尊は鼻より御生れになつたと云ふやうな話は奇怪に思はれたのであらう。それ故に此の三神の生誕も普通の御生れ方を爲されたものとした方が穩かと考へたから、冉神御存命の時に御生れになつたやうに書いたのであらう。然し神の物語に於いては、その奇怪不可思議な生れ方の方が却つて當然と考へられるのである。それ故に天孫饒饒杵尊の父君忍穗耳命をはじめ其の餘の七神は天照大神の玉と素戔嗚尊の劔の交換によつて御生れになつたのではないか。火火出見尊は火炎の中で御生れになつたではないか。鸕鷀草葺不合尊は和爾の腹から御生れになつたではないか。かくの如く神代史の他の主人公の生れ方が尋常でないとすれば、天照大神たちの生れ方も殊に尋常でなかつたとしても何の差支へもない譯である。歷史時代になつても非常な大事業を爲された人の生れ方に神祕的のもののあるのは東西にその例が決して尠くない。これを國史に徵しても三韓を御征伐なされた應神天皇は胎中に坐して新羅を征服せられたではないか。近くは豐臣秀吉の如き、更に後世の人でもその生れ方については神祕な話が云ひ傳へられてゐるではないか。さやうな譯であるから、日月二神が伊邪那岐尊御一人の時に御生れになつたとしても毫も怪しむに足らないのみか、その方が却つて神聖な方の生れ方と考へられたのである。

此の如くに考へて來ると、諸冉二神が諸神を御生みになつた時に、最初に蛭兒や淡島を生んで、最後に日月と素戔嗚尊を御生みになつたのは、民族心理の點からまた神話學上から見て普通の出來事である。然るに書紀の編者は蛭兒を最後から第二番目に生れたものとし、最後に素戔嗚尊が御生れになつたことにしてゐる。素戔嗚尊が最後に御生れになつたことは古事記の傳と一致するけれども、これを最後に生れたと見る精神に於いては二書は全く其の趣を異にするのである。古事記の方では素戔嗚尊も日月二神の如く貴き御子と考へたのである。何となればこの尊は生れたときから夜見神と思惟せられて居たのでないからである。それは此の神が御生れになると、父の尊から海原を治らせよと御任命になつたのでも窺はれる。然るに書紀の文にはさる任命はなく「此神有二勇悍安忍一、且常以二哭泣一爲レ行、故令二國内人民一多以夭折、……汝甚無道、不レ可三以君二臨宇宙一、固當遠適二之於根國一矣、遂逐之」とあつて、宛かも初めから御性質が悪かつたものと取扱はれてゐるので分かる。これを要するに、書紀の編者は神代史を成るべく普通の歴史の如くに作爲しようとしたから、敢へて此の物語の精神を沒却するの結果を生じたのである。

第四篇　諸冉二神の諸神生成

第一章　軻遇突智《ノ》神

一　伊邪那岐神は神功を畢へて日《ノ》少宮に留まる

伊邪那岐命は國土諸神を御生みになつた後に如何に御成りになつたかといふに、古事記には「伊邪那岐大神者。坐淡海之多賀也」とあり、又日本書紀神代巻上には、

是の後に、伊弉諸尊神功《カンコト》既に畢へたまひて、靈運當遷《カミアガリマシナントス》。是を以て幽宮を淡路の洲《クニ》に構《ツク》り、寂然長く隱れましき。亦曰く、伊弉諸尊 功《カンコト》既に至りぬ。德亦大いなり。是に天に登りまして報命したまふ。仍て日の少宮《ワカミヤ》に留まり宅《ス》みましぬ。

と見えてゐる。此等の文によると、此の尊の御成行については二說があつたやうに聞える。卽ち、一說には、此等の神功をお遂げに成つた後には、淡路の多賀に幽宮を構へて、玆に永く御隱れになつたといふのと、今一つは、其の功業を復命せられんとして高天《ケ》原に御上りになり、その少宮に永く御留まりになつたといふのである。さて、此の事に

就いては、本居氏は古事記傳卷七に、

此記と書紀の二《ツ》の傳へと、三《ツ》を合せて思ふに、現御身《ウツシミ》は終に天上なる日《ノ》少宮に留坐《マリ》まして（書紀の亦曰の傳への如し）、淡路と多賀とは、其《ノ》御靈の鎭坐《シヅマリマス》御社なり。然るを攄《リ》二幽宮《ヲ》一云ことあるは、後にかの天上の日《ノ》少宮に擬《ナズラヘ》て、彼洲《ノシマ》に御社を建てたるをかくは語傳《リ》へたるなり、凡て皇御孫《ノ》命天降坐て後に、天上《アメ》の儀に擬て、此國にも其《ノ》形をうつし、名をとどむること例多し。又坐二多賀一と云《フ》も、譬《ヘ》ば天照大御神は、長《トコシヘ》に天上に坐ませども、伊勢五十鈴宮《ノニ》に坐《マス》と常に申し、又大山咋神《オホヤマクヒノ》を、此神者坐二近淡海國之日《ヒ》枝山《エノニ》一、亦坐二葛《ス》野之松尾《ノニ》一とも、手力男神者《ノハ》坐二佐那縣《サナガタニ》一ともある類《ヒ》の例にて、皆其神を拜祭《イツキマツル》御社をかくは云る、古の格《サマ》なれば、淡路と多賀と處の合《ハ》ざるにはあらず。（凡て神の御事を云傳《ヒ》へたるに、其の現身《ウツシミ》と御靈《ミタマ》との差別あるを、たゞ同じさまに云傳《ヒ》へたるものなる故に、後世《ノ》に至りては、此差別をしらで、皆人の疑ふこと多し。心得ておくべきことなり。）

と說いてゐる。

また日本書紀通釋卷七に、

靈運當遷は、何とも訓かたきを、暫く本の訓のうち、カミアガリマシナムトスとあるに據て、神功畢まして、今はと天上に報命し玉ふへき時運の來れる意に云るものと解へし。（重胤云、カミアカリマシナムトスと訓るは、其は次に登レ天と有るに同しく、報命し玉はんとて、天に參上らせ御在し坐むと爲るを云なり、此は伊弉諸大神、幽宮を淡路洲に搆給ひて其御靈を留させ玉ひ、正身は天上に還上り御在坐す御事なり。紀中に崩字を神上ますと訓るは、此大神の御靈を留め、顯身なからにして神上り坐しとは別にて、顯身は國土に留坐て、御靈の天上に神上らせ玉ふ事にして、謂ゆる死を云なれとも、此事からの同しきか故に、言も亦一なる者也。然るは此大神の天降り坐し《シ》始は、世人の生るゝか如く、又此に神上り坐すに至ては、世人の死る終の如くして、死生の理を究盡すと、此一段にて至れりと云へし。と云れたるは然る說なり。

と說いてゐる。

余輩は已に開闢神の段に於いて述べた如く、伊弉諸尊の此の名を負はせ給ふのは、その神功の顯著なるが爲めであつて、それは宛も漢土の伏羲氏が神功を遂げて上天し、永へに太皇の下に留まつたのと同意であると考へるから、記紀の三說の中、伊弉諾尊が日《ノ》少宮に留まらせたと云ふのが正しいと思ふのである。されば、鈴木重胤氏の說は正鵠を得たものである。

二　天皇の崩御を「かむあがり」と言ふこと

現神の御世即ち天皇の御時代になりて、天皇の崩御をカムアガリマスといふことに就いて、重胤氏の說を書紀通釋卷十六に擧げてある。

崩。重胤云、神上理坐須《カムアカリマス》と訓る、古語に天皇の御事を、現人神と申奉り、正身は人にて坐せとも、其皇祖天神の御許より、世に現出させ御坐て、天下を統御《スベヲサ》め玉ふ、大御神にて坐々が故に、其崩坐す御事を、神上理坐須と申して、實に天上に上《アカ》らせ坐て、其報命《カヘリセ》爲させ玉ふ由有を以なり。其最著明きは、萬葉二日《ヒ》並皇子《ナミノミコノ》尊殯宮之時《ノ》歌に、天地之初時之云々《ハジメノトキシ》、天雲之《アマクモノ》、八重《ヤヘ》掻別而《カキワケテ》、神下座奉之《カムクダリイマセマツリシ》、高照日之《タカヒカルヒノ》皇子波《ミコハ》、と有は、此の瓊瓊杵尊の、天降らせ玉へる御事に合せて、其皇子の生出させ坐ける御事を、詠る者也。然して、其崩坐し御事を云むとて、天皇之《スヘラキノ》、敷坐國《シキマスクニ》等《ト》、天原石門乎開《アマノハライハトヲヒラキ》、神上々座奴《カムアカリアカリイマシヌ》、一云、神登座爾之可婆と有は、其御靈の天上へ還上《リノホ》らせ御坐を申也、其生《アレ》坐すを、神下座《クダリイマセ》奉之と云て、皇神天神に係け、其崩御すを、神上《アカリ》々座奴とも、神登《ノホリ》云々と云て、皇祖天神の御許に、上坐す由に云るは、古傳に依て、死生の事を云貫れたる者になん有ける。倭景行紀に、日本武尊化二白鳥一、從レ陵出之云々、記にも、亦自二其地一更翔《アマカケリ》天以飛行、と有て、此は白鳥の狀に化て、正しく天に翔上らせ玉へるなり。又高橋氏文に、不思《オモ》保佐々流外《ホカ》爾、卒上太利《ミマカリアカリタリ》止聞食迷之と見え、虛川御魂毛聞太戸《ソラツミタマモキキタヘ》止云々、と有は、天上に昇るには、虛《ソラ》より爲る者なる故に、然令レ宣玉《ラ》へりし也。又鎭魂歌に、御靈上《ミタマカ》り、靈上り罷《マカリ》坐し神は、今そ來坐る、云々とある。ミタマガリタマガリと云は、死る事を云にて、此は天神本紀に謂ゆる、由良々々止布瑠部《ユラユラトフルヘ》、如此爲之者《シテハ》、死人反《モイキ》生矣《カヘラム》、とある義を述たりし者也。なほ萬葉二に、天所知流君《アメシラシヌル》、又高日知奴《タカヒシラシヌ》、と有なと、御靈の天上に昇らせ玉ふ事を、詠るなり。又天宮《アマツ》爾、神隨神等座者《カミトイマセハ》と有は、御靈の天宮に昇て、神と成らせ玉へる由也、右等の外にも、續紀神護三年遺詔に、必天翔《アマカケリ》給天、見行之《ミソナハシ》云々、と有は、其崩坐し神靈の、天上より翔らせ御坐て、見行《ミソナハ》し坐由にて、物語書なとに、亡《ナキ》靈の來る事に、天翔と云事の多在《ル》も、皆其神靈の、天上に歸赴くと云古傳《フ》の有か爲に云る者也、然れは崩字をは、神上坐《リ》と訓む事はしも、神代以來の古義にして、死生の事實を貫徹すへき、幽深き致《ムネ》有る語になむ有けると云り。

三　伊邪那美神は國土と神祇生成の功ありしにも拘らず、上天せざるは何故か

さて此等の解釋の通りだとすれば、神代の皇統の神々は云ふまでもなく、人の世の中にありても、少なくとも皇族の方々は死去せられると、天上にその靈は上ります事に信ぜられてゐたのである。然らば、何が故に、伊弉冉尊は夜見《ノ》國にまゐらせ給うたのであるか。此の國へ參る者は、惡しきものに限られてゐたやうである。その證に、伊弉冉尊が夜見《ノ》國へ赴いたのは、其の性質安忍にして、その行爲がよろしくないからであつた。書紀の本書に、

此の神勇悍、安忍《イブリ》にまして、且常《マタ》に哭泣《ナキイサツル》を以て行《ワザ》と爲したまふ。故れ國内の人民を多《サハ》に夭折《アカラサマニシナ》しめて、復た青山を變枯になす。故れ其の父母二神素戔嗚尊に勅りたまはく、汝は甚だ無道、以て宇宙に君臨《キミ》たるべからず、固にまさに遠く根國《ネノクニ》に適《マカ》るべしとのたまふ。遂に逐らひたまひき。

とあり、又此の尊が高天原にて亂行せられたので、八百萬の神達が罪を贖はしめて「已而竟《ニ》逐降焉」とある。又大祓の詞にも罪あるものは夜見《ノ》國に逐ひやられることになつてゐる。それ故に、此國に往く者は、現世に於いて惡なるが故に其處へ逐ひやられるのであつて、その國に往つたが故に惡人となるわけではない。伊弉諾尊が夜見《ノ》國へ參つても惡しき神とならず、大國主命が彼國へ赴いても惡しき神とならなかつたのも、これを證することができる。さすれば、伊弉冉神が夜見《ノ》國に參つて、伊弉諾尊と誓て、一日に顯國の人を千人づつ絞りころすと仰せられたのは、此の神の惡しきを證するものであるが、此の神は、夜見《ノ》國へ參つたからかやうにあしき神にならせ給うたとは思はれぬ。その性惡しきが故に夜見《ノ》國へ往くことになつたものと推斷せざるを得ない。

然しながら、伊弉冉尊の恐るべき惡しき神であらせられたのは、夜見國へ參つてからの御行に依つてこれを知ることが出來たので、未だ彼處に赴かない時は、伊弉諾尊と共に神祇を生まれた功德の高い神としか思はれなかつたのである。伊弉冉尊は、それ故に、伊弉諾尊と同じく產靈神にましまして、此の神と共に、伊弉諾尊は國土諸神を多く御生みになつたわけである。だから、此の尊が顯國に御在しましたときには、決して惡神とは思はれないのである。

四　生死善惡は相離ることを得ず、神の善惡の判定が必要

既に前段にも述べた處でも知られる如くに、伊弉諾尊と伊弉冉尊とは高皇產靈尊と神皇產靈神と同體であらせられて、產成の神であらせられる。然らば、此の二柱の神は何れも善神であるべく、決して夜見國へ逘り遣られ給ふべき神とは思はれないであらう。然し飜つてこれを考へると、此の二神が未だ何物をも產出せさせ給はぬ以前は何事もないが、已に國土諸神をお產みになると共に、そこに死といふ惡事が生じてくるのである。何となれば、生と死とは相離れがたきものであるのは、善と惡とが離れがたいのと同樣である。これ故に、已に、此の二神が生成の神功を建てられると共に、死亡と云ふ惡事が生じて來るのである。然らば、此の二神の中、何れが善で、何れが惡か、之を判定する必要が起つて來るのではないか。論者は或は云ふかも知れない。神典の文を案ずるに、男尊女卑の風があつたやうであるから、諾冉二神の何れが善か惡かの問題が起れば、女神の惡なることは甚だ明かなことであつて、判定を要する問題は起らないではないかと。然れども、男尊女卑は漢土の思想で、我が國の古俗は必ずしもさうではないことは、天照大神は女神であらせられたのに、高天原の神であり、素戔嗚尊は男神であらせられたのに、夜見國の神であ

つたではないか。この國俗を以つてすれば、諾冉二神の善惡邪正は、最初に於いてこれを知ること困難であつたに相違ない。そこで、これを決定するのには、神の裁決を待たねばならぬ。

五　火の神判

我が國の古俗で、事の是非善惡を如何にして判定したかといへば、それは神の審判（卽ち獨特の Gottesurteil）卽ち Ordeal に依つたのである。神の裁判の形式には種々あるが、その中で最も原始的で、最も廣く行はれたのは、水と火とに依る形式である。我が國の古代にも火の裁判があつたことは、記錄の上から證明することが出來る、現に、神代史の中に、その例がある。卽ち瓊瓊杵尊が大山祇神の娘木花開耶《コノハナサクヤ》姫を御娶りになつて、一夜で姙娠になつたので、これを怪しんで、その子は我が子でなく、必ず國つ神の子であらうと御疑ひになると、姫は大いに憤りになつて、

乃ち無戸室《ウツムロ》を作りて誓《ウケ》ひて曰く、吾が娠める、是れ若し他神の子ならば必ず幸なけん、是れ實に天孫の子ならば、必ずまさに全く生きたまへといひて、則ち其の室の中に入りて、火を以て室を焚く。時に焰初めて起る時に共に兒を生む、火酢芹命《ホノスセリノ》と號く。次に火の盛んなる時に兒を生む、火明命《ホアカリ》と號く。次に兒を生む、彥火火出見尊《ヒコホホデミノ》と號す。亦の號は火折尊《ホヲリノ》。

とある。是の事が火の神判であることは、內外の學者の一般に認めたことであつて、自分が始めて云ひ出したことでない。今一つは書紀欽明紀〔廿三年の條〕に馬飼の首歌依《オビトウタヨリ》が皇后の御鞍を盜んだ時に、其の子の守石《モリシ》と名〇中《ナ》瀨氷《セヒ》とを火中に投じて罪の有無を判定せんとしたことがある。此の記事は不明であるが、それが火の神判に屬することは、淸

〔白鳥清〕が説明してゐる通りである（東洋學報第十五巻第一號一〇九―一二九）。

六　盟神探湯

我が國の古俗では、火で神の判決を乞ふ外に、また熱湯を探らせて手のたゞれると否とに依つて、罪の有無を知る方法がある。國語で之を盟神探湯と書き、之を區訶陀智と呼ぶ。此の方法を以つて是非善惡を判定した著しい例は、允恭天皇が玖訶瓮《クカベ》を置いて姓氏を正されたことである。古事記下巻遠《ツ》飛鳥《ノ》宮の段に此の事を

是に天皇、天下の氏氏名名の人等の、氏姓の忤《タガ》ひ過てることを愁ひまして、味白檮《アマカシ》の言八十禍津日前《コトヤソマガツヒノサキ》に、玖訶瓮《クカヘ》を居ゑて、天下の八十《ヤソ》友緒《トモノヲ》の氏姓を定めたまひき。

とある。湯は熱水であるけれども、これは水の神判といふ種類に屬すべきものでない。水の神判では、罪人を水中に投じ、其の沈んでゐるのは無罪で、浮んでくるのは有罪である。然るに區訶陀智に於いては、手や腕が熱湯にやかれて糜爛するか否かに依つて罪の有無を判定するのであつて、その性質からいふと、水の働きによるものでなく、火の働きに依るのである。それ故に、盟神探湯は火の神判の一種と見るのが正當である。

此の解釋の正當なのは、またクカダチといふ名稱の上からも證明せられると思ふ。從來此の名の意味は全く不明に屬してゐて、定說はない。古事記傳巻三十九の玖訶瓮を解いた處に、

玖訶瓮《クカヘ》、玖訶は書紀に盟神探湯此云《ヨ》二區訶陀智《クカダチ》一とある如く、熱湯中《アツキユノナカ》に手を漬探《ツケサグ》りて、神に盟ふ事《ワザ》をするを云、（陀智《ダチ》は役などの陀智《ダチ》にて、凡て其事に趣《オモム》くを、某《ナニ》に立《タツ》とも、某立《ナニダチ》とも云こと昔も今も多し。さて探湯《クカダチ》は、訶《カ》を淸陀《スミダ》

を濁る言なるを、訶を濁り、陀を淸て讀《ム》は非なり。）書紀應神卷に、九年云々天皇則推《カムカヘ》二問《タマフ》武內宿禰與《ト》二甘美《ウマシ》內宿禰《ノ》一、於是二人各堅執而爭《カタクイヒテアラソヒテマコトイツハリ》二之是非一難レ決、天皇勅之、令下請《マヲシテ》二神祇《ニ》一探湯上、是以武內宿禰與《ト》二甘美內宿禰《ノ》一、共出二于磯城川濱《シキノカハノベニ》一、爲二探湯《クカダチ》一、武內宿禰勝之、繼體卷に日本人與《ト》二任那人《ノ》一頻以《リニテ》二兒息《コウメルヲ》一諍訟難レ決、元無《ヨリ》二能判一、毛野臣樂置《コノミテ》二誓湯一曰二實者不レ爛、虛者必爛一、是以投レ湯爛死者衆など見ゆ。（湯を探て誓ふ事から書にも見えたり。）垂仁卷に中臣連祖探湯主《クカヌシ》と云人名も見ゆ（日本紀竟宴集に「此天皇を甘樫乃丘乃久可太知支與介禮波爾己禮留多見毛可波禰數末之幾、また、萬賀布宇智遠久可倍溫須惠傳和玖能美箇王多濃當摩讃部安羅波禮仁計驪、かの武內宿禰を川久之弊太久可多知世之爾支與支見波武與乃須免良爾都か弊支爾けり」）。瓮《ヘ》は、其探湯立《クカダチ》の湯を沸す釜《カナヘ》なり。（閇《ヘ》と云は此類の器の惣名にて、加那閇《カナヘ》は金瓮《カナヘ》なり、鍋《ナベ》は魚菜《ナ》を煮る瓮《ヘ》なり。其外某瓮《ナニヘ》と云名多し。）さてかく其瓮《ノヘ》を居《スヱ》たることばかりを云て探湯《クカダチ》せし事をば畧きて云ざるは、古文《イニシヘブミ》のさまなり。（大祓詞に天津金木を打切《リ》と云て、其《ソ》を置座《オキクラ》に造ることをば云ずて、直《タダ》に置座《オキタラ》に置足はしと云るなど丶同じ格なり。）

と說いてゐる。日本書紀通釋卷三十七に、

　或說に玖珂は探攪なりと云り。いかゝあらむ。さてこの事は、後世に所謂湯起請のもとなり、といへり。

と見えてゐる。

七　玖珂陀智の意義、水と火

探湯をクカタチといふことは、何故であるか。通釋に擧げた或る人の說に探攪《サクリカキ》の義であらうといふのは、元より覺束なき説明であつて、之で満足する人は無からう。已に前にも述べた如く、湯は熱水であるが、探湯を神判に使用するのは、水の作用によるのでなく、それに含まれた火の作用に依るのであるから、玖珂陀智といふ言葉の意味も、此の意ばへを以つて究めることが確實な方法であらう。さて國語で火を fi といふと共に、太陽をもまた fi といふ。さうして月日の日を fi といふと共に、また之を ka といふ。日を數へる場合に、二日、三日をフツカ、ミツカといふ類であり、さうして此のカが ko とも ku とも轉ずる。日下と書いて之を kusaka といふのは、ku（日）さかるの意で、日は此の場合には ku と訓まれたのである。暦を koyomi といふのは、ko（即ち日）を讀み數へる處から得た名である。此の場合に日は ko と訓まれたのである。また萬葉に日並而とあるのをケナラベテと訓む。此の場合に日は ke と訓まれたのである。さて國語で fi といひ、ka といふ言は、暑熱の意味と光輝の意味に通じて使用する。火を fi といふのは熱い處から得た名であり、太陽を fi といふのは光の意に出たのであらう。熱を foteru といふ〔の は〕暑の義であり、fikaru といふのは光明の義である。それと同様に、何日の日を ka といふのは光明の義である。晝夜をヒルヨルといふヒルは光る傍について言ひ、汗乾を firu といふのは暑熱の側に就いていうた言である。二日をフツカなどといふ ka は、夜に對したる言で、夜を yo といひ、暗を yami, yomi などと云ふのと同じ意で、暗黒の義である。之に反して日を ka といふのは光明をいふのである。此の語「ka」が活用して kagayaku 輝くとなり、kagayu 炫ゆとなり、kagu ともなる。火の神を古事記に「次生二火之夜藝速男神《ヒノヤギハヤヲ》一。夜藝二字以音亦名謂火之炫毘古神《ヒノカガビコ》、亦名謂火之迦具土神《ヒノカグツチ》。加具二字以音」とある如く、火の神は夜藝速男とも炫毘古とも迦具土とも呼ばれたのである。さうして此のKagafiko の kaga も Kagututi の kagu も同じ義で、何れも ka, ko の活用して kaga, kagu と轉じた形に過ぎない。天照大神を象どりたる鏡を kagasu といひ、鏡をまた、kagami といひ、また香山 Kagu-yama といふのは、何れも光輝の義である

火の神を Kagabiko といふ kaga 及び之を Kagututi といふ kagu は、探湯の神判を kugatati といふ kuga と同一の言が轉じたものと見られる。kaga の語幹は ka で、kuga の語幹は ku であり、さうして ka が ku となることは、日を ku とも ka とも ko ともいふのでも悟られよう。それ故に、kaga が轉じて kuga と爲つたのであるとすれば、kaga, kuga は焦るのを koge といふのと同じ言である。湯は火でないが、その熱い處から kuga の名を得たのであらう。國語ではまた湯を yu といふ。これも、熱き處から得た名である。火の神の一名を火之夜藝速男神といふ夜藝は、yaki と音じ、yaku の義である。湯は水であるが、それを yu といふのは、yaku といふ熱燒の性質から得た名であらう。本居氏は、夜藝速男神の名を疑ひて、古事記傳卷五に、

夜《ノ》字は迦《カ》の誤《リ》ならむか。亦《ノ》名の炫《カガ》迦《カ》具《グ》などと、同じ類なるべければなり。迦藝《カギ》のことは次に云べし。又夜藝《ヤギ》ならば、燒《ヤキ》の意なるべし。（濁音の藝《ギ》を書る由は、下の速《ハヤ》の波《ハ》を濁るべきを、其濁《リ》を上へ轉《ウツ》せる、上《ツ》代の音便にて、上なる豐久士比泥別《トヨクジヒネワケ》の處に委く云るが如し。考合《ヘ》すべし。然るを師は、濁音を書るは燒《ヤキ》には非ず、かゞやぎのやぎなり、と云れつれど、かゞやぎならんには、かゞとこそ云べけれ、かゞを略てやぎとのみは云べきに非ず、又かゞやきのキも、濁らむことといかゞ。又ヤケと訓るは、古への假字づかひを知《ラ》ぬなり、又舊事記に火《ノ》燒速男とかけ

るは、既に假字の清濁みだれつる世の人の作れる書なれば、藝を清音に讀て、みだりに燒《ヤキ》とせるなれば、據とするにたらず。）速は例の稱名《タタヘナ》なり。

と說いてゐる。熱燒を yaku といふと共に、光彩を yake ともいふ。タヤケの yake, 花ヤカの yaka は卽ちその意である。湯を yu といふのは、此の yaku, yake と同言である。だから、湯を yu といふのが yaku と同言であるが如く、之を kuga といふのは kaga, kagu と同語であると知られる。

國語では、暑熱と寒冷とをいふ言が同一であることは、玆に注意すべきことである。例へば、國語で火と日とを fi といふと共に、氷を fi といふ。氷川神社などといふ氷は正に今に於いても fi と呼ばれる證據である。（氷室を fimu-ro といふ）。また國語で雪を yuki といふのは、湯を yu といひ、燒を yaku といふのと同語であらう。また煮るを uderu といふと共に、凍をイテル・イデルといふ。又水を midu といふのは、mi-idu の複合詞で、mi は接頭詞で idu は語幹である。又國語で〔飲料〕水を mofi といふのも同樣で、mo は接頭詞で fi が語幹である。國語で盌卽ち水を盛る器を mofi といふのは、水の名より得たる稱であつて、器の元來の名でない。主水司を mondono tukasa といふ。mondo はモヒトリの轉であるから、古くは水を mofi といつたものである。冬を fuyu といふは、fiyuru の義で、fiyu の轉である。その反對に夏を natu といふのは、na-atu の複合語で na は接頭詞、atu は語幹で、atu の訛である。さうして此の atu は、煮を uderu 凍を iteru などといふのと同語である。此等の例證から見れば、國語で凍を kogo-yeru といふのは、燒焦を kogeru, kogasu などいふのと同語であることが知られよう。從つて、國語では湯卽ち熱水を yu といふと共に、上代にはまた之を kuga ともいつたものと見做しても差支へはないわけである。若しも此の考究に誤がないとすれば、盟神探湯をクカダチといふのは、湯立《ユタチ》といふことで、後世の湯起請とその意味を一にせるものである。クカタチのタチは立の義にて、役ダチ・助ダチのダチで、或る事をする意味である。助ダチとは助けることをする事、卽ち助に立つことである。それ故に、クガダチはクガす卽ちコガスをする事といふ意味に解すべきである。湯は熱くして手足をカカス・クカスが故に、その名を得たのである。故に玖珂瓮《ヘ》と湯釜といふのとは同じ事である。

以上の考證によると、火の神を迦具土神といふのは、盟神探湯をクカダチといふクガと同語であつて、此の神は諾冉二神の善惡を判決する役目を仰せつかつたことになる。印度の神話に於いては、Agni の神卽ち火の神は、兩親を燒き殺したとあるが、我が神典に於いては、迦具土神は母神伊邪那美神を燒き殺し奉ることになつて、男神は却つて迦具土神を斬り殺したことになつてゐるのは、迦具土神を判定の道具に使つたからである。火の神判によつて母の神は先きに殺されて地下に赴き、父神は火神を斬つて後に天國に往かれたので、茲に天國卽ち高天原《ケ》といふ國と夜見といふ地下の國が開展せられたのである。天の國と地の國とが相對の關係に立ち、上下尊卑の位置が定められたことは、神代史全篇の骨子であつて、幾多の波瀾はこの關係から生じて來るのであるから、迦具土神は神代史上に於いて、實に重要なる位置を占めるものである。

八　訶遇突智神の生成

神代史の開闢から諾冉二神の天柱を左右に廻旋せられた處までは、余輩の說に從へば、殆ど漢土の思想を假りて來たのであるが、迦具土神を生んでから、諾冉二神が天國と地國へ往かれて、高天原といふ國と夜見といふ國の現出したことは、全く我が國の思想であつて、漢土のものでない。漢土に於いても、天と地とを陰陽に分ち、それが父母となつて萬物が發育すると說くけれども、漢人の所謂天なるものは、彼の蒼々と目に見える天で、其處に人のやうな形をした神が住んでゐるのではない。又地といへば、死人の葬られる黃泉卽ち、人間の眼に觸れる現實の地下であつて、其處に人の形を具へた神々が住んでゐるのではない。漢土の上代には、我が神典に見えるが如き高天《ケ》原といふ信念上の世界はなく、夜見といふ國も無いのである。神典の作者は、開闢神を語る時には、漢土の伏羲氏や女媧氏に關する記事を採用してゐるが、此の二氏なるものは聖人であつて、神でない。然るに、我が神典の伊邪那岐・伊邪那美の二尊は、神であらせられる。その上に、伏羲氏の住處は東方日出の處で、女媧氏の住處は西方日沒の處であるが、なほ地上を離れることが出來ない。然るに、之に反して、我が伊邪那岐命の永へに留り給うた處は、天上の世界であり、我が伊邪那美命の住はせ給うた處は地下の世界である。漢土の聖人は、如何にその德が高くなつても、地上を離れることは出來ず、どこまでも人間であるに反して、我が國の神々は全く天地現界を脫離したる信念上の世界の主で、何時までも神であらせられる。それ故に、漢土の神話は何時までも地球上の壇上に留まるが、我が神話は地表を離れた上下の世界にも及ぶのである。玆に我が國の國體と漢土の國體とに、非常な相違を來たすのである。

第二章　伊邪那岐ノ命の夜見ノ國訪問

一　黄泉國とは何ぞや

伊邪那美命が迦具土神にやかれて、遂に夜見ノ國へ往かれたといふ、其のヨミの國或はヨモツ國とは果して何處であるか。古事記をはじめ、書紀などには、此の國を黄泉國と書いてゐる。此は死人を葬る地下をいふ漢語であるから、之に依つてはヨモツ國の意味を解することは出來ない。先づ從來の國學者が、此の國に就いて如何に考へてゐるかを見てゆく必要がある。古事記傳巻六に、

黄泉國は、（豫美能久爾とも、豫美都久爾とも訓べし。與美津《ヨミツ》と云ことは、祝詞式に見ゆ。されどなほ）豫母都志許賣、又書紀に余母都比羅佐可など、例多きに依て、豫母都久爾と訓つ。たゞ黄泉とのみあるは、豫美と讀べし。さて豫美は、死し人の往て居《ヲル》國なり。萬葉九（三十四丁）に、遠津國黄泉乃界丹《ヨミノサカヒニ》、又（三十六丁）雖生應合《イケリトモアフベク》有哉《アレヤ》、宍串呂《シジクシロ》黄泉爾將待跡《ヨミニマタムト》云々などあり。源氏夕霧ノ巻に、よみぢのいそぎとあるは、泉路《ヨミヂ》なり、榮花物語音樂ノ巻に、よみづとにし侍むとあるは、黄泉《ヨミ》にゆく裹《ツト》なり、生返をよみがへると云も、黄泉《ヨミ》より返なり。（俗にも黄《ヨ》泉路返《ミチガヘリ》、黄路障《ヨミヂノサヘリ》などいふ。）名ノ義は、口決に夜見土《ヨミド》とある。土ノ字は非《ヒカコト》なれど、夜見はさも有《リ》ぬべし。下文《シモノコトバ》に燭一火《ヒトツビトモシテ》とあれば、暗處《クラキトコロ》と見え、又夜之食國《ヨルノヲスクニ》を知看《シロシメス》月讀ノ命の讀《ヨミ》てふ御名も通ひて聞ゆればなり。さて祝辭に、吾《アガ》

名妹能命波《ナセノミコトハ》、上津國乎所知食倍志《ウハツクニヲシロシメスベシ》、吾波下津國乎所知牟止申氏《アハシタツクニヲシラムトマヲシテ》とのたまひ、又欲ニ罷《マカラム》妣國根之堅洲國《ハハノクニネノカタスクニ》一と、須佐之男命の詔へる（私記に、根國謂ニ黄泉一也と云、萬葉五に之多敝乃使《シタベノツカヒ》とよめるも、泉路《ヨミヂ》のことなるが、下方使《シタベノツカヒ》と聞ゆ、出雲國風土記に、伯耆國郡內夜見島と云ことあるも、黄泉《ヨミ》に由あることありての名なるべし、）などを以見れば、下方《シタベ》に在國なりけり。さて此黄泉《ヨミ》の事、外國《トツクニ》より來《キ》つる儒佛の書に、人の生死《イキシニ》の理をとりぐに云ることゞもを聞馴《キヽナレ》たる後世の人は、佛にまれ儒にまれ、己が志の引《ヒキ》ぐに、強《シヒ》て其方《ソナタ》に思ひ寄《ヨ》めれど、皆ひがことなり。然る外國の道ゝの書なかりし上代の心に立歸て、唯死人《シニビト》の往て住《スム》國と意得べし。（或人問、死にて夜見國に罷るは、此身ながら往《ユク》か、はた魂《タマ》のみ往か、答、此身はなきからとなりて、しるく顯國《ウツシクニ》に留在れば、夜見國には魂の往なるべし。又問、男神の火を燭《トモ》して見給へば、宇士多加禮《ウジタカレ》云ゝと云ひ、書紀一書に、欲レ見ニ其妹一乃到ニ殯斂之處《アガリニ》一、ともあるを合せて思へば、夜見國に往と云は、實にはたゞ地下《ツチノシタ》に藏《カク》すを云るにこそあらめ、別に其國のあるにはあらじか。答、そはたゞ例の漢意のさかしらなる一わたりの見にて、誰《タレ》も然《サ》は思ふべきことなれども、さては此《コヽ》に其國にて有しくさぐの事どもを傳へたる、皆虛說《ムナシコト》となるをや。凡て神代の傳說《ツタヘゴト》は、みな實事《マコトノコト》にて、その然有《シカア》る理は、さらに人の智《サトリ》のよく知べきかぎりに非れば、然るさかしら心を以て思ふべきに非ず。今女神の、初《ハジメ》に出向たまへりし時は、姑顯國《クウツシクニ》に坐《マシ》し世の御形になりて、見え賜ひしなり。書紀に猶如ニ生平一出迎共語とある是なり。さて男神の、火してひそかに見たまへるは、夜見國の實《マコト》の御形なり。かの海神宮段にも、かゝる類の事あり、思合すべし。又到ニ殯斂之處一とあるは、死人に逢《アハ》むとして、夜見國に行には、其骸を藏《カク》したる處より行ことなるべし。又此記に黄泉比良坂《ヨモツヒラサカ》は、出雲之伊賦夜坂《イフヤザカ》を謂とあれば、還來坐る路は、彼ノ地のあたりへ出賜ひしなるべし。凡てみな傳說のまゝに心得べきことなり。さて是《コ》はみな神の御うへの事にこそあれ、凡人《タヾビト》は、此ノ世にあるほどの現身ながら、夜見國に往見《ユキミ》ることは無ければ、なべては何《イヅ》れの道より往還《ユキカヘ》るなどは、定め言べきに非れども、何事も神代の跡を以て、物は定むることなれば、然《シカ》心得てあるべきものぞ。又世に十王經と云ものに、閻魔王國、自二人間ノ地一去《ルコト》五百臾善那、名二無佛世界一、亦名二預彌《ヨミ》國一と《ト》云と云る、此經はもとより僞經と云中にも、此邦にて作れるものなり。預彌國と云も、神典に依て作れる名なり。然るをかへりて、神典に豫美《ヨミ》と云る名は、此經より出たることかと、疑ふ人も有《リ》なむかと思《ヒ》て、今辨へおくなり、）貴《タカ》き賤きも善も惡も、死ぬればみな此ノ夜見國に往《ユク》ことぞ。

と說いてゐる。

本居氏に次いで別の考へを懷いた國學者もあつた。飯田武鄕氏の日本書紀通釋卷五に、

黄泉は、本訓にヨモツクニとあり。例は記に豫母都志許賣、此紀には余母都比羅佐可なとあり。されとたゞに豫美とのみも讀へし。重胤云、言義はしも、伊美にて忌諱《イミサ》くる意なり。鎭火祭詞に下津國、本書に根國。記に根之堅洲國とも云事、已に注るか如し。然るに外に黄泉國とも云名あるは、忌諱國《イミノ》と云事なり。然るは下に伊弉諾尊既還、乃追悔之曰、吾前到二於不須也凶目汚穢處一、故當レ滌二去吾身之濁穢一と見え、第十一ノ書に親見二泉國一、此既不祥、欲レ濯二除其穢惡一とありて、記なるも右と同し趣にて、其濁穢を滌去むと爲給へるは、深く忌避け給へるか故

なり。又此に今世人夜忌二一片之火一、又夜忌二擲櫛ヲ一此其縁也とありて、此時に在つる事には彼迄も忌避て爲ましく、行ふましき事共の多きは云も更なり。下に素戔嗚尊の、「吾欲レ從二母於根國一」と申給へは、伊弉諾尊悪之曰、云々と答へさせ玉へるなと、皆其國を忌悪ませ給ふか故なり。忌を伊美と云を、淡路國なとにては由美と云るも、月讀尊を月弓尊と申す例を引かは、更に强言には非るものをや、と云り。偖伊弉冊尊現身隨《ナカラ》に、黄泉國へ往ませりし由縁は、上にも既に云りしか如く、男神を恥おもほしてのことなるを、今また伊弉諾尊の女神を戀ひ悲しみて、其國に入坐るは、現身なから往坐たるにて、其は何處より物し給へると云に、紀伊國なる熊野にての事なるへし。されは前に神退坐ける時に、暫御骸を藏し奉れる殯斂《モカリ》の處、即其地なれは、今又黄泉に入坐るも、其邊の地方とはおもはるゝなり。かの隈野《クマノ》と云るも、さるよしの地名なるへく、また後に大己貴命の黄泉國に入坐しも、木國なるなどを思ふに、必この國なるへく、推量らるゝなり。

と說いてゐる。

二　本居宣長の說に對する或る人の質問

以上列擧した國學者の說を見て、如何に從來の學者が夜見國に就いて考へてゐたかを窺ひ知ることが出來る。殊に本居氏に質した或人の質問に對しての氏の返答は、此の國學者の神典に對する態度を充分に發揮してゐるものである。本居氏は顯國の人が夜見國に往くときは、現身のまゝでは往かれないから、その魂のみが往くのであると答へてゐる。然らば余輩は、本居氏に問はん。伊弉諾尊が夜見國に往かれたのは、現身のまゝで御往きになつたのであるか、但しは一旦死して後、ゆかれたのであるか。本居氏の答へから見れば、伊弉諾尊が伊弉冉尊を訪問せられたのは、必ず魂のみの身とならざる以上は往くことは出來ないことになる。然し、伊弉諾尊は決して死亡されたことはなく、現に古傳の趣では、またそのまゝ顯國へ御還りになつて、種々の神々を御生みになつてゐる。本居氏は、之を如何に解釋するか。

又或人の問に、「男神の火を燭して見給へば、宇士《ウジ》多加禮云々と云ひ、書紀《ノ》一書に欲㆑見㆓其妹㆒乃到㆓殯斂《モカリ》之處㆒ともあるを合せて思へば、夜見國《ノ》に往《ク》と云は實にただ地下に藏《カク》すを云るにこそあらめ、別に其國のあるにはあらじか」といふに對して、本居氏の答に「そはたゞ例の漢意のさかしらなる一わたりの見《コヽロ》にて、誰も然《サ》は思ふべきことなれども、さては此《コヽ》に其國にて有しくさくさの事どもを傳へたる、皆虛說《ムナシコト》となるをや、凡て神代の傳說《ツタヘゴト》は、みな實事にて、その然《シカ》有る理は、さらに人の智《サトリ》のよく知《ル》べきかぎりに非れば、然るさかしら心を以て思ふべきに非ず」と云はれてゐる。さて今日から之を見ると、或る人の質問は甚だ要を得たものである。何となれば、伊弉冉尊の御骸からウジが湧き、またその殯斂《モカリ》の處に到るなどある文面からこれを見れば、夜見國《ノ》とは別に外に存在するものでなく、實はその屍體を藏する墓場を稱したのであらうといふのである。これに對して本居氏も實際然りと返答せざるを得ない譯である。然るに氏がその質問に對して、それは例の漢意であつて、神典の記事を疑ふものである、ひがことなりと斥け、且つ曰く、「神典の事は何れも事實を眞に書きつらねたものであるから、これを疑ふことは許されない。然し、かくしては了解の出來ない場合のあるのは、神樣の事であるから、凡人のかれこれいふべき限りでない」と逃げてゐる。これを要するに、或る人の問に對しては、本居氏は人間であるが故にこれに返答を與へることが出來ない、神に詐欺は無い筈であるから、神典の記事は實際その通りに在つたものと信じなくてはならぬと主張してゐるのである。然しさる解釋では、今日の小學校の生徒といへども、之に點頭いて御尤ものことと受けるものは無いのである。本居氏の答へを簡單にいひ換へると、神典のことは人間の理智で如何に考へられても、是非その通りであつたことゝ信ぜよといふことになる。

三　伊弉諾尊の夜見國訪問の意義

然しこれでは今日の人々を首肯せしめることは出來ない。されば、如何に之を解いたらいゝか、是が目下の問題である。神代史に現はれてゐる尊達は、人間の形を具へられてゐるが、その實決して人であらせられない。そはみな神であらせられる。それ故に、人間では決して往來の出來ない處へ自由自在に出入することが出來るのである。此の場合に伊弉諾尊は現身のまゝ、卽ち人の形を具へたまゝで、夜見《ノ》國へ往還せられたばかりでなく、素戔嗚尊は人の形を具へたまゝで、高天《ヶ》原に御登りになつたり、顯國へ御住居になつたり、又夜見《ノ》國へも御出でになられたのである。それはこの尊は人の形を御具へになつてゐるが、その實、神でゐらせられるからである。また大國主命でも、その通りである。顯國に在つての御樣子は、如何にも人間であられる樣であるが、その現身のまゝで素戔嗚尊を夜見《ノ》國へ御訪問になり、又、そのまゝで顯國に御歸りになつたのは、此の尊は人であらせられないで、神であらせられたが故である。まづかやうな事實を列べたならば、枚擧するに遑がない。これを要するに、神代史上に活躍してゐらせられる尊たちは、何れも皆神であつて人でないのである。さうして、その神なるものは、人の心に存在するものであつて、必ずしもこれを實際に客觀的に現存するものと主張する必要はない。神は主觀的なものであるから、これを無しとする人から見れば、其は悉く無となり、それを有りと觀ずる人から見れば、それが悉く有となるわけである。然るに神典の事實を人間界の事と見做すやうになつたので、或る論者のやうな質問が出て來るのである。これに答へる人もこれを人間界の事實と見做さうとするが故に、所謂 rationalization（合理化）を試みて、種々に之を客觀的に在つたものとして説明しようと苦心したのである。

今これを主觀的に見ると、伊弉冉尊が火の神に焦かれて神避りまして夜見《ノ》國に御出でになつたといふのは、今日の人の考へるが如く、此尊は茲に消失して全くその存在を御失ひになつたものとは見ないのである。上代人の考へでは、死はたゞその存在の有樣を變じたに過ぎないので、其の尊は或る他の狀態の下に存在してゐるのである。書紀や古事記に、伊弉冉尊の御體の中に蛆がたかつて恐ろしい姿にならせられたといふのは、顯世の人の實際に目覩し得べき事實であるが、夜見《ノ》國の住人としての尊は雷となり、鬼となり、實際此の世にては通常には見られないものに變じて存在してゐられるのである。

伊弉諾尊が夜見《ノ》國に御出になつて、伊弉冉尊に對して、今一度顯國へ御歸りになられたく懇請せられたときに、女神の答に依れば、既に「吾《ア》者《ハ》爲黄泉戸喫《ヨモツヘグヒシツ》」即ち黄泉《ノ》國の食物を食べたから、即ち此の國の者となつて了つたから、もとのやうな姿になつて顯國へは歸れぬと返答をなされたのである。卽ち、伊弉冉尊は決して盡滅してしまつたのではない。顯國の者とは全く變つた狀態になられたといふのである。それ故に、夜見國《ノ》の者があながちに顯國へ參れぬといふことはない。其が顯國へ出現する能力を有してゐることは、伊弉諾尊が伊弉冉尊とその率ゐる黄泉軍の顯國へ來るのを阻止めるために、泉津比良《ヨモツヒラ》坂《サカ》に千引石を建てたのでもわかる。その外、大祓の祭は、すべて夜見國《ノ》から顯國に出現したる邪神を逐ひ拂はうとする宗教的儀式に外ならぬ。それ故に、夜見國《ノ》へ一度入れば、その者は顯國にゐた時の狀態とは打つて變つたものとなつて存在するのである。上代の人は、世界の何れの國の人といへども、まづかやうに考へてゐたのであるから、我が國の人に限つて、さることは無いとはいはれない。

夜見國《ノ》の意義に就いて、本居氏は夜見と解したれど如何にや。黄泉國の暗いことは、伊弉諾尊が伊弉冉尊の御姿を見んとして火を燭したのでも分る。黄泉國の地下にあることは、死人を葬るにても思ひやられるから、夜見（yomi）は yami と同じ言にて、闇黑の義と知られる。yo-mi の yo は夜の yo と同言で、これを活かして yomu となり、その名詞の格は yomi となるのである。yo は日（firu）に對した言であるから、光に對する暗である。日を活かして firu となる如く夜《ヨ》を活かして yoru となる。凡べて yo といふのは、物體の上にても、精神の上にても、恍惚として闇くなるさまをいふのである。故に夢を yume といふのは、現を ututu といふに相當する言葉で、精神が自覺を失つて暗闇になる處から得た名である。此の yume も yami の轉で、yomi と同じ義である。酒など飲みて精神の暗むことを yofu といふのと同義であり、之を wefu といふは yofu の轉である。また迷を ma-yofu といふのも、ma は接頭詞にして、yofu が語幹であり、さうして yofu の yo は夜と同義で、暗しの義から、前途不明で、方向のつかぬ狀態をいふ言である。黃泉國卽ち地下の國を國語で yomi no kuni 或は yomo tu kuni といふのは、夜の國といふこと、卽ち闇き世界といふ程の意である。

黃泉國は顯國と對した一國であつて、決して墓所を假りに言ひ做したものでない。伊邪那美命の御體に蛆が湧いてゐたといひ、また伊邪那岐命が妹命の殯斂の處に參つたといふ處から見ると、或る人の問の如くに、地下の墓地を指したやうに聞えるが、此の國に宮殿があり、河があり、原がありなどする狀からいへば、決してこれが通常の墳墓をいつたものでないことは明かである。此の國は恐ろしく、忌み嫌ふべき處であるから、其處に現はれて來るものは、一として怖ろしき物でないものはなく、又それ〲その理由は存してゐる。例へば伊邪那美命の御體に蛆がたかつてゐたといふことは、實際に經驗せられる事柄であるが、此の蛆に對しての上代人の觀念は、今の人の思ふ處と同じでない。上代人は、此の蛆は死者の靈魂の宿る處と見做したのである。さうして此の蛆がやがて蛇に化するといふことは、何れの原始的な人にも共通の考へである。我が國に於いても、その數に漏れない。何となれば、伊邪那美命の御體に宿つた八つの雷が卽ち蛇を指したものであることは、論を待たぬからである。素戔嗚尊の夜見國の段には蜂があり、蜈蚣があり、しらみがある。此等は何れも死體から顯れた靈魂の變化である。また、素戔嗚尊は大國主命を燒き殺さうとして、これを野の中に往かせて、これに火をつけたといひ傳へてゐる。此處に火の出て來るといふのは、何ういふ譯かといふに、我が國の上代人は火に對する觀念が、その人生に有益なといふ側よりも、その恐ろしき火災の場合の性質を見たからである。火神の一名を燒速日男神と申すのも、此の物を燒き盡す猛烈な作用について名づけたものである。大國主命が野原の野火に取まかれて生命が危くなつた時に、一匹の鼠が現はれてこれを救つたといふやうに、夜見《ノ》國の住者として數へ擧げられたのが夜見《ノ》國に此の動物が現はれたのは、鼠は夜に至つて活動する動物であるから、夜見《ノ》國の住者として數へ擧げられたのであらう。

四　逃走傳說に見えざる一事實

一人の勇士が鬼などのやうな强いものに襲はれた時に、一生懸命に逃げ走り、その途中に横はる種々の障碍物を排除して落ちのびるといふ筋の物語は、何處の神話童話などにも出てくるもので、その狙ひは何れも大同小異である。我が神代史に於いて、伊弉諾尊が黄泉軍に追はれた話や、大國主命が素戔嗚尊に追ひかけられた話などは、此の型の物語に屬するもので、所謂逃走傳說の中に入るものである。此等の話は、何れに於いても同樣な仕組になつてゐるものであるが、伊弉諾尊の逃走傳說には特色とも云ふべき事實がある。それは逃走者が妨害物として植物や菓子を投じたことである。其の話は古事記によると、

（伊邪那美命は）豫母都志許賣を遣はして追はしき。かれ伊邪那岐命黑御鬘を取りて投げ棄てたまひしかば、乃ち蒲子《エビカヅラノミ》生りき。こを摭《ヒリ》ひ食む間に逃げ行でますを、猶追ひしかば、亦その右の御髻《ミヅラ》に刺せる湯津津間櫛《ユツツマクシ》を引き闕きて、投げ棄てたまへば、乃ち笋《タカムナ》生りき。こを拔き食む間に、逃げ行でましき。また後には、かの八《ヤクサ》の雷神に、千五百の黄泉軍を副へて、追はしめき。かれ御佩かせる十拳劍を拔きて、後手に振《フ》きつつ逃げ來ませるを、猶追ひて、黄泉比《ヨモツヒ》良《ラ》坂《サカ》の坂本に到る時に、其の坂本なる桃子《モモノミ》を三箇《ツ》取りて、待ち擊ちたまひしかば、悉に逃げ返

りき。ここに伊邪那岐命桃子《モモ》に告りたまはく、汝吾を助けしが如く、葦原の中つ國に有らゆる現《ウツ》しき靑人草の苦《ウキ》瀬《セ》に落ちて、苦まむ時に助けてよと告りたまひて、意富加牟豆美《オホカムヅミ》命といふ名を賜ひき。

さて、此の一段の物語に於いて、伊邪那岐命の黑御鬘が蒲子となり、その御櫛が笋となり、又何が故に坂本の桃子は黃泉軍を擊退する力を有してゐたか。此等の疑問は、此の物語を解釋せんとする人の頭に起つて來ることであらう。御鬘の形が蒲子に似てゐるが故に蒲子になり、櫛の形が笋に似てゐる所から笋になつたのであらうとは、誰の心にも感ぜられるであらう。然し、何が故に、他の物にならないで、蒲子と笋とに化したのであるか。これには、確かに理由の存することがなくてはならぬ。黃泉醜女等は此の蒲子と笋とを喜んで食ふほどなれば、桃の實を投げつけられた時には、猶ほ喜んでこれを食べさうなものであるのに、此の場合には悉く逃げ退いたのは果して何故であらうか。是にもまた、其の理由がなくてはならぬ筈である。

五　草木に對する漢土の思想

草木は天地の生氣を多量に含有する物であるといふ思想は、世界の各地に存在した、又存在する。木草崇拜の一原因は、たしかに此の思想の存するに原因するのである。我が國に於いても、漢土に於いても、此の思想は大昔から存在して居つたに相違ない。漢土では、陰陽說が起るに及んで、此の思想を取り入れて、その哲理を構成することになつた。此の說によると、東方日出の域は、木德であつて、萬物は木より生ずるのであらうと說くのである。東方日出の境に扶桑があつて、陽氣の發揚する本源地と思惟せられたのである。それ故に、草木の中で生殖力の強く繁茂する草木は、皆陽氣生成の元氣を含有するものとして之を神聖視するやうになつた。木に於いては、桑・桐・松・柏等で、草に於いては箏・葡子・蓬萊・桃・葦等その首位を占めてゐる。

陰陽說によると、邪氣即ち陰の氣は、陽氣即ち生成の力によつて退治せられるものと思惟せられたから、不淨を淸めるのは、此等の木や草を使用するのである。禮記の玉藻に「膳ニ於君一、有ニ葦桃茢一」とあるのは、此の三種の物を以つて食物の邪氣を攘ふのである。又、同書の檀弓に、「君臨ニ臣喪一、以ニ巫祝桃茢一執レ戈」とあり、死人の邪氣を退けるのである。又東京賦の中に「方相秉レ鉞、巫覡操レ茢」とあり、禮記の內則に、國君の世子が生れたときの儀式として、「以ニ桑弧蓬矢一射ニ天地四方一」とある。是は子供の誕生の際に、邪鬼の侵入を避けるためである。左傳昭公四年の條に、「古者日在ニ北陸一而藏レ氷云々、桃弧棘矢以除ニ其災一」とあり、又風俗通の除夕に「桃梗葦茭を門に飾つて魔除とする」ことがある。此等の例證から見ても、桃・茢・葦・桑・棘・蓬・葦が魔除のまじなひとして使用せられたことが分らう。東海の三神山の中に蓬萊山といふのがある。これは蓬と萊とが陽氣を含んで、東方木德の性質を備へた處から、東方の仙境を呼ぶ名となつたものと解せられる。また、此の方面に扶桑國といふのがあつたといふのも、同じ思想から發生した神話である。扶桑といふ元來の意味は、繁茂した桑といふ事であつたけれども、後世になると、此の扶桑木は益〻理想化せられて、他の神木の性質をも併有することになつた。南史（卷七十九）に扶桑國の傳があつて、それによると、

其土多ニ扶桑木一、故以爲レ名、扶桑似レ桐、初生如レ箏、國人食レ之、實如レ梨而赤、績ニ其皮一爲レ布、以爲レ衣、亦以

爲ㇾ錦、有ニ文字一、以ニ扶桑皮一爲ㇾ紙。

とある。泰西の學者の如く、余輩も初めは此の扶桑國を現實の國と思ひ込んだから、此處に記載してあるやうな木が果して世界に實際有るか否かを調査して見たけれども、如何なる本草書を見ても、此に符合する木のあることを見出すことが出來なかつた。然るに、後になつて漢土の思想史を聊か研究する事になつてから、此の扶桑國といふのは、慧深といふ道士が陰陽説を以つて假作した物語であつて、實際扶桑國といふやうな國が東方に存在したのでないことを悟つた。さう考へて見ると、此の扶桑が桐や箏や梨のやうな性質を備へてゐるやうに書いてあるのは、扶桑木を神聖たらしめようといふ處から、漢土で生成を以つて有名な木を取り來つて扶桑木に附加せしめたのに過ぎぬことが分つた。然しこれに依つて桐や箏や梨も陽木の中へ數へられてゐることが判明した。また此の國の傳によると、「有ニ赤梨一、經ㇾ年不ㇾ壞、多ニ蒲桃一」とあるから、梨も蒲桃も陽木であつたに相違ない。〔扶桑國が慧深の假作する所であることを最初に論破したのは本居宣長である。「鉗狂人」參照〕

六　桃と追儺

先づかやうに考察して、漢土では桃をはじめ箏も、蒲桃などゝ同じく陽木として有名で、邪氣を攘ふものだと考へられてゐたとすれば、神代史の伊邪那岐命の夜見國訪問の物語の中に現はれてゐる箏も蒲子も桃も、漢土の思想に淵源してゐるのではないかと推察されるのである。前にも述べた如く、伊邪那岐命は産靈神と御同體であらせられ、高皇產靈尊の一名は高木の神と稱へられ生產の神であらせられたから、草木の名であらせられたのである。かやうに考へて見ると、此の尊の御鬘は卽ち蒲子であり、此の尊の櫛は筝であらせられたと見ても決して怪しむに足らぬことである。それ故に、伊弉諾尊が黃泉軍に追ひかけられた時に、此の二物を投げつけられたのは、陽氣の武器を以つて邪氣の鬼を退けようとした仕業であつたのであるが、その氣の薄弱であつた爲めに、その目的を達することが出來なかつた。そこで今度は生氣の最も盛んであると信ぜられてゐた桃の實を敵軍に投げつけられた。果せるかな、その效力空しからず、流石の黃泉軍も桃の實には敵しかねたと見えて、悉く引き退いたのである。是に於いて、桃先生は伊邪那岐神から大神津實の榮號を賜つたのである。

邪鬼を攘ふに最も有力な木は桃であつたと見えて、書紀の擧げた一書の中に、伊弉諾尊が桃樹の實を雷どもに擲げつけたことを敍した處に「此れ桃を用つて鬼《アシキモノ》を避くる縁《コトノモト》なり」とある。日本書紀通釋卷六に、

大桃樹。守部云、桃は名義眞實《マミ》なるへし。大加牟豆實命の神語に因て、其實を褒て云そめたるなり、と云り。○用レ桃避レ鬼。私記に、避鬼を於爾乎不世久と有り。鬼は上に有二八色雷公一と云ひ、又雷等起追來、又雷等皆退去矣と云る、其を承て鬼とはいへるなりと。此鬼と雷とは一物にて、彼鳴雷神なとは、甚異る者にて、黃泉國の鬼物の、猛く嚴きを云稱なるを知へし。重胤云、和名抄に鬼、和名於爾、或說云、隱字音於爾訛也、鬼物隱而不レ欲レ顯レ形、故俗呼曰レ隱也と有れとも、此或說は甚信用難かり。其は景行紀に山有二邪神一、郊有二姦鬼一と記させ給ひ、孝德紀に天災地妖鬼《オニ》誅人伐、と云語なとの鬼は、古より於邇と云語の有を以てなり。名義抄に鬼字に於爾と有は更にも云す、又字鏡集共に神にも於爾の訓有り。又魔を許々女とも於爾とも訓み、又和名本草和名抄等に、

續斷和名於仁乃夜加良、貫衆を和名於爾和良非など云る、惣て稱呼は甚〻上れる世より、號たる者にしあれば、遙に後に渡來る字音などを、待へからざる事固よりなれは、右の或説は信し難き者なりかし。（玉勝間に云、鬼といふものは即《チ》今の世の女童などの云おにゝて、古き物語中昔の書ともに多く見えたるさまも全く同しこと也。齊明紀一本に宮中見レ鬼と見え、また於二朝倉山上一有レ鬼など見えたるは、いまもいふおになるを、又同書の中に、邪鬼鬼神姦鬼などあるは、おにとよめる所もあれと、たゞ惡き神を云へるなれは、さはよむへきにあらす。鬼をも神とはいへとも、神をおにとは云へからすと云り。）さて用レ桃避レ鬼其の事の大なるは、十二月晦日に行はせ給ふ追儺の御式是なり。其は道饗祭詞講義に説たるか如く、其祭より出たる御式なれは、其祭と共に、上古より行はれ來つるにて、此大桃樹の故事に起れる者なり。中務省式に、凡年終行レ儺儀云〻以二桃弓葦矢桃杖一（陰陽寮治二進之一）頒二充儺人一云〻、儺人一（事見二儀式一）とある。此事を儀式には、于時陰陽官人率二齋部等一候二承明門外一、以二桃弓葦矢桃杖一、頒二充儺人一云〻、訖《テ》陰陽師進讀二祭文一、其詞曰、今年今月今日今時云〻、大宮《ノ》內爾、神祇官宮主《ノミヤシ》能、伊波比《ヒ》奉里敬奉留、天地能諸御《ノ》神等波、平久於太比爾、伊麻佐布倍志登申《ス》、事別天詔久、穢久悪伎疫鬼能、所〻村〻爾、藏里隱布留乎波、千里之外、四方之堺、東方陸奧、西方遠値嘉《ヲチカ》、南方土佐、北方佐渡余里乎知能所乎、奈牟多知疫鬼之住《スミカ》加登、定賜比行賜氏、五色寶物、海山能種〻味物《タメツモノ》乎給氏、罷賜移賜布、所所方方爾、急《スミヤカ》爾罷《マケ》住登追《ヤラヒ》給爾、挾二奸心《キヲ》一氏、留《トマ》里加久良波、大儺公小儺公持二五兵一氏、追走刑殺《ツミナヒ》曾登詔訖云〻、持二桃弓葦矢桃杖碎瓦一云〻、駈二宮中一出レ自二十二門一付《ク》二京職一とある是なり。（此詞陰陽寮式、又朝野群載等にも出たり）。此即桃を用て、避《フセ》く事の甚著明き者にて、河海抄に、始レ自二禁中一迄二于何家ノ一行レ之と有は、天下一般の風俗なりしか故に、此にも緣也と書して、其始を明されたる者なり。然るを公事根源抄、年中行事祕抄なとに、此追儺を慶雲二年十二月に始れる由に、記させ給へるは諾ひ難し。養老に奏上れる此御紀に、僅に十餘年以前の事を以て、其緣也と書させらるまじく、且其道饗祭詞に、高天原爾事始氏、皇御孫命止稱辭竟奉と有を、如何に見させたりけむ。

とある。

七　夜見國の邪氣

後世の所謂追儺の儀式と黃泉の物語との間に密接な關係のあるのは、書紀の一書に記してある通りである。追儺の目的は、國中に伏在し、家中に隱れてゐる鬼を退けて、一國乃至一家の安全を希ふのである。さて然らば、夜見の物語に於いて鬼に該當するものは何であるかといふに、それはいふまでもなく、伊弉冉尊の御體に成り出でたものである。その狀況を古事記には、

宇士《ウジ》たかれところぎて、頭には大雷居り、胸には火《ホノ》雷居り、腹には黑雷居り、陰《ホト》には拆《サク》雷居り、左の手には若《ワキ》雷居り、右《ミギリ》の手には土雷居り、左の足には鳴《ナル》雷居り、右の足には伏《フシ》雷居り、拌せて八《ヤクサ》の雷神成り居りき。

とあり、又書紀に引いてある一書には、

（これを見たまへば）、卽ち膿沸き虫流《ウジタカ》りき。

とあり、又、他の一書には、

時に伊弉冉尊脹滿太高《へれたかへ》まして、上に八色《やくさ》の雷公《いかつち》ありき。(中略)所謂八雷とは、首《かしら》に在るをば大雷と曰ふ、胸に在るをば火《ほの》雷と曰ふ、腹に在るをば土《つち》雷と曰ふ、背《そびら》に在るをば稚《わか》雷と曰ふ、尻《かくれ》に在るをば黒雷と曰ふ、手に在るをば山雷と曰ふ、足の上に在るをば野雷と曰ふ、陰の上に在るをば裂《さく》雷と曰ふ。

とある。

以上の記述によつて之を案ずるに、はじめ尊の屍體に生り出でた物は、蛆或は虫であつて、其が八つの雷となり、その雷がまた八つの醜女となつたものと見れば大過はない。さうして、此の醜女をまた鬼ともいつたのである。蛆は屍骸から生ずる虫であつて、誰でも實際目撃し得べき實物であるが、其に對する人の心に起る恐怖心から漸く主觀的のものと成つて往くのであつて、雷となつたのは、その第一歩である。然し、雷では、猶實在の物質と離れないが、それが醜女となると漸く人に類した怪物になり、更にそれが鬼となると人間に類した恐ろしき者になつて全然靈的のものとなるのである。さて此の觀念の發展する徑路を辿る爲には、此等の名稱の原義を究める必要がある。

先づ虫・蛆の意味から始めることゝする。古事記傳卷六に、

宇士《うじ》は蛆字《の》を訓來《み》れり。本草てふ書に、(李時珍云)、蛆《く》蠅之子《はの》也、凡《そ》物敗臭則生レ之とあり、和名抄には、胆を波《へ》閇乃古《へのこ》とありて、宇士《うじ》てふ訓はなし。胆と蛆とは通ふ。字鏡には蛆を宇自《うじ》とあり、(蛆の宇士《うじ》なるべき由はいかゞしらず)。今も腐爛たる物に生る小虫《ちひさきむし》を、宇士《うじ》とぞいふ。

とある。又、日本書紀通釋卷五に、

膿沸虫流。膿は熟《ウミ》なり。虫は記に宇士多加禮《ウシタカレ》、許呂々岐《コロヽキテ》云々、記傳云、（中略）（武郷云、重胤云、宇士は名義抄に蛆字を、ムシともウシとも、ワタカマルとも、モコヨヒとも訓れは、屈みては蟠かまり、伸ては透蛇ふ虫と通えたり）。

とある。案ずるに蛆をウジといふは、虫をムシといふのと同じ語である。此の語の語幹はウシであつて、此にマ、ムといふ接頭詞を加へてムシとはいふのである。それ故に、ムシといふのは ma-ushi, mu-ushi の約まつた形である。蛆をウジといふのは、ウシの濁つたもので、正しくはウシである。太古の人は屍體から生じて來る蛆は人の魂の宿つたもので、人は死しても盡滅するものでなく、蛆の形になりかはつて猶ほ活きてゐるものと思惟したのである。

Wundt 氏などの說によると、人が死ぬとその魂は二種の形となつて存在する。肉體に宿れる魂は蛆となり、最後の息は羽化して飛ぶ鳥の類となる。この蛆は蛇になるのが普通であると說いてゐる（Volkspsychologie, Mythus und Religion）。されば、此の物語に於ける雷公は蛇の變化と視るべきであるが、國俗で蛇が雷といはれたことがあるかといふに、その形跡は書紀の中から之を擧げることが出來る。即ち、此の書、雄略紀七年秋七月の條に、

天皇、少子部連蜾蠃《スガル》に詔して曰く、朕れ三諸岳《ミモロヲカ》の神の形を見むと欲ふ。（或は云ふ、此の山の神は大物主神と爲す、或は云ふ、菟田《ウタ》墨坂神《スミサカノ》なり。）汝膂力人に過ぎたり。自ら行きて捉へて來《マヰコ》。蜾蠃答へて曰く、試に往《マカ》りて捉へむ。乃ち三諸岳に登りて、大なる虵を捉へ取りて、天皇に奉示《タテマツ》る。天皇齋戒したまはず。其の雷虺虺《カミヒカリヒロメキ》、目精《マナコ》赫赫《カガヤク》。天皇畏れたまひ、目を蔽ひて見たまはずして、殿中に却入《カクレ》たまひ、岳に放たしめたまふ。仍りて改めて名を賜ひ

て雷《イカツチ》と爲す。

とある。此の文によると、大蛇を雷といふことは雄略天皇が三諸岳の大蛇に此の名を賜はりてからの名と聞えるが、此の文のなかにも其雷《カミ》とある所などを以つてこれを見ても、早くから國語では蛇を雷《イカツチ》といつてゐたやうに見える。イカツチといふ言は、イカメシキ父といふ意であつて、凡べて畏ろしき、怖き者を呼ぶのであるから、天に轟く雷をイカツチといふのも、地中に伏在する大蛇も、何れも恐ろしき物なるが故に、之を敬ひ恐れて嚴父（イカメシキチ、）とはいふのである。此の理由に依つて、余輩は、始め伊邪那美命の御體から沸いて出た雷も蛇の事と考へたのであつた。然るに八雷の中、火雷といひ、裂雷といひ、稚雷といふのは、何れも雷電に緣故のある名稱であつて、大蛇とは思はれない。尤も、此の火雷といふのは尊の胸から成つたものとあるから、心臟の溫き處から聯想して起つた名稱であり、又裂雷は尊の陰上から成つたものだとあるから、此は女陰の裂けてゐる處から名づけたものであらう。雷電の火焰を發して之が岩石を拆きわるといふ雷を、イカツチといひ、蛇を同じく然ういふ處から八つのイカツチを擧げる場合に、雷電の思想も自ら混入したもので、尊の體から生れた雷は之を雷電と見るよりも蛇と見た方が穩當であらう。

さて此の大蛇、卽ち雷が、更に理想化されて人間の形を取るやうになつて、之を醜女と呼ぶ。然らば此の醜女といふのは何といふ意味の言であるか。古事記傳卷六に、

豫母都志許賣《ヨモツシコメ》は、書紀に泉津醜女とかきて、醜女此云₂志許賣₁《ヲフシコメト》、一云₂泉津日狹女₁《ヒハフヨモツヒサメト》とあり、私記に、或說黃泉之鬼《ルニ》也と云り。（但し鬼とは、儒佛の書にとく鬼の意には非ず。たゞ尋常の人の類ならで、おそろしき物を、世に鬼《オニ》と

いふ是なり）。書紀欽明巻に、魃鬼《シコメ》とあるも其意なり。和名抄には、この醜女を鬼魅の部に載たり。さて名義は形のおそろしく見悪き《ミニクキ》を云、下文に伊那志許米云ゝとあると同じ。云々。

と說いてゐる。又日本書紀通釋巻五に、

不須也凶目云々。記に伊那志許米上志許米岐穢國とあり。記傳云伊那は辭否なとゝ同言にて、此は悪み厭ふ御言なり。（書紀に、不須也と也字を添られたる信にその意あり、姑く語を切て心得へし。）志許は萬葉に鬼乃《シコノ》益卜雄《マスラヲ》・鬼乃《シコノ》志許《シコ》草《クサ》・志許《シコ》霍公鳥など云る、皆其物を悪み罵て、志許とは云なり。米は憂ことと辛ことに逢ふを、憂目を見る辛目《カラキ》を見る、なとゝ云目なり。此も黄泉國の穢きありさまを見給ひつるを醜目と詔ふなり、（目は見給《フ》によれる言そ）と云り。さてこの注下、本に此云二伊儺之居梅枳枳多儺枳一、とあるに就て、記傳に此は記と照して思ふに、梅下に今一之居梅の三字ありしか脱たるなり。其故は目字を梅枳と、枳を添て用語に云へき理なきをや、又枳字一衍文かとも思はるれと、猶此記と引合せて思ひ定むへしと云れつれと、北野祉本（稱一峯本）に枳字なき本ありと云り。さらは記とは異にて、凶目汚穢四字をシコメキタナキと訓べし。又、天忍穗耳尊の、天降ます處に、不須也頗傾凶目杵之國とあり、此は頗傾と云か、爰の凶目にあたれり。さらは凶目杵とあるか、汚穢字にあたれる語勢なり。

と說いてゐる。以上醜女に就いての國學者の解釋は、未だ全きを得たるものでない。本居氏が、志許米を憂目《ウキメ》・辛目《カラキメ》などの目と說いたのは、その當を得てゐない。此の憂目・辛目などいふ目は、め或は見るの義で名詞であるが、志許米の米は語尾である。例へば、嚴を ikameshiki などいふときの me であつて、見るの義ではない。志許米（shiko-me）の一語であることは「之居梅枳」と書いてあるのでも分かり、又天忍穂耳命の處に凶目杵とあるのは、シコメキと活かした一例である。然し醜女を志許米といふ米はシコメキのメではなく、女の義である。それは大國主命の一名を醜男といふ男に對した言である。萬葉の鬼之益卜雄は、シコノマスラヲと訓むべく思はれる。それ故に、シコが語根で、之が活くとシコメシ、シコメキとなり、名詞のときはシコヲ、シコメとなる。さて然らば、シコの義は何であるかといふに、書紀にシコメを醜女と書いてあるから、此に醜の義があつたことも確かである。何が故に、醜をシコといふかは、國語で嚴めしきをシカメシクともいふ。sika は siko と同語であるから、shikameshi は ikameshi の語に shi といふ接頭詞を添へたる形である。それ故に、此の語の原は、ika, iki であつて、それが轉じて畏ろしきを ika ともなり、これに接頭詞を加へて shika ともなるのである。雷や蛇を ika-tuti といふ ika は、醜女をいふ shika と全く同じ言である。ika が活いて怒る（ikaru）といふが如く、shika が活いて shikaru（叱）となる。武甕槌の mika は、ika に mi といふ接頭詞の添つた形に過ぎない。畏ろしき、嚴めしきを ika といふのがもとである。卽ち雷を ikatuti といふの類である。さてこの ika に mi の接頭詞を加へると甕槌 mikatuti となり、これに si の接頭詞を加へると醜女、醜男の shikome, shikowo となるのである。萬葉集などに鬼と書いてこれを shiko と訓ませるのも、嚴の義から轉じて鬼をいふ言となつたのである。又、字鏡集に魔を許々女とも於爾ともいふのは如何なる意味の言葉であるかといふに、此の許々女は志許米と同語である。shikome は、ikome（ika-me）に shi といふ接頭詞の冠せられた形であるが、kokome といふのは、これに ko といふ接頭詞が加はつた形に過ぎない。ko といふ接頭詞は他に幾らもある。例へば心を kokoro といふ。ko は接頭詞で、koro が語根である。書紀神代紀に田心姫と書いてタコリヒメと訓んでゐる。此は確かに心をコリと訓せたものである。また、中臣氏の祖先を興臺《コト》産靈といふのは、koto（言）の上に、コ（ko）といふ接頭詞を加へた形である。祝詞をよみ上げるに巧な處から得た名である。又鬼を woni といふのは、鮫を wani といふのと同じく、共に兄といふ言の轉訛で、何れもこれを敬うた處から得た名である。

八　追儺と桃太郎のお伽話

伊弉諾神が夜見《ノ》國訪問の物語は、後世の追儺と關係を有するが如く、桃太郎の御伽話は追儺や夜見《ノ》國の物語から思ひついて作られたものである。桃太郎の話は、桃が鬼を退治するのが主意であつて、それは書紀の所謂「用レ桃避レ鬼」の意に過ぎないのである。桃太郎の話を玩味するのに、よく神典の精神を取つたものである。想ふに、此の物語の作者は、神代史に精通し、その意味を充分に了解したものだと思はれる。桃太郎が携へて、その伴のものに與へた黍團子は五穀の代表者であるから、これを繁殖させて豐年にするのが天照大神の御精神である。これから話す所で自ら知られる通り、穀物說話が神典の大半を占めてゐるのを以つてこれを觀ても、神代史の精神の存する所が窺はれる。桃太郎の黍團子はそれを表はしたものである。また、彼が御伴として鬼が島退治に連れて往つた雉子は、天照大神の使者であり、猿は衢の神として神典に表はれた獸で、惡鬼を攘ふ神である。狗は漢土に於いて惡鬼を退治する道祖神であるから、此の二つの動物を鬼を退治するに桃太郎が選んだのは決して偶然でない。追儺に於いても、夜見の物語に於いても、鬼の住處は悪しき穢はしい處となつてゐるが、桃太郎の譚になると、それが金銀財寶に富んでゐる所謂寶の國となつてゐるのが、元來の根本と趣を異にしてゐる。想ふに、此の物語を作つたのは、足利時代で、我が國民が自由に海外に飛び出して大陸及び南洋諸國を掠めた時であり、又國内の諸侯が盛に外國と貿易して、その貨財を輸入した歴史上の事實の反映に相違なからうけれども、今一つは、我が國民性が外國の文物を取り入れても、その見にくきもの、恐ろしきものを絶えず美化する傾向のあるのにも因つたことであらう。桃太郎の御伽話は、我が國民の間に發生した美しい話と信ぜられてゐるが、然し桃を以つて鬼を退治するといふ思想は漢土より輸入したもので、我が國の産物でない。然しこの土俗を骨子としても、これに依つて桃太郎といふ、力が強くて、而も其の心の優しい少年を産み出し、その從臣に食糧を充分に與へて、饑餓に苦しむ事のないやうにし、更に、財寶を鬼が島から獲て歸つて、これを父母の土産とするといふ趣向は何處までも日本的であつて、國民性の發揮せられたものである。玆に講演の題目となつてゐる神代史も、つまり、此の桃太郎の話と見れば差支へはない。

第三章　三神の生誕及びその分封

一　伊邪那岐命一柱にて生成されたる三神

伊邪那美命が迦具土神を御生みになつた爲め、直に御かくれになつたので、伊邪那岐命は黄泉の國に御出でになつて、妹《ノ》尊に申された言は、古事記に「愛《ウツク》しき我《ア》が汝妹《ナニモ》の命、吾汝《アレイマシ》と作れりし國、未だ作り竟へずあれば、還りまさね」とあれば、伊邪那美命は作るべき國を作り果さぬ中に御かくれになつたことは確かである。されば、是より後は、伊邪那岐命御一柱で神祇を御生みになるべきこととなつた。神典の結構から見ると、これから御作りになるべき神は、全篇の主人公たる至高の神であるから、その發生御誕生の次第も決して尋常一樣のものであつてはならぬ。國土・山川・河海・草木の神々は、何れも男女二柱の生み給うたものの、御生れの狀態は尋常のさまであるが、これから御生れになる神は最も貴き神であるが故に、その生れ方も二柱でなく、伊邪那岐命一柱に依つたのである。世界の何れの處の神話に於いても、貴き神は決して尋常一樣の方法では生れてゐない。今一々その例を擧げるのは煩はしいから、これを省くとして、その中、最も顯著な例を云へば、イエスーキリストは夫なくてマリヤ婦人の獨りによつて生れた方である。釋迦牟尼佛は Maya 夫人の左の脇から生れたといふことになつてゐる。蒙古の傳說によると、阿闌夫人は夫なくして成吉思汗の祖先を生んだといふ。旣に述べた如く、皇孫瓊瓊杵尊の御子孫も、その御生れ方は何れも尋常ではあらせられなかつた。されば、皇祖皇孫の神々の中の至高の神を伊邪那岐命が御生みになるによつて、その準備も、その狀態も、最も神祕であるのも偶然でない。

二　生れた處の背景

伊邪那岐神は夜見國から顯國へ御歸りになつてから、夜見國の穢れを清めんとして、その汚穢を洗ひ落した時に生れたのは、八十禍日神・大禍津日神であるが、これを直さんとして御生れになつたのは、神直日神・大直日神等であつて、これで黃泉の汚穢は祓ひ清められた事である。さうして此の禊を行はせられた處も決して尋常の場所でなく、筑紫の日向の橘の小門の阿波岐原である。書紀には、此の阿波岐原を檍原と漢字で書いてある。書紀の一書には「乃往二見粟門《アハノミト》及速吸名門《ハヤスヒナト》一、然此二門、潮既太急、故還二向於橘之小門《ヲド》一而拂濯也」とある。此の筑紫の橘の小門の檍原とは何處ならんと考證家が種々と調査したけれど、その所在は今に不明である。然し余輩から見れば、その所在の見當らぬは當然のことである。何となれば、此の場所は神代の世にあつた地名であつて、歷史時代の場所でない。然し此の處に於いては、その場所が何所といふ事よりも、その名稱に含まれた思想に重要な意味が存するのである。橘は如何なる樹であるかといへば、國史の傳へる處によると、垂仁天皇の時に田道間守が此の菓子を得んが爲に、十餘年もかかつて常世國卽ち不老不死の國へ往つて辛うじて其の菓子を求めて來たといふ最も芽出たい樹木である。タチバナといふ言の義は、その葉が常に立ち靑みて枯れぬといふ、生氣瑞氣を含んでゐる神木である。伊邪那岐神が貴き御子を生むのには、最もふさはしい處である。又阿波岐といふ樹は、日本書紀通釋卷五に、橿原。和名抄に說文云、橿梓之屬也、日本紀私記云、阿波木、今按又橿《ノ》木《ノ》一名也、見二爾雅一とあり、記傳云、是も地名にはあらて、松原、檜原、柳原、柞原なとの類にて、たゝ此《ノ》木の多く生《ヒ》たる地を云るなるへしとあり。重胤云、橿は名義抄に訓るも、同しアハキなり。言義は和名抄に、橿《ノ》木《ノ》一名也、とあるに依て考るに、靑葉木《アヲハキ》と云事也、然るは此樹は常盤木なれは、葉の狀に付て、靑葉木と號け、堅き幹木に依て、堅《カシ》とは名付たりけん。又和名抄に唐韻云、橿萬年木也、和名加之、爾雅集注云、一名杻一名橿（字鏡も同し）とあれは、同物なること灼然、（武鄕云、右に引る倭名抄の橿《ノ》木《ノ》一名也とある文も、狩谷氏の說によれは、聊疑はしきよしなきにあらねと姑く其說によれるなり。）傛小戸橘之橿原といふ地名、今聞ゆることなしと、記傳に云れたれと、神名帳考に云、式日向國宮崎郡江田神社を、巡拜帳と云ものに、式内橿原江田神社、産母二柱大神宮、橿原一葉大明神、大宮司川越江田村にあり、今は那珂郡に屬りとあり。さらは、この江田鄕あたりを古《ヘ》橿原と云しと見ゆ。さらは橘小門〔は〕日向國なりとすへきかとあり。

と說いてゐる。又古事記傳玉垣宮下卷に、

さて加斯《カシ》を此記には、みな白檮《カシ》と書り、書紀には多く橿と書き、又檮とも書て、此《ヲ》云《フ》二柯之《カシト》一とあり。（右に引る齊明紀《ノ》の甘檮《ノ》丘の處）、和名抄に、橿、和名加之《カシ》と見ゆ。（字鏡には欟加志乃木《カシノキ》、（中略）また白樹、加志乃木《カシノキ》などあれど、皆さだかならぬ字なり。）又古書に樫《ノ》字をも書《キ》たり。（加斯《カシ》を此記に白檮と書るを、白《ノ》字によりて斯良加斯と心得るは非なり。たゞ加斯《カシ》なり。書紀用明卷《ノ》に、赤檮此云二伊知毘《イチヒト》一とあれば、古《ヘ》赤檮を伊知比にあて、白檮を加斯にあてたりしなり。然るに、加斯に又白加志《シラカシ》と赤加志《アカカシ》とある故に、白檮、赤檮の字、其にまぎれやすし。又櫟《ノ》字は多く伊知比に用ひたるに、此《レ》を加斯に用ひしこともありしにや。右に引る近江國《ノ》の神社の名の甘櫟などは必《ズ》アマカシと訓べければなり。加斯と伊知比とは、いとよく似たる木なり。

と説いてゐる。

三　三神の生れ方

此等の解説によると、橿とはかしの事で橿と同じ木であるとすれば、此も萬年木と云はれる程に有名な常盤木で、生氣に滿ち、甚だ御芽出度い木である。だから橿原といふ名は、神武天皇の都を奠められた橿原と全く同意味の名稱である。橿の木が數多く生へてゐる、淸淨潔白にして瑞氣の漲つてゐる所といふ程の意で名づけられた地名である。かやうな勝地に於いて、伊邪那岐命は小戸の水で禊祓を行はせられて、益〻御身體を清められて、御子達を御生みになつたのであるから、その御子達が尋常の方々で無かつたのも當然である。古事記によると、

ここに、左の御目を洗ひたまひし時に成りませる神の名《ミナ》は、天照大御神、次に右の御目を洗ひたまひし時に成りませる神の名《ミナ》は、月讀命、次に御鼻を洗ひたまひし時に成りませる神の名《ミナ》は、建速《タケハヤ》須佐之男命、此の時、伊邪那岐命、大《イタ》く歡喜して詔りたまはく、吾は子《ミコ》を生み生みて、生みの終《ハテ》に、三貴子《ミハシラノウヅノミコ》得たりと詔りたまひて、即ち其の御頸珠の玉の緒もゆらに取り搖かして、天照大御神に賜ひて詔りたまはく、汝が命は高天原《ノ》を治らせと、ことよさして賜ひき。かれ其の御頸珠の名を、御倉板擧之《ミクラタナノ》神とまをす。次に、月讀《ノ》命に詔りたまはく、汝が命は夜之食《オス》國を治

せと、ことよさしたまひき。次に建速須佐之男命に詔りたまはく、汝が命は海原を治せと、ことよさしたまひき。

とある。此一段はまた書紀の本書には、

既にして伊弉諾尊、伊弉冉尊、共に議りて曰く、吾れ已に大八洲國及び山川草木を生めり、何ぞ天下の主《キミ》たる者を生まざらむやと。是に共に日神《ヒノカミ》を生みます。大日孁貴《オホヒルメノムチ》と號《マウ》す。（大日孁貴、此をばオホヒルメノムチと云ふ、孁、音は力丁の反、一書に云く、天照大神、一書に云く、天照大日孁尊。）此の子《ミコ》光華明彩、六合の内に照り徹らせり。かれ二神喜ばし曰く、吾が息多《ミコサハ》なれども、未だかく靈異《クシビ》なる兒《ミコ》はあらず、久しくこの國に留むべきにあらず、自らまさに早く天に送りて、授くるに天上の事を以てすべし。是の時天地相去ること未だ遠からず。かれ天柱を以て天上に擧げまつりたまひき。次に月の神を生みたまひき。（一書に曰く、月弓尊、月夜見尊、月讀尊。）其の光彩日に亞げり、以て日に配《ナラ》べて治《シラ》すべし。かれ亦天に送りたまふ。次に蛭兒《ヒルコ》を生みます。已に三歳になるまで、脚猶立たざりき。かれ之を天磐櫲樟船《アメノイハクスブネ》に載せて、風のまにまに放ち棄てたまひき。次に素戔嗚尊を生みたまひき。（一書に云く、神素戔嗚尊、速素戔嗚尊）。此の神勇捍、安忍《イブリ》にまして、且《マタ》常に哭泣《ナキイサツル》を以て行と爲したまふ。かれ國内の人民を多《サハ》に夭折しめて、復た青山を變枯になす。故れ其の父母二神素戔嗚尊に勅りたまはく、汝は甚だ無道、以て宇宙に君臨《キミ》たるべからず、固《マコト》にまさに遠く根國《ネノクニ》に適《マカ》るべしとのたまふ。遂に逐《ヤ》らひたまひき。

とある。

書紀によると、最後に生れた神々の中に、終りから二番目に蛭兒があるが、これは前回に述べた如く、最初に生れた子であることは、古事記の文に見えてゐる通りである。それ故に、最後に生れた御子たちは、日月の二神と素戔嗚尊の三柱の神に相違ない。此の神々の生れ方は如何にも異常であるが、日と月とが神の兩眼となつてゐることは、ギリシャ神話をはじめ、その他の國の神話によく見えることで、我が國の神典にのみ限られた話でない。その中一二の例を擧げて云へば、漢土の神話によると、盤古氏の兩眼は日と月とであり、印度に於いては Purusha の兩眼も日月である。盤古氏と Purusha とを普通の人間と見れば、其の兩眼が日月であるといふのは解しがたいことであるが、此の兩者は所謂 Cosmic Personages 卽ち宇宙人であるから、宇宙を人に擬したときに、その兩眼とも見るべきものは、光彩陸離たる日と月とであるべきは當然の事である。伊邪那岐命も Cosmic 神であるから、その左眼から日神が生れ、右の眼から月神が生れたと申して何の怪むべきことはないわけである。何となれば人の體の中で最も光るものは、眼であつて、宇宙の中で最も光るものは日と月とであるからである。伊邪那岐命の兩眼から日月二神の生れさせ給へることは、これで明かになつたであらうが、此の神の鼻を洗うたときに素戔嗚尊が生れたといふのは、何を意味するであらうか。これは從來全く解釋せられないで殘つてゐた問題である。然し、此も決して解釋に苦しむ必要はない。兩眼の德は光明であるが故に、日月となつた如く、鼻の德は息の出入であるから、之を宇宙の氣に擬すれば風である。卽ち素戔嗚尊は伊邪那岐命の息である。宇宙の風である。

四　大日孁貴、月讀命、素戔嗚尊の名義

天照大神が日の神であらせられるのは書紀などの文面から見て、又その出現せられた記述の文から見て、毫も疑ひ

をさし挾むべき處はない。古事記傳巻六に、

一書には號曰二天照大神一と有、一書には、謂二大日孁尊一とあり、萬葉にも、天照日女之命《ヒルメノミコト》とよめることあり。さて此大御神は、卽今のあたり世を御照《ミテラ》し坐《マシマス》天津日に坐《マシマセ》り。されば月日は、今此御禊《ミソギ》によりて、始て成出坐《マセ》るぞかし。（此《コレ》より前には、月日坐《マス》ことなし。然るを世の識者《モノシリビト》、月日は天地の初發《ハジメ》より自然《オノヅカラ》ある物とし、天照大御神月讀命をば、別なりとして說を立るは、何の書に見えたるぞ。たゞ漢籍の理に溺れたる己が私ごとにて、甚《イタク》古傳に背けり。若月日本より坐《マシマサ》ば、今茲成出坐るは何の神とかせむ。日神とあるなどをば、なほ日とは別なりと說曲ぐとも、書紀に、日月既生などともあるをば如何とかせむ。ひたぶるに外國の書の理說にのみ泥て、如此さだかに、成出坐る始を記されたる、御國の正しき古傳を信《ウケ》ざるは、いみしき邪說に非《アラズ》や。又漢人のいはゆる陰陽の理を以て萬を說は、みな誤なりと云こと、首巻にも委く云り。若實に陰陽と云ことあらませば、今此大御神は、左御目より成坐て、日神に坐《マシマセ》ば、必男神に坐べきに、女神に坐《マシマシ》て、返て右御目より成坐る月神しも、男神に坐は如何ぞや。陰陽の說の眞理にかなはぬ證《シルシ》は、此にて著明ものをや。强てかの理にかなへむとて、是《コレ》をも種々言曲《イヒマゲ》るは、凡て論ふに足ず。こゝに私記に、此陰陽の理の合難ことを、さまざま論ひたるは、猶其理を主として云るなれば、皆取に足ぬことなるを、其中に、漢家之風儀、與二日域之古事一、史書所レ注皆異、更難二比擬一と云るぞ宜き說なる。凡て陰陽の理を云は、漢家の風俗なれば、御國の古傳にはかなはぬ物ぞ、又近きころ、此大神を男神なり、と云人どももこれかれあれども、皆おのがわたくしの强言にて、漢の理にへつらへるものなれば、

云にたらず。こゝに伊勢人龍氏が云らく《ヘ》、日神《ノ》月神《ノ》者、有二人之貌一、身帶《ニ》二光明一者、非二外典說《ニク》陰陽之精者一、佛經《ニ》說《ク》日天子月天子者也、日月二天子、人二其形《ノ》一、來二臨佛會一、而聽二說法一、今時說二神書一者、日神《ノ》月神《ト》、與二懸空日月《ノ》一爲二各別解《ノ》一、未レ聞三古人爲二其說一、孰《カ》信レ之哉とあり。この說、佛書に溺て、日天子月天子と云《ヒ》、來二臨佛會一など云るは、同誤にて、云にも足《ラ》ざれども、世人の漢籍に溺たる誤をば、能辨《ク》へたり。此人の如此《カク》、月日は陰陽の精に非ることを見得たるは、佛書に資《ヨレ》る力なり。是に付てつら〳〵思ふに、世の學者の皇國の古典の力に資て、外國の說ともの誤をえ見付ぬこそ、返ゞ憾恨《クチヲシ》けれ。)

と說いてゐる。

本居氏が天照大神を實際日神《ノ》と書紀にも書いてあるが、現に天上に輝いてゐる日の事だと謂れたのは、一應尤のことには相違ないけれども、此の神は日そのものではなく、其の精を人に擬した神であるのである。此の神が女神であらせられるのは、その名が大日孁尊或は大日孁貴と稱へられてゐるのでも明かである。孁といふ文字は、說文によると、孁貴《ヘ》女字《ノ》也とあるから、之をメと訓ましてゐるのは正しい。古典に女神は普通には比賣といふのが多いけれども、時には某の女と呼ぶこともある。天宇受賣、大戸之邊醜女などの類である。此の神が女神であらせられることは、なほ月神が男神であることや、素戔嗚尊が高天原に御上りになるときに姉君に暇乞をせんためとあるのでも、又天照大神が弟神が天上に參つたときに、女裝を解いて男裝になられた狀況などを見ても、甚だ明白なことである。然し天照大神は伊邪那岐命の左眼から御生れになつたとあり、此の神は陽の神であるから、男神に相違ないと斷定した學者は已に徳川時代にもあつたのである。女神は支那の陰陽說から見れば陰で、方向にすれば右であるから、天照大神は男神であらうといふ說が起つたのである。然し、天照大神は實際何れの點から見ても女神であらせられるから、これは支那の陰陽說に合はぬことであつて、玆に本邦固有の思想が現はれてゐるのである。我が國にては、方向に於いては漢土に於いての如く、左を上として之を尙んだのであるから、貴き天照大神が伊邪那岐命の左眼から御生れになつたに過ぎないので、それに何等怪むべきことはないのである。天照大神は女神であつて、左の位に相當するものである。何となれば、此の神は日の神であらせられるが故に、東方卽ち左方が上の位であり、それと同時に、それが天照大神の方向である〔からである〕。

天照大神が女神であらせられることは、それに對した月讀命が男神であるとされるのでも證せられる。古事記傳卷六に、

月讀ノ命、都久用美と訓べし、書紀ニ云ク、次ニ生ム月ノ神ヲ、一書ニ曰ク、月弓尊《ツクユミノ》、月夜見尊《ツクヨミノ》、月讀尊《ツクヨミ》（讀も弓も借字なり、然るを此等の字につきて御名を說ク などは、例の論ふにも足ラず。さて書紀の旨《ムネ》こゝろえぬことゞもあり。まづ日ノ神に御名ありて、月ノ神に御名のなきはいかが。三ツノ御名は皆一書の說なれば、本書にはあづからぬことぞ。次に月夜見と月讀とは、文字の異なるのみにて、たゞ同じ御名なるを、並擧られたるはいかに。是は漢字にかゝはる人の爲にはいはず。古書の趣をよく知《シレ》らむ人のために驚しおくなり。）御名の義、師說に、綿津見山津見などの如く、美《ミ》は持《モチ》にて、月夜持《ツクヨモチ》の意なりとあり、夜之食國を所知看す大御神に坐せば、然も有リぬべし、故レ都久用美と訓べき古言

の例なり。月夜をば都久用とのみ萬葉などにもよめればなり。(都伎用とあるをば、古書に見あたらず)。又黄泉《ヨミ》と云名も相通ひて聞ゆ。美の意は今一《ツ》の考《ヘ》もあり。そは天之《ノ》忍穂耳命の下(傳七の五十四葉)に云べし。さてこの大御神も、卽今《チ》天に坐《シ》ゝ《ス》月に坐《セ》り、月の光を、卽月讀之光《チツクヨミノヒカリ》とも萬葉によめり。さて男神に坐《ス》ことは疑《ヒ》なけれど、猶いはゞ、萬葉《ノ》歌に、月讀壯子《ツクヨミヲトコ》、月人壯《ツキヒトヲトコ》、左佐良榎壯子《サヽラエヲトコ》などよめるにても知るべし。(倭姫《ノ》命世《ノ》記に、伊勢月讀《ノ》宮の御形《ミカタ》も、馬乘男形《ウマニノレルヲノカタチニ》坐《ス》といへり。)

と說いてゐる。月讀命が男に坐すことは爭はれないが、此の男神が陰の方にあたる右の眼から御生れになつたといふのは何故であるか。これは我が國の風では、左を上とし、右を下とするが、左を男とし右を女とする漢土の陰陽說と全くその趣を〔異に〕するからである。天照大神を男神なりと主張する學者はあつたけれども、月讀命を女神なりと論ずる學者の無かつたことは、また怪むべき事である。左の反對に右があるのであるから、左を男なりと主張すれば右は女なりと主張すべきであるからである。

天照大神の御一名大日孁貴尊の名義と月讀命の名義に就いて、加茂・本居二氏の解釋に誤りがあると思はれるから、此所で論じておく。古事記傳巻六に、

師說に、大日女貴《オホヒルメノムチ》の、女《メ》は美《ミ》に通《ヒ》て、持《モチ》の約れるなり。月夜見の見と對《ヘ》て知べし。貴《ノ》字はかなひがたしとあり。(中略)此外何れにも、ひるめの命ひるめの神などゝのみありて、ひるめのむちと云は見えず。されば、大ひるむちと申せば、ムチ卽メにあたれり。

と說いてゐる。此の二學者の解釋は大なる誤である。大日女貴の女を加茂氏は持《モチ》の約つたミの更に訛つた形で、その義は持であるといふのである。持《モチ》が約つてミとなるといふことは、漢字の發音法に切韻といふの〔を〕用ゐる。それは漢土では音符文字がないので、一字の發音を定める場合にこれを寫す文字がないので、他の文字の頭音と末音とを切り合せて一音を發する方法を發見したのである。これを切韻といふ。例へば美《ミ》といふ者は何と發音すべきかを知らしめんが爲に、毛知切といふ。卽ち毛の頭音は mo、知の末音は i であるので、此の m と i とを結合すれば mi となるのである。此の方法は單に一字の發音を定める爲であつて、此の方法に依つて一語の變化を示すものでない。然るに加茂氏などが國語の變化を解く場合に、此の切韻を適用したのは、全く理に合はぬことである。大日女貴のメは持の義ではなくて、女の義であることは上に論じた通りである。加茂氏が此の女《メ》を持の約であると斷じて、これと月《ツク》讀《ヨミ》の命の讀《ヨミ》 yomi の mi に相當する語と解したのも曲解である。月讀（ツクヨミ）の yomi は闇をいふ yomi と同義で、〔mi は〕yo といふ語幹についた語尾で、これを一語と見做すべきでない。又本居氏は大日女貴卽ちオホヒルメムチの正しい御名はヒメムチであつて、「ヒルメムチ」ではないと說いてゐる。その理由はムチが約ればミで、此のミはメに通ふ言であるといふのである。これは師匠加茂氏の語源解釋法を適用したもので、その曲解であるのは明かである。大日孁貴の貴は大國主の一名を大己貴ともいふ貴で、一種の敬稱である。その原義は、uti, ushi（卽主・父）であつて、之に ma といふ接頭詞が冠せられた形である。貴を muti といふのは ma-uti, ma-ushi, の約つたものである。其れを同じやうに主を nushi といふのは、ushi（大人）に接頭詞の na を加へた形であるのと同じである。その ushi は uti と同語である。何となれば、國語ではサ行とタ行とは相通ふからである。國語で大人と書いて ushi といふのも、元來は uti で、その原義は、titi と同語である。武內・甘內などいふ內 uti は ushi と同語である。

素戔嗚尊の名義に就いては古事記傳卷八に、

於ニ勝佐備《カチサビ》一。師說に、進むことを須佐備《スサビ》と云、又そを約めて佐備とも云り。(須佐を反て佐《ツヅメ》なり)。今此神誓《ウケヒ》に勝給る御心の進《スヽ》める勢《ヒ》に荒び給ふを勝佐備と云て、進み荒ぶる意なりとあり。(又云、萬葉一に感ニ傷近江舊都《ノ》一《ヲ》歌に樂《サヽ》浪乃《ナミノ》國都《クニツ》美神乃《ミカミノ》浦佐備而《ウラサビテ》荒有京《アレタルミヤコ》見者《ミレバ》悲毛《カナシモ》、これも國御神《ツ》の心すさびて、國の亂を起し、都を荒せりとよめるなり。今云《ク》、此哥舊說《キ》どもは誤れり)。猶此《ノ》佐備須佐備てふ言、是より種々に轉《ウツ》し用ることなど、委曲に彼《ノ》萬葉考《ノ》に書《シル》されたり。さて須佐之男と申《ス》御名も此意なり。(故或書《レ》に進雄《スサノヲ》とかけり)。後世《ノ》に物の進み荒きを須佐夫《スサブ》と云ること多し。

と說いてゐる。本居氏が素戔嗚尊の御名の susa は約つて sa となるが故に、sabi 卽ち荒れ進の義と解したのは、加茂氏の語源說明法に從つたもので、その當を得てゐない。susa は須佐備、須佐武の susa であつて、sabu が約つて sa となつたものでない。さうして、susa の su は例の接頭詞であつて、sa が語根である。此の sa が活用して、sabi とも samu ともなるのである。さて、スサムとは、凡べて荒れ進むことを云ふのであるから、風吹きすさむなどいふが如く、風の荒れるさまをいふときなどに最も適した言である。思ふに素戔嗚尊が此の名を得たのは、尊それ自身が風であるからであるまいか。

素戔嗚尊が風の神でましますことは、又、この尊の御狀からも推される。古事記によると、

かれ各《オノモ〳〵》よさし賜へる命のまに〳〵知しめす中に、速須佐之男命、よさしたまへる國を治らさずて、八拳須心前《ヤツカヒゲムナサキ》に至るまで、啼きいさちき。その泣きたまふ狀は、靑山を枯山なす泣き枯らし、河海は悉に泣き乾しき。是を以て、惡ぶる神の音《オトナヒ》、狹蠅なす皆涌き、萬物の妖《ワザハヒ》、悉に發りき。

とある。尊の泣きたまへるといふのは、暴風の吹きすさびて、その響く音のすさまじきことをいつたもので、靑山の葉もふき落されて、枯山となり、海河の水も風の吹く爲に乾いて干潟となるといふ暴風の吹くさまを述べたものである。又此の尊が天照大神を御訪問になるときの形勢を、古事記には、「乃ち天に參上ります時に、山川悉に動み、國土皆震りき」とあるから、嵐のすさまじき有樣を形容した詞に過ぎないことが分かる。

五　素戔嗚尊に關する疑義

伊邪那岐命は、素戔嗚尊の御暴狀を御憤りになつて、そなたは何が故に、かやうに泣きわめくのであるかと問はれた時に、尊の御答に「僕は妣國根の堅洲國に罷らむと欲ふが故に哭く」と申された。そこで伊邪那岐命の仰せられたのに「然らば、汝、此の國には、な住みそ」と申して、素戔嗚尊を神やらひにやらひましたといふ。さて、此の物語について二つの疑問が起る。一つは素戔嗚尊が伊邪那美命を妣と仰せられたといふことである。前に、此の記のいふ處によると、伊邪那美命は迦具土神を御生みになつてから、夜見國の主人となつて彼の國に留まられ、素戔嗚尊は伊

邪那岐命御一人の御體から生れた神であるのに、なほ伊邪那美命を妣といはれたのは何故であらうか。そこで德川時代から國學者の中には、此の尊もやはり伊邪那岐・伊邪那美二柱の命の御子に相違ないから、古事記の傳は誤りで、書紀の本書に書いてあるのが正しいのだといふものもある。然しこれは皮相の見で、神代史の精神を了解しない見解であつて、啻に德川時代の國學者ばかりでなく、舍人親王總裁の下に書紀を編纂された方々にも、此の俗見を有してゐたものが多かつた爲めに、本書の通りに合理的に書き換へたのである。素戔嗚尊が妣《ノ》國、根の堅洲國に往きたいと哭かれたとあるのは、古事記の文である。此の書は、伊弉那美尊が迦具土神を御生みになつて、根《ノ》國へ御出になつたことを悉しく書き述べ、且つ黃泉平坂《ヨモツヒラサカ》に於いて、伊邪那岐命は伊邪那美命に離緣を申込まれた事までを書いてある。されば、素戔嗚尊が父母二柱の御生みになつた方でないことは、萬々承知のことである。然るに此の書に、素戔嗚尊が伊邪那美神を妣といはれたと書いてある以上は、其處に必ず深き道理が有るに相違ない。

さて伊邪那岐命が夜見國から顯國に歸られてから、御生みになつたのは、日月二神と素戔嗚尊三方に止まらない。既にその前に夜見の國の汚穢を淸め落されたときに御生れになつた神に、八十禍津日神と大禍津日神とがある。此の二柱の神は、伊邪那岐命御一人で生れたものであるが、それは、夜見の國の汚穢れの結果、卽ち伊邪那美命の精神から生れた神に相違ない。卽ち、その母は伊邪那美神と申しても差支へは無い。さて其の次に、その汚穢を直さうといふので神直日《ノ》神・大直日《ノ》神が生れた。これは明かに伊邪那岐命の御魂に生れた神に相違ない。此の如く、夜見《ノ》國御訪問の後に善惡二神が御生れになるといふのは何故であるかといふと、それは、古事記によると、諾冉二神の御誓に基くのである。其の誓とは何であるかといふと、其は黄泉《ツ》平坂に於いて、事戸《コトド》を渡された事である。卽ち、その時の誓によつて、伊邪那美命は顯國の人草、一日に千頭絞り殺さんと申され、伊邪那岐命は、それに對して一日に千《チ》五百《イホ》産屋《ウブヤ》を立てんと仰せられた。卽ち一日に必ず千人死に、一日に必ず千五百人生れるといふことになつた。それ故に顯國に於いて、人を殘ひ殺す者は、悉く伊邪那美命の子であり、人を生み繁殖さす者は、悉く伊邪那岐命の御子である。さてかやうに解いて見ると、素戔嗚尊が伊邪那美神の子であると見ても差支へないではないか。

第二の問題は、伊邪那岐命が日月二神と素戔嗚尊の三神を御生みになつた時に、「伊邪那岐命大く歡喜《ヨロコバ》して詔りたまはく、吾は御子を生み生みて、生みの終《ヘテ》に、三柱の貴《ウヅ》の御子を得たり」とあるが、此の三柱の中、素戔嗚尊が惡神であるとすれば、此の言と矛盾するではないかといふ質問である。さて、天照大神は日の神であり、月讀命は月の神であり、素戔嗚尊は風の神であるとすれば、何れも世の中に必要な有難い神であらせられることは、亦言ふまでもないことであるから、伊邪那岐命のいたくお喜びになつたことは當然なことで、それに何等の矛盾はない。然し顯國に於いて、已に物を生むといふ以上は、必ずこれに死といふことの伴ふのは必然のことで、何事も此の運命を免れない。言を換へてこれをいふと、顯世に於いては、生死は常に相反するもので、惡には善があり、善には惡がつき纏ふものである。それ故に、素戔嗚尊も、その荒れ方から見れば惡であるが、此の命が顯國にある間は、また善事も行はれたのである。卽ち後の段に自然說くことになる如く、八股《ノ》蛇を退治して五穀を豐饒にする善事を行はせられたことがあり、又樹の種を大八洲國に播き散して、蒼生の生計を謀られたこともある。卽ち、此の尊は絕對に惡神といふわけでない。

さて此のやうに、顯世に於いては何人も絶對に惡なる事はなく、又絶對に善なることもあり得ない。それは絶對に生なることは出來なく、絶對に死なることは出來ないと同じである。そこで、絶對に生であり、善なるものは、天國に參り、絶對に惡なる者は地國に下るのである。是に於いて、三神の分封が生ずるのであらうと思ふ。これが神典の全篇を貫いてゐる精神であらう。

六　三神の分封と、これに含まれたる漢思想

かやうに見ると、伊邪那岐命が彼の三神を生まれた時に、三柱の貴の御子と御喜びになつたといふのに、何等の矛盾はない。然し顯國には生死相伴ひ、善惡相交るのであるから、此の三子を分封するに於いて、その御性質に從つて、これを混合のない絶對の善と絶對の惡に分ちて、其のかたをつけることが必要になつて來る。そこで、日神は光明の神で、發生の神であり、至善の神であるが故に、天國に封じ給うた。これは當然のことであつて、古事記の傳へに於いて、それには何の異傳はない。然るに月讀命の封地に就いては異説がある。古事記の傳によると、此の命は夜の食す國に封ぜられたとある。然るに書紀の本書によると、此の神の光彩は日に亞ぐが故に、日に配べて治らしむべしといふので、天に送られたとある。又、其の一書によると「月弓尊並ニ是レ質性明麗、故使ㇾ照㆓臨天地㆒」とあり、又一書によると「月讀命者可㆔以治㆓滄海原ノ潮之八百重㆒」とある。かやうに月讀命の封地については異説はあるが、此の神は現に天上にます月であらせられるが故に、その住地が天上にあることは勿論である。さて古事記に、此の命は夜の食國を治せと詔せられたのは、高天ヶ原全體は元來日の神の領域であるのには相違ないが、日ノ神は日中に出御あるけ

れども、夜になると御退きになつて、現はれ給はぬ故に、その時は月の治す領域とせられたので、夜の食す國を治せと御命令になつたわけである。月讀命はまた月夜見命ともかゝれるが如く、此の名が黄泉國の夜見とその名稱に同じき處があるので、從來國學者の中には平田篤胤の如く月讀命は、素戔嗚尊と同神であると見做す者も出たわけである。然し素戔嗚尊の遂に封ぜられた黄泉《ヨミ》國は、地下の世界で、その闇黑なることを夜の如しといふ所からヨミの國とは云ふので、晝夜の夜とは全く異なるものである。月讀命の夜食《ノ》國と申すのは、晝夜の夜で、晝の間は天照大神が出御されるので明かであるが、其の退去の間は暗くなるので、その間は月讀命の御領分と別たれたのである。又一書に、月讀命は滄海の潮の八百重を治せよとあるのは、潮の滿干は月の運行出沒に關係があると、當時の人にも知られてゐたので、此の理由によつて、斯樣な任命があつたのであらう。但し潮の滿干と月の運行と關係があるといふことは、上代の日本人の觀察した智識であるか無いかは疑問である。想ふに、此の知識もまた漢土から得たのであるまいか。漢土の記錄に徵すると、此の關係の明かに知られた時代は晉時代からであつて、それ以前の記錄には、その證據を得ないのである。かやうに考へて見ると、月讀命の分封に就いて、種々の傳があるが、此の神の居處は天上にあつたことは明かである。

素戔嗚尊の封地につきては、古事記によると、「汝が命は夜の食國を治らせ」とある。然るに書紀の本書によると、「故其父母二神勅二素戔嗚尊《ノ》一、汝甚無道、不レ可三以君二臨宇宙一、固當遠適《イネト》二之於根國一矣、遂逐レ之」とある。其の一書によると、「素戔嗚尊《ノ》、是性好二殘害一故令三下治二根《ノ》國一」とあり、又一書に「故其父母勅曰、假使《モシ》汝治二此《ノ》國一、必多レ所二殘傷一、故汝可三以馭《シル》二極遠之根國一」とあり、又一書に「素戔嗚尊可三以治二天下一也」とある。此の如く此の尊の任所に就いて異傳はあるが、これを要するに、此の尊は海原を治らすといふ説と、天の下を治らすといふ説と、夜見國を治らすといふ三説がある。さて此の説の中、何れが正しいのであるか。此の三説の中、書紀の一書によると、此の尊に極遠の根國を馭《シラ》さしむとあり、根の國を治らさしむとある。しかして根の國は、殺伐殘害を爲す神の治らす國であつて、甚だ忌み嫌ふべき汚き國であつて見れば、伊弉諾尊が其の愛子たる貴の御子に此の國を治めよと始めから任命せらるべき筈はない。夜見國は神なり人なりを逐ひ遣る穢土であつて、愛子を封ずべき良い國でない。さう見ると、書紀の一書にある如く、諸冉二神が、根國を治らせよとか馭せよとかは、素戔嗚尊の御生れになつた時に、命ぜられたとは思はれない。伊弉諾尊が此の御子の生れたのを喜ばれたのは、それが風の神であつて、世の中に必要な神であることは、日月と同じことであるのを喜ばれたためであらうから、三神分封の際には、此の神の封地は天の下であつたのであらう。然らざれば、海原であらう。然し海原の神には綿津見神があるので、廣く此の顯國を治せと命令せられたとある傳を正しいと見なければならぬ。然し風にも二樣あつて、其の一は穩かな風で、級神彥の如きはそれであらうが、素戔嗚尊は暴風であつた爲に、實際生れて後の御行狀から如何にも荒みすさみて、民を殘害することが多いので、そこで餘儀なく根國に逐ひやることになつたので、此の神が夜見神となつたのは、父神から任命せられたのではなく、追ひやられたのである。此の神の位置がはじめ曖昧であつたのは、かやうないきさつからと見るべきであらう。さて、かやうに天の下を治すべき素戔嗚尊が根國へ參り、日月二神が天上に任命せられて了へば、此の顯國の主人は無くなるわけである。そこで此の主人を作らんがために、素戔嗚尊は高天《ヶ》原に姉君天照大神を御訪問せられたわけである。神典全體の結構から之を見ると、天上に高天《ヶ》原といふ國を作り、地下に夜見《ノ》國を作り出したけれども、結局は此の顯國へ話の落をつける積になつてゐるので、先づもつて天地の二國を現出せしめたのである。

第五篇　高天《ケ》原と天孫降臨の章

第一章　天照大神と素戔嗚尊との誓約

一　夜見國に對する高天《ケ》原、中《ツ》國の意義

世の中に生きるといふ事があれば、死するといふ事が伴ふ。善といふものがあれば、惡といふものも隨つて起つて來る。生死善惡は影の形に從ふが如く、到底相離れることは出來ないものである。然るに、生と善とは人の好む處で、死と惡とは人の惡む所である。人に善人と惡人があるが如くに、神にも善神と惡神といふものがある。善神に對しては幸福を希ひ、惡神に對してはこれを避除するを努める。神が靈魂の狀態にて人に考へられてゐる間は、此の顯國の間に遍在して到る所に之をあるものとして思惟せられるが、人の神に對する觀念が發達向上して、神が人に類した形を執るやうになり、而も人以上の不可思議な力を有するものとなるに及ぶと、最早人間の住む此の顯國には住まなくなつてくる。是に於いて人の行くことの出來ない世界が生じて來る。生と死と善と惡とは、その性質に於いて全く正反對で異なるものであるから、善神の住む世界と惡神の住む世界とがまた異つてくる。光明は人のあくがれる處で、

闇黑は人の厭苦する處だから、上天は善神の住處となり、地下は惡神の宿處となる。卽ち我が古典にいふ高天《ケ》原と夜《ノ》見國とが現出してゐたわけである。高天《ケ》原は光明の神、至善の神の世界であつて、凡ゆる善は此の世界から發生するものである。夜《ノ》見國は闇黑の神、至惡の神の住む世界であるから、凡ゆる惡は此の世界から發生するのである。かやうにして、善惡明闇の二世界が相對して人の信念に湧出してくるのである。さうして顯國はその間に位するが故に、此處では善惡生死、相交叉混合して所謂世界相を生ずるのである。是れ卽ち我が神代史に高天《ケ》原と夜《ノ》見國との間に顯國が現出してゐるものと記載せられたわけである。是の故に、此の三大國の中、天國と地國とは幽界卽ち觀念思想上の世界であつて、顯國は現實の世界である。

神代史の所謂高天《ケ》原に就いては、從來諸說があつて一定しなかつたのである。是れ蓋し神代史を人代史と考へて見たからで、之を國史が明言してゐるやうに神代の物語だと考へれば、高天《ケ》原は高い天にある國を稱するのであつて、これ程明白なものはなく、從つて此の國の所在に就いて議論の起るべき餘地はない筈である。然らば上代の日本人は天國を如何やうな處と考へてゐたかといふに、此の國の形勢は此の顯國と變つた處はない。此の國は周圍を Sora, Ama といふ稀薄な海によつて取り卷かれてゐる處であつた。この故に此の天國から顯國に神々が御降りになるときには、天《ノ》御柱とか、天《ノ》浮橋とか、天《ノ》磐船とか、天《ノ》鳥船とかに據らざるを得ないのである。さうして天照大神をはじめ萬の神達の住ませられた處は、此の高天《ケ》原卽ち陸地であるから、現國の大八洲國に類した嶋と考へられたのである。此の國に大河があつて、これを安河と稱へ、此の國に大山があつて天《ノ》香山といふ。此の國には、田畝もあり、草木も繁茂し、家屋家畜等凡てに於いて、此の顯國と異なる處はない。こゝに注意すべきは、此の國に賢木といふ常盤木の生えてゐる香山といふ山と、眞名井といふ井戸とがあるといふ事である。此處は夜見《ノ》國の正反對の處であるから、夜見《ノ》國が地獄ならば、高天《ヶ》原は極樂世界である。

地獄極樂二界のあることは、世界の他の國民の思想にも存したことで、獨り我が國の上代人ばかりがさう考へたといふことは出來ない。然し前にも已に述べた如く、支那思想を多く採用した神典の中に、此の兩世界の存在してゐるといふことは、大いに注目に値する事柄である。何となれば、支那の上代には未だ此の二界の思想は生じてゐなかつたからである。漢人もまた天地を崇拜する。天を皇天といひ、地を后土といふは、天地を神とした觀念であるのは勿論である。然し、此等の神々は何れも靈魂であつて、未だ人格化してゐない神々である。故に、天に在つては天體を神の精なりとし宿所とするのであつて、未だ天上に人間界の如き別世界があつたとは考へられなかつたのである。その事は地に就いても同じ事であつて、蛇とか龜とかは、地の神の靈代化現であつて、未だ夜見《ノ》國の如き幽界は想像してゐなかつたのである。此の點に於いて、我が國人の思想と漢人の思想との間に大いなる相違があるのを認めざるを得ない。然し漢人にも想像の世界はある。それは現界を離れた別世界ではなく、やはり此の世界であつた。陰陽の世界と、日出處と日沒處とにあつたと信ぜられた世界である。此の世界は所謂神仙の國であつて、その處は此の地球の上にあつて、又人間界から遠い處にあり、人の稀に至り得る處だと信ぜられてゐたのであつた。そしてそれは此の地球を離れた我が國の高天《ヶ》原とか夜見《ノ》國といふ類のものではない。

漢人の理想界は陰陽思想に根柢を有するが故に、東方日出處の境界は發生の世界、光明の境界であつて、其に對する西方の日沒處の境界は、闇い夕方の處であつて、死亡凋落の域界である。此の兩域は猶ほ地上にあるが故に、その君主は猶ほ人であつて神でない。儒教からいへば聖人で、道家は之を眞人とも仙人とも稱したのである。儒道共に東方の聖人眞人を伏羲といひ、西方の君主を女媧氏とも西王母とも稱したのである。此の神話は陰陽思想に基くが故に、始めは陽の世界は光明發生の境域で、陰の世界は死亡の世界であつたけれども、何時とはなく、此の兩境は共に仙域、極樂生成の世界と變じて了つた。それ故に、前漢時代には西王母などは西方金德の君主であるが故に、恐るべき殘害の仙人として信ぜられてゐたのであるが、南北朝の頃になると生命の神となり、不死の藥は、此の仙人からも、東方蓬萊の神仙のなすが如くに、人間に與へられることになつて了つたのである。さやうな次第であるから、漢人の此の頃の考へでは、東方發生の神人に對する西方死亡の神人は、此の地球上には無くなつたのである。然らば死人の靈は如何なる處に行くかといふ疑問が起る。漢土の陰陽說によると、人間の靈魂は魂と魄とから成り立つてゐて、人が死ぬといふと魂は天に歸り、魄は地に歸ると信ぜられてゐた。後漢三國時代の支那人は、人が死すると其の魂は泰山に行き、天に上り、魄は地下に降るものと信じられてゐたのである。それ故に、漢人の間には天國と地國との思想は起らないですんでゐたのである。神代史が漢代の陰陽思想と其れから起つた天文神話を多く取入れてゐるにも拘はらず、天地宇宙の構造世界に關しては、兩者の間に非常なる相違の點のあるのを認めなければならぬ。

二　天照大神の性について

既に前にも述べた如く、天照大神は伊邪那岐命の左眼を洗うたときに御生れになつた神である。左は陰陽説によると、陽の方向である。又、此の神の領域は高天《ヶ》原である。陰陽説によると、天は陽の位である。また、此の説によると、陽は男で陰は女である。それ故、諾冉二神が天の御柱を廻るときに、陽神たる伊邪那岐命は左より、陰神たる伊邪那美命は右より廻られたのである。此等の事情から考へると、天照大神は男神でなければならないわけである。德川時代の學者の中には、此等の理由を種に取つて、天照大神は男神にましますと主張するものもあつた。蓋し、無理ならぬ議論である。然し、神代史の記する所によると、此の大神は決して男神でない。その證據の一つとしては、此の神が大日孁貴神と稱せられたことである。既に前にも述べた如くに、大日孁貴の孁は國語で之をメと訓せてゐる。メ（me）とは國語で女の義であり、又漢字の孁は神女を呼ぶ名である。第二の證據としては、此の神を素戔嗚尊は姉と呼んでゐることである。第三の理由は、素戔嗚尊が高天《ヶ》原へ御上りになつたとき、天照大神は女の姿を變へて男裝せられた狀は、恰も神功皇后が新羅御征伐の時に男裝に變へられたと同樣であることである。第四の理由としては、素戔嗚尊と誓約して御子を御生みになつたことである。此等の理由によつて、天照大神が女神であらせられることは全く爭ふことは出來ない。天照大神は天の神であつて、地の神たる素戔嗚尊と相對峙した神であらせられる。漢土はいふまでもなく、その外、多くの國に於いて、天は父で男であり、地は母で女である。漢土に於いて、陰陽の說によつても、また儒教の說に於いても、天地は萬物の父母である。天は生氣を授けるもので、地はこれを受けるものとなつてゐる。此は自然現象から觀察した見方であつて、その理は大いに存するのである。

三　男女の性に關する尊卑

然るに、我が神典ではこれと反對で、天の神が女であつて、地の神が男である。神代史に現はれた我が國民思想が外國と大いに異つてゐることは、前にも述べた如く、數詞の場合でも、左右尊卑の場合でもさうであるが、その差異の點に大いに注目すべきことは、天神が女で、地神が男であるといふことである。然し、神代史全篇を通じて、女尊男卑であるかといふと決してさやうでない。已に前にも述べた如く、諾冉二神が天柱を御廻りになつたときの記事によれば、どうしても男尊女卑の思想であることは爭はれない。又これから述べる處で知られる如く、天照大神が素戔嗚尊と誓約を爲して御子を御生みになるとき、素戔嗚尊が上天の動機に惡しき心がなければ生れる子は男子であるとせられたのを以てこれを見ると、此の場合に於いても、男を重んじ、女を輕んじたことが知られる。然るに神典に於いては、八百萬神たちの中で最も高い地位を占めてゐられる天神たる天照大神が女神であつて、その反對の地の神が男神であらせられるといふのは、如何なる理由によるものであるか。蓋し、此の現象は獨り此の二神の場合にのみ限られてゐるのでない。その他に於いても此の特別の性質が認められる。例へば、月讀命は月の神であることは明白である。月は漢の思想では陰の神の大將であつて、女神であるのに、我が神代に於いては、男神であらせられる。かやうに觀察してくると、男女の性に關し、少くとも神典に於いては、二樣の相異つた思想が混合してゐる。一つは漢土の陰陽說に基いた男尊女卑の思想で、一つはそれによらない日本固有の思想である。然らば、その固有の思想とは何であるかといふに、其れは我が上代人は女の美しき愛、發生する働きを、男の強く荒い性質よりも尊んだといふことであらう。天照大神卽ち日の神が、美しき慈愛に富んだ、所謂母性の愛を有せられてゐる神と、人間から思惟せられ尊び敬はれてゐたのは、此の神代史の作られた時より前、卽ち漢土の陰陽思想が邦人の頭には入つてくる前から、存在してゐた固有の思想であつて、神代史を作るときになつても、此の固有の思想を變更することが出來なかつたためであらう。我が國の人が男性の荒い強い性質をば尊ばないで、女性の生む、惠む、愛する性質を貴んだことは、天照大神を女神としたのに於いて見られるばかりではなく、また食物の神、卽ち保食神《ウチモチ》が女神であるのも同じ思想から生じたものと見られる。然し、また同じ性質のものでも、その荒い側から見たときには、これを男とし、柔かな側から見たときには、これを女と見るのである。例へば、火の神を饒速日男命《ノ》と稱する類である。火と日とは其の言葉の上から見て同一のものであつて、人類に必要な點から見ても、殆ど相讓らないのであるが、火神が男神と見られたのは、その火災を起す火の荒き働きを取つてこれを男神としたものであらう。それと反對に、太陽も暑いものであるが、これはその溫暖で愛すべきものがあるので、これを女神としたのである。これを要するに、上代の邦人は慈悲心を尊び、勇強をこれに次いだものと觀じたのである。これが我が國民の固有の思想であることは、武士道に於いても、武士は情けといつて、慈悲の無い武士は輕んぜられたものである。桃太郎の童話に於いても、氣はやさしくて力持ちといふ如く、桃太郎に貴ぶべき處は、その力よりもその氣の柔和しい處にあるのである。武士に於いても、その腕力の逞しいといふ處よりも、其の精神に情の深い、物の憐れを知るといふ處に重きを置いてゐるのである。また邦人が強い右の手よりも左のやさしい手に貴さを置いてゐたことも、同じ思想の現はれに過ぎない。神代史の至高の神が漢土の思想から生れた産巣神でなくして、日の神であることは、此の神が深く太古から國民の信仰の對象神であつたのによることであらう。

素戔嗚尊が天上に御上りになつて天照大神を訪問せられたといふのは、地の神が天の神を訪問せられたことであり、又此の二神が誓約して御子をお生みになるといふのは、天地が父母となつて人といふ子を生むといふことに當るのである。かやうに見ると、その順序次第が外國の思想と大いに異る點がある。外國に於いては、天の神、或は天の氣が下に降つて地の神、或は地の氣に加はるといふことになつてゐるのである。然るに、我が神典に於いては、其と反對に地の神の方が上天して天上に於いて御子を生むといふことになつてゐる。此の點に於いても、我が國民性の外國と異る所のあるのを認めざるを得ない。男女尊卑の次第に於いて、神典には反對の二つの思想が並立してゐるので、天照大神は素戔嗚尊が御子を御生みになつて、其の男なるか女なるかによつて正邪善悪を御定めになるといふ誓約をするときに、その傳に男女の御子に就いて混雜が生じてくるのも、蓋し自然の勢である。書紀の本書によると、天照大神が素戔嗚尊の上天の動機が善なるか正なるかを證せんとせられたときの御言葉として、

時に天照大神復た問ひて曰く、若し然らば將に何を以て爾が赤《キヨ》き心を明さむとす。對へて曰く、請ふ姉と共に誓《ウケ》はん。夫れ誓約《ウケヒ》の中《ミナカ》に、必ずまさに子を生むべし。若し吾が生めらむ是れ女ならば、則ち濁《キタナ》き心ありとしたまへ。若し是れ男ならば、則ち清き心ありとしたまへ。

とある。さて此の傳によると、生れる子が女ならば邪であり、男ならば正しいといふのであるから、これでは女は卑

しく、男は尊いのである。然るに、古事記によると、素戔嗚尊は誓をせられて已に互に五男三女を擧げられたときに、ここに速須佐之男命天照大御神に白したまはく、我が心清明《アカ》き故に、我が生めりし子、手弱女《タワヤメ》を得つ。此に因りて言《マヲ》さば、自ら我勝ちぬと云ひて、云々、

とあり、此の傳の趣によると、素戔嗚尊は女を生んだから吾れ勝ちぬといはれた處から見れば、女は尊く男は卑しいことになる。又書紀の一書には、

是《コ》ゝに日神素戔嗚尊と共に相對ひて立たして、誓ひて曰く、若し汝が心明淨《キヨ》くして、陵《シノ》ぎ奪はむといふ意あらぬものならば、汝が生《ナ》さむ兒必ずまさに男ならんと。

とあつて、素戔嗚尊の方に五男神が生れたので、

故《カ》れ素戔嗚尊既に勝つ驗《シルシ》を得つ。是《コ》ゝに日神方《マサ》に素戔嗚尊の固《マコト》に惡しき意なきことを知ろしめして、云々、

とあり、又その一書に、

時に天照大神復た問ひて曰く、汝が言ふことの虛實《イツハリマコト》を將に何を以てか驗と爲さむ。對へて曰く、請ふ吾れ姉と共に誓約を立てむ。誓約の間に、女を生《ナ》さば黑《キタナ》き心ありと爲せ。男を生《ナ》さば赤《キヨ》き心ありと爲せ。

とあり、又その一書に

日神素戔嗚尊と天安河を隔てて、相對ひて、乃ち立たして誓約《ウケ》ひて曰く、汝若し姧賊《アタナフ》之心あらざるものならば、汝が生めらむ子必ず男ならむ。如し男を生めらば、予《ア》れ以て子と爲して天原《アマノハラ》を治しめむ。（中略）故《カ》れ素戔嗚尊の

生める兒皆已に男《ヒコカミ》なり。故れ日神方に素戔嗚尊元より赤《キヨ》き心ありと知ろしめし、云々、

とある。即ち、書紀の文によると、本書と一書とに於いて何れも男子を生めば淸く、女子を生めば惡しいといふことになつてゐる。この點に於いて、古事記のいふ所と一致しない。如何にして、此の二樣の相異が生じたかといふに、古事記の方は天照大神が女神でありながら、至高の神であらせられるといふ本邦固有の精神に從つたものであるのに反して、書紀の方は男尊女卑といふ漢土の思想によつたが故である。即ち書紀本來の精神は男尊女卑の精神によつて此の一段の物語は出來てゐるのである。其れは如何にといふに、素戔嗚尊の方で生れたのは、何れの書も男神であつて、然も第一の御子の御名が正哉吾勝勝速日天忍穗耳尊といふ名を負はせられてゐるので分る。これは素戔嗚尊が男を御生みになつたのを喜び、吾れ勝ちぬと言はれたのに因んで命名せられたものであるからである。

四　二神の誓約に於いて使用せる玉と劒

さて、古事記と書紀の本書とによると、此の二柱の神が誓約を行はれて御子を御生みになつたときに、素戔嗚尊は天照大神の曲玉を取らせられて五柱の男神を生み、天照大神は素戔嗚尊の劒を取らせられて三柱の女神を御生みになつた。古事記には、

ここに天照大御神、速須佐之男命に告りたまはく、是の後に生《ア》れませる五柱の男子は、物實我が物に因《ヨ》りて成りませり。故《カレ》自ら吾《ア》が子なり。先に生れませる三柱の女子は、物實汝の物に因《ヨ》りて成りませり。故《カレ》乃ち汝の子なり。

とあり、又これと同様の事が書紀の本書に記されてある。さて天照大神の吾が物實と告せられたのは曲玉であり、汝が物實とは劔である。此の曲玉と劔とはただ偶然取らせられたものか、但しは是に何等かの意義があるか、これは一つの問題である。然るに書紀に載せてある一書によると、劔と玉との持主と、其の取扱方に差異があつて、此處にいふ處と一致しない。まづ一書によると、天照大神は御自身の佩かせられた劔を取つて御子三柱の神を御生みになり、素戔嗚尊は御自身の服せる曲玉を取つて御子五柱を生ませられたとあり、又その一書には、天照大神は素戔嗚尊の曲玉を取られて三柱の女神を御生みになり、素戔嗚尊は天照大神の劔を取らせられて、五柱の男神を御生みになつたとある。又その一書には、天照大神は御自身の劔を取らせられて三柱の女神を御生みになり、素戔嗚尊は御自身の曲玉を取られて、六柱の男神を御生みになつたとある。此の様に二神が御子を御生みになるときの次第に四説あるが、その中何れが正しいのであらうか。之を如何にして裁決して、その眞僞を判別し得べきか。

さて、以上御子御生れの次第に四説あるが、その事について共通なことは、劔と曲玉とである。此の二物は天照大神も素戔嗚尊も佩かせられたことであらうから、御誓約の時にその何れを御取りにならうとも御隨意であるのは勿論であるが、劔と玉とを分けて何れが女神の、何れが男神の物實としてふさはしいかといへば、曲玉は女神に、劔は男神に屬するものと見るべきであらう。已に前に述べた如く、天照大神が女神であるのにも拘はらず、高天原《ヶ》の統治者として至高の地位を占めさせられた事になつてゐるのは、我が古代の人がその慈悲仁愛の御精神に重きを置いたのによるのであり、又素戔嗚尊が男神にあらせられるにも拘はらず、地の神の地位に置かれたのは、その勇武にして勇猛な精神を有せられたからである。上代の國民性に於いては、仁愛を上とし、勇武をその次に置くのである。さすれば、曲玉は仁愛の表象として最も適當であり、劔は勇武の表象として最も適當なものである。されば玉は天照大神の物實、劔は素戔嗚尊の物實と見るのが最も穩當な次第であらう。又男女二神が立ち對つて御子を御生みになるといふことであるからには、互に其の表象とするものを取り交はして御生みになるのが自然である。何となれば、御生みになるといふときには、特殊の場合は例外として、通常の場合には、男女二神の氣の交合を必要とするのであるから、此の場合には、二神が互にその物實を交換して御生みになつたといふ傳を正しいものと見なければならぬ。且つまた御玉が天照大神の表象であらうといふのは、はじめ天照大神が御生れになつたときに、伊邪那岐命がこれを高天《ケ》原に御送りになつたときに、御自らが佩かせ給へる曲玉を天照大神に賜はりまして、特に此の玉を御倉板擧命と命名せられてゐる。これは必ず深き意味のあらせられたことに相違ない。然らば玉を御倉板擧命と命名せられたのは、何の意義であらうか。先づ此の事を解釋しなければならぬ。古事記には、之を「御倉板擧訓板擧云多那」とあるから御倉板擧命はミクラタナノ命と訓むべきである。

五　曲玉の意義

此の玉をいふ御倉板擧の解釋につき、古事記傳巻七に、

御倉板擧之神《ミクラタナノカミ》、こは御祖神《ミオヤノ》の賜《ヒ》し重《オモ》き御寶《ミタカラ》として、天照大神の御倉に藏め、その棚の上に安置《マセ》奉《マツ》りて崇祭《イツキマツリ》たまひし故の御名なるべし、さて板擧《タナ》は、書紀《ノ》垂仁《ノ》巻に、天《ノ》湯《ユ》河《カハ》板擧《タナ》てふ人《ノ》名ありて、其《ソコ》にも板擧此云《ヲ》二挖儺《タナ》一と見え

たり。板《イタ》を高く罸擧《アゲ》て、物置所に搆《カマフ》る故に、如此《カク》書るならむ。新撰字鏡に、棚閣也、太奈、和名抄に、棚閣和名多奈《タナ》とあり。常にも、此棚字を用ふ。萬葉にも多那てふ言の借字に此を書り（御代々々に傳坐三種神寶の中の神璽は、此御頸玉なりと云說あり、理《コトワリ》はまこと然《サ》も聞ゆれども非なり。其由は傳十五の二十のひらに見ゆ）、さて三柱御子、とり〲に事依《シ》たまへる中に、此大御神には、高天原を依《ヨサ》し賜ふが勝《スグ》れたるのみならず、別《ワキ》て此御頸珠をしも賜へるも、又中に勝れ坐《ス》故なり。

とある。伊邪那岐命が御頸玉を特に天照大神に授けられた所から見ても、曲玉は御子を御生みになるとき、此の大神の物實として當然の事である。これと共に劒は素戔嗚尊の表徵であるといふ理由は、草薙劒卽ち天叢雲の劒は、曲玉と共に三種の神寶の一つであるが、此は素戔嗚尊が八股大蛇を退治してその尾の中から得られたものである。さる由緖から見ても、劒は此の命の物實と見るべきである。

さて物實となつた曲玉と劒とは、その持主の精神を表はしたシンボルであるから、其れに生れ出でた御子達は、それぞれその物實の精神を受けてゐるものと見られる。さて然らば曲玉には如何なる意義が含まれてゐるか。この事から考へて見るのも決して徒勞の業ではあるまい。本居氏の解釋によると、伊邪那岐命が天照大神に賜はつた御頸玉を御倉板擧之神と名づけられた意味を釋いて、御倉の棚の上に安置せられたが故に此の名を得たとある。然し曲玉は凡べて身體につけるものであつて、これを倉の棚の上に置いたものとは思はれない。殊に書紀神代巻に引いてある一書によると、天照大神が天忍穗耳尊に寶鏡を授けられたときに、「吾が兒此の寶鏡を視まさんこと、まさに吾を視るがごとくすべし、與に床《ミユカ》を同じくし、殿《ミアラカ》を共にし、以て齋鏡《イハヒノカガミ》と爲すべし」といはれた。神劍と曲玉とに關して何等の記載はないが、寶鏡は已に御子の御居間を離させ給ふなと仰せられた程であるから、劍も玉も同樣であつたことはいふまでもない。後になつて、鏡は伊勢の度會の五十鈴川の神宮に、劍は熱田の神宮に祭られることになつても、神璽は今に至るまで皇孫の御身を離させ給はぬ程であるから、神代の昔は猶更のことであらう。如何で頸玉を倉の中に安置することがあらうか。

神璽が既に皇孫の身邊を離れぬに拘はらず、これを御倉板擧の神と命名せられたのには、これに擬せられた意味があらうと思ふ。それに就いてまづ第一に思ひつかれるのは、古典に御倉とある處は必ず穀物を藏め置く處と解せられる。それは書紀神代巻諸冉二神が生み給へる御子たちを記した處に、「又飢ゑませる時生みませる兒を倉稻魂命《ウカノミタマノ》と號す」とある。倉と五穀、殊に稻と關係することが分る。日本書紀通釋巻五の處に、倉稻魂命は卽ち大宜津比賣神と同神なることを考證して曰く、

さるは大宜都比賣神、倉稻魂命、同神なる由をなほいはゞ、倭姫命世記に、調御倉神《ツキノ》、宇賀能美多麻神坐、亦號大宜都比賣神、亦保食《ノ》神、神祇官内《ニ》坐御膳《ツ》神是也とあるを以て、其の同神に坐すことを知へし、さて此世記の傳に、亦號大宜都比賣神、亦保食《ノ》神とある、これ又正しき傳なり、そは記に須佐之男命の食物を、大宜津比賣神に乞て、殺し給へることを、紀には月讀命の、保食《ノ》神の許到《カリ》りて、殺し玉へるとあり、大宜津比賣神保食《ノ》神と同神なること、世記の傳と彼此思合せて曉るへし、さて又此大宜津比賣神、倉稻魂命、保食《ノ》神と云は、外宮の度會に

坐す豐宇氣毘賣神と同神に坐なり、其はまつ大殿祭詞に、屋船豐宇氣姫命、とある所の本注に、俗謂ニ宇賀能美多麻命一とみえ、世記に、豐受大神一坐、亦名倉稻魂命是也と見え（また御鎭坐傳記にも豐受皇大神一坐とある下に、和久產巢日神子、豐宇氣姫命、稻靈神とあり）また酒殿神の下にも、和久產巢日神子、豐宇賀能賣神坐《ニス》也、五穀種所化《ナシマセル》神、保食神分身とあり（御鎭坐本記にもかく有）。また廣瀨社緣起に、倉稻魂命、此大忌廣瀨《ニマス》社也。又曰、若宇加之賣命、伊勢外宮分身也（略注）なと見えたるを思ひ集めて、豐宇氣毘賣神、大宜都比賣神、倉稻魂命、保食神、豐宇賀能賣神、若宇加乃賣神なと申すは、同神の別稱なることを曉るへし、云々。

と說いてゐる。又倭姫命世記に「御倉神專女也、保食神是也」とあり、また他の處に「豐受太神一坐、……御膳都神亦名倉稻魂命並調《ツギノ》御倉神」ともある。大宜津比賣神、卽ち保食神を倉稻魂《ウカノミタマ》神ともいふのを以つてこれを見ても、倉といへば五穀の種物を藏むる處より得た名に相違ない。然るに本居氏はこれを疑つたものと見えて、日本書紀通釋卷五に平田翁の說を引いてある處の注に、

又此神名（倉稻魂神）の文字、本居翁說に、倉字は心得す、誤字か、食字を誤れるにや、又衍字にてもあらんか、和名抄にこれを引て此字なし、又神武紀なるも倉字はなし、然るを倉稻魂と、稻魂とは別なりと云說は非なりと云り。

と見えてゐる。本居氏は倉稻魂の倉の字に疑ひをさしはさまれたけれども、稻と倉とが結合して此の神の名とせられた例は他にもある。日本書紀通釋卷六「已到保食神許」の解釋の處に、

平田翁云、此神は其生坐る時より、此程まて此國に住居ませるを、其地は何處なりけむと云れたるか如く、此神の産土は知かたけれと（略註）、今月夜見尊の到り玉ひし處は、山城國葛野の地にして、此神坐とし處は、攝津國稲倉山なるへし。

と説いてゐる。保食神の坐しゝ處が攝津國なりなどといふは、全く受取れぬことではあるが、此の神が稲倉山に坐したといふ傳説があるのにても、此の神の一名が稲倉神などと呼ばれたことが推される。又攝津風土記に、

稲倉山昔止與岐可乃賣神居二山中一以盛レ飯、因以爲レ名、又曰、昔豐宇可乃賣神常居二稲椋山一而爲二膳厨之處一、後有レ事不レ可レ得レ已、遂還二於丹波國比遲乃麻奈韋一（地名）。

と見えてゐる。稲倉山が稲に關係して得た名であることは明かである。

御倉板擧之神の御倉が稲米を藏する倉の意味だとすれば、板擧卽ち棚は米俵などを置く處の棚であつて、頸玉を置くのではなからう。何となれば、頸などにかける曲玉は決して倉庫などに置くべきものでないからである。然らば何が故に曲玉に五穀の種子を藏する倉の棚といふ名を賜はつたかといふに、其は曲玉を稲たねに擬し、此の種子を豐饒にするのを以つて汝の徳とせよとの御意であつたと想像せざるを得ない。かやうに考へて來ると、板擧も其の文字の意味通りに棚の義でなく、それは借字で、實は五穀の種子を意味したものではあるまいか。日本書紀神代巻に引いてゐる一書の保食神に關する條下に、

既にして天照大神天上にましまして詔曰く、葦原中國に保食神《ウケモチノ》ありと聞く、宜しく爾月夜見尊就《ユ》きて候《ミマ》せ。月夜

見尊勅を受けて降ります。已にして保食神の許に到りたまふ。保食神乃ち首を廻らして國に嚮ひしかば、則ち口より飯《イヒ》出づ。又海に嚮ひしかば、則ち鰭《ハタ》の廣もの、鰭の狹もの、亦口より出づ。又山に嚮ひしかば、則ち毛の麁《アラ》もの、毛の柔《ニコ》もの、亦口より出づ。夫れ品物《クサグサノモノ》悉く備へて、百机《モヽトリノツクエ》に貯《アサ》へて饗《ミアヘ》たてまつる。是の時に月夜見尊忿然作色《イカリオモホテリ》して曰く、穢はしきかも、鄙しきかも、寧ろ口より吐《タク》れる物を以て敢て我れに養《カ》ふべけんやとのたまひて、廼ち劍を拔いて保食神を撃殺したまひき。然して後に復命して、具に其の事を言したまふ。時に天照大神怒りますこと甚だしくして曰く、汝は是れ惡しき神なり、相見じとのたまひて、乃ち月夜見尊と一日一夜隔て離れて住みたまふ。是の後に天照大神復た天熊人《アメクマノウシ》を遣して往きて看せたまふ。是の時に保食神實に已に死《ミマカ》れり。唯し其の頂に牛馬化爲《ナ》れり。顱《ヒタヒ》の上に粟生れり。眉の上に蠒《マユ》生れり。眼の中に稗生れり。腹の中に稻生れり。陰の中に麥及び大豆、小豆生れり。天熊人悉く取持ち去《ユ》きて奉進《タテマツ》る。時に天照大神喜びて曰く、是の物は則ち顯見蒼生《ウツシキアヲヒトクサ》の食ひて活くべきものなりとのたまひて、乃ち粟、稗・麥・豆を以て陸田種子《ハタツモノ》と爲し、稻を以て水田種子《タナツモノ》と爲す。又因て天邑君《アマノムラキミ》を定む。卽ち其の稻種を以て始めて天狹田《アメノサナタ》及び長田に殖う。其の秋の垂穎《タリホ》、八握《ヤツカホ》に莫莫然《シナヒテ》甚だ快し。又口の裏に蠒《マユ》を含み、便ち絲を抽くことを得たり。此より始めて養蠶《コカヒ》の道あり。（保食神、此をばウケモチノカミと云ふ。顯見蒼生、此をばウツシキアヲヒトクサと云ふ。）

と見えてゐる。五穀の種子を天上の田畝に蒔いて其の繁殖を圖られた御事業は、此の物語の一例にても知られる。保食神は食物の神であるから、人間が取つて生命を保つに必要なるものは卽ち此の神の力である。それ故に、山海田畝の食物は此の神の造り出せるものと見られる。然し此等の食物の中に於いて主たるものは稲である。稲は食物の首脳である。今日に於いても邦人の主食が米であるので證せられる。書紀の此の文の中に、水田種子をタナツモノと訓んでゐる。タナツモノといふのは、種子のものの義であらう。日本書紀通釋巻六水田の解釋に、

水田。纂疏に用レ水而耕種曰ニ水田一と有る如し、本にも、名義抄にも、タナツモノと訓る、田根津物の義なり、さて諸物の種子は、田根と云事にて、稲種に起りたるなるへき事、出雲風土記に、飯石郡多禰郷云々、稲種墮ニ此處一故云レ種とある文を引合て知へし、（これ種と云は稲種なるか故なり）穀物を多那都毛能と云も、稲を主と立たる稱なるを思ふへし。

とある。又孝徳紀に稲種と書いて之をタナシネと訓んでゐる。飯田氏の解釋によると、タナツモノといふのは、田の根のものといふのであるが、これではまだ徹底しない處がある。タナツモノのタナは田の根といふことではなく、實はナ或はネが語幹でタといふのは接頭詞に過ぎない。タネ（種子）は、實或は根の義であつて、またこれをサネともいふ。此のサはタと同様に接頭辭である。田をタといふのは、タナの下略であつて、タはタネを蒔く處から得た名に過ぎない。

穀物の種子卽ち實を tane とも tana ともいふことが已に知られた以上、さうして tana tu mono の主なるものは稲である以上、五穀神を倉稲魂神《ウカノミタマ》といふのを見ても、稲が五穀の主なるものであることがわかる。倉稲魂と書いてこれを ugano mitama といふのは、tana tu mono といふのと關係のない詞である。國語では食物を ke とい

ふ。食物の神をいふ御膳神《ミケツガミ》のケは卽ちそれである。大宜津姫神の ke もそれである。又之を ugano mitama といふ uga は ke の轉じた形に過ぎなく、又これは豐宇氣神の uke と此の uga と同様の言の少しく轉じたものに過ぎない。さて、稻の種子を tana とも tane ともいひ、これが五穀の首腦であるとすれば、さうして此の稻を倉に藏める處から五穀の神卽ち ugano mitama を倉稻魂と書くとすれば、伊邪那岐命が自分の頸玉を天照大神に授けられて、これに御倉板擧之神といふ名を賜はつたといふのは、實は御倉《ノ》種子（卽ち mikura tana）といふのが此の神の實義ではあるまいか。さすれば、御倉《ノ》板擧は御倉《ノ》種子といふことで、これは御倉《ノ》魂「ミクラノタマ」といふのと同じ義である。已に前にも說いた如く、魂を tama といふのは、ta は接頭詞で ma は實の義であるから、種子（實）を ta-na~tane といふのと全く同義である。身（實）を mi~ma といふのが活用して musu, umu, umaru となる如く、ne~na が活用して na-su, na-ru となる。さてかやうに說いて來ると、伊邪那岐命が曲玉を天照大神に授與せられた御意思が明かに知られる。卽ち、天照大神は天上に在つて五穀を豐饒ならしめ、蒼生に衣食住に缺乏することの無いやうにするのを天職とせよとの意にましますことに祭せられるのである。卽ち、玉を稻の魂に擬したもので、稻を豐にするのを汝の德とせよとの御意思に外ならぬ。それ故に、天照大神が天上に於ける御職は農桑にあることは、神典に記されてある文中より知られることである。三種の神寳の中、曲玉のみは身邊を離さず御所持せられるといふ意味も、茲にあるからである。從來三種の神器を說くときに、曲玉は仁なりといふことに定つたやうに考へてゐる。固より曲玉は仁德には相違はないが、かう說いたのでは、如何にも支那思想であつて、我が國の理想を充分に言ひ盡したものでない。余輩の解釋によると、曲玉は稻の種子といふことで、此の種子を植ゑ、百姓に衣食を充分に與へよといふ一層具體的の意味を寓せられてゐるものと見るべきである。

六　五男神、三女神の名義

天照大神の御佩用になつてゐる曲玉に、稻の種子の意義精神が含まれてゐるといふ余輩の解釋に誤謬のないことは、此の曲玉をかみて生れた五柱の御子の御名前の意義が稻に關係してゐるのでも證せられる。さて素戔嗚尊は天照大神の曲玉を御含みになつて、五柱の男神を御生みになつた。第一の皇子の御名は正哉吾勝勝速日天忍穗耳命と申し、その名義に就いては日本書紀通釋卷七に、

正哉。記に正勝と作り、上に正勝此云二麻沙柯一と云る訓注もあるに證して、麻沙柯と訓へし、記傳云、言意は正しき哉と云むか如し、吾勝は、記に自我勝《アカチヌト》云而、とある意なり、一書に稱之曰二正哉吾勝一、故因名レ之曰云々とも見ゆ、勝速日は、記に於二勝佐備一云々、とあると同意にて、速は疾く烈く猛き意、日は夫流とも活て、其狀を云辭にて、速日は、卽知波夜夫流の、波夜夫流と同言也と云り、忍穗耳は、重胤云、又大耳尊とも申せれば、忍は大也、忍穗は大穗也、大耳の大は大穗を約めたるにて、其義相等しき也、若《シタガヒ》て大穗は、瑞穗と云むか如し、其は天孫降臨章に、天照大神手持二寶鏡一、授二天忍穗耳尊一而祝レ之曰云々、又勅曰、以二吾高天原所御《ニキコシメス》齋庭之穗一、亦當《マカセマツル》二御於吾兒《ニ》一とある、此時の稻穗を以稱奉れる大御名なり、さるは此詔命は、顯國に天降し奉らせ玉ふに付て、如此詔託させ玉へるにはあれ共、素より此國土を統御すへき、皇御孫尊と定奉らせ玉へる、貴御子に渡らせ玉ふ

か故に、始より瑞穂を以稱奉らせ玉へるなり、と云れたる、然說なり、耳は尊稱にて神の御名に多し、其意は、記傳云、美は比に通ひて、產靈なとの靈なるを靈《ヒヒ》々と重ねたるものなり、開化天皇の大御名大日《オホヒ》々尊とあり、明宮段なる人名前津見を、紀には前津耳とあるを以、耳と云は、美を二《ツ》重ねたるにて、見と云は、其を一《ツ》略けるものなる事を知へし。

と說いてゐる。天忍穗耳尊の忍穗は大穗の義だといふ鈴木氏の說は從ふべきである。

第二の御子の御名は天穗日命と申す。日本書紀通釋卷七に、

天穗日命。此も右の穗耳と同御名なり、記傳云、しか穗日も、穗耳も同くは、御兄弟御名の同きは如何と云に、三女神の中の多紀理も多岐都も同意言なる如く、又紀に次の熊野久須毘命を、熊野忍踏命ともあるは、忍穗耳と正しく同言なる例なり。かかれは御兄弟等の御名も、唯聊の差めを以分奉りしものそとあり。されと、此命に稻穗の事は由なくやあらむ、重胤云、穗日は穗飯なるべし、其子大背飯三熊之大人、亦御名武御熊大人とみえたる、大背飯は大眞飯《サヒ》、三熊は御粺《ミクマ》にて、飯に由れる神名なるに附て思ふに、御父穗日命も、其事に携はり玉へるなとの事にて、然御名には負坐るなるへしと云り、なほ考ふへし。

と說いてゐる。第三の天津彥根命、第四の活津《イクツ》彥根命の御名は、稻に緣はない御名であるが、第五の熊野櫲樟日命《クマリクスヒノ》は其れに緣ある名である。日本書紀通釋卷七に、

熊野櫲樟日命。一書には熊野大隅命とも、忍隅命ともあり、また熊野忍踏命ともあり、記傳云、熊野は地名出雲

國意宇郡の熊野なるへし、久須毘は久志須毘の約たるなり、久志は奇靈なり、須毘は大隅《オホスミ》命、忍隅《オシスミ》命の隅と同じ、須美の例は、水垣宮殿〔段の誤〕に飯肩巣見《イヒカタスミ》命、伊邪河宮段に比古由牟須美《ヒコユムスミノ》命なとも有て、美は忍穗耳命の所に云るか如しとあり。

と說いてゐる。本居氏は熊野櫲樟日《クマヌケスヒ》命の熊野を出雲の地名と考定せられたけれども、是もまた稻に緣ある名で、粮をクマともいふので、熊野は借字で、實は米をよくつき上げた粮《クマ》の義であらう。此の命の一名を熊野忍踏命といふ忍踏命の踏《ホミ》は穗の義であるに思ひ合せて考ふべき御名と思はれる。

以上の解釋によると、素戔嗚尊が御生みになつた五柱の男神の中、第一の御子天忍穗耳、第二の御子天穗日命、第五の御子熊野櫲樟日命（亦の名熊野忍蹈命）の御名は、何れも稻の穗及び稻の實に緣あるものである。これは何故であるかと云へば、此等御子達は天照大神の物實である曲玉に依つて生れました方々である。さうして此の曲玉は稻の種子に擬せられたものであるから、その稻種から稻穗の發生するのは甚だ自然の咄である。稻や食物に緣ある名は、此の三柱の命の御名に限らない。天忍穗耳の御子、天照大神の御孫に當らせられる天津彥彥火瓊瓊杵尊の御名の彥火は彥穗であり、その御子彥火火出見命の彥火も同樣の名であり、また鸕鷀草葺不合《ウカヤフキアヘス》尊御子四柱、何れも稻米に關係ある御名を負はせられてゐる。卽ち第一の五瀨命の御名は嚴狹飯《イツサヒ》の轉訛であり、第二の御子稻飯《イナイヒ》命も云ふまでもなく、第三の御子三毛入野命の三毛《ミケ》は御食《ミケ》の義であり、又第四の稚三毛野《ワカミケヌノ》尊の三毛も、前のと同じく御食《ミケ》の義である。忍穗耳命の御子孫三代、何れも稻飯に緣ある御名を有せられるのも、悉く天照大神の御精神たる曲玉卽ち御倉種子から御生れになつたからである。この事から推しても、伊邪那岐命が天照大神に賜はつた御頸玉の名である御倉板擧之神は、御倉種子の神といふ意味であることが知られる。

天照大神が素戔嗚尊の御物實たる劔によつて生れた三柱の女神の御名は如何にといふに、第一の御子田心姫《タコリヒメ》の御名について、日本書紀通釋巻七に、

田心姫。一書に田霧姫命とあり（紀と許と通）、記に多紀理毗賣命、亦御名奥津島比賣命とあり、記傳の說もあれと、重胤說に、此は皇大神の奮二稜威之雄誥《イツノヲタケビ》一、發二稜威之嘖讓《コロビ》一とある如く、丈夫の武備を設させ御在坐し、大御心の進み極れる時に、誓給ひて成坐る神等に御在坐せは、女神にこそは御在坐けれ、御心の進りかに、雄健く御在坐る謂なるへし、大同本記に、此三女神を合せて、須勢理姫命と有を思ふに、田心は健心《タケコリ》なるへしと云り。

とあり、又第二の女神湍津姫《タキツヒメ》につきては、日本書紀通釋巻七に、

湍津姫。記に多岐都比賣命と作り、記傳云、名義田心姫と合せて思ふに、多紀理も、多岐津も、河の早瀬の狀を云言なれは、安河によれる御名にやとあり、されと重胤の說に因ていはゝ、舊事紀に高津姫神とも有れば、多岐津とも、多迦都とも云事なるか、共に健都の義にて、其都も稜威の都知波夜夫流、又知和伎などの知に等しく、勢の烈しき意なり、多岐の岐は濁音なれと、記の清濁も强て拘り難けれは、なほ清音によむへし、高津姫の御名もあれはなり。

と說いてゐる。又第三の女神の御名市杵島姫《イチキシマヒメ》に就いては、日本書紀通釋巻七に、

市杵島姫。記云、次市寸島上比賣命、亦名謂二狹依毘賣命一、名義、市杵は嚴重《イツクシ》にて、是も大神の武備の嚴重なるに

因れるなり。

と說いてゐる。以上先輩の學者の解釋に此等の女神の名義を雄き、嚴しき義に見たる點に於いては同意である。然し重胤や飯田氏の如く、此の女神の御名のいかめしき義を有せられるを、天照大神が素戔嗚尊の上天の時に武備を嚴にし、御心の進まれた時に御生れにならせられたが故と見るには贊成することは出來ない。又本居氏が安河の河瀨の流速きに因んだと見るのにも同意しがたい。三女神の名が勇ましく、武けき意味のあるのは、天照大神が御子を御生みになるときに素戔嗚尊の物實である劒を御含みになつたからである。それは宛かも素戔嗚尊が天照大神の物實たる曲玉を含んで稻穗に緣ある男神を生まれた如く、天照大神は劒を咀んで、御生みになつたから武勇な女神が生れたわけで、何の怪しむべき事はない。名義に就いては、田心姬の名は古事記に多紀理毗賣ともあるから、是は瀧のタギルこと急流奔湍のタギル處から得たものであらう。湍津姬の名も同じ義である。川水のタギルのをまたタキツともいふ。「落ち多藝知、流るゝ水の磐に觸り、澱める澱に月の影見ゆ」、「天の川に白浪凌ぎ落沸速湍《オチタキツハヤセ》渉りて」などいふ歌にても解せられる。市寸島の御名は逸氣《イチキ》の義であらう。何れも速りたけぶ、いさましき狀を取つた名である。

以上の名義の解釋に誤がないとすれば、素戔嗚尊の方で穗の名を負ふ男神が生れたのは、その精神は天照大神の稻種子を表せる曲玉であるからであり、その男神であるのは、素戔嗚尊が男神であるからである。又天照大神の方に生れた女神が武き御名を負はせられたのは、その精神が素戔嗚尊の劒であるからであり、さうしてその女神であるのは、天照大神の體を受けたものである。これを要するに、天照大神の御精神は玉であり、素戔嗚尊の精神は劒である。天照大神は高天原の君主でいらせられるから、玉卽ち稻魂は天のシンボルであり、素戔嗚尊は夜見國の神であるから、地のシンボル劒である。天と地との交會によつて、男女の二神が生れたのである。男神の精神は曲玉であるから、天照大神の御子となり、女神の精神は劒であるから、素戔嗚尊の御子と定められたのである。

七　伏羲氏の規と女媧氏の矩

天地陰陽の二神が互に其の物實を取り交はして子を生んだといふ思想は、獨り我が神代史に現はれるのみでなく、漢土にもこれに類したもののあることを忘れてはならぬ。漢代の神話によると、陽の神であり、天の神である伏羲氏の物實は規卽ちブンマハシであり、地の神であり、陰の神である女媧氏の物實は矩卽ち曲尺である。規は天の圓いのに擬し、矩は地の方なのに擬したものである。然るに武梁の石室にある壁畫に伏羲氏と女媧氏とがあつて、共に人首蛇身である。此の二神は下部を互に捲き合せてゐて、手の方を見ると、伏羲氏は矩を持ち、女媧氏は規を持つてゐる。是は一寸見るとあべこべな話しで、畫家の誤つた描き方かと思はれるかも知れないが、實は決してさうでない。是は男女の二神が互に其の物實を交換した姿であつて、宛も神代史に天照大神が素戔嗚尊の劒を御取りになり、素戔嗚尊が天照大神の曲玉を御取りになつた姿に同じきものである。其れ故に、二神が子を生むときに各〻その物實をとり換へるといふ點に於いてよ、漢土の二神も我が國の二神も同じ事である。然し我が國の陽神は天照大神と申す女神でいらせられるに反して、漢土の伏羲氏は男神であり、我が國の陰神は素戔嗚尊と申す男神であらせられるに反して、漢土の女媧氏は女神である。又天照大神の物實は曲玉であるのに對して、伏羲氏のそれはブンマハシであり、素戔嗚尊の物實は劍であるに對して、女媧氏のそれは曲尺である。此の點に於いて、和漢の二神に大なる相違のあることを認めなければならぬ。

八　三種の神器の意義

天照大神と素戔嗚尊とが玉と劍とを交換せられて御子を生ませられたといふ神代史の物語によつて、我が皇室の神寶たる三種の神器の眞の意義が了解せられると思ふ。高天《ヶ》原の眞名井に於いて、天照大神が弟の尊に御渡しになつた曲玉は、三種の神器の一である天坂瓊曲玉であつたかどうかは論ずべき限りでない。凡べて此の大神の帶びさせ給ふた玉は伊邪那岐命が特に此の女神に授けられたものに相違ない。卽ち曲玉は稻實を表はしたもので、天《ツ》神たる伊邪那岐命から賜つたものである。天《ノ》眞名井で素戔嗚尊が天照大神に御渡しになつた劍は、天《ノ》叢雲劍と同一のものであるかないかは問ふ限りでない。素戔嗚尊の劍は、凡べて出雲の八股《ノ》大蛇を斬り殺した劍と同じものと見做すべきである。神代史のいふ所に據れば、素戔嗚尊は此の劍を天照大神に獻上に及んだといふ處から見ても、劍は元來地の神に屬したものである。三種の神器の中、玉と劍とどちらが貴いかといへば、それはいふまでもなく玉を上とし、劍を次に置くべきものである。然らば三種の神器の中、八咫の鏡は如何なる意味を有してゐるものかといへば、其は明かに書紀にその次第が記してある。書紀神代卷の一書に、

是の時に天照大神手に寶鏡を持ちたまひて、天忍穗耳尊に授けて祝《ホ》ぎて曰く、吾が兒此の寶鏡を視まさんこと、まさに吾を視るがごとくすべし、與に床を同じくし、殿を共にし、以て齋鏡と爲すべし。

とある。寶鏡は天照大神の御姿に擬せられたのに相違ない。その事はまた此の卷の他の處に引いてある一書に、

時に高皇產靈尊の息《ミコ》思兼神といふ者《カミ》あり。思慮の智あり。乃ち思ひて白して曰く、宜しく彼の神の象《ミカタ》を圖《アラヘ》し造りて招禱《ヲギ》奉らん。

とあるによつて八咫の鏡が天照大神の御姿を象つたものであることが明かである。御鏡が已に天照大神の御姿を象つたものだとすれば、此は三種の神器の中で最も貴ぶべきものと定むべきである。それ故に、曲玉は天のシンボル、劍は地のシンボルで、鏡は祖先のシンボルといふことになる。從來の說によると、玉は仁、劍は勇、鏡は知といふことになつてゐるが、余輩が神典を硏究した以上の結果によると、それよりは一層具體的な、意味の深遠なものの存するのが了解せられるであらう。

日本の天皇が男子にてあらせられるのは、地の神素戔嗚尊の形から成らせられたものである。故に劍を尊ばせ給ふのである。天皇の御精神が仁慈で、慈母の如くあらせられるのは、天の神天照大神の氣から成り上られたからである。それ故に曲玉を寶とせられるのである。天皇が鏡を貴ばせられるのは、御母の天照大神を御父たる素戔嗚尊よりも貴ばせられるといふことを示されたものである。それ故に、皇室の御精神は母の慈愛であり、仁德である。勇武はその次に位するものと解せざるを得ない。是は皇室の御精神であると共に、また國民全體の精神である。ここに我が國民性の特質がある。

凡そ一國を治らすには祭と政とが必要である。文と武とが必要である。宗教と政治とが必要である。何れの國に於

いても、大部分その始めは祭政一致、文武は合體、宗教と政治とは結合してゐたものである。然るに世を經るに從つて、此の二者は分かれて了ふのが通常である。然るに、此の分裂が行はれないで、太古から今日に至るまで、その形が維持せられてゐる。ここに我が國體の特色がある。三種の神器は依然として皇室の御精神であり、我が國民の精神である。此の神寶にはかくの如き性質を備へてゐるもので、三者は結合してその次第とその數とを增減することが出來ないのである。是は神代史の精神である。然るに此の精神は何時しか忘却せられたことが有つたと見えて、書紀の一書に見える如き異說があり、又後世の儀式などに於いて、三種の神器の中その一を擧げないことがある。これは確かに神代史の精神を忘却し、又誤解したものである。書紀の一書に明かに三種の神器を擧げてある。これは確かにその正しい傳を述べたものであるから、これを以つて他の異れる傳は正すべきである。

第二章　天石《ノ》屋戸の神隱

一　素戔嗚尊は大地の神

素戔嗚尊はその行狀の暴虐なるが爲めに、伊邪那岐命から夜見《ノ》國へ參るべき許可を得たのである。さるが故に、此の神が高天原へ御上りになつたときには、この尊は已に夜見《ノ》國の神たる資格を有してゐたものと見なければならぬ。さてかやうに見るときは、此の尊が御姉の天照大神に暇乞をされるといふ柔和しい御志があつたといふことが、已に不可解のことにも感ぜられる。何となれば、夜見《ノ》神は人情の無いものと解さなければならぬからである。且つまた此の弟の神が姉の神と互に誓約して御子を生まれたといふことは、更に解しがたく思はれることである。何となれば、夜見《ノ》神は死亡の神であるからである。然しそれはさうとして置いて、誓約の結果から見れば、素戔嗚尊の心は清明であつて、何等邪惡の念慮の無かつたことも證されたのであるから、その誓約によつて皇室の御祖先は生れたのである。然るにかく考へてくると、此の素戔嗚尊が誓約に於いて勝たれたといふ事に勝さびて、天照大神の最も重きを置かれ、御自身の大切な御事業と思召される田地田畑を荒らし、暴狀至らざる處なき邪惡の御行動のあらせられたのは何故であるか。此の行跡から判ずれば、素戔嗚尊に邪惡の精神があるのは、決して亦蔽ふことは出來ないではないか。されば誓約によつて御子を生むといふ思想と、暴行によつて田畑を荒したといふ思想とには、確かに大なる矛盾があるのである。高天原に於ける素戔嗚尊の行動には氷炭相容れないものがある。さて之を如何に解決すべきであるか。思ふに此の矛盾撞着は、素戔嗚尊の御地位を誤解したのに原因するのであつて、此の尊の御性質に反したものでもなく、神代史の記事が矛盾を致したものでもない。此の尊は夜見《ノ》國の神といふのであるが、實は大地の神である。天照大神の天の神といふに對する大地の神であらせられる。さて大地には二樣の性質がある。其の一は、大地の表面で風の吹き及ぶ限りの部分に於いては、萬物を發生する性質を具へてゐる。他の國の神話に於いて、大地が常に母と考へられるのは、此の一面の性質を取つたものである。素戔嗚尊が天照大神と誓約して御子を生まれたのは、此の性質の働きと見れば、そこに何等の矛盾もなく、不可解の事はない。然しまた大地の中、大地の下には暗黑にして夜の如くに考へられた世界があると信ぜられた。此處は死人の魂が赴くところで、顯世のあらゆる惡い事は、悉く此の處から來るものと信ぜられた。素戔嗚尊が高天原に於ける暴行は、此の性質の現はれたものとすれば、其處に何等の撞着もなく、また何等の不思議もないわけである。

二　天《ツ》罪と國《ツ》罪

素戔嗚尊は誓約に勝つたといふので、高天原の田地田畑を大荒しに荒したので、元來寬仁大度で何事にも情深い天照大神も堪へがたく、遂に大いに御憤りになつて、岩屋へ御引き籠りになつた。そこで高天原も中《ツ》國も眞暗になつて萬の禍一時に湧き出てきた。卽ち素戔嗚尊は暴風の惡しき性質を表はして、天照大神の最も大切にしてゐる農桑の業を荒したのである。言を換へて之をいふと、素戔嗚尊は天《ツ》罪を御犯しになつたのである。天《ツ》罪とは何かといふと、其

は大祓詞《ノ》に、

國中《クヌチニ》爾成出武《ナリイデム》天之《アメノ》益人等《マスヒトラ》我《ガ》、過犯《アヤマチオカシ》家《ケ》牟《ム》雜々《クサ〴〵ノ》、罪事波《ツミコトハ》、天津《アマツ》罪止《ツミト》、畔放《アハナチ》、溝埋《ミゾウメ》、樋放《ヒハナチ》、頻蒔《シキマキ》、串刺《クシサシ》、生剝《イキハギ》、逆剝《サカハギ》、屎戸《クソヘ》、許許太久《ココダク》乃《ノ》罪《ツミ》乎、天津《アマツ》罪止《ツミト》、法別《ノリワ》氣《ケ》弖《テ》。

とあるのが其れである。又、大神宮儀式帳に、

天津《アマツ》罪止《ツミト》所始志《ハジマリシ》罪波、敷蒔、畔放、溝埋、樋放、串刺、生剝、逆剝、屎戸、許々太久乃罪乎、天都罪止告分天、

とあり、又古語拾遺に、

所謂毀畔（古語阿波那知）埋溝（古語美曾宇女）放樋（古語斐波那知）重播（古語志伎麻伎）刺串（古語久志佐志）生剝、逆剝、屎戸。

とある〔古事記傳巻三十〕。此の天罪《ツ》のことは書紀神代巻に、

是の後に素戔嗚尊の爲行《シワザ》甚だ無狀《アヂキナシ》。何となれば、天照大神天狹田長田《アマノサナタナガタ》を以て御田と爲したまふ。時に素戔嗚尊、春は則ち重播種子《シキマキ》し、且《マタ》其の畔《ア》を毀《ハナ》つ。秋は則ち天の斑駒《フチゴマ》を放ち、田《ミタ》の中に伏さしむ。復た天照大神新嘗《ニヒナヘ》きこしめす時を見て、則ち陰に新宮《ニハナヘノミヤ》に放戻《クソマ》る。又天照大神の方に神衣《カムミソ》を織りつつ齋服殿《イミハタトノ》に居《マ》しますを見て、則ち天の斑駒を剝《ハギ》て、殿の甍《イラカ》を穿ちて投げ納る。是の時に天照大神驚動《オドロキ》たまひて、梭《カヒ》を以て身を傷ましむ。此に由て發慍《イカリ》まして、乃ち天石窟《アマノイハヤ》に入りまして、磐戸を閉《サ》して幽居《コモリマ》しぬ。

と見えてゐる。然るに其處に引いてある一書には、「春は則ち渠《ミゾ》を塡め毀畔《アハナチ》す、又秋は穀《タナツモノ》已に成りぬるときは、則ち

亘《ヒキワタ》すに絡繩《アセナハ》を以てす」、又一書には「春は則ち廢渠槽《ヒヘカチ》、及び埋溝《ミゾウメ》、毀畔《アハナチ》、又重播種子《シキマキ》す、秋は則ち捶籤《クシサシ》、馬を伏す」とあり、此によつて素戔嗚尊が高天原に於いて爲された暴行を擧へ來ると、大祓詞などに數へた罪の外になほ多くあることが知られる。然るに大祓詞に天罪《ツ》として擧げた處のものは、上に記した箇條になつてゐる。然らば、何が故に天罪《ツ》として此れだけに止めたのであるかといふと、國語の聖數は八であるから、其の數に止めたのであらう。それは恰も諾・冉二神の御生みになつた嶋々は必ずしも八つに限らないが、八は聖數であるが故に、多くの嶋々の中に特に八の島を擧げたのと同じ心理から出て來た數に違ひない。然らば大祓・古語拾遺・大神宮儀式帳などに擧げてある天《ツ》罪は八であらうと思はれるのに、從來の國學者はこれを七と數へてゐるのは、如何な次第であらうか。それは天罪《ツ》の中に生剝逆剝とあるのを一の罪として數へたからである。此の見方も一應尤もな次第である。といふのは、書紀の本書には、剝二天斑駒一云々とあつて、生とも逆ともないが、そこに擧げてある一書には「逆二剝斑駒一」とあり、又一書には「生二剝斑駒一」とある。古事記には「穿二其服屋之頂一逆《サカ》二剝《ハギ》天斑馬一、剝而《ハキテ》所墮入《オトシイル》」とある。その意味は生きた馬を逆剝に剝ぎて齋服殿に投げ入れたのが罪であるから、生剝も逆剝も一つの義に相違ない。然るに後の世に生剝と逆剝と言葉を設ける以上は、これを二つの罪に數へたのである。若しもこれを一つの罪とすれば天罪の數は七つとなり、八を以つて神の事物を數へる古俗と反することとなる。

天照大神が岩屋に隱れさせ給うたのは、素戔嗚尊が天罪《ツ》を犯したが故に、御憤になつたからである。天照大神は國《ツ》罪を御憤りなつて御姿を隱くされたことが國史に載つてゐる。其は書紀神功紀に忍熊王を討たせ給ふときの事を記し

た處に、

忍熊王復た軍を引きて退き、菟道《ウヂ》に到りて軍す。皇后南のかた紀伊國に詣りまして、太子に日高に會ひたまひ、議を以て群臣に及ぼして、遂に忍熊王を攻めむと欲ひて、更に小竹宮《シヌノ》に遷る。是の時に適りて、晝暗きこと夜の如くて、已に多くの日を經たり。時人、常夜行之《トコヤミユク》と曰ふ。皇后紀直の祖豐耳《トヨミミ》に問ひて曰く、是の恠《シルマシ》は何の由ぞ。時に一老父《オキナ》有りて曰く、傳《ツテ》に聞く、かゝる恠をば阿豆那比《アツナヒ》の罪と謂ふ。問ふ何の謂ぞ。對へて曰く、二社の祝者《ハフリラ》共に合葬《アヘセヲサ》むるか。因りて以て推問《ト》はしむ。巷里《ムラ》に一人有りて曰く、小竹祝《シヌノ》、天野祝《アマノノ》と共に善友《ウルハシキトモ》たり。小竹祝逢《ヤマ》病《ヒ》して死《ミマカ》りぬ。天野祝血泣《イサ》ちて曰く、吾れ生けるときに交友《ウルハシキ》たりき。何ぞ死して穴を同じくすること無からむや。則ち屍の側に伏して自ら死りぬ。仍りて合せ葬《ヲサ》む。蓋し是れか。乃ち墓を開きて視るに、實なり。故れ更に棺櫬《ヒツキ》を改めて、各處を異にして以て埋む。則ち日の暉炳燦《ヒカリテ》りて、日夜別あり。

とある。此の文の趣によると、天日の暗くなつたのは小竹祝と天野祝とが阿豆那比の罪を犯したからである。天照大神はその罪を御憤りになつて、岩屋へ御引きこみになつた爲めに晝も夜の如くに闇黑になつたのである。

然らば、其の阿豆那比の罪とは果して何であるか。日本書紀通釋巻三十五に、

阿豆那比之罪、信友云、こは多日、日に蝕ありて、天下常闇になれるにはあらす、其時皇后のおはしましける、紀伊國わたりにて、數日怪しき雲霧なとの、深く起塞りて、日光を隔てゝ、晝も夜の如く暗かりつる由なり、然るはかたみに別なる神社の祝を、合葬る事を、神の厭惡給《キラヒ》へる故ありて、然る怪氣《キ》の起たりしなるへし。（其を

阿豆那比之罪と云へるは、阿豆那比《へ》相宇豆那比の言便《ツチネコトハ》、罪は大祓の詞なとにいふ意にて、此は專ら神の厭ひ悪み給へる都美なるへし。かの社説に、都奈合とあるも、都奈比とよみて、阿豆那比の阿を省ける語言なりしなるへし。〇武郷云、阿豆那比を相宇豆那比なるへしと云るはいかゝ、宇豆那比はさる詞にはあるへからす。）偖むかしもさることのありしを、老夫の聞傳へて在つるか云々、と申せるによりて、すなはちその傳説にしたかひて墓處を異にして埋ませ給ひたりけれは、やかて怪氣《キ》も去《ウセ》て、日暉《ノ》尋常の如く、炳燦《テリ》わたることゝなりし趣きなりしかれは此は一處の神異にて、日蝕にはあらす。もとより天日にあづかれる事にはあらさりし事明かなるをや、と云れたり。また岡部東平云、阿豆は熱なり。那比は宇良奈比、於許奈比、都美奈比、麻加奈比（白鳥云、尼那比）なと活く奈比なりけり。さて、此阿豆奈布さまをいふ時は、志久、志、志支、志祁禮と活く事、源氏物語にあつしくとあるにて心得らるゝなり。さて此事の所作進退の方につきて云ふ時は、阿都加不と云ふ格なり、（同言にても、那行と加行とにて、言の條理か違ふこと、よく〳〵思ひ見るへし。ナフは繩をなふなといふことく、なづさはる方よりいひ、カハン、カヒ、カフ、カへといへは、すへて物の所作進退にかゝること、いかにも奇靈なる言語の條々なり。）かゝれは、阿豆那不は、綢繆するあまりに、悶熱懊惱なる義のよしは著明けれとも、いかなる故ありて、常夜行くはかりの甚しき罪とはなれると、つら〳〵考るに、小竹祝《ノ》と天野祝《ノ》とか交友は、後世のいはゆる念契にて、男色の最初なりしにこそ、此二人の祝のこと、何をあかしにて男色とはするそといはんに、いかなる美《ウルハシキ》友にもあれ、一人か逢病ひて世をさりたれはとて、自ら奉仕る神事を捨て自殺せんこと、かけてもあるましきいはれなれはなり。（なほいはヽ、その死別をかなしむあまりに、同穴の言だてして、屍によりそひて自殺したらむさま、全《ク》今世の男女の情死に同しきそかし。）と云り。今云、此二人男色の穢行により、合葬まてせられしを、天野神小竹神の怒りて、天日を遮り給ひたりしと云るは、まことにさもあるへくきこえたり。

と説いてゐる。

阿豆那比之罪が男色の罪であるといふ解釋は、その正鵠を得たものに相違ない。その言義について岡部氏はアツ（熱）ナヒ（熱ツナヒ）といふ事であらうと說かれたが如何であらうか。阿豆那比の阿豆は後《アト》の義で、男色の行ひざまより起つた言ではあるまいか。その事人體の後邊よりものするが故であらう。後《アト》のアトナヒとなるのは、裏からウラナヒとなり、前からマヘナヒとなり、伴からトモナヒとなるのと同様な言である。飯田氏は此の穢行を小竹社・天野社の神が怒つた爲めに怪氣が起つて天日を遮つたと見られてゐるが、實はさうでなく、これを怒り給うたのは天日である。天照大神であらせられるのである。何となれば、阿豆那比之罪は國罪《ツ》の類に入るべきものであるからである。

國罪《ツ》とは何かといふと大祓詞に、

國津罪止八、生膚斷、死膚斷、白人《シロヒト》、胡久美、己母犯罪、己子犯罪、母與子犯罪、子與母犯罪、畜犯罪、昆虫乃災、高津神乃災、高津鳥乃災、畜仆志《ケモノタフシ》、蠱物爲罪《マジモノセルツミ》、許々太久乃罪出武。

とある〔古事記傳巻三十〕。阿豆那比の罪は此處にいふ犯罪にて、所謂タハケの罪に入るべきものである。古事記訶

志比宮（仲哀）の段に、天皇崩じ給へるときに、

かれ驚き懼《カシコ》みて、殯宮《アラキノ》にませまつりて、更に國の大幣を取りて生剝《イキハギ》、逆剝《サカハギ》、阿離《アハナチ》、溝埋《ミゾウメ》、屎戸《クソヘ》、上通下通婚《オヤコタハケ》、馬《ウマ》婚《タハケ》、牛婚《ウシタハケ》、鶏婚《トリタハケ》、犬婚《イヌタハケ》の罪の類を種種求《マ》ぎて、國の大祓して、云々。

とある。大祓詞には犯罪は五項ある。その中はじめの四項は古事記の上通下通婚の中に含まれ、大祓詞に畜犯罪は古事記にある馬牛鷄犬婚を指したものである。阿豆那比の罪は他に記されてゐないが、タハケの一種と見るべきものである。タハケの意義については、古事記傳卷三十に、

多波祁《タハケ》は、交合《アフ》まじき人に交通《アフ》なり、字鏡に、奸《ハ》犯婚也、太波久《タハク》、（また、婚は太波留《タハル》とも見え、萬葉廿に、多《タ》波和射《ハワザ》などあるも本同言なり、）と見え、書紀に婚字《ノ》奸字《ノ》通字《ノ》、又娶字《ノ》婚字などをも、交會《アフ》まじくて交通《アヘ》るをば、皆多波久と訓《ヌ》り。

と說いてゐる。今の語に戯をタハケといひ、馬鹿者をタハケモノといひ、愚者をバカモノともいふに依つて思ふに、タハケのタは接頭詞で、ハケ、ハカは語根である。此のハカが訛つてバカとなつたものであらう。精神の衰へて痴愚の狀態になつたのを boke といひ、之にトといふ接頭辭を加へてトボケといふ。元義は痴愚をいふのより變じて愚者の如く詐るさまをいふ言となつたのである。古語に痴を woko といひ、可笑を wokashi などいふも、皆なタハケのハケと語根を同じうするものと解せられる。

三　天照大神の岩戸隱の眞意義

天照大神が素戔嗚尊の暴行を怒つて岩屋に引きこまれたといふのは、實際何を云つたものであらうか。神功紀にある天日の闇黒となつたのは、阿豆那美の罪に原因し、天《ノ》岩屋戸の段にある日神の引退は、天《ツ》罪を犯せるによるのである。此の二つの場合に、何れも天日が闇くなるのであるが、是は實際如何なる天象を指したものであらうか。天日の闇くなるに二通りある。一は日蝕の時、一は暴風雨の時、密雲深くかゝる時である。然らば天《ノ》岩屋戸の段に於ける闇黒は、日蝕にあらざれば雲霧のかゝつて日光を閉したのを謂つたものであらう。阿豆那比の罪を犯すものがあつたときには、天日は數日の間晝でも夜の如く闇かつたといふ處からこれを見ると、必ずしもこれを日蝕と解すべきでない。又天《ノ》岩屋戸の處に於いても、天《ツ》罪を犯した者は暴風の作業であるから、此の時に天日の闇くなつたのも、必ずしも日蝕と解すべきでなからう。何れにしても、日神の隱れさせ給ふは邪神の力に壓倒せられた結果であるから、これを人事間の事に就いていふ時には、死亡といふ事にもなるのである。然し上代の死は、前に述べた如く、今日の人の思ふが如く、その人が盡滅するのでなく、人の魂がその場所を異にするに過ぎない。それ故に、天照大神が素戔嗚尊の暴行を惡んで岩屋に御隱れになつたといふのは、岩の中に隱れて、其の姿の見えなくなつたといふことである。後世天皇などの崩ずるのを岩かくれと申すのは、墓をいふのであるが、天照大神の岩屋がくれは其れと同じ意味のものであらうか。

上代の人間は天日が見えなくなつたときに、それは盡滅したものとは考へなかつたから、何處かへ姿を隱くしたに相違ないと想像したものであらう。火が滅えてなくなつたときも、其れは何處へか姿を隱くしたものと考へたのであらう。善にまれ悪にまれ、上代の人はこれを無くすることゝは考へないで、凡てこれを他の處へ追ひやると考へたのである。それ故に、邪悪の荒ぶる神は、これを夜見國へ撃退する事を以つて滿足したものである。伊邪那岐命が訶遇突智神を斬り殺したと書いてあつて、その靈は血の形となつて磐村の中へついて、磐裂神や武甕槌神などになつてゐる。此等の神は雷電の神である。書紀神代巻に引いてある一書に、伊弉諾尊が訶遇突智神を斬つて五段と爲したことを記した處に、「是時斬血激灑、染二於石礫樹草一、此草木沙石、自含レ火之縁也」とある。此の上代人の思想から見ると、火が消えたり、日の光が無かつたりするときに、その火や光は石の中、草木の中に隠れて潜んでゐるものと考へたのであらう。然らば如何にしてこんな考へが起るやうになつたかといふと、それは全く上代人が作火法より得た實際の經驗に基く知識であらう。

前にも一寸述べた如く、太古の人間が火を作るに二つの方法があつた。其の一つは木と木とを摩擦して造る方法、卽ち火切りの方法である。また今一つは石に激しく金屬を觸れて火を發する法、卽ち火打の法である。火は太古の人に最も靈妙な物と思惟せられたから、石と木との中には神が宿つてゐると想像せられたに相違ない。

人間社會の中で崇拜の目的物となるのは、その數決して尠くないが、太古から今日に至るまで樹木と岩石との崇拜が最も多いのは、必ずその理由が無くては叶はぬ。想ふに、木を摩擦するときに火を發し、石を激打するときに亦火を發する。上代人は石と木との間に神靈が宿ると考へ、又神の宿所として最も適當な場所と思惟したに相違ない。神代史の中に巨石の名が至る處に記されてゐる。卽ち其の一つは、伊邪那岐神が夜見國から逃げてこられたときに、邪鬼を喰ひ止める爲めに、黄泉平坂《ヨモツヒラサカ》に千引石を引き塞へたことがそれである。書紀の一書には、此の磐石を泉門塞大《ヨミドニサヤリマスオホ》神《カミ》とも道返大神《ミチカヘシノオホカミ》とも稱へてゐる。是は普通の人が今考へる如く、岩石の物質たる防禦には便であるといふ物理的機械的の爲めにこれを貴んだのでなく、實はその中に闇黑なる邪鬼を擊退する力を有する火といふ神靈が宿つてゐると考へたからであらう。されば、我が上代人はこれに道返大神といふやうな神名を與へたのであらう。また一つは、大國主命が素戔嗚尊を夜見國に訪問して、其處から遁れてくるときに、これを塞へる爲に五百引石を取り塞いだといふこと、今一つは、天照大神が素戔嗚尊の暴行を惡んで岩屋に引きこもつたとあることである。これは普通の人の考へる如く、石を以つて害物を防ぐといふ物理的の考へよりも、寧ろ此の石の中に潛んでゐる神の力に重きを置いてゐたものであらう。後世石に對する靈的觀念が薄らぐに從つて、岩石は防備を主として門戶障壁の具と思惟せられるやうになつたのである。然し岩石は神の宿舍であるから、これが神聖な物であるといふ思想は、神典の中にその意味で使用せられてゐる場合が他にもある。其の一つは、天磐船とか、天盤樟船とかいふ岩は、單に神聖なといふ意味に過ぎないのを以つて之を見ても、岩石が神として神聖視された形跡を認めることが出來る。

天照大神が天岩屋戶に御隱れになつたことは、素戔嗚尊の邪行を憤つて其處へ避けられたのであるが、これを元の通りに返し奉るのは生氣を旺盛にして邪氣を壓倒する方法を講ずるより外に途はないので、岩屋戶の前に於いて八百萬神の演ぜられた御神樂の儀式は、その方法に過ぎないから、玆に其の意義を說明して見たい。

此の祭祀の儀式は古事記には、

是を以て八百萬の神、天安之河原に神集ひに集ひて、高御產巣日神の子、思金神に思はしめて、常世の長鳴鳥を集へて鳴かしめて、天安河の河上の天堅石《カクシハ》を取り、天金山の鐵《カネ》を取りて、鍛人《カヌチ》天津《アマツ》麻羅《マウラ》を求《マ》ぎて、伊斯許理度賣《イシコリドメ》命に科《オホ》せて鏡を作らしめ、玉祖命《タマノヤ》に科せて八尺勾璁《ノマガタマ》の五百津《イホツ》の御統《ミスマル》の珠を作らしめて、天兒屋命《アメノコヤネ》、布刀玉命《フトダマ》を召びて、天香山の眞男鹿《マヲシカ》の肩を內拔《ウツヌキ》に拔きて、天香山の天波波迦《ハハカ》を取りて、占合《ウラヘ》まかなはしめて、天香山の五百津眞賢木を根こじにこじて、上枝《ホツエ》に八尺の勾璁の五百津の御統の玉を取著け、中枝に八咫鏡を取繫け、下枝《シツエ》に白和《シロニギ》幣《テ》、靑和幣《アヲニギテ》を取り垂《シ》でて、此の種種の物は、布刀玉命、太幣《フトミテグラ》と取持たして、天兒屋命、太祝詞言禱《フトノリトゴトネ》ぎ白して、天手力男神、戶の掖に隱り立たして、天宇受賣命、天香山の天之日影を手次《タスキ》に繫けて、天之眞拆《マサキ》を鬘と爲て、天香山の小竹葉《ササバ》を手草に結ひて、天之石屋戶《イハヤド》に覆槽《ウケ》伏せて、蹈み轟こし、神懸りして、胸乳を掛き出で、裳緖《モヒモ》を番登《ホト》に押し垂れき。かれ、高天原動《ユス》りて、八百萬の神共に咲《ワラ》ひき。

と記してある。

四　賢木を建てて祭る事

さて此の儀式の中に於いて、最も主要の位置を占めてゐるものは、天ノ香山から根こぎにして來て祭場の中央に押し立てた五百津眞賢木であるから、此の木から說明を試みて見よう。

さて此の祭の時に建てる賢木とは何をいうたものであるか。これにつきては、古事記傳卷八に、

五百津眞賢木《イホツマサカキ》。五百津は枝の繁きを云て、一木の上《ウヘ》のことなり。(五百株と云は非なり、布刀玉ノ命の取持とある

にも叶はず)。書紀仲哀巻《ノ》に五百枝賢木《イホエサカキ》と有《ル》にて暁《サトル》べし。湯津楓《ユツカツラ》の湯津も同じ。(その由は彼處に云べし、又上の湯津石村の所にもいひき。)又下巻に百枝槻《モヽエツキ》、書紀に百枝杜樹《モヽエカツラ》などもある類なり。眞賢木、書紀には眞坂樹と書り。共に借字なり。仙覺萬葉《カ》解《ノ》に、榮《サカニ》たる樹《キ》と云なりといへり。師説《ノ》に、こはもと一《ツ》の樹の名にはあらで、たゞ常葉《トコバ》なる木を、神事公事に讃稱《ホメタヽヘ》て眞榮樹《マサカキ》といひしなり、そが中にとり分て鏡幣をかけ、髻華《ウズ》にさしなどせしは橿《カシ》なり。後世さかきと云物に非ずと云れき。(なほくはしく冠辭考まさきづらの條に見ゆ。)

と說いてゐる。それ故に、眞賢木とは常磐木、葉の落ちない生氣に充ち滿ちた、青々とした處から得た名であつて、必ずしも或る一種の樹を稱したものでない。然し本邦にて此の種の木の中、松杉橿などは賢木として貴ばれたものであるが、特に賢木に用ひられたのは、橿であらうといふ加茂氏の說はよろしいやうである。前にも述べた如く、伊邪那岐尊が〔身を潔められた〕橘の小戸なる檍原の檍も橿であり、また甘樹などいふもかしであ る。橿が神木なることは、また神武天皇の都を御奠めになつた所を橿原といふのでもわかる。此の橿原といふのは、檍原と同様の意で、その場所の神聖にして清淨潔白なことを意味するのである。

さて天岩屋戸《ノ》の前で營まれた御祭で、此の眞賢木が崇拜の目的物であることはいふまでもない。然らば、何の爲めにこの木を建てゝ此に勾珠・鏡・幣を垂れたのであるか。その意義を解いて見よう。樹木崇拜の一種であることも勿論であるが、此の儀式はその後實際我が國にて行はれたかどうかといふに、平安の朝、藤原時代まで此の儀式が行はれた證據がある。それは加茂神社の祭日に奥山から賢木を採つて來て、之に種々の綵色を施した布帛を垂れ飾る儀式である。これを阿禮といひ、その祭日を阿禮日といふ。加茂社には上下二社があつて、上ノ社は加茂別雷神を祭り、下ノ社には賀茂の祖社を祭るのである。伴信友全集第二、瀬見小河二之巻別記の內、「取二奥山賢木一立二阿禮一垂二種々綵色一」に、

さて其阿禮とは、內藏寮式諸祭幣帛の下の賀茂祭の條に、阿禮ノ料五色帛各六疋、下ノ社二疋、上ノ社四疋、（下ノ社は賀茂御祖神社二座、上社は賀茂別雷神社なり）盛《イル》二阿禮一料筥八合、下ノ社三合、上ノ社五合、並方一尺六寸布綱十二條料調布一端一丈四尺云々、已上官物、また中宮式同祭の條にも、五色絁各三疋、阿禮三具料、楊筥三合盛二阿禮一料と載られたるものにして、舊記に取二奥山ノ賢木一立二阿禮一垂《シデヨ》二種種綵色一と云へる古事を旣くより祭式として供奉り來しを、公家《オホヤケ》の御祭となりて、其料を進《タテマツ》り給へるなり。

と說いてゐる。此の賢木に五色の帛布を幡の形にして垂れ飾つたものであることは知られる。また此の木に鈴を懸けたものと見えて、順家集に賀茂の祭の申の日みあれひく（と題して）「わかひかむみあれにつけていのることなる鈴もまづきこゆなり」とあり、又、爲忠家百首に爲業朝臣「はふりこかもろかつらして神山のみあれの鈴をひきならすかな」とある。賢木に鈴の懸けてあつたことは明かである。此の木に祈るときには、「あれをひく」。あれひきとは、祭日に詣でて、かの阿禮の賢木に延《ヘヘ》たる綱に注連《シメ》着《ツ》けたるを曳くを、御阿禮曳くといひ（體言にあれひきとも云）、其の御阿禮を曳いて鈴の鳴るのを以つて祈事の成就る表《シルシ》を卜《サダ》めたといふ（伴信友全集第二、瀬見小河二之巻別記）

さて此の賢木を祭るのは何の神を祭るのかといふに、其は別雷神を祭るので、此の木を建てて此處へ天より御降り

になることを祈願するのである。此の別雷神とは稚雷神といふことにて、雷神である。この雷の名は伊邪那美神の御體の背に成り出でた稚雷と同名であるが、その神をいつたものでない。此の神は伊邪那岐尊が訶遇突智神を斬られたときに成られた甕槌神の一名で、天神の御子である。神典でいふ所の天神は産靈神であるから、正しくは高御皇産靈神と關係ある神に相違ない。

さて此の賢木を何故阿禮といふかといふに、それに就いては今まで適當の解釋を與へたものはない。伴信友の此の考說の中に、

さて此二首（白鳥云、萬葉集巻一及巻六に見える二首をいふ）の安禮衝《アレツキ》を生繼《アレツグ》の義なりといへる說あれど諾《ウベナヒ》がたし、又奉供齋《ツカヘイツ》くなりといひ、或は祝ひ齋くなりなどいへる說どもも聞ゆれど、あまりにものどほきこゝちして諾ひがたし〔伴信友全集第二、瀬見小河二之巻別記〕。

と述べてゐる。此の賢木をまた阿禮木とも稱ふる所から見れば、元來は此の木に就いての名であらう。此の木を建てる意味は、此處へ別雷神の御子の御來降を祈願するのであるから、此の木は神の御宿になる處に外ならぬ。國語の古語で宮殿をミアラカといふ。araka は在る處住む處の義である。此の賢木は雷神の住はせ給ふ在家に外ならぬ所から考へると、これを阿禮といふは、あれます、あれませ、〔卽ち〕住居といふ義であらうと思ふ。萬葉集巻一に、

藤原之、大宮《ホホミヤ》都加倍《ツカヘ》安禮衝哉《ノアレツクヤ》、處女之友者《ヲトメガトモハ》、云々。

とあるから、神典の岩屋戸の祭に立てた賢木も天照大神の御來降を祈願したものであらう。

五　神籬と磐境

平安朝の時代に賢木を建てゝ祭るのを阿禮木と稱へたといへば、神代に賢木を何と稱したか。やはりアレキと稱へたか、但しは他の名で呼んだものか。余輩の考へる所によると、神典に神籬と書いてこれをヒモロギといふのがある。これは正に賢木を祭るときに呼んだ名である。神籬の事は書紀神代巻に引いてある一書に、

高皇産靈尊因つて勅して曰く、吾は則ち天津神籬《アマツヒモロギ》及び天津磐境《アマツイハクラ》を起し樹てて、まさに吾孫の爲めに齋《イハ》ひ奉らん、汝天兒屋命、太玉命、宜しく天津神籬を持ちて、葦原中國《ツ》に降りて、亦吾孫の爲めに齋《イハ》ひ奉《マツ》れ。乃ち二神を使はして天忍穗耳尊に陪從《ソ》へて以て降す。

とある。此處の神籬につきて古事記傳巻十五に、

まづ比母呂岐《ヒモロギ》と云物は、榮樹《サカキ》をたてゝ、其を神の御室《ミムロ》として祭るよりして云名にて、柴室木《フシムロギ》の意なるを、布志《フシ》を切《ツヾメ》て比《ヒ》と云なり。萬葉三に、吾屋戸爾御諸乎立而《ワガヤドニミモロヲタテヽ》、これ榮樹《サカキ》を立るを云、又十一に、神名火爾紐呂木立而《カムナビニヒモロギタテヽ》、又廿に、爾波奈加能阿須波乃可美爾古志波佐之《ニハナカノアスハノカミニコシバサシ》、これらも同じ。磐境は、伊波紀《イハキ》と訓べし。崇神巻《ノ》に、磯堅城《シキ》〔磯城〕神籬《ヒモロギ》とある磯堅城〔磯城〕と同じことなり。神を祭る場《ニハ》を、石を築周《ツキメグ》らして構へたるなり。

とあり、又日本書紀通釋巻十八に、

天津神籬、崇神紀に、神籬此云二比莽呂岐《ト》一とあり。この訓註こゝにあるへきに、かしこにあるはいかゝと、山蔭に云れたり。天津は美稱。神籬は守部説に、御森樹《ミモリキ》にて、神の靈《ミタマ》の憑《ヤト》り鎭《シツマ》り坐る森の樹立を指て云名なり。上代

は出雲伊勢なとを除ては、をさ〳〵宮殿はなくして、三輪山なとの如く、生茂れる森そ、卽神の御社なりつれはなり、萬葉四に、味酒《ウマサケヲ》乎三輪之祝我忌杉《ハフリカイハフスキ》云々、又七に三幣取神乃祝我鎭齋杉原《ミヌサトルミワノハフリカイハフスキハラ》云々、此等の忌杉も、杉原も、三輪山の比母呂岐を指るなり、又十一に、天飛也輕乃社之齋槻《アマトフヤカルノヤシロノイハヒツキ》とありて、其齋槻を指て、神名火爾紐呂木立而雖忌《カムナヒニヒモロキタテヽイハヘトモ》、とよみたる類にてさとるへし、又此比母呂岐を、常に御諸《ミモロ》といひ、又其御諸を、神南備と云も、神之森《カミノモリ》、また其母理は、隱《コモリ》（樹の繁り隱りかなるを云、）の義にて、只云なしの少しつゝ異れるのみ、本はみな同語なり、かゝれは、古書に御諸とあるを、御室の義と釋き來しは、本末の違ありて、古意を知さるものなり、其は森を指て神社とせし世に、三諸とも神名火とも云し古語なるを、後に造りそめたる、宮殿の室《ムロ》の意として、爭か叶はむ。（但し宮殿出來て後は、其宮殿も御諸にてはあれと御諸と云言意は御室にては非さるなり。）故紀記萬葉等の古書に、神社には、凡て御諸三諸なとのみ記して、御室とも、宮とも云ること見えす。（日《ノ》若宮、日《ノ》隅宮なとあるは皆現き神の作坐ける宮殿にして、神社とは元來別なり。）是本《レモト》宮殿の、室より出たる言には非る故にそ有ける。又萬葉などに、神杉神樹なとよめるも比母呂岐の事を指るなり、（俗に神木と云か如し。）又神籬、玉籬、瑞籬なと、常に云も、標結《シメユフ》垣の事にはあらす、古き書に、青垣山隱《アヲカキヤマコモル》、又青柴垣《アヲフシカキ》なと云、中古の歌に、嶺の松垣、杉垣なとよめる類の垣にて、其垣（神社に、彼神杉神樹の多く植るを云。）卽神靈の留り給へる、ひもろきなりければ、此比母呂岐と云言に、神籬《ノ》字は書ならひ來しにこそ、又雄略天皇大御歌に、美母呂能伊都加斯賀母登《ミモロノイツカシカモト》、とよみましつるも、猶ひもろきの事なるからに、赤猪子か、和歌《ヘ》に、美母呂爾都久夜多麻加伎《ミモロニツクヤタマカキ》、（齋哉玉垣なり。）

と受たり。是等にて、神籬は卽比母呂岐、比母呂岐は卽神社なる事思定へし。（杜字を昔より、森に當て用來しも、神社は、舊森《モト》なるから、其ひもろきの木に从るをとり、社字形に似たるを以、借用たるなれは、漢の字義には拘はらす、卽此間にて制したる字の如し、又社をヤシロと云も、屋代《ヤシロ》の義にて、神靈の爲には、ひもろき卽屋《ヤ》の代《シロ》なるよしなり、此訓自ら古義なり。）故上代は、假に神を祭るにも、常葉《トコハ》の枝を折來て、其枝に神靈を移しやとして、齋祭り《レ》、萬葉巻二十に、爾波奈加能阿須波乃可美爾古志波佐之《ニハナカノアスハノカミニコシハサシ》、阿例波伊波々牟《アレハイハハム》、加倍理久麻弖爾《カヘリクマテニ》、巻三に、吾屋戸爾御諸乎立而《ワカヤトニミモロヲタテテ》なとよめるも、彼神杜《ノ》の、ひもろきを擈《ウツ》して祭る心はへなり、と云り。此說にて比母呂伎と云ものゝことを知へし。

天津磐境、アマツイハクラと訓へし。（磐境を本にイハサカと訓るは非なり。）玉勝間云、堀川院百首に、榊兼昌、いこま山たむけは是《レ》か、このもとに、いはくらうちて榊たてたり、神籬磐境とある、ものゝさまと聞ゆ、いはくらうつとは、磐を以て座《クラ》をかまふる意なるへし、と云れたるは、然言なり。さて古く磐境を伊波久羅といひし例は、大三輪神三社鎮坐次第に、奥津《オクツ》磐坐《イハクラ》大物主命、中津《ナカツ》磐坐大己貴命、邊《ヘ》津磐坐少彦名命云々、今少彦名命來二臨吾邊津磐坐一《ニ》與二吾和魂一《ト》、共能可下敬祭守二皇孫一濟中人民上矣、於是起二立磐境《イハクラヲ》一、崇二祭少彦名命一云々とあるを見るへし。上には磐坐と書るを、下には磐境とせり。（これにて、磐境の訓動くへからす、然るをイハサカ又イハキなとよめるは、いつれも叶はす。）さて玉勝間に、磐以て座をかまふる意と云れたれと、此は必しもまことの磐石以、搆ふるのみをいふにはあらし。磐は天磐戸《ノ》なとの磐に同く、たゝに神の御坐をしか稱へ云りしものなり。(御天降段の、離二天磐坐一の磐坐も、同しものなり。) 拾遺に、崇神段に、倭笠縫邑ニ、殊立二磯城神籬一、と云こと見えたり。此磯城は、此なる磐境と同きものなり。此紀には、此事を磯堅城とあり、堅は衍なり。

起樹とは、神靈を憑《ヤト》し奉る御坐を、搆へ樹るなり。さて神籬及磐境とはあれと、二物にはあらす。磐境即神籬にして、神籬は磐境を搆ふる神木なり。故次には持二天津神籬一とのみあり、拾遺には、たゝに建二樹神籬一とのみあるにて知るへし。さて此は、平田翁説に、皇御孫尊の御守護と、殊更に御親《ミツカラ》の御靈を齋ひ祭給ふなり。其は吾則とある御言にて、所知たりとあり。

持二天津神籬一云々、持降とは、齋ひ樹《タテ》たまひし、其神木を持降れとなり。後世春日吉の神木を、振奉るさまを以思へし、山蔭云、これを持て降れと詔ふは、高天原より、葦原中國までの、途中の御守の爲もある故なるへしと云り。さる事なり。

亦爲吾孫云々、平田翁云、今かく吾か自ら齋へりし神籬を持降りて、汝二神も、亦皇御孫尊の御爲に、齋ひ奉れと詔ふなり。(亦字此御言の眼字なり、此字に深く心を留めて見たらんには、其旨自からに著明ならんものなり。)

さて此神籬は、後に神祇官西院に、八神を祭給ふ起原なり。其は拾遺の神武段に、爰仰従二皇天二祖之詔一、建二樹神籬一、所謂高皇産靈、神皇産靈、魂留産靈、生産靈、足産靈、大宮乃賣、事代主神、御膳神、(已上今巫所レ奉レ齋也。) 櫛磐間戸神、豐磐間戸神、(已上今御門巫所レ奉レ齋) 生島、(是大八洲之靈、今生島巫所レ奉レ齋) 坐摩、(是大宮所之靈、今坐摩巫所レ奉レ齋也) とある、從二皇天二祖之詔一は、正しく此詔を云り。(武郷云、紀には、高皇産靈尊をのみ載たれと、拾遺神武段には、皇天二祖とあれは、初に天兒屋命に命し玉ひし時も天照大神高皇產靈尊の二柱に坐なるへし。）さて右の八神は、式に神祇官西院坐、御巫祭神八坐、（並大月次新嘗）神產日神、高御產日神、玉積產日神、生產日神、足產日神、（三代實錄貞觀元年正月七日、神祇官無位神產日神、高御產日神、玉積產日神、生產靈日神、並奉レ授二從一位一、同年二月朔、神祇官從一位神產日神、高御產日神、玉積產日神、生產日神、足產日神、並奉レ授二正一位一とあり、印本二月の文に生產日神を脫せり、今は一本に依れり。）大宮乃賣神、御食津神、事代主神、と載《シル》されたりと云り。さて右の八神はいかなる由緒の御祭そと申さむに、いつれも產靈神德御坐《オハシマス》神にて、高皇產靈、神皇產靈二神は、造化の二靈、陰陽幽顯の大元神にます、又魂留產靈は、魂鎭產靈と云事にして、天皇の御魂鎭《シヅメ》坐し、かの令義解に、招《キ》二離遊之運魂《ヲ》一、鎭二身體之中府一、故曰二鎭魂《ト》一とある由の御名、生產靈足產靈は、天皇の大御體の、平安に生《イキ》活働き坐ると、滿足ひ坐《ス》方に、幸ひ玉ふ御靈神に坐せり。但し此三柱神は、此より外に見え玉はす。其傳を失ひしものなるへし。また大宮賣神は、君臣の間を、中執持《トリモチ》て和け坐す。（拾遺に見ゆ。）事代主神は、八十萬神の御尾前《ヲサキ》となり坐て、顯世に荒ひ疎ふる妖神邪鬼の、禍を止め玉ふ事等、また御食津神は、天皇の大御食安く聞食させ玉ふ方に、幸ひ坐すなと、みないつれも止事なき神等なり、云々。

と說いてゐる。

さて神籬と書いてヒモロギといふのは、國語の意義を表はした文字である。本居氏はヒモロギを柴室木《フシムロギ》と解いたのは大體に於いては正しいが、ヒモロギのヒをフシの約と解いたのは例の解釋法で、その誤見なること明かである。ヒは三諸のミの如く接頭辭であつて、ヒモロは猶ミモロといふの如く、三室の義である。その室が木であるが故に、ヒ—モロ—ギとはいふのである。後世此の木を阿禮といふのが阿羅加《アラカ》といふのと同じ義で、アレはある所、ありか、殿をいふのと同じ意である。守部の説に、神籬は御森樹《ミモリキ》であるといふ。此の説には從ひがたい。何となれば、樹木が神の宿る處と信ぜられたのは、上にも逑べた如く、木と木とを摩擦すると火を發する處から起つたものであるから、神の憑る處は一樹についてのことである。森はもとより木から成り立つものではあるが、これをモリと稱へるのは、此の木の群を爲した處から呼んだのである。それ故に、森を mori といふのは mure（群）、moro（諸）の轉であつて、室をいふ muro とは全く語根を異にしたものである。若しも橘氏の如くミムロキを御森木の轉だとすれば、森《モリ》にすでに神の留まる所があることになるから、その下に更に木を添へるのは蛇足である。この點から見ても、同氏の說は正鵠を得たものでない。

磐境はこれをイハキ、或はイハサカともいふ人もあるが、是はイハクラと訓むのが正しい。已に先輩も云つてゐる通り、磐境と神籬とは一體のもので、これを分離せしめることは穩かでない。磐座は漢人の所謂社の祭にいふ壇であつて、其の上に樹木を植ゑるのは、我が神籬である。これを漢碑に擬すれば、磐境は龜趺であつて、神籬は碑身に當つべきものである。

六　高皇產靈の一名は高木神

神典にいふ神籬は固より Cosmic Tree であるから、其の高きことは云ふにも及ばない。さうして、此の木は萬物發生の根源であるから、神籬が天神の宿る所とすれば、磐境は地神の宿る所である。即ち此の神籬は前に述べた天御柱に當つべきものである。天《ノ》御柱といふ名稱は、天を支へるといふ側からついた名であつて、これを神籬《ヒモロギ》といふのは、神の宿す處といふ點からついた名稱である。然らば此の賢木即ち神籬は何を表はしたものかといふに、それは發生の神、產靈《ノ》神の標識に外ならぬのである。此の見解は古事記に高御產巢日《ノ》神の一名を高木《ノ》神と呼んでゐるので證せられる。

古事記神代の巻に、

即ち天若日子天神の賜へる天之波士弓《ハジユミ》天之加久矢《カクヤ》をもちて、この雉《キギシ》を射殺しつ。こゝにその矢雉の胸より通りて、逆に射上げらえて、天安河の河原にましまス天照大御神、高木神の御所に逮《イタ》りき。この高木神は高御產巢日神の別《マタ》の名なり。

とある。古事記傳巻十三に、

高木《タカギノ》神、御名義《ミナノココロ》、木《ギ》は具比《グヒ》の切《ツヾマ》りたるにて、即產巢日《チムスビ》と申すと同意なり。其故は、上の角杙神活杙神《ツヌグヒノイクグヒノ》の杙《グヒ》は、具《グ》美《ミ》と通《ヒ》て、具牟《グム》とも活《ウゴ》く言なり。(傳三の四十一葉、角杙神の處考合《ヘ》すべし)。されば角杙《ツヌグヒ》は角具牟《ツノグム》と同意なり。葦などに角《ツノ》ぐむと云も、角の形して生初《オヒソム》るを云《ヒ》、又なべて木草の生初るを芽《メ》ぐむと云《ヒ》、涙の出初るを、涙ぐむと云て、具牟《グム》は、凡て物の初《ハジ》まり芽《キザ》すを云辭なれば、產靈《ムスビ》と同意とは云なり。彼角杙《ノ》神を、姓氏錄に角凝魂命《ツノゴリムスビノ》と云《ヒ》、活杙《ノ》神を生產日《イクムスビノ》神とも申すにて、思ひ定むべし。(三代實錄卅四に、筑後國高樹《ノ》神と云あり、此神か、はた地名などにて、別神か、しらず)。

とあり、又その次の頁に、

是《コノ》高木神者《ハ》云々てふ十四字は、本文ながら註なり。記中に如此《カカ》る例多し。さて此《レ》より上には高御産巣日神《ノ》とのみあるを、此《コヽ》に至て其御名を變《カヘ》て、かく高木神《ノ》と申し、此《レ》より下は皆中巻までも、たゞ此《ノ》御名をのみ申せるは、如何様《イカサマ》にも所以《ユエ》あるべし。故《レ》つら／＼思へども、慥《タシカ》に思得《ヒ》ることもなし。されど強《シヒ》て云《ハ》ば、初稗《メ》田《ノ》阿禮が詔命を蒙《カヾフリ》し時に、高御産巣日神《ノ》と申《シ》傳へたる本《フミ》と、高木神《ノ》と申《シ》傳へたる本《フミ》と、二品の本《フミ》に據《ヨリ》けむ。此《レ》より上は、其《ノ》高御産巣日神《ノ》と有し本に依れりしを、其本は、蓋《ケダシ》此《ノ》わたりより下つ方の闕《カケ》て無りけむ故に、其《レ》よりは、高木神《ノ》とある方の本に依て、其隨《ノマヽ》に誦定《ヨミサダ》めしなどにもやあらむ。(若然《シサ》もあらば、かの弓矢の名の、前と後と異《カハ》れるなども、傳《ヘ》の本《フミ》の別なる故にもやあらむ)。さて此《コヽ》に至て、俄《リ》に御名の更《カハ》れる故に、是《ノ》高木神《ノ》者《ハ》云々、と云註《フ》の語《コトバ》を加へて誦《ヨミ》しなるべし。されば此註《ノ》は、阿禮が誦定《ヨミサダ》めし時よりの詞ならむ。別名は、字のまゝならば、許登美那《コトミナ》と訓むべけれど、記中に亦名と云るが多ければ、其《ソレ》に准《ヘ》て、麻多能美那《マタノミナ》とぞ訓《マ》まし。

と説いてある。

高木神《ノ》は、これまで國學者によつて解釋せられないで殘つてゐた神である。本居氏は高木の木《キ》を具比《グヒ》の切たるキであつて、その源は、角杙《クヒ》・活杙《クヒ》のクヒ、芽ぐむ、角ぐむなどのぐむと同言で、物の發生し始めるさまをいつたものであるから、結局産巣日と同意であるといふのである。此の解釋は種々の方面から其の當を得てゐない。第一に木を具此の約つたものだといふ解釋は、例の慣用の切音的の漢音標音法を國語の語源解釋に適用したもので、その謬見は更にまた云ふに足らぬ。此の誤つた解釋の上に築かれた同氏の推論は、これを首肯することは出來ない。高木は高い木であつて、角杙・活杙の杙はその文字の通りに杙の事である。木德を萬物の始とする陰陽說は我が神典の作者に採用せられて、その開闢神の一篇がその思想の上に結構せられたことは、已に述べた通りである。それ故に高皇產靈尊・神皇產靈尊は木の神でゐらせられるのである。然しその木は天にもとゞく程の所謂 Cosmic Tree（宇宙木）であるが故に、古事記ではこれを高木神とは申すのである。此の木神の德は物の生成發達にあるが故に、天岩屋戶の段に於ける此の神の活きは天照大神の活力を强めて、先の如く宇宙に輝き渡るやうに元氣を出させるのである。日月神を御生みになつたのは、伊邪那岐命であるが、伊邪那岐命はまた產靈神と御一體であらせられ、その名を異にせられたに過ぎない。高天原で天照大神が夜見神に壓倒せられて岩屋に引きこまれたときは、產靈神は高木神といふ名前を以つてまた再び元の通りに元氣をつけて復活せしめようとするのである。かやうに考へてくると、天之御柱も高木神も畢竟するに同一のものに過ぎなく、共に產靈神の表顯に外ならぬのである。

神代史を通して產靈神は天御柱、角・活の杙、或は矛の形であらはされて、共に賢木・神籬として表はされてゐる。一は天然の樹木であり、一は樹木を切つて造つた柱棒である。卽ち神典に於いて柱と樹とが神の araka, himorogi として崇拜せられたのである。然れば、此の二樣の形の中、何れが先か、何れが後に現出したものであるか。これを考定推斷するのは甚だ困難であるが、假りに臆說を述べて見よう。

七　外國に於ける樹木崇拜

御柱が世界の各處に崇拜せられたことは已に陳べた通りであるが、それと共にまた此等の各處で同時に樹木が崇拜せられた形跡がある。英國に住んだ Druid をはじめ、歐洲大陸に住んだ Celt-German 人の間にも、ローマ・ギリシャの間にても、エジプト・アッシリヤ・バビロニヤ・インドにおいても然りである。此等の諸國に於ける樹木崇拜に關しては、已に歐米の學者によつて研究せられてゐるから、其は省略して、まだ彼等の注意しない處に於いて少しく述べて見よう。前にも述べた如く、匈奴や東胡民族の間では、林木が無いときには、柳枝を竪てゝこれを遶つて天を祭つたと云ふ。その苗裔である契丹人の間にも樹木崇拜の風習があつた。その證は遼史禮志祭山儀の條に、

設二天神地祇位于木葉山一、東郷、中立二君樹一、前植二群樹一以像二朝班一、又偶植二二樹一以爲二神門一、皇帝皇后至二夷離畢一、具二禮儀一、牲用二赭白馬玄牛赤白羊一、皆牡、僕臣曰二旗鼓拽剌一、殺レ牲體割、懸二之君樹一、太巫以レ酒酹レ牲、禮官曰二敵烈麻都一奏儀辦、(中略)巫三致レ辭、毎レ致レ辭、皇帝皇后一拜、在位者皆一拜、云々。

とある。又滿洲人が索摩杆を建てて天を祭ることは前に述べて置いたが、その杆なるものが、自然木からたゞの竿に移り行く次第を明かにする材料となるものがある。其は大淸會典に、

於二堂子一用二松樹一株一、留二樹杆枝葉十有三層一、餘皆芟二去枝葉一、削二成杆一、長二丈、柵木旛頭芺絹旛一首、五色綾各九尺、剪爲レ縷、三色朝鮮貢紙八十帳、打爲レ錢、黃綿線三斤八兩。

とある。又、嘯亭雜錄によると、

國家自レ起レ自二遼瀋一、有二設レ竿祭レ天之禮一、又總祀二社稷諸神祇於靜室一、名曰二堂子一。

とあり、又天咫偶聞によれば、

堂子所三以祀二土穀一、而諸神祔焉、中柱二神竿一以爲二社主一、諸王亦皆有二陪祭之位一。

とある。又、方拱乾の寧古塔志に、

尋常庭中、必有二一竿一、頭繫二片布一、曰、先祖所二憑依一、動レ之則如レ掘二其墓一云。

とある。又、朝鮮半島に於いて、三國時代に馬韓人の間に蘇塗といふ大木を建てて天を祭つたことは已に說いたが、此の半島でもまた自然木を崇拜したと思はれる形跡がある。其は朝鮮國の開國者と知られてゐる檀君は、檀木の下に天降つたといふ傳說がある。又、漢人の間にも、樹木の崇拜があつたことは前に述べた如く、社の祭に壇を設け木主を設ける外に、樹木を植ゑるのを必要とした。「啓明」第十九號李能和著「朝鮮巫俗考」に、十一康巫と題し、

(白香神巫曲)云、懸二幢古樹一神雲結、靑莎白茅平如レ壇、三聲畫鼓碧山動、雙剪舞鸞紅羅懸、星盤高設海山需、舞進花筵糞酒盃、神刀雙手覔影飜、翠□生レ風飄二左右一、揮々鈴語碎如レ星、雲際來神痕二有無一、蒼茫古木下二老鳶一、錯落平沙集二靈鳥一、諸神歆罷撤二盃盤一、擊レ缶遙送秋雲鶩。

とある。唐の時代に巫祝が樹木を建てて神を降らしたことが知られる。

前にも述べた如く、漢土の陰陽說によると、東方に扶桑といふ木の生えてゐる仙境があつて、其の木の尋常でないことが記されてある。山海經の大荒東經に、

大荒之中有レ山、名ニ孽搖頵羝一、上有ニ扶木一、柱三百里、其葉如レ芥、有レ谷曰ニ溫源谷一。

とあり、又、山海經海外の注に、

東海中有レ山焉、名曰ニ度索一、上有ニ大桃樹一、屈蟠三千里。

とあり、說郛に擧げた玄中記に、

東方有ニ桃都山一、山上有ニ一大樹一、名曰ニ桃都一、枝相去三千里、上有ニ天鷄一、日初出時照ニ此木一、天鷄卽鳴、天下鷄皆隨レ之。

とあり、又十洲記に、

扶桑在ニ大海之東岸一萬里一、東復有ニ碧海一、海廣狹?浩汗、與ニ東海一等レ大、碧水既不ニ鹹舌一、正作ニ碧色一、扶桑在ニ碧海之中一、地方萬里、上有ニ太常宮一、大眞東王父所レ治處也、多ニ森木一、葉皆如レ桑、又有ニ椹樹一、長者數千丈、太二千餘圍、樹兩々同根、偶生更依倚、是以名ニ扶桑一。

と見えてゐる。

八　樹木崇拜の進展

漢土の天柱は五岳であるが、我が國の天柱は樹木であり、漢土の宇宙木は扶桑であるが、我が國のは賢木であつて、これをヒモロギといひ、其の神を高木神といふのである。諸神が神樂遊びをして生成力を盛にし、賢木と八咫鏡をかけたのは、天照大神が天岩屋から御出でになつて此の木をよぢて上登する姿を表はしたものである。神がもと木の形であつたものが、段段と進化向上して遂に完全な人の形を取るまでに至る徑路を追究して行くといふことは、民族心理の過程を知る上に甚だ興味のある仕事である。神代史の語る處によると、天照大神は貴しき品格の高い女神のやうに描き出されてゐる。然るに此の神の姿を摸したと神典に書いてあるを見ると、それは鏡であつて、日輪に擬したものである。高皇產靈神の御姿は天照大神のやうには明瞭ではないが、此の神に千五百の御子があり、天照大神と共に諸の事を御指揮される有樣などから見ると、けだかき男神であらせられるやうに思はれる。然るに此の名が高木であるが如く、その姿を摸したものは神籬であつて、廣大な樹木であらせられる。これと同樣の事が外國にも存する。例へばミケーネの國の遺物には天柱や樹木が崇拜の目的物となつて、その有樣が壁上に描かれてゐる。然るに、その說明をした文章から見ると、その神が立派に人の形を取られてゐる。それは凡て思想の方が早く發展してゆくのに、技巧の方がそれに伴はぬからである。

樹木に關係する神の形の進化發展してゆく徑路を考へて見るに、まづ初めは、自然木が神の姿であつたに相違ないが、人智が進むに從つて、神の姿も、それにつれて、人の形に近いものになつて行くのが常である。例へばギリシャの Hermes 神の如き、その昔は、木の片片に刻んだものに過ぎなかつたのが、遂に Praxiteles の手工によつて優美な人の形に彫まれるやうになつた。Bötticher 氏は、大昔に Dionysos 神が木片の上部に面をかぶせ、その枝が神の頭から生へて居り、さうしてその幹に衣裳を被せてゐるのがある。また或る處では自然木が枯れると、その幹なり枝なりを刻んで神の形を造り、これを社祠の中に納めて置くこともある。Pausanias や Pliny などの記す處によると、神の最も古い像は木で造られたといふことである。かやうに、木に細工を施して神の形を造るといふことは、世界に遍滿してゐる習俗であつて、其の例は枚擧するに遑ないが、その中二三の例を擧げてみると、エジプトの Osiris の像は、Maspero のいふ所によると、枝を切り落した幹で、これを土上に安置したものに過ぎなかつたといふ。支那にては前にも話した如く、社の祭に壇上に木主を建てるが、これは木のふだに過ぎないが、これに點するといふことがあつて、血を木主の前面に塗つて、目鼻に擬したといふ。蓬萊島や扶桑國などにある神は大木に過ぎないが、それが追々と理想化されて、人のやうに思ふ處から、此處に大人がゐるといふやうになり、その大人が初めは單に思想上の概念に止つてゐたのであるが、秦の始皇帝の時に西極の神仙なる大人或は長狄を人間のやうに鑄造した。これが彼の有名な銅人である。後漢時代に屬する武氏の石室に畫かれた伏羲氏と女媧氏とは、人首蛇身で、未だ完全な人の形になつてゐないが、その後、鏡に鏤められた東王父と西王母とは、立派に人の形を具へてゐる。

又、例を支那以外に求めると、南齊書の魏虜傳に、

城西南去二白登山一七里、於二山邊一別立二父祖廟一、城西有二祠天壇一、立二四十九木人一、長丈許、白幘練裙馬尾被、立二壇上一、常以二四月四日一殺二牛馬一祭祀、盛陳二鹵簿一、邊壇奔馳、奏レ伎爲レ樂。

とある。南齊人が魏虜と呼ぶのは匈奴の苗裔たる拓跋魏をいふのである。已に前に說いた如く、匈奴は秋の祭には柳枝を立てて其の周邊を馬で繞り走つたものである。然るに、その苗裔たる拓跋氏の時になると、その柳枝は人の形に彫まれたのである。又元朝祕史によると、忽圖剌が合罕に選ばれたときに、部落は此の君主の壽を祝はんが爲めに、

豁兒豁納黑の河原にある繁つた木の周りを繞つて躍つたとあるが、忽必烈汗に仕へた Marco Polo によると、當時の蒙古人は地の神（natigay）etügen を祭るときには、この神の像を始めその妻子の神の像をも造つて祀つたとある。

又、周書卷四十九高麗の條に、

又有二神廟二所一、一曰二夫餘神一、刻レ木作二婦人之象一、一曰二登高神一云、是其始祖夫餘神之子、並置二官司一、遣レ人守護、蓋河伯女與二朱蒙一云。

とある。又、魏志卷三十東夷傳東沃沮の條に、

其葬作二大木槨長十餘丈一、開二一頭一作レ戸、新死者皆假埋レ之、方使レ覆レ形、皮肉盡、乃取レ骨置二槨中一、擧家皆共二一槨一、刻レ木如二生形一、隨二死者一爲レ數、又有二瓦鑑一、置二米其中一、編二縣之槨戸一。

とある。沃沮は高句麗と同族であるから、此の民族の間では、三國時代から神を人の形に彫刻する技術を有してゐたのである。

木をヤシロとする神が次第に發展して柱となり、人の形を取るやうになることは、上に述べた處で充分に了解せられたであらう。然らば、我が國では何うであつたかと考へるに、樹木を崇拜したことは、今日に至るまで土俗に存在するのでも推測される。木の名に檜《ヒノキ》などいふのがあるのでも、木が一個不思議の性質を有するのに驚歎を懷いた時代があつたに相違ない。木をミムロ・ヒモロギなどいふのは、此の木を家とした證據である。又、森木を神奈備といふのは、カミの居の轉で、神の住處といふ程の義であらう。木の精靈がまた句句廼智（Kuku-no-ti）と呼ばれてゐる間

は、此の神の宮は木であるが、他の神でも木を住處として、その神が人の形をしてゐるやうに考へられると、その住處もまた人の住む家のやうになつてくるのである。神代史に見える八尋殿或はみあらかなどはそれである。宗教などは最も保守的のものであるから、神の住處として殿が出來ても、天之御柱は依然として保存せられてゐる。伊邪那岐・伊邪那美二神がオノコロ嶋に御降りになつたときに八尋殿もあり、天之御柱もあるのは、此の理に由るのである。其と同じ様に、天岩屋戸の神樂の段に神籬の盤木があるとともに、一方には、天之御柱にあたる矛の存するのも注意すべきことである。此の矛のことは、古事記の方には擧げてないが、書紀の方に、

又猨女君《サルメノキミ》の遠祖天鈿女命、則ち手に茅纏《チマキ》の矟《ホコ》を持ち、天石窟戸《アメノイハヤト》の前に立たして巧に俳優《ワザワギ》す。亦天香山の眞坂樹を以て鬘と爲し、蘿《ヒカゲ》を以て手繦《タスキ》となして火處燒《ホトコロタ》き、覆槽《ウケフ》置せ、顯神明之憑談《カムガカリ》す。

とある。此の茅纏之矟に就いては日本書紀通釋巻八に、

茅纏之矟は、私記に以レ茅纏ニ其矛一也とあるか如し。但必以レ茅者、蓋取ニ潔白之義一歟、と云るはいかゝ有らむ。重胤云、茅は菅の種類なるか故に、萬葉集にも通はせてよみ、又通證にも、夏越祓《ナコシノ》菅貫輪、或謂ニ之茅輪《チノワ》一、則菅與レ茅其用同矣、とも云り。和名抄に、菅、和名須計、草名也と見え、茅、一名白羽草和名智、と出たり。陸機説に、菅似レ茅而滑無レ毛者と云ひ、茅は、一に白茅とも云るを、時珍説に、夏花者爲レ茅、秋花者爲レ菅と云る、共に同種異品なる者也、本朝事始、和琴の事を云る所に、茅以《ト》ニ須雅乃葉《ヲ》一調ニ左右乃手一奏、又號ニ須賀古止一云々、有ニ須賀加幾之調一と有、菅掻と云ひ、菅琴と云れとも、茅掻茅琴とは云さるを以て、菅の種屬なる事を知へしと

云れたり。さて拾遺に令三天目一箇神作二雜刀及鐵鐸一（古語佐那伎）とありて、次に天鈿女命手持二着レ鐸之矛一とあり、平田翁云、師說に着レ鐸之矛といひ、茅纏之矟と云るは、たゞ名の傳の異なるのみにて、實は一《ツ》にて此鈿女命の持たる矛也、と云れしはさる言にて、矛のすへては、茅を以て纏て、夫に鐸を付たりしを鐸矛とも、茅纏之矛とも云けんを、一方に語れる傳を記せるなりけり。さて鐸は、天目一箇根命の作れるなり。矛は手置帆負彥狹知命の、木を以造れる事決しと云り、云々。

と說いてゐる。

今の人は、矛といふときは、直ぐに武器としての矛をのみ考へるが、神事に關する矛は木にて造つたもので、柱と同じやうな意味に用ひられたものである。此の矛に茅をまくのは、茅は陽氣の盛んな草であるから、生成力を表はす矛にまいて益〻その力を添へる意味で、それがまた其の矛を潔白にし神聖にする意味を有してゐるのである。此の矛に鐸を附けるのは天之御柱や賢木に鈴をつけるのと同じ意味のもので、此の物に宿つてゐる神の言葉は此の鐸や鈴でうかゞはれるのである。さて鈴をスズといふのは、言海に「音ヲ名トス、或云、音ノ清《スヾ》シキ意カト」とあるが、國語が喧ぐをサワクといひ、サヾメクといひ、私語するをサ、ヤクなどいふサザの轉で、その音から出來た言である。又鐸を sa-nagi といふのは、狹鳴キといふことで、その鳴る處からつけた名である。かやうな鳴り物を神木にかけるのは、神の語をこれに依つて聞かうといふ上代人の思想から起つた儀式である。それは琴を koto といふのが言《コト》の義で、これを神に向つて奏でるのは、神の御言をこれに依つて聞くの意味である。

九　宇受賣命と宇氣槽とは何を意味するか

古事記神代上天石屋戸の段に、

天之石屋戸に覆槽《ウケ》伏せて蹈みとどろこし、神懸りして、云々。

とあり、書紀神代巻同處に、

覆槽置（覆槽置此云二于該布西一）顯神明之憑談（……此云。歌牟鵶可梨）

又、日本書紀通釋巻八に、

覆槽置、記に伏二汙氣一而蹈登杼呂許志とあり、（こゝの書さまは、置字か伏と云に當れり、覆字はうけの形を云る字なり、思ひまとふ事なかれ、）記傳云、是は此物の上に立て舞に、踏て響あらせむ爲に（踏とゝろこしと云にて知へし、）中を空虚に設ける臺にて、形狀の筩の如くなる故に、名義空筩《ウケ》なり。（書紀に覆槽とかゝれたるに付て、以二馬槽一覆レ之と注せられたるは誤なり。こゝは馬槽にまれ、酒槽にまれ、假て覆用たるに非す。本より別に設たる一の器なり。されと正しく塡へき漢字のなき故に其形狀によりて覆槽とは書るそかし。後の書に宇氣槽と云るも、槽に似たる故に然云なせるものなり。然るを古語拾遺に、覆二誓槽一と云、又古語宇氣布禰とあるは、後につけたる名を古語と意得たるなり。誓字を加へて、約誓之意と云るも甚誤也。又纂疏本に于該布禰とあるも、布禰は此拾遺に依て、さかしらに加られたる非事とみゆ。）さて此物、後世鎭魂祭儀に遺れり。四時祭式、彼祭料物に、宇氣槽一隻とあり、と云り。さて記には蹈登杼呂許斯（記傳云、此は汙氣を蹈て、響鳴《ラ》しむるを云り、後世に神事に大鼓をうつは、此音を效しにや有む。）とあるを、此紀にはさることなく、いかゝなるやうなれと、此は顯神明之憑談とある文に、其意をもこめたる物なり。さて其はいかなる事を爲たまひてか、蹈とゝろこし給へると云に、平田翁說に、拾遺に凡鎭魂之儀者、天鈿女命之遺跡と見えたれは、鎭魂祭の儀は、此段の故事より起れる事論なく、はた其式を貞觀式に載されたるに、大藏錄以二安藝ノ木綿二枚一ヲ、實二於筥中一ニ、進二置テ伯前一ニ、御巫覆二宇氣槽一ヲ、立二其上一ニ、以レ桙撞レ槽ヲ、毎二一度畢一テ、伯結二木綿一ヲ、訖御巫舞訖テ、次諸御巫猿女舞畢、と見え、江次第にも、御巫衝二宇氣一ヲ、次神祇官一人進テ結二糸ヲ於葛筥一ニ、此間女官藏人開二御衣ノ筥一ヲ振動ス（また其注に、以二賢木一ヲ衝レ舟ヲ也、結レ糸自レ一至レ十とあり、）と見えて、此御巫猿女は共に元は宇受賣命の裔の仕奉れる職なり。天孫本紀に、鎭祭之日、猿女君主二其神樂一ヲ擧二其言一ヲ大謂二一二三四五六七八九十一ト、而神樂歌舞と見えたり。此を上に引る貞觀儀式江次第の文と考合せて、御巫の宇氣槽に立て、桙以て撞く時に、一二三四云々と謂事しられ、（さて其一といひ、二といふ毎に、糸を一結ひつゝ結由なり）それ卽此時宇受賣命のしか言るに據れる儀なる事、鎭魂之儀者天宇受賣命之遺跡と云るに思合せて知られたり。かれ上に持二茅纏之矟一とあるも、覆槽撞《ツカ》ん料なる事知られたり。又紀記拾遺なとには、其矟もて撞たる事は記さねとも、巧作俳優、次に顯神明之憑談、とある文に、其事をこめて、記せるもの也、と云れたるさる說也。

さて此の段に見えた茅纏の矛或は鐸の矛といふのは、天之御柱と同様のもので、陽神を顯はしたものである。さうして覆槽卽ちウケとは、その氣を受けとるの義であつて、恰も天ノ御柱の下に胞があるやうなものである。矛を御柱とすれば、うけは Omphalos であり Mundus である。石碑にすれば矛は碑身であり、ウケは龜趺であり、社の稷にすれば、矛は樹であり、木主であり、ウケは壇である。矛を天之御柱とする思想は、前にも諾冊二神はオノコロ嶋で天沼矛を以つてこれに擬したとあるので察せられる。それ故に、天鈿女命が此の矛を以つてウケを撞くのは、生殖を盛にする呪術であつて、これによつて天照大神の御囘復を圖る術である。此が復た鎭魂祭の起源を爲すのも偶然でない。此の儀式を行ふとき、御巫が矛をもつて宇氣槽をつく處に、神祇官が木綿なり、糸なり結ぶのは、魂を意味するのである。國語で魂をムスビといふとともに、結をムスビともいひ、その音全く同じなので、御巫の神樂が生魂に來り或は生ずるのであつて、その都度に糸を結ぶのは魂が出來るのを意味するのである。

鈿女命が矛を以つて宇氣槽をつくといふことが、何故に成生の力を强めて發生の呪術となるかといふに、それは先づ此の命の名義から說いてかゝらねばならぬ。日本書紀通釋卷八に、

天鈿女命、記傳云、名義、拾遺に天鈿女古語天乃於須女、其神强悍猛固、故以爲レ名、今俗强女謂二之於須志一此緣也。（此注を思ふに、此書の傳には、淤受賣とありしを鈿女と書る文字は書紀に依れるなり）。延喜七年進ル大神宮禰宜譜圖帳にも、天之於須女とあり、源氏物語に、おぞましくは（帚木）、うたておずましかるへき（夕霧）など、皆婦人の事を云て、右の意なり。今世言にも於曾伊、又淤受伊、と云言あり（採要）と云り。此神のおずき御態は、此次又下卷に見えたり。

と說いてゐる。此の解釋は主として古事記傳卷八の文に依つたのである。まづかやうに、從來此の命の名義をオズシ

といふ恐ろしき義に說いてゐるが、それが果して本來の意味であらうか。此の命は猿田彥の神の恐ろしきを畏れずこれに向つたのであるから、それを以つて恐ろしき猛き命であると解するやうになつたのであるが、此の命の風采なり、性質なりが猛く強く恐ろしきものであるか。古事記・書紀などの記載によると、此の命は乳房を出し、ほとを露に出して、からゝと笑はれたとあるのみであつて、此の外此の命に恐ろしい態度も行爲もない。その風采も畏ろしいといふよりも、ころ〳〵した顏つきをなされてゐたやうに見える。さる命を何が故に、於須之卽ち鈿女命といふのであるか。これをかく解釋するのが果して正しいか、或は他の意味に之を解すべきであるか。

國語で恐ろしさを osushi といふのは、osoroshi といふ言の訛つたものである。恐を osoru といふのは、ushiro（後）から轉じて來たものである。凡て國語で喜怒哀樂の心には身體各部の動作に原因するものが多い。例へば、思ふとは面（omo）の活いた言であり、慕ふといふのは、心を shita といふから其の活いた形であり、恨むといふのは心の ura（裏）の活いた言であり、turamu といふのは面《ツラ》から轉じた言であり、畏を kashikomu といふのは頭《カシラ》を垂れるをいふ謂であり、叩頭を nukatuku といふのは、額を下につけるからである。此等の類例からこれを考へると、畏を osoru といふのは、恐ろしいものを見たときに背を後にして逃げるから起つた言に相違ない。鈿女神は、畏ろしい猿田彥神に對して、單にほとを出して高笑をしたといふのではないか。此れに對して、猛き畏ろしき猿田彥神も心和らぎて、皇御孫に忠勤を盡す神となつたのではないか。鈿女命は恐ろしいたけき神と見るよりも、寧ろ親しむべきなつかしい神に解せられる。然らばその名は何の義に解するのが正當であるか。

鈿女神は御巫である。巫は神の妻である。この命が矛を宇氣槽につくのは、生殖作用の眞似である。それ故に矛を杵と見るときは、宇氣は臼である。神を杵とすれば、命は必ず臼でなければならぬ。後に說くが如く、猿田彥が杵であれば、鈿女命は臼である。臼が生產生殖に關係を有することは種々の土俗となつて現れてゐる。これを國史に徵するに、書紀景行紀に、

二年春三月丙寅朔戊辰、播磨稻日大郎姬《イナヒノオホイラツメ》を立てて皇后と爲たまふ。后二男を生《ア》れます。第一を、大碓皇子《オホウスノ》と曰ふ。第二を小碓尊《ヲウスノ》と曰ふ。其の大碓皇子、小碓尊、一日に同胞《オナジエ》にして雙《フタコ》に生《ア》れませり。天皇異《アヤシ》びて則ち碓に詰《タケ》びたまひき。故れ因りて其の二王に號《ナツ》けて大碓、小碓と曰ふ。

とある。日本書紀通釋卷三十に、

こゝに栗田寬云、南方海島志に云、凡婦人懷孕の時、著帶することなし、產甚安し、產婆を聞かす、三宅島などは、臨產に自ら家の庭におり、臼にとりつき產す、其外すへて他の力をからす、妊身の中は常よりもあらき働をなす、皆難產の患なし、とあり、此事により考るに、景行皇子小碓尊御兄弟の生れ給へる時、碓に向つて雄誥すと云、其いはれある事を知るへしと云り。めつらかなる考なり。

とある。臼と出產との關係あることは、此の土俗でも知られる。又通釋が同じ處に云ふ所によると、

參河國猿投村と云所には、昔より碓を禁《イ》むとそ。其は其處にさなき山と云に、式の狹投神社ありて、今も大なる社なる、或は景行天皇を祀ると云ひ、或は大碓命を祀ると云り。又尾張の熱田にても碓を禁むなり。もし此を用

ゐれは必祟りありといふなり。

と記してある。さて此處にある猿投神社といふのは、定めて猿田彦神社にあたる神と思はれるから、それに對して臼を忌むといふのは、臼は鈿女神に當るからである。此れを以つてこれを觀ても宇受賣命は臼女命といふ意義の名であるといふことが判る。要するに、茅まきの矛、或はさなきの矛といふのは、陽神を表はし、鈿女命は宇氣槽にて、臼は陰神である。即ち杵と臼とを以て生氣をたゝき出す意味の呪術であると解すべきである。

十　石凝姥と天津麻羅

これと類似した事は、天眞浦《ツ》と石凝姥命についても云へると思ふ。まづ石凝姥命に就いては、古事記傳巻八に、伊斯許理度賣命、書紀に、石凝姥此云伊之居梨度咩《イシコリドメ》と見ゆ。又一書に、使《ム》鏡作部遠祖天糠戸者《アメノヌカドトイフカミヲシテ》造鏡《ヲ》とも、鏡作遠祖天抜戸兒《ヌカドノコ》已凝戸邊《イシコリトベ》所作八咫鏡ともあり。（已は石字の誤なり。）古語拾遺に、令石凝姥神（天糠戸命之子鏡作遠祖也）取天香山銅以鑄日像《ヒガタ》之鏡とあり、なほ、此神のことは、下（傳十五の巻）に見ゆ。さてこの造《リ》し鏡は卽下文なる八尺鏡《ヤタカガミ》なり。古語拾遺に、初度所鑄少不合意、（是紀伊國日前神也）、次度所鑄其狀美麗（是伊勢大神也）……さて此拾遺の說に付て、此神の名を思《フ》に鑄重《イシキリ》の義ならむか。（凡て事の重《カサ》なるを、志伎留《シキル》と云。重播種子《シキマキ》、重浪《シキナミ》などの類これなり、頻字を書てこの意なり）。重《シキリ》を斯許理《シコリ》とも云る例は、萬葉十二（四丁）に、思嘆八更〻思許理來目八面《シエヤサラサラシコリコメヤモ》（重將來哉《シキリコメヤモ》なり）とよめり。度賣《トメ》は老女《オムナ》を云稱と見えて、書紀に姥《トメ》と書り（此字字書に老母也と有）。例は記中に、春日建國勝戸賣《ドメ》、沙本大闇見戸賣、志理都《ツ》紀斗賣などあり、又戸邊《トベ》とも通《ハ》し云こと、書紀の已凝戸邊にて知べし。戸邊《トベ》の例は中巻（苅幡戸辨の所）に云べし。（和名抄に、今呼二老母一爲二太宇女一とあるは、この斗賣の轉れるにはあらじか、又處女《ヲトメ》は小姥の意か）

とある。又、之を戸邊といふことに就いては古事記傳巻二十二に、

苅幡戸辨、和名抄に、山城國相樂郡蟹幡《カムバタノ》（加無波多）郷、神名式に、同郡綺《カムバタノ》原坐《ハラニス》健伊那太比賣神社あり、此《ノ》地なり。（今は綺田《カバタ》村と云、和名抄錦綺類に綺加無波《ハ》太）上代《ツ》には加理婆多と云しを、やゝ後に轉《ウツリ》て、加爾婆多とも云しなるべし。（郷名に蟹字を書るを以て知るべし。）かくて其《ソ》を音便に加牟婆多とは云なり、又下巻穴穂宮《ノ》段に、山代《ノ》苅羽井とある處、（傳四十）考合《ヘ》すべし。……戸辨は斗賣と同じ、書紀に石凝姥神を同一書には已凝戸邊ともあるにて知べし。……戸辨の例は水垣宮《ノ》段に荒河刀辨、書紀神武巻に、名草戸畔（戸畔此云二妬鼙《トベ》一）丹敷戸畔、新城戸畔などあり。

と説いてゐる。日本書紀通釋巻九に、

石凝姥、一書に鏡作遠祖、天抜戸《ヌカトノ》兒石凝戸邊とあり、名義石も凝も正字にて、此神冶工として、天香山の堅石を以て錆鑠《ヤキトロカ》したる鐵を鍛《キタ》ひ凝し固めて、日矛及日像之鏡を造奉らしゝ、功に因れる名になん有ける。姥は、記傳に云れたる如く、老女を云稱（此字。字書に老母也）又戸邊とも通はし云こと、石凝戸邊ともあるにて知るへし。されと鏡作の家は猿女君なとの如く、女を以て其職を相續たる事も聞えされは、此は決めて男神に坐けり。靈異記に、鏡作造有二一女子一とあるにも、其子孫相承し事を知るへし。平田翁云、凡て斗米また斗弁なと、名に負へ

るをは、みな女神の如く、師は云れつれと然に非す。舊は男女ともに云る稱なり、……と云れたるに就て考るに、此紀に戸邊、記に度賣とある邊賣、何れも美に通ひて稱辭なるへし。さらは舊事紀に、尾張連の氏人に建刀米命、妙刀米命、又神武紀に名艸戸畔、丹敷戸畔、崇神紀に、紀伊國荒河戸畔、又記（開化段）苅幡戸辨、又春日建國勝戸賣、なと何れも男の名なれは、此と同しかるへし。なほ男の名稱に、戸邊と云る事の例は級長戸邊命の下にも云り、考合すへし。

と説いてゐる。古事記傳巻八に、

天津《アマツ》麻羅《マウラ》、書紀綏靖巻に、倭鍛部天津眞浦《ヤマトカヌチアマツマウラヲシテ》造《ラシム》二眞麛鏃《マカゴヤサキヲ》一、舊事記饒速日ノ命の天降《ル》御供の神の中に、倭鍛師等祖《ヤマトカヌチラガオヤ》天津眞浦、また物部ノ造等祖《ラガ》天津麻良、この麻良は別神《コト》なるか、眞浦は同神と聞ゆめれど、綏靖の御代に出たるは、いと疑はし。故《レ》思《フ》に、次の伊斯許理度賣玉祖などの例に依《ラ》ば、此《レ》も科《オフセ》とあるべきに、求《ニギ》とあるは、麻羅は一神の名には非《アラ》で、鍛人《カヌチ》の通名《ナベテノナ》などにや。此名のみは神とも命とも云ぬをも思《フ》べし。姓氏錄に、大庭ノ造神魂ノ命八世ノ孫天津麻良ノ命之後也とあり。又熯《ヒ》之速日《ハヤビノ》命十二世孫麻羅ノ宿禰と云人も見ゆ。

書紀神代巻に、

天目《アメマ》一箇《ヒトツ》神爲《ヲ》二作金者《カナタクミ》一。

とある。日本書紀通釋巻十八に、

天目一箇神は、（此神名も、弘仁私記に阿米萬比等都とあり。）姓氏錄に（山城神別）山背忌寸、天都比古禰ノ命子、天麻比止都禰命之後也とあり。平田翁云、御名義は、麻比止都は目《マ》一箇と書る字の意にて、此神は御目の一《ツ》ましけるなるへし。(伊勢の多度神社の枝社に坐ます、俗に一目連と申す神を、此神なりと申すをも思ふへし。)根は稱言なり。故略きても申せり、と云り。さて拾遺に、太玉命所ㇾ率神、天目一箇命《ヘ》、筑紫伊勢兩國《ノ》祖也。また磐窟段に、令二天目一箇神一為二造雜刀斧及鐵鐸一。また崇神段に、石凝姥神裔、天目一箇神裔二氏、更鑄ㇾ鏡造ㇾ劔なとあり。(記の石屋段なる、天津麻羅は天目一根命の亦名にて、此は鍛冶の遠祖なるか、此神と石凝姥神と二神にて、かの神鏡は造れるよしなり)式播磨國多可郡、天目一神社、姓氏錄に、菅田首《ノ》、天久斯麻比止都命之後也とあり。作金者、右の拾遺の文によるに、今も幣物の刀斧また鐵鐸なとを造れるなるへし。さて上卷の一書には、石凝姥為二冶工《ト》一とあるに、此に天目一箇神を為二作金者一と云るは、同し事の樣なれと然らす。石凝姥は鏡の冶工なり。天目一箇神は唯の鍛冶なり。

石凝姥命は、飯田氏の說いた如く、天の香山の堅石を鎔かして鏡を作つた處から得た名に違ひない。然し同氏が此の神を男神と考へたのには、同意することが出來ない。余輩の考ふる所によると、此の神は冶工ではなく、冶工が鏡などを造るときの料に用ゆる鐵それ自身を神にしたものである。それを女神にしたのは、これに對する天眞《ツ》浦《ノ》神が男神であるからである。此の神の名稱につきて、古來いろ／＼の說があるやうであるが、その實、此の神は冶工それ自身でなく、冶工の使用する槌を神としたものである。冶工をカヌチといふのは、金打の義であることは、已に先輩の說いた通りである。それで冶工の金鐵を鍛へる槌棒をツチといふのは、打ち(uti)にツといふ接頭辭を加へたものである。それは、突を tuku といふと共に、またこれを tutuku といふの例で、これを悟ることが出來る。それ故に、神代史の上では、天眞《ツ》浦と石凝姥とは冶工となつてゐるが、その實は、槌と鑛鐵とを人格に見立てゝ神としたに過ぎない。卽ち槌を杵とすれば、打たれる鑛鐵は臼である。槌を父とすれば鐵は母である。此の父母の交合によつて、鏡や矛などが製作せられるのである。鍛冶を麻呂といふことは、推古時代に知られた名であつたと見えて、或る佛像の光背に此を鑄た冶工の名として麻良とある。その意味は眞荒の義で冶工の力を意味した言であらう。玆には槌をいふのである。平田篤胤は此の麻良を印度の梵語魔羅 māra と比較してゐるが、此の梵語の意義は智慧の命を奪ふ因緣となる。故に能命と譯し、又能く修道の障碍をなすが故に、破壞善者とも譯す邪の神である。然るに我が神典の麻羅は生成の神である。國語で男根を mara といふのも、其の勢氣の强い處から付けた名であつて、男子の稱である。上代から男子の名に某麻呂といふものがある。此の麻呂も冶工の麻良と同語であらう。天目一箇神は此の眞浦神と同神である。天目一箇神は槌の頭を指したものであるが、その槌の男性を表すことにも聞えるのである。國語では男女の陰根を呼ぶ名は、男女の性を表はしたものが多い。例へば男根を「屁の子」といふのは、「男《ヲ》の子」の轉であり、女陰を「おまんこ」といふのは「(オ)女の子」の義である。女陰を昔チビといつたのは、チミの轉で、チは接頭辭、ミはメの轉である。それ故にトメ、トベはチビと同義である。

以上の解釋が當を失はないとすれば、鈿女神が茅まきの矛を以て宇氣を撞く事も、又天眞浦が石凝姥とともに鏡や矛を製つたといふ事も、又天眞浦が石凝姥とともに鏡や矛を製つたといふ事も、何れも杵と臼とを働かして生成の氣を盛ならしめようとする呪術に過ぎない。それは宛も諾冉二神が國土神祇を御生みにならうといふときに、天之御柱を廻つたといふことが、實は燧杵と燧臼とを以て火を作り出す作用を神話に作爲した如く、此の石屋戸の段に於いて、鈿女《ノ》命が日矛を以つて宇氣ふねを撞くといふのは、杵と臼とによつて臼神の氣力を盛にして、その復生を祈つたものである。

十一　常世の長鳴鳥の意義

されば其の他、天の石屋戸に於ける八百萬神の行ひは、何れも生成の力を促進して日神の出現を祈願する呪術に外ならぬのである。例へば常世の長鳴鳥を持つてきてこれを鳴かした如きも、その一である。此の鳥に就いては、古事記傳卷八に、

常世長鳴鳥とは鷄をいふ。常世は常夜にて、常世とは本より別なり。されど言の同《ジ》きまゝに通はして、字には拘ず書るは、古《ヘ》の常なり。こは今かく常夜《トコヨ》往時《ユクヲリ》に集《ツドヘ》て鳴せし鳥なるをもて、後に負し稱《ナ》なるを、其始《メ》へ廻して如此云るなり。思金《ノ》神をも下に常世《ノ》思金《ノ》神とあり。これを、此時《ノ》に出て謀どちし神なる故の稱なると同例《シ》ぞ、（此《レ》を常世《ノ》國のことゝ一《ツ》に思ひ混《マガフ》るは誤なり。その常世《ノ》國のことは、少名毘古那《ノ》神の段に委くいふべし云々。）長鳴とは、凡て鷄は他鳥《コトヘリ》よりも鳴聲《ク》の絕《スグレ》て長き物なる故にいふなり。

と說かれてゐる。本居氏はこの常世をその文字の通りに解かずして、これを常夜の義に說いてゐるのは如何なものであらうか。常夜に鷄をつれてきて鳴かせたといふ事は、かりにも、此の場合何等の意味を爲さない。此處にある凡て

の仕事が日神の出現を祈るためなるが故に、此の鳥卽ち鷄を鳴かせるのは朝の近きを知らせて、天照大神を誘ひ奉らうとする謀に外ならぬ。鷄は東方日出の域たる常世の國に緣ふかき鳥である。故に、前にも記した如く、玄中記の中に、

東方有二桃都山一、山上有二一大樹一、名曰二桃都一、枝相去三千里、上有二天鷄一、日初出時照二此木一、天鷄卽鳴、天下鷄皆隨之。

とある。此の桃都山上の一大樹は天岩屋戸の前に建てた賢木であるから、此の場に出てゐる常世の長鳴鳥は、此の天鷄であつて、常世は東方の仙域を指したものと解すべきである。

十二　火處燒、庭燎の意義

書紀神代卷石屋戸の段に、「火處燒《ホトコロタキ》」とある。此の事に關して日本書紀通釋卷八に、

火處燒、拾遺に擧二庭燎《ニハヒヲ》一とあり。(和名抄庭燎、和名邇波比、庭火也)同事なり。記傳云、庭火を燒たる由は、上に常夜往とある如く、世中暗くて種々の禍事發れるなれは、庭火を數々晝の如く燒て、世中愛たき有狀を爲て、大御神を欺き出し奉れるなり。(武鄕云、拾遺に、六合常闇晝夜不レ分云々、凡厥庶事燎レ燭而辨とあるにて知へし)。斯くこれを佳例として、神事及事ある時は篩火を燒き、又魂祭なとに此を用るも、皆此時に效へるなりとあり。(又池邊眞榛は、此庭燎は、何の爲に擧《トモ》すそといは丶、此は日大御神の天石窟戸に幽居坐し玉ひて後も、なほ大御神にすこしもかはらぬ日神有て、白晝の如く明き由をあらはして、其を大御神の不審み玉はむ時、誘出

し奉らむ神計にて、此神招の一條は、此事そ主意には有ける、と云り。この意はへもあるへし）。

と說いてゐる。火を燒くは凡て生氣を旺盛にする呪術であるが故に、五穀を豐饒にする咒として松火を燒く土俗は、廣く我が國にも行はれた事である。石屋戶の前で火を盛に燒いた眞意は、これに因つて日神の勢力を增進して、その復活を計らうとする神事に外ならぬのである。これを人の生命に譬ふれば、生きてゐる間は火の如く暖かであるが、一たび死ぬと暖味が無くなるので、生命の力は火にあると考へられたのである。火と血とが思想上同一に見做されるのも、畢竟するにこれが爲めである。後になると、此の石屋戶の神事をする神劇を神樂と書いてカグラといふ。カグラのカグはカグツチのカグであつて、火といふことである。それが活いてカグルといひ、その名詞がカグラとなる。カガリといふのは篝火をいふ名となる。カガリのカガも、カグラのカグも、共に一語の轉に外ならぬのである。火に對する宗教的意義には二樣あつて、一つは火の力によつて不淨のものを淨めるといふこと、卽ち切火打火で物を淨めるのは是である。一つはこれによつて生成の力を高める、進めるのであり、神樂に庭火を燒くのは是が爲めである。

〔以下闕〕

十三　天兒屋命、太玉命（闕）

第三章　天孫降臨

(甲)　天《ノ》甕星及び猿田彦神（闕）

(乙)　皇產靈神と天照大神

一　諸冉二神は皇產靈神と同體

本書劈頭に論述した如く、我が神典に記された開闢神十七柱の中、第一位にある天《ノ》御中主神は元始本源の神であつて、それより以下十六柱の神々は男女偶生の神であるから、結局八組の神である。さうして此の八組の神々は產靈の神の八方面を表はしたものであるから、實際は二柱の產靈の神の現はれに外ならないのである。最後の一組の神たる伊邪那岐、伊邪那美の二神は高皇產靈神、神皇產靈神と同體であらせられて、たゞ其の御名前を異にするに過ぎない。諸冉二神が產靈の神であらせられるのは、此の二神は國土八洲國及び諸の神祇を御生みになつてゐるのに、其の餘の開闢神が何等の御働きを爲さらず、たゞその名前を留めてゐるに過ぎないのを以つて見てもこれを知ることが出來る。神典の趣によると、伊邪那美《ノ》神は迦具土神を御生みになると、夜見《ノ》國に御出になり、その後此の神の事は毫も神代史の壇上に記されてゐない。また伊邪那岐《ノ》神は神功を御遂げになると、その事を報知復命せられる爲めに天上に御登りになり、そのまゝ日少宮《ノ》に御留まりになり、それから後は此の神の事は少しも神代史の上に現はれて來ない。それ故に諾冉二神の事は此處に終局を告げられたのである。

二　葦原中《ツ》國征伐の際命令を發した天照大神と皇產靈神

然るにその後、皇孫が葦原《ノ》中《ツ》國に御降りにならうとする時に、其處に忽然と高皇產靈《ノ》神と神皇產靈《ノ》神が現はれてくる。書紀神代史卷一の一書に、天照大神が素盞嗚尊の暴行を惡みて天岩窟に入られたときに、「時有《ニ》高皇產靈之息思兼《ノ》神云者」と見え、又一書に、少彥名命が白蘞《ノ》皮を舟となし、鷦鷯《ノ》羽を衣となし、大己貴神に會つたとき、誰も此の神の名を知るものがなかつたので、使を高皇產靈《ノ》尊に遣はして、これを聞かされたとあり、書紀神代下《ノ》（卷二）に、天《ノ》忍穗耳尊は高皇產靈《ノ》尊の女栲幡千千姬を娶つて、瓊瓊杵《ノ》尊を御生みになつたとあり、又此の處に葦原中《ツ》國を征服しようと欲つて八十諸神を集めたとあるのも高皇產靈《ノ》尊である。これを要するに、書紀の本書の記す趣では、中《ツ》國討平の事を圖られたのは、專ら高皇產靈《ノ》尊であつて、天照大神の名は見えない。又一書によると、中《ツ》國征服の事を謀つたのは專ら天照大神となつてゐて、高皇產靈《ノ》尊の名は見えない。又一書によると、大己貴神が服從したので、經津主神と武甕槌神とがその事を復命に及ぶと、大己貴神に勅を發したのは高皇產靈《ノ》尊である。又大物主《ノ》神及び事代主神が天に昇つて八十萬《ヤホヨロヅ》の神を天《ノ》高市に會合せしめ誠款の情を陳べたときに、大物主神に勅を給うたのもまた高皇產靈《ノ》神である。又皇孫が愈〻葦原《ノ》中《ツ》國に御降りにならうとせられたとき書紀の一書に、

高皇產靈尊因て勅して曰く、吾は則ち天津神籬及び天津磐境を起し樹てて、まさに吾孫の爲めに齋ひ奉らん。汝

天兒屋命、太玉命、宜しく天津神籬を持ちて、葦原中國に降りて、亦吾孫の爲めに齋ひ奉れ。乃ち二神を使はして天忍穂耳尊に陪從《ソ》へて以て降《アマクダ》す。是の時に天照大神手に寶鏡《タカラノカガミ》を持ちたまひて、天忍穂耳尊に授けて祝《ホ》ぎて曰く、吾が兒此の寶鏡を視まさんこと、まさに吾を視るがごとくすべし。與《トモ》に床を同じくし、殿《ミアラカ》を共にし、以て齋鏡《イハヒノカガミ》と爲すべし。復た天兒屋命、太玉命に勅《ミコトノリ》すらく、惟《ネガ》はくば爾《イマシ》二神亦同じく殿の内に侍ひて、善く防護ることを爲せ。又勅して曰く、吾が高天原に御《キコシメ》す齋庭《ユニハ》の穂《イナホ》を以て亦吾が兒に御《マカ》せまつる。則ち高皇產靈尊の女《ムスメ》、號《ミナ》萬幡姫《ヨロヅハタヒメ》を以て、天忍穂耳尊に配《アハ》せて妃と爲して降りまつらしめたまふ。故れ時に虛天《オホゾラ》に居て兒を生れます、天津彦火瓊瓊杵尊と號す。因て此の皇孫《スメミマ》を以て親《カゾノミコト》に代へて降しまつらんと欲す。故れ天兒屋命、太玉命及び諸部《モロトモノヲノ》神等《カンタチ》を以て悉く皆相授く、且服御《マタミゾ》の物、一《ヒトツ》に前《サキ》に依つて授く。然して後、天忍穂耳尊天に復還《カヘ》りたまふ。

とあり、又一書に、

高皇產靈尊眞床覆衾《マトコオフフスマ》を以て天津彦國光彦火瓊瓊杵尊《アマツヒコクニテルヒコホノニニギノ》に裹《キ》せまつり、則ち天磐戸《アマノイハト》を引開《ア》け、天八重雲《アメノヤヘグモ》を排分《オシワ》けて以て奉降《アマクダ》します。

とあり、又一書に、

天忍穂根尊、高皇產靈尊の女子栲幡千千姫萬幡姫命《ミムスメタクハタチヂヒメヨロヅハタヒメノ》を娶《ト》りて、（亦云く、高皇產靈尊の兒火之戸幡姫兒千千姫命《ミムスメホノトハタヒメコチヂヒメノ》）兒天火明命《ミコアメノホアカリノ》を生む。次に天津彦根火瓊瓊杵根尊《アマツヒコネホノニニギネノ》を生みまつる。……皇孫火瓊瓊杵尊《スメミマホノニニギノ》を葦原中國に降《アマクダ》し奉《マツ》るに至るに及んで、高皇產靈尊八十諸神《ヤソヨロヅノカミタチ》に勅《ミコトノリ》して曰《ノタマハ》く、葦原中國は磐根《イハネ》、木株《コノモト》、草葉《カヤノカキハ》も猶能く言語《モノイ》ふ、夜は熛《ホ》火《ヘ》の若《モコロ》に喧響《オトナ》ひ、晝は五月蠅《サバヘナ》如す沸騰《ワキアガ》る云々《シカジカ》。時に高皇產靈尊勅《ミコトノリ》して曰《ノタマハ》く、昔《イムサキ》、天稚彥《アメワカヒコ》を葦原中國に遣りて、至今《イマニ》久しく來《マヰコ》ざる所以《ユヱ》は、蓋し是れ國神《クニツカミ》强禦《イムカ》ふ者ありてか。……是の時に高皇產靈尊乃ち眞床覆衾《マトコオフフスマ》を用て皇孫天《スメミマアマ》津彥根火瓊瓊杵根尊《ツヒコネホノニニキネ》に裹《キ》せまつり、天八重雲《アメノヤヘグモ》を排披《オシワ》け以て降《アマクダ》し奉《マツ》らしむ。

とあり、又一書に、

高皇產靈尊の兒《ミムスメ》、萬幡姬《ヨロヅハタヒメ》の兒、玉依姬命《タマヨリヒメノ》。此の神天忍骨命《アマノオシホネノミコト》の妃《ミメ》と爲りて、兒天之杵火火置瀨尊《ミコアマノキホホオキセノ》を生みまつる。

とあり、又一書に、

神皇產靈尊の女《ミムスメ》、栲幡千幡姬《タクハタチハタヒメ》、兒《ミコ》火瓊瓊杵尊を生《ア》れます。

とあり、又一書に、

正哉吾勝勝速日天忍穗耳尊《マサカアカツカチノハヤヒアマノオシホミミノ》、高皇產靈尊の女《ミムスメ》、天萬栲幡千幡姬を娶《ト》りて、妃《ミメ》と爲して兒《ミコ》を生む、天照國照彥火明《アマテルクニテルヒコホアカリノ》命と號《マウ》す、是れ尾張連等が遠祖《トホツオヤ》なり。次に天饒石國饒石天津彥火瓊瓊杵尊《アメニギシクニニギシアマツヒコホノニニギノ》、云々。

とあり、又一書に、

時に天照大神勅して曰《ノタマハ》く、若し然らば方に吾が兒を降《アマクダ》しまつらん。且つ降りまさんとする間《ヒマ》に、皇孫已に生《ア》れましぬ。號《ミナ》を天津彥彥火瓊瓊杵尊とまうす。時に奏《マウ》すことありて曰《ノタマハ》く、此の皇孫を以て代へて降《クダ》しまさんと欲《オモ》ふ。故れ天照大神乃ち天津彥彥火瓊瓊杵尊に八坂瓊曲玉《ヤサカニノマガタマ》及び八咫鏡《ヤタノカガミ》、草薙劍《クサナギノツルギ》、三種《ミクサ》の寶物を賜ふ。……因て皇孫《スメミマ》に勅して曰《ノタマハ》く、葦原《アシハラ》の千五百秋《チイホアキ》の瑞穗國《ミヅホノクニ》は、是れ吾《ア》が子孫《ウミノコ》の王《キミ》たるべき地《クニ》なり、宜しく爾皇孫《イマシスメミマ》就いて治《シラ》せ、行矣《サキク》、寶祚《アマツヒツギ》の隆えまさんことまさに天壤《アメツチ》と窮《キハマリ》無かるべし。

とある。

以上列擧したる書紀の文によると、高皇産靈尊の名は數ヶ處に記載せられるのに反して、天照大神の事は單に二ヶ處に見えるのみである。

飜つて古事記の文を見るに、まづ第一に、速須佐之男命が大氣津比賣を斬り殺したことを敍して後に、「故是《カレコヽ》に、神産巣日御祖命《ミオヤノミコト》、玆を取らしめて種《タネ》と成し賜ひき」とあるを始めとして、又大穴牟遲神が八十神に燒き殺された事を敍した處に、「爾《コヽ》に御祖命哭き患ひて、天に參ゐ上りて、神産巣日之命に請《マヲ》し賜ふ時に、乃ち𧏛貝《キサガヒ》比賣と蛤貝《ウムギ》比賣とを遣せて、作り活さしめ賜ふ」とあり、又少名毘古那神が大國主神の處へ參つた時に、誰も此の神の名を知るものが無かつた。そこで多邇具久に問ふと、久延毘古がそれを知つて居るといふので、「卽ち久延毘古を召して問はす時に、此は神産巣日神の御子、少名毘古那神なりと答白しき」とあり、又中國《ツ》を服させ給ふ處に「爾《カレ》高御産巣日神天照大御神の命以ちて、天安河の河原に八百萬の神を神集へに集へて、思金命に思はしめて云々」とあり、そこで天菩比神を遣はしたけれど、三年になるまで復言を致さぬので、「是を以て、高御産巣日神天照大御神、亦諸の神等に問ひたまはく」とある。そこで又天若日子を遣はしたけれども、是れもまた八年になるまで復言しないので、「故爾《カレコヽニ》天照大御神高御産巣日神亦諸の神等に問ひたまはく云々」とあり、又天若日子が雉を射て殺した矢が、「天安河の河原に坐します天照大御神、高木神の御所《モト》に逮《イタ》りき。是の高木神は、高御産巣日神の別名なり」とある。又天照大神が天鳥船神と建御雷神とを大國主神の處へ遣はされたときに二神の言ひけるは、「天照大御神高木神の命以ちて、問ひに使はせり」とあり、又大國主神が歸順したので、御子を天降らせ給ふ時に、「爾《ココニ》、天照大御神、高木神の命以ちて、太子、正勝吾勝勝速日天忍穗耳命に詔りたまはく云々」とあり、又その後日子番能邇々藝命が、天降りまさんとするときに、猿田彥神が八衢にゐるので「故爾《コニ》天照大御神、高木神の命以ちて、天宇受賣神に詔りたまはく云々」とある。

さて、古事記によると、產巢日神に二神あつて、初めに神御產巢日神が記されてあり、後には專ら高御產巢日神が現はれてゐる。書紀の方にはただ高皇產靈尊のみが記されてあつて、神皇產靈尊の事は記されてゐない。又古事記によると、少名毘古那神が大國主神の處へ參られたときに、誰も其の神の名を知つてゐるものが無かつた。然るに多邇《タニ》具久《グク》の語によると、それは久延毘古《クエビコ》が存じてゐるといふので、それに尋ねられたときに、

此は神產巢日神の御子、少名毘古那神なりと答白しき。故爾に神產巢日御祖命に白上げしかば、此は、實に我が子なり。子の中に、我が手俣より漏《クキ》し子なり、故、汝、葦原色許男命と兄弟となりて、其の國作り堅めよと答告りたまひき

とある。これを書紀の方には一書に、

時に高皇產靈尊聞しめして曰く、吾が產める兒凡て一千五百座《チハシラアマリイホハシラ》あり、其の中に一兒《ヒトリノコ》最惡《イトツラ》くして、敎養《ヲシヘ》に順はず、指間《タナマタ》より漏墮《クキオ》ちにしは必ず彼ならむ、宜《ウベ》愛《メグ》みて養《ヒタ》せ、此れ卽ち少彥名命是れなり。

とあるから、古事記に載せてあるものと全く同事であるに相違ない。然るに此處に神產巢日御祖神とあるに對して、

彼處には高皇產靈尊とある。これは何れを正しいとすべきであらうか。古事記に神產巣日神の事は、少名毘古那神の處と、大國主神が八十神に燒き殺されたときに、神產巣日神が貝を降してこれを活き返へさせられたといふ處とにある。若し少名彥名の神の處に、神產巣日神とあるのは、書紀にある通り高皇產靈尊とあるのを正しいとすれば、神產巣日神の名は古事記の伊邪那岐、伊邪那美の二神の處から以下唯一ヶ處にしか現はれないことになる。これと共に書紀の方には、高皇產靈尊の名は數〻記されてあるにも拘はらず、神產靈尊の記されない處を以つてこれを考へると、古事記の大國主命の段に見える神產靈神もまた高御產巣日神の誤傳だと推測しても差支へはあるまい。なほ此の推論を確める今一つの理由は、後に說く處と合せ考ふべきことである。

三　高天原に於ける皇產靈神と天照大神、夜見國に於ける伊邪那美命と素戔嗚尊

古事記及び日本書紀の文によると、高天原には天照大神の外に、高皇產靈尊が殆ど同等の勢力を以つて天上を支配せられてゐるやうに見える。此の二書のいふ處によれば、天照大神が御生れになつたとき、伊邪那岐神は、天照大神を高天原に事依したとあるから、此處には此の神の外に君主は無い筈であるのに、その實際の處から見ると、高皇產靈尊は天照大神と共に天上を支配なされてゐるやうにしか思はれない。書紀の云ふ處によると、伊弉諾尊は神功を畢へさせられて後は、日少宮に留まらせられたとあるから、高天原には高皇產靈尊の外に猶ほ伊弉諾尊が御出になる筈であるのに、此の命の事は少しも見えないで、高皇產靈尊の事ばかり見えるのは何故であるか。思ふに、前段述べた通り、產靈二神は諾冉二神と御同體であらせられるから、天上に於いては伊弉諾尊と高皇產靈尊とは、一柱と見ても差

支へはない。此の點から考へても、古事記に高御產巢日神の外に神產巢日神のあることは否定せらるべきではないか。又更にこれを考へると、高天原に君主が二柱あらせられる通りに、夜見國にも二柱ある事となる。何となれば、前に、伊邪那美神が迦具土神を御生みになつてから、夜見《ノ》國の神にならせられた。然るにその後、素戔嗚尊が暴行せられたので、伊邪那岐神から夜見國へ追ひやられた。そこで、此の神も亦夜見《ノ》國の君主である。夜見國に於いては、伊邪那美神と素戔嗚命とは全く沒交涉であつて、何等合同して働いた事跡も傳はらない。併し、夜見國に二柱の君主があるといふことは、高天原に二柱の君主があるのと同樣である。然らば何が故に天國と地國とに君主が二神あることになつたかといふことは、確に考察を要する問題である。

四　高皇產靈尊は漢土の神伏羲

余輩が開闢神の處に解明した說に誤がないとすれば、產靈神の二柱も、諾冉二神も、元來我が國の祖先の頭から案出された神でなく、漢土から渡つた神である。卽ち高皇產靈以下八柱の男神は一體で、漢土の天皇氏或は伏羲氏に該當し、神皇產靈以下八柱の女神は一體で、漢土の地皇氏或は女媧氏に該當するものである。卽ち高皇產靈尊も伊弉諾尊も木德の神で、東方日出處に緣故を有する神である。余輩の此の推測の誤らないのは、高天原に於ける高皇產靈尊に關係する記述からも證せられるやうである。まづ第一に、余輩の注意を引くのは、高皇產靈神が高木神と稱せられることである。漢人の神話によると、東方は木德の支配する處である。此處には扶桑といふ大木があつて、此處から萬物は生じてくるのである。それを神にして伏羲氏といひ、後に東王父とも木公とも云ふ。これは高皇產靈尊と稱せられる萬物發生の根源となる神と同様であり、これを高木神《ノ》ともいふのは木德の君主であるからである。

高木神が外國の神だといふ第二の理由は、此の神が、常世《ノ》國と緣故を有せられるやうに見えることである。古事記に、天孫の中《ツ》國に天降りを爲される時を敍した處に、

是に、其《カ》の禱《ヲ》きし八尺勾璁、鏡及草那藝劒、亦常世思金神、手力男神《ノ》、天石門別神《ノ》を副へ賜ひて詔りたまへらくは、此の鏡は、專ら我が御魂として、吾が前を拜くが如《ゴト》、伊都岐奉れ。次に、思金神は前の事を取り持ちてまをしたまへとのりたまひき。

とある。

さて此の文の中に、余輩の取り出して問題とするのは、常世の思金神といふ名前である。思金神は前に擧げた文から知られる如く、高皇產靈尊の子であることは明かであるのに、此處に此の神を常世神《ノ》とせるのは何の事を意味するのであるか。本居氏は古事記傳卷十五に、

常世とは、かの天照大御神石屋に隱坐《リ》て、世間《ヨノナカ》常夜なりし時に、功績《イサヲ》を立し神なる故に云なり。此言先《ツ》は思金神《ノ》一柱に係れりと見ゆ。されど又石門《イハト》別神《ワケノ》まで、三柱へ係て見むもあしからじ。

と說かれてゐる。文の趣から見れば此の常世は專ら思金神《ノ》に限られたものと解せられる。今假りにそれが手力男神《ノ》及び天石門別神《ノ》にも係つてゐるものとしても、本居氏の常世の解釋では穩かでない。何となれば、天照大神が石屋に隱れさせ給うた時に功績を建てられたのは、思金神《ノ》ばかりでなく、また手力男神《ノ》、石門別神《ノ》とを合せた三神ばかりでな

く、猶ほ此の外に重なる神々があることであるから、此時の功績を思金神のみと見、或は此の三神の功績と見ることは甚だ穩かでない。本居氏が常世の長鳴鳥の常世を常夜の義に解してゐることに誤解があることは、前にも陳べて置いたが、また更に常世思金神とあるその常世を、常夜の義と解するに至つては、愈〻その處を得たものでない。これは長鳴鳥の常世と同じく、常世の國の思金神と解するのが原意を得たものである。高皇產靈尊の御子で、常世に關係あるのは思金神ばかりでなく、また此の外に少彥名神のあることを忘れてはならぬ。然らば何が故に高皇產靈尊に常世國生れの子供があらせられるかといふに、其の理由は、高皇產靈尊が、元來常世の神であらせられるからである。然らば神典や國史に現はれる常世の國とは、何處の國を指したものか、まづ此の事から研究して見なければならぬ。

五　常世とは何ぞや

さて此の國に就いて卑見を述べるに方つて、先づ先輩が如何なる解釋を此の國に關して與へてゐるかを述べなければならぬ。古事記傳卷十二常世國の解釋に、

凡て上代に常世と云に三《ツ》あり。一《ツ》には常世長鳴鳥常世思兼神などある是なり。こは常夜《トコヨ》の義なること上（傳八廿二葉）に云るが如し。二《ツ》には下卷大長谷天皇大御歌に麻比須流袁美那、登許余爾母加母、書紀垂仁卷に、伊勢國、則常世之浪重浪歸《ヨル》國也、顯宗卷室壽御詞に、拍上賜吾常世等、萬葉一（二十二丁）に、我國者常世爾成牟《ワガクニハトコヨニナラム》、これらなり。こは字の如く常とはにして不變《カハラヌ》ことを云り。三《ツ》には常世國と云是なり。右の三《ツ》、其言は同じけれども、

其意は各異にして、相關《アツカ》らず。（三《ツ》を同意に心得るは、字の同じきに迷ひて、深く考へざるものなり。言の同じきままに、字は相通はし借《リ》て、常世と書るなり。）さて常世國《ノ》とは、如此名けたる國の一《ツ》あるには非ず。たゞ何方《イヅカタ》にまれ、此皇國《ノ》を遙に隔り離れて、たやすく往還がたき處を泛く云名なり。故《ニ》（常世は借字にて）名義は底依國にてたゞ絶遠《ハルケ》き國なるよしなり。

と説いてゐる。那珂博士は、那珂通世遺書外交繹史卷之三に、

常世國《ノ》ハ釋ニ「或書、此國亦云二蓬萊一、然則是仙人之所居、自所在未詳、」纂疏ニ「常世指二神仙之境一云々、蓋二字之義長生不死也」ト云ヘルガ如シ。藻鹽草ニ「常磐堅磐ニ靜謐不變ノ御世ノ義、又晝ハ事繁ク、夜ハ物靜ナルユヱ、夜ヲ指テ常世トモ云ヘリ。又常世鄕《ノ》ハ、寂寞無爲ノ地ヲ云」ト云ヘルハ、常世ノ字ノマヽヲ本義トシテ、常世ノ義ナルヲハ轉用トシタルナリ。

通證《ノ》寶鏡開始章ニ云、「常世、卽常夜而常闇之謂也云々、凡紀中曰常世者多矣、皆自此章轉來、故今擧二其例一、蓋少彥名命、適二於常世鄕一者、以其鄕不可知不可迹也、三毛入野命蹈二浪秀一而往二于常世鄕一者、以下遠遯二于海外一不出也、言二神者、有事而不レ終レ功、投二身世外一、以爲二閑人一也、命二田道間守一、遣二常世國一者、謂二絶海僻遠之祕區一、伊勢國、常世之浪重浪歸國也者、謂下勝地鍾二秀靈一、神風絶中塵俗上、此二者無二得而臻一、無二得而稱一レ之仙區神域也、故浦島子入レ海到二蓬萊一、蓬萊訓曰二常世一是也、雄略紀大漸訓爲二常津國一、萬葉集云、常呼《トコヨ》二跡《ニト》吾行《ワカユカナ》莫國《ケニ》、此似レ指二黃泉一、以二無爲寂寞之境一也、」ト云ヘルハ、常夜ヲ本義トシテ、常世ノ義ナルヲバ轉用ノ語トシタルナリ。

又寶劔出現章ニ「熙近曰、常世郷、神仙之祕區也、神仙長生不老、故其境曰二常世一、其實指二寂寞不變之地一也、」垂仁天皇章ニ「常世國、此謂二絶域一也、與雁曰常世意同云々」トモ云ヘリ。又久米邦武氏ノ日本幅員沿革考史學會雜誌第一號ニハ「常世國とは、闇を常闇《トコヤミ》といひ、鷄を常世長鳴鳥といふが如く、夜をいふなり。夜國とは、日沒處の義にて西方の國土を稱するなり。」ト云ヘリ。コレモ又一說ナリ。

按フニ常世ト云フニ、古ヨリ二義アリ。常世長鳴鳥、常世思兼神ナドアルハ、常夜ノ義ニシテ、此ノ二ツハ本ヨリ別言ニシテ何レヨリモ轉用シタルニハ非ズ。カクテ常世國ハ、垂仁紀ニ「神仙祕區」トモ云ヒ、雄略紀ニ蓬萊山トモ書ケリ。皇國ハ、古ヨリ神ノ御國ト稱シテ誇レル國ナルニ、海外ニ神仙ノ國アリト思ヘルイカニト疑フ人アレトモ、長生不老ヲ願ヒテ、羨ミ思フハ、人情ノ常ナルガ故ニ、支那人ガ東方ニ蓬萊山アリト想像シタルガ如ク、皇國ニテモ、西方ニカヽル國アリト想像シタルハ、上古ノ人智ノ程度ニシテハ怪ムベキコトニ非ズ。サレバ此ノ常世國ハ、古人ノ想像ヨリ現ハレタル者ニシテ、定マレル一國アルニ非ザレバ、御毛沼命ノ、波穗ヲ蹈ミ給ヘルヲモ、常世國ニ渡リ坐セリト傳ヘ、多遲摩毛理ガ、橘ヲ得タリト云ヘル國ヲモ常世國ト言傳ヘタルナリ。常陸國風土記ニ「夫常陸國者云々、所謂水陸之府藏、物産之膏腴、古人云常世國、蓋疑此地」ト云ヘルハ海外ニハ非サレドモ、コレモ、イトモ珍タキ國ヲ常世國ト云ヘルナリ。然ルニ本居氏ハ、常世國ヲ字ノ如ク解スルコトヲ嫌ヒテ、底依國ノ義ナリト云ヘルハ、海外ニ神國アリト云フヲ諱ミタル狹隘ノ見ニシテ、底依國ト云ヘル語原說モ、强解ニ近シ。

と說いてゐる。

國學者は常世と常夜とを混同してゐる。或るものは常世を本義として、常夜はその轉用と見、或るものは常夜を本義として常世をそれから轉用したものとする。那珂氏がこれを辯じて常世のトコと常夜のトコとを各〻獨立の語根と見たるのは確かに卓見である。然し同氏といへども常世の長鳴鳥の常世と常世の思金神の常世とを、矢張り常夜と解したのは從來の說に囚はれたもので、此の點は未だ舊弊を脫しないのである。又常世と常夜とは語根の異つた二語であるとまでは宜しいが、さて其の原義に就いては一言も述べてゐない。前にも述べたやうに、常夜の夜（yo）は、闇（yami）の ya と同言で、暗黑の義である。夜見《ノ》國といふのは yami の國といふ程の義である。闇を yami といひ、闇黑の國を yomi といひ、月の神を tukiyomino mikoto といふ yomi も、共に yo, ya の活《ハタラ》いた語形である。その動詞は yomi であつて、yomi, yami はその名詞となつた形である。又夢を yume といふのも、yami と同語で、これは、夜になり人が寢るときは全く神經の活動が止んで、周圍は眞闇になり、物の現在を知覺しない狀態に陷るところから名づけた言である。俗に夢をみるといふ處から、夢とはその狀態に入つたときに現はれる現象を指すやうに考へるけれども、yume といふ元來の意味は、何も知覺しない渾沌不覺の狀態をさしたものである。又常世の yo は已に國語學者も說いてゐる如く、竹の節と節との間をいふ言であつて、一ときりといふ程の意味である。竹や物の關節を、世や代の義に轉ずるのは國語のみに限らず、他にもその例はある。例へば滿洲語で、竹や草樹の節を Jalan（Zalan）といふと共に、先之世、古代之代をもまた Jalan といふ（淸文彙書卷九）。又漢土にて四季の期間を節といふ。是の故に常世とはとことはに一とふしのみで、その節の盡くることのないといふ意味である。これを人に譬へれば、一代が何處までも續いて絕ゆる時がないといふことである。卽ち不老不死といふ意味になる。卽ち常世國では人が死ぬことがなく、また老ゆることもなく、常に若々として永續するといふのである。これわが常世の眞の意味である。又常夜とは、何處までも眞闇で明るくなることのないといふことである。それ故に常夜の國では光明が無いから、何時までも闇い處であるといふのである。これが常世と常夜との眞の差異であつて、互に混同するを許さぬわけである。

高天原に常世の長鳴鳥が現はれたり、常世の思金神が現はれたりするのは、產靈神たる高木神が、元來常世國の神であるからである。樹木崇拜は世界の各民族の間に遍滿する思想であるが、我が祖先も漢土とは別に、太古から樹木を崇拜する習俗を有してゐたに相違ない。然し樹木や萬物を生產する神としての宇宙觀は、漢土の陰陽說に淵源すると解しなければならない。此の見地から、余輩は、我が國の開闢神たる皇產靈神を、漢土傳來の神と思惟するのである。然るに我々の祖先は、極くの大昔から太陽を崇拜し、これを至高の神としてゐたから、漢土から陰陽說が輸入せられて、天地の開闢が天皇氏地皇氏に依つて說かれても、又此の神が萬物の根源と思考せられても、此の民族が古來崇拜し來つた太陽神を壓倒して了ふことが出來なかつた。そこで漢土の陰陽說が入つて來て、その神の開闢を說かれても、固有の太陽神は、依然として國民の精神を支配してゐるので、皇室の眞の祖先は此の神であると信ぜられてゐたのである。それは恰も、我が國に佛敎が渡來して、國民は上下共にこれを信奉することになつても、猶ほ國家固有の太陽崇拜を滅却することが出來ないで、佛徒は此の固有の神と妥協一致せしむるのを便とした。卽ち神と佛とが結合して、玆に本地垂跡說が起つてきたのである。それと同樣に、漢土と交通して國人がその文物を採用するや、陰陽五行說などが盛には入つてきたので、樹木崇拜の漢思想なども國民の間に起つて來て、遂にそれが我が神典に於いて、開闢神とまでなり得たのであるが、然しこれが爲めに、我が國民の元來の崇拜對象たる太陽神を除去することは出來なかつたのである。そこで我が國民の理想界たる高天原、卽ち天國に於いて、高御產巢日神と天照大神とが、殆ど同一の威力を以つて崇敬の神と仰がれてゐたのである。高天《ケ》原國の君主に、二神あるが如き觀を呈するに至つたのは、全く此の關係から起つて來た必然の結果と見なければならぬ。

六　天孫降臨の際の天照大神の神鏡と高皇產靈尊の神籬

日本固有の至高神と、漢土の陰陽思想が、神典に於いて如何樣に結合せられてゐるかといふに、宇宙の本源を說く理論は、どうしても漢土の學者の方が進んでゐたから、その開闢を說くに方つては、彼の國の思想を借り來つてこれが說明を爲さざるを得なかつた。その結果、宇宙の本源は天《ノ》御中主神であり、萬物の發生して行くのは產靈《ノ》神の活き《ハタラ》であると說かざるを得なかつた。それが爲めに、國民固有の最高神であつた日《ノ》神卽ち天照大神は、皇產靈《ノ》神の分身たる伊弉諾尊の御子であると說かざるを得なかつた。宇宙が二分して天國と地國となるに及んで、その國々を支配する君主は、伊弉諾尊の命に依つて分封せられざるを得なかつた。天國がこれに依つて天照大神の封領域と定つても、此の國では猶ほ皇產靈神が、依然として天照大神の父君となり、その威力を有するものと考へられ、其の存在が認められてゐたのである。此に於いて、高天《ケ》原には天照大神の外に、猶ほ高皇產靈神が殆んど天照大神と同等の威力を有する神として其の位置を保つてゐた。漢土の思想から生じた皇產靈神は、天照大神の父祖として、元來の日本思想から發生した天照大神と妥協し、又大神の御子たる天忍《ノ》穗耳尊の妃、萬幡姫命は、高皇產靈神《ノ》の女として、彦火瓊瓊杵尊を生ませられたといふことになり、こゝに於いて和漢の二神は融合一體となつたわけである。然し高皇產靈神と天照大神とは、各自その特色を有する神々であらせられるが故に、全然一體となることが出來ない。それ故に、天孫が高天《ケ》原から葦原の中《ツ》國に天降りなさるときに、天照大神と高皇產靈神は各その精神とする所を詔り授けられてゐる。

まづ古事記の文によると、

爾に、天照大御神高木神の命以ちて、太子正勝吾勝勝速日天忍穗耳命に詔りたまはく、今葦原《ノ》中《ツ》國平け訖へぬと白す。故《レ》言依賜へりし隨に、降り坐して知し看せとのりたまひき。爾に、其の太子、正勝吾勝勝速日天忍穗耳《ノ》命の答白したまはく、僕《アレ》は、將降裝束《クダリナムヨソヒ》せし間《ホド》に、子生れましつ。名は天邇岐志國邇岐志天津日高日子番能邇邇藝命《ノ》。此の子《ミコ》を降す應《ベ》しとまをしたまひき。此の御子は、高木神《ノ》の女萬幡豐秋津師比賣命に御合ひまして、生みませる子、天《ノ》火明命《ノ》、次に日子番能邇邇藝命（二柱）にます。是《ココ》を以て白したまふ隨、日子番能邇邇藝命に詔科《オホ》せて、此の豐葦《ノ》原水穗《ノ》國は、汝知さむ國なりと言依さし賜ふ。故《レ》命の隨、天降りますべしとのりたまひき。

爾に日子番能邇邇藝命、天降りまさむとする時に、天の八衢に居て、上は高天《ノ》原を光し、下は葦原《ノ》中《ツ》國を光す神、是《ココ》に有り。故《カレ》天照大御神高木神《ノ》の命以ちて、天宇受賣神に、汝は手弱女人にあれども、伊牟迦布神と、面勝神なり。故專《カレモハ》ら汝往きて問はむは、吾が御子の天降りまさむと爲《ス》る道を誰ぞ如此《カク》て居るととへと詔りたまひき。故《カレ》問はせ賜ふ時に、答へ白さく、僕は國神、名は猨田毘古神なり。出で居る所以は、天神の御子天降り坐《マ》すと聞きつる故に、御前に仕へ奉らむとして、參ゐ向へ侍《サモラ》ふぞとまをしたまひき。

爾に天兒屋命、布刀玉命、天宇受賣命、伊斯許理度賣命、玉祖命、併せて五伴緒を支《クマ》り加へて、天降りまさしめたまひき。

於是、其《カ》の禱《ヲ》きし八尺勾璁鏡、及草那藝劒、亦常世思金神、手力男神、天石門別神を副へ賜ひて、詔りたまへらくは、此の鏡は、專《モハラ》我が御魂として、吾が前《ミマヘ》を拜くが如、齋き奉《マツ》れ。次に思金神は前《ミマヘ》の事を取り持ちてまをしたまへと詔りたまひき。

此の二柱の神は、さくくしろ伊須受能宮に拜き祭る。次に登由宇氣《トヨウケ》神、此は外宮の度相《ワタラヒ》に坐す神なり。次に天石戸別神、亦の名は櫛石窻神と謂し、亦の名は豐石窻神とも謂す。此の神は御門の神なり。次に手力男神は佐那縣に坐せり。

とある。

これによると、天孫が天降りましませるときに詔命を賜はつた神は、天照大神と高木神とになつてゐて、天孫が葦原《ノ》中《ツ》國に於いて齋き奉るものは八咫の鏡である。これと同じ趣に見えるのは書紀の一書に、

二神乃ち天《アメ》に昇りて復命《カヘリコト》をもて告《マヲ》して曰《マウサ》く、葦原中國は皆已に平《ム》け竟《ヲハ》りぬ。時に天照大神勅《ノタマハ》して曰く、若し然らば方に吾が兒を降《アマクダ》しまつらん。且つ降《アマクダ》りまさんとする間《ヒマ》に、皇孫《スメミマ》已に生《ア》れましぬ。號《ミナ》を天津彥彥火瓊瓊杵尊とま

をす。時に奏《マヲ》すことありて曰《ノタマハ》く、此の皇孫を以て代へて降《クダ》しまさんと欲《オモ》ふ。故れ天照大神乃ち天津彦彦火瓊瓊杵尊に八坂瓊曲玉《ヤサカニノマガタマ》及び八咫鏡《ヤタノカガミ》、草薙劍《クサナギノツルギ》、三種《ミクサ》の寶物を賜ふ。又中臣《ナカトミ》の上祖天兒屋命《トホツオヤアマノコヤネノ》、忌部《イムベ》の上祖太玉命《トホツオヤフトタマノ》、猨女《サルメ》の上祖天鈿女命《トホツオヤアマノウヅメノ》、鏡作《カガミツクリ》の上祖石凝姥命《トホツオヤイシコリトメノ》、玉作《タマスリ》の上祖玉屋命《トホツオヤタマノヤノ》、凡て五部《イツトモノヲノ》 神《カミタチ》を以て配《ソ》へ侍《ハベ》らしむ。因て皇孫《スメミマ》に勅して曰《ノタマハ》く、葦原《アシハラ》の千五百秋《チイホアキ》の瑞穗國《ミヅホノクニ》は、是れ吾《ア》が子孫《ウミノコ》の王《キミ》たるべき地《クニ》なり、宜しく爾皇孫《イマシスメミマ》就いて治《シラ》せ、行矣《サキク》、寶祚《アマツヒツギ》の隆《サカ》えまさんことまさに天壤《アメツチ》と窮《キハマ》り無かるべし。

とあつて、其の次に猿田彦神の事が記されてある。

此の文の趣は、大體に於いて古事記のそれと同じであるが、皇孫に勅命を授けられたのは天照大神のみであつて、高皇產靈尊の事は記されてゐない。然るに既に前に擧げて置いた書紀の一書には、

高皇產靈尊因て勅《ミコトノリ》して曰《ノタマハ》く、吾は則ち天津神籬《アマツヒモロギ》及び天津磐境を起し樹てて、まさに吾孫《スメミマ》の爲《タ》めに齋《イハ》ひ奉《マツ》らん、汝《イマシ》天兒屋命、太玉命、宜しく天津神籬を持《タモ》ちて、葦原中國に降りて、亦吾孫《スメミマ》の爲めに齋《イハ》ひ奉れ。乃ち二神を使はして天忍穗耳尊に陪從《ソ》へて以て降《アマクダ》す。是の時に天照大神手《ミテ》に寶鏡《タカラノカガミ》を持ちたまひて、天忍穗耳尊に授けて祝《ホ》ぎて曰《ノタマハ》く、吾が兒此の寶鏡を視《ミ》まさんこと、まさに吾を視るがごとくすべし、與《トモ》に床《ミユカ》を同じくし、殿《ミアラカ》を共《ヒトツ》にし、以て齋鏡《イハヒノカガミ》と爲すべし。復《マ》た天兒屋命、太玉命に勅《ミコトノリ》すらく、惟《ネガ》はくば、爾《イマシ》二神亦同じく殿《ミアラカ》の內に侍《サブラ》ひて、善く防《ホセキ》護《マモ》ることを爲《ナ》せ。又勅して曰《ノタマハ》く、吾が高天原に御《キコシメ》す齋庭《ユニハ》の穗《イナホ》を以て亦吾が兒に御《マカ》せまつる。則ち高皇產靈尊の女《ムスメ》、號萬幡姫《ミナヨロヅハタヒメ》を以て天忍穗耳尊に配《アハ》せて妃《ミメ》と爲して降《アマクダ》りまつらしめたまふ。故れ時に虛天《オホゾラ》に居て兒《ミコ》を生《ア》れます、天津《アマツ》

彦火瓊瓊杵尊《ヒコホノニニギノ》と號《マヲ》す。因て皇孫《スメミマ》を以て親《カゾノミコト》に代へて降《アマクダ》しまつらんと欲《オボ》す。故れ天兒屋命、太玉命及び諸部神等《モロトモノヲノカンタチ》を以て悉く皆相授く、且服御《マタミソ》の物、一《ヒトツ》に前《サキ》に依つて授く。然して後、天忍穗耳尊天に復還《カヘ》りたまふ。

とある。この傳によると、皇孫が天上から中國《ツ》へ御降りになつたときに、高皇產靈尊と天照大神からそれぞれ特別の御勅命を賜はつたのである。卽ち高皇產靈尊からは、神籬・磐境を設けてこれを拜き祭れといふ勅命、天照大神からは、神鏡を齋き祭り、且つ五穀を種ゑてこれをきこしめせといふ勅命である。

さて以上列擧した諸傳の中何れが最も正しい傳へであるかといふに、これは最後に擧げた書紀の一書の文が最も正しい傳であらうと思ふ。古事記には、皇孫が天降ります時、單に天照大神と高木神との勅もちてとあるのみであるが、その勅命は天照大御神の勅が主であつて、高木神の精神たる神籬の事が載せてなく、又書紀の一書には單に天照大神のことばかりが記されてゐて、高木神が現はれてゐない。高木神が已に高天原に於いて天照大神と同等の地位を取られてゐる以上、皇孫が中國《ツ》へ御降臨といふやうな際には、必ず天照大神と共に、その特別の御勅命があつて然るべきと思はれる。此の點から見て最後に擧げた書紀の一書の傳は、確かに正統を傳へたものと思はれる。

七　高皇產靈尊の勅は鎭魂祭の起源、天照大神の勅は新嘗祭の起源

此の如くに神典を解するときは、高皇產靈尊が皇孫に神籬を樹てゝこれを齋き祭れと勅命のあつたのは、後世の鎭魂祭の淵源となつたものであり、又天照大神が三種の神寶と、齋庭の穗を賜つて勅命のあつたのは、後世新嘗祭の本源となつたものと思はれる。高天《ケ》原に於ける天照大神が、天石屋戶に隱れませる神話は、此の二《ツ》の祭の起原を語るも

のと見做される。天上に於いての天照大神の御仕事は、農桑の業務を奬勵して蒼生の活きて行くべき大職を行はせられたのであるが、此の大切な業務が素戔嗚尊に荒らされたので、天の石屋戸にこもりまして天下が眞闇になつたのである。そこでこれを元の通りに恢復して、天照大神の再現を計り、その御安全と蒼生の幸福とを祈るのが、神籬を建てて取り行つた儀式である。此の見解の誤らないのは、鎭魂祭の儀式に於いてこれを證することが出來る。

鎭魂祭は、天皇の御魂を鎭安し御世の長久を祈る祭である。職員令の義解に、

謂鎭安也、人陽氣曰レ魂、魂運也、言招二離遊之運魂一、鎭二身體之中府一、故曰二鎭魂一（タマシヅメノマツリ）。

と見えてゐるし、又同令集解、鎭魂祭の下に、

鎭殿也、言如二前駈後殿之殿一也、凡人之陽氣曰レ魂、魂運也、人之陰氣曰レ魄、魄白、然則召二復離遊之運白一、令レ鎭二身體之中府一、故曰二鎭魂一、唯擧レ魂爲レ例、則有レ魄可レ知レ、故不レ云二魂魄一耳。(略中)易繫辭云、遊魂爲レ變、謝靈運曰、精氣之爲レ物、常遊魂變化、飄飃在二天地之間一也、韓康伯曰、聚極則散、而遊魂爲レ變也、遊魂言二其遊散一也。

とあるし、なほ同集解に、

問、鎭魂祭何神、答、神祇官式云、鎭魂祭神八座、神魂、高御魂、生魂、足魂、魂留魂、大宮女、御膳魂、辭代主。

とあるのを見ると、これは、文中に見える此等の諸神に對して、鎭魂の祈禱を爲したるものであることが分る。なほ皇后宮、東宮、上皇等もこれに倣つて、此の祭を行はせられたのである。從來の說によると、此の祭の起原は、神武

天皇の元年十一月宇麻志麻治命が宮殿内に於いて、天璽瑞寶を齋ひ奉つて、天皇皇后の爲めに御魂を崇鎭し、壽祚を祈つたのを起因としてゐるやうであるが、しかしその沿革を云へば、天武天皇十四年十一月、天皇の爲めに招魂したことのあるのが、卽ち鎭魂祭の初めであるといふことになつてゐる。次いで文武天皇の時、令を制定することになり、始めて日時を定め、十一月中寅の日を用ゐることとなつた。然るに中古に至り令制が廢れたので、祭儀は次第に衰頽し、殊に室町時代に入つてからは甚しきを極めた。けれども、後花園天皇の文安寶德の頃までは、なほ告朔餼羊の姿となつて遺つてゐたのである。然るに其の後幾ど三百五十年の間、それ等の儀式は絕えてゐたが、江戸時代光格天皇の寛政九年になつてまた再興の運となつて、今日に及んでゐる。

余輩は、鎭魂祭の起原は神代にあつて、然も天石屋戸の神樂にあるとする者である。其の證據は、鎭魂祭の儀式の中に、石屋戸の儀式に類似するものがあるからである。清和天皇貞觀の制によると、儀式の供物、參列の諸員着座あつて後に、

大臣召使をして、大藏省を喚ばしむ、丞、稱唯し進みて殿に就く、卽ち縵木綿を賜へと仰す。丞、稱唯し退いて掾、史生、藏部を率ゐ、木綿を箱に入れて、先神祇官人に賜ひ、次に大臣に賜ふ。訖て神祇伯は琴師笛工を召して、御琴に笛合せてと命ず。皆稱唯して笛を吹き、琴を調べ、神部も共に歌ふ事二成、次に雅樂歌人同音に歌ふ事二成、神部二人各拍手に候ふ。御巫始めて舞ふ。舞每に巫部舞を譽めてアナタフトと云事三廻、大藏掾、安藝木綿二枚を箱に入れ、進めて伯の前に置く、御巫宇氣槽を衝き、一二三四五六七八九十と計ふ度每に、伯、木綿

を結び、葛箱に納る。女藏人、御衣箱を開きて振動かす事拍手のごとし。次に巫、諸の御巫、猨女、次に宮内丞、侍從、内舍人、大舍人、各次を以て舞を奏す、云々。

とあり、

又儀式云、鎭魂祭儀……大藏錄、以二安藝木綿二枚一、實《イレ》二於筥中一、進二置伯前一、御巫覆二宇氣槽《ウケフネ》一、立二其上一、以レ桙撞レ槽毎二十度畢一、伯結二木綿一……云々。

とあり、又

江家次第鎭魂祭……次神祇雅樂神樂（御琴師彈和琴）次御巫衝二宇氣一（衝二槽上一也〇旁書ニ云、衝二宇氣一神遊儀也、神代上卷ウケ船フミトドロカス義也、以二賢木一衝二槽上一也、結レ糸自レ一至レ十、宇麻志麻治命十種神寶振レ之、返レ死之緣也、用レ絲自レ一至レ十計レ之也〇この旁書古本には無し）次神祇一人進結レ糸納二於葛筥一（自レ一至レ十）此間女官藏人開二御衣筥一振動、畢《テ》神祇官着座。

とあり、又舊事本記卷七、天皇本記神武天皇紀、御即位の條に、

復仰從二皇天二祖詔一、建二樹神籬一矣、復所謂高皇產靈、神皇產靈、魂留產靈、生產靈、足產靈、大宮賣神、事代主神、御膳神、今御巫齋祭矣、云々。

とあり、又

十一月丙子朔、庚寅、宇摩志麻治命、奉レ齋二殿内於天璽《ツ》瑞寶一、奉二爲帝后一、崇二鎭御魂一、祈二禱壽祚一、所レ謂鎭魂祭、

自レ此而始矣、凡厥天瑞《アマツミツハ》、謂宇摩志麻治命、先考饒速日尊、自レ天受來天璽瑞寶十種是矣、所謂瀛都鏡一、邊都鏡一、八握劍一、生玉一、足玉一、死反玉一、道反玉一、蛇比禮一、蜂比禮一、品物比禮一是也、天神教導若有二痛處一者、令二茲十寶一謂二一二三四五六七八九十一而布瑠部、由良由良止布瑠部、如レ此爲レ之者、死人返生矣、即是布瑠之言本矣、所謂御鎭魂祭是其緣矣、其鎭魂祭日者、猨女君等率二百歌女一、擧二其言本一、而神樂歌儛、尤是其緣者矣。

とある。

八　鎭魂祭の起原を宇麻志麻治命の十種の神寶とする說

後の世になつて鎭魂祭の起原を說く者は、大概此の舊事本紀に宇麻志麻治命が十種の神寶を以つて、天皇と皇后の御魂を鎭め奉つたとある記事を引いてくるのである。然しこれが果して正しき見解といふことが出來るか否か。まづ此の說の當否を確定するには、所謂十種の瑞寶なるものの性質を究めねばならぬ。其の中に蛇比禮一、蜂比禮一、品物比禮一とあるが、これは果して何であるかといふに、此の比禮のことは古事記に、須佐之男命が大穴牟遲神を喚び入れて、蛇や呉公の室に寢させたときの記事に、

於是《ココニ》其の妻《ミメ》須勢理毘賣命《スセリビメノミコト》、蛇《ヘミ》の比禮《ヒレ》を其の夫《ヒコヂ》に授けて言りたまはく、「其の蛇咋《ヘミク》はむとせば、此の比禮を三たび擧《フ》りて打ち撥ひたまへ」とのりたまふ。故《カレ》教の如《ゴト》したまひしかば、蛇《ヘミ》自ら靜まりし故に、平《ヤス》く寢《イ》ねて出でたまひき。亦來る日の夜は、呉公《ムカデ》と蜂《ハチ》との室《ムロヤ》に入れたまひしを、且《マタ》呉公蜂の比禮を授けて、先の如《ゴト》教へたまひし故に、

平《ヤス》くて出でたまひき。

とあり、又古事記應神天皇の段に、新羅國主の子天之日矛が持つて來たといふ八種の寶の中に「振浪比禮、切浪比禮、振風比禮、切風比禮」といふのがある。以上諸種の比禮は、何れも禍害を避ける爲めの兕物である。宇麻志麻治命ノの三種の比禮の中、蛇比禮と蜂比禮とは確かに大穴牟遲神が用ひたといふ比禮を取つて來たものである。又此の命の十種の寶の中に瀛津鏡一、邊津鏡一とあるのは、天之日矛の八種の寶の中に數へてある奧津鏡、邊津鏡から取つて來たものである。本居氏は古事記傳に、

奧ノ津鏡、邊津鏡は、如何なる由を以てかく名けたるにか、未ダ思ヒ得ず云々、四種の比禮に准へて思へば、天日ノ矛、遠き海上を經て來る道なりし故に、凡て此ノ八種は皆其備《ノソナヘ》にて、海ノ上にして用ふべき德用《ハタラキ》ある物にて、此ノ二ツノ鏡も然る故に、奧邊の名は負ヘるにもや有ラむ。

と說いてゐる。海を渡るときに鏡を船の上に懸けたる例は、書紀巻七景行紀に、日本武尊が東夷を御征伐せられたとき、馳水《ハシリミヅ》から上總を經て陸奧國へ赴かせられたことを敍した處に、「爰ニ日本武尊、則從二上總一、轉入二陸ノ奧國一、時大鏡ヲ懸二於王ノ船一、從二海路一、廻二於葦浦一、橫渡二玉浦一、至二蝦ノ夷境一」とあるによつて見ても、天日矛が新羅國から日本に來られたときにも矢張りその船に懸けられたものに相違ないと思ふ。然らば此の鏡は航海の時に何の役に立つたものであるか。書紀巻九神功皇后紀に、皇后が新羅征伐の爲めに筑紫を發し、海を渡らうとせられたときの記載として、

既にして神誨ふること有りて曰く、和魂《ニキミタマ》は王身《ミミ》に服《シタガ》ひて壽命《ミイノチ》を守らむ。荒魂《アラミタマ》は先鋒《ミイクサノサキ》として師船《イクサノフネ》を導かむ。即

ち神教を得て拜禮《ヰヤマ》ひたまふ。……既にして荒魂を撝《オキタ》ぎて軍の先鋒《サキ》と爲し、和魂を請《ネ》ぎて王船《ミフネ》の鎭《シヅメ》と爲す。とある。これに因つて思ふに、海を渡るときに船に鏡を懸けるのは、これを神の代りとして和荒の魂を招き、海路の安全を祈る爲めと知られる。邊津鏡とは、先きに進むときの神の代りで和魂の坐すものであらう。これを要するに、鏡は魂を鎭め、邪惡の神を除く咒物である。又道反玉一とあるのは、日本書紀卷一神代卷に、伊弉諾尊が伊弉冉尊を、夜見國に訪問せられたとき黃泉軍を防ぐ爲めに、泉《ヨモツ》平坂に大磐石を建てゝ防がれた其の石を道反大神といふ。道反玉とは此れを指したのである。死反玉一といふのは道反玉から思ひつき考へ出した名で、招魂の意味を含めるものであり、生玉一、足玉一とは、鎭魂祭の祭神八座の中の生魂と足魂とに當る。魂は國語ではタマともムスともいふ。宇麻志麻治命の持つた生玉一、足玉一といふのは文字の通り珠玉の玉であるが、その本義は生魂、足魂で、正しくはイクムスビ、タルムスビである。此のムスビをまたタマといふ處から、玉の義と解して十種の寶物たる玉の義に取りなしたのである。玉をタマといひ、魂をもタマといひ、音は同じことであるが、その語幹は全く異つたものである。玉を tama といふのは、tama（タ圓）の義であるか、さなくば tomu（富）から轉じた言であるが、魂を tama といふのは tami（タ實）の轉で、mi（實）に接頭辭の ta が加へられた形である。宇摩志麻治命の十種の寶に、魂と玉とを混同してあることから見ても、これは後世の僞作であることがわかる。又八握劍一とあるのは、劍を以つて邪惡を斬り殺す意味から、鎭魂の寶の一として數へられたのである。かくの如くに、宇摩志麻治命の鎭魂の神寶とする十種の寶を考究して見ると、何れも國史の上で、邪惡の物を除去するに役立つものとして知られたものと、生產を司どるものとして考へられたものとを、集め來つて拵へ上げたもので、決してこれが實際に鎭魂祭に使用せられたものでないことが知られる。殊に生玉一、足玉一などいふが如きは、後世神靈をいふタマと、珍寶珠玉をいふタマとを混同したもので、それは上代の故實を傳へたものでないことは明かである。

九　鎭魂祭の八神の批判

舊事本紀卷七天皇本紀神武紀の處には、御巫の祭る神として、高皇産靈、神皇産靈、魂留産靈、生産靈、足産靈、大宮賣神、事代主神、御膳神の八神が擧げてある。これは神祇官式に、鎭魂祭に祭る八座の神として、神魂、高御魂、生魂、足魂、魂留魂、大宮女、御膳魂、辭代主とあるのと同じである。さて、然らば此の八座が、果して鎭魂祭に祭る神であつたか何うか。此の八神の中、事代主神は大己貴神の御子であつて、父神にすゝめてともに皇孫に服從し、且つ父神をして此の大八洲國を皇孫に讓らせた功績ある神であるが、鎭魂の神として古典に記された處は一つもない。又御膳神は食物の神であつて、大宜津姬神、宇賀魂神、豐宇氣比賣神と同神である。食物は生命を保つに必要なものであるが故に、八神の中へ加へたのであらうが、此の神が、鎭魂の義で神代史に記された證據はない。大宮女神は、御膳神と共に祭られる神で、宮中造酒司に祭る酒の神である。此の神も、生命を保つに必要な神であるが、神典には一ヶ處にもその名は見えない神である。かやうに考證して見ると、鎭魂祭に關係する神は高皇産靈神・神皇産靈神・足産靈神・生産靈神・魂留産靈神の五柱となるわけである。此の中、生魂（生産靈）と足魂（足産靈）とは神典の劈頭に記されてある活杙神と面足神とから思ひついた神である。魂留魂（魂留産靈）は何處にも見えない神であるから、神の數を八に充たさうといふ處から、拵へられた神の名に過ぎない。かやうに考へて來ると、鎭魂祭に祭られる神は實際は「產靈神」卽ち「魂の神」に外ならぬことになるのである。此の神は男女二神に配すると、男神は高皇產靈神、女神は神皇產靈神であり、足魂、生魂は此の神の分神に過ぎないのである。若しも此の推論に誤がないとすれば、鎭魂祭で祭る神は、皇產靈神に外ならぬことになる。さすれば天石屋戶の前で、賢木を建て宇氣をふせて祭つた儀式は、卽ち鎭魂祭の起原に外ならないのである。

十　鎭魂祭の目的

鎭魂祭の時に、御巫が矛を以つて宇氣槽をつくのは、明かに天石屋戶の前で、宇氣槽を設けて、天宇受賣命が茅まきの矛を以つてこれを撞いた故實に據つたものであるが、ただ鎭魂祭の場合、賢木を建てることは記されてない。これは恐らく公の儀式としては廢滅したのであらう。然し賀茂の神社の儀式に於いて、御河水木を建ててこれを祭つたのは、公家の儀式を離れて、傳統的な古い儀式が維持せられたのであると思はれる。鎭魂祭の目的に就いては、令義解などに解釋がある如く、それは天皇の御壽命の長久を祈るのである。高木神は、漢土の東方日出處にある高木であつて、不老不死の生氣は、此處に存するとされてゐるのであるから、賢木を祭るのは、その靈氣を招き集めて、天皇及び皇后をはじめ、皇族の壽命を長からしめるのが主眼である。

十一　新嘗祭の起源

朝廷に行はせられる儀式の中で、鎭魂祭よりも大なる祭禮は新嘗祭である。大嘗と書いてオホニヘといふが、これは新穀を食するをいふのである。之れをまた新嘗とも大新嘗ともいふ。「ニヘ」は新饗《ニヒアヘ》の約つた形で、新稻を以つて饗する處から得た名である。書紀には、爾波能阿比、爾波那比、爾比那米、爾比閇、爾波比などと訓んでゐる。又オホニベとも訓む。嘗といふのは漢土で秋の祭を嘗と云ふのを借りて用ゐたのであり、新嘗と書くのは、新饗《ニヒアヘ》の意を取つたのである。元は人民一般に行はれた祭で、神にも供へ自らも食したのであるが、後には神に祭る事のみをいふ名となつた。大といふのは尊稱で、朝廷で行ふ（ニヘ）なるが故に大嘗といふのである。さうして後には踐祚の大嘗を、大嘗と云ひ、毎年行ふのを新嘗と云ふことになつたのである。

大嘗祭とは、天皇卽位の後、始めて新穀を以つて天照大神及び天神地神を祭り給ふ祭の名である。一世一度の新嘗であるから、大新嘗ともいふ。卽位後必ず行ひ給ふが故に、踐祚大嘗祭ともいふのである。大嘗祭は其の義に於いては、新嘗祭と同じであるから、古は大嘗をも新嘗と書き、新嘗をも大嘗と書き、其の區別が明かでなかつたのであるが、天武天皇の御代になつて、二年十一月に、卽位の大嘗があり、其の五年と六年とに新嘗の事が行はせられたので、大嘗、新嘗の區別が稍〻明かになつた。貞觀儀式の制で、受禪の天皇は、其の卽位が七月以前にあれば、當年に大嘗を行ひ、八月以後ならば其の翌年に行ふことになつた。後世兵亂の世となつては、朝廷の典禮も大に衰へ、後土御門天皇の文正以後は、永く中止したのであるが、東山天皇の貞享四年に中興せられ、中御門天皇の時また行はれず、櫻町天皇の元文三年更に復興せられてから今日に及んでゐる。

新嘗祭は、天照大神が天上に於いて田畝を耕さしめられて大嘗を行はせられ、又忌服屋を起して神御衣を織らせられ給うた故事に關係してゐるのである。即ち書紀によると、「及ㇾ至二日神新嘗之時一、素戔嗚尊、則於二新宮御席之下一、云々」とあり、又皇孫が中《ツ》國へ御降りにならうとするときに、天照大神は「勅曰、以二吾高天原所ㇾ御《キコシメス》齋庭之穗《ユニハノイナホ》一亦當二御《マカセマツル》於吾兒一」とある例に淵源するのである。

高皇産靈神の御一名が、高木神と申され、其の御子思金神は常世の神と云はれ、又其の御子の少彦名命が常世國に赴かれたなどのことを考へて來ると、産靈神は元來漢土の神で、東方日出の境域を支配せられた伏羲氏、東王父、木公に淵源した神としか思はれない。陰陽說によると、東方は木德で萬物發生の本源であるから、所謂産靈神の居る處である。此の思想が我が神典に於いて高皇産靈神となられたのである。發生、生成の思想、長生不死の精氣は、此の境域より生ずると思惟せられ、漢土では此處に神仙がゐて、不老不死の藥を有するものといふやうに考へられた。この思想が我が國に傳はり、賢木を建てゝこれを祭れば、壽命長久を得られると思はれるやうになつたのである。而して此の思想が即ち鎭魂祭の起源をなしたのである。それ故に、此の祭は天皇の御生命を長久ならしめる爲めの祭であることがわかる。これに對して天照大神は日神であつて、この神は穀物を豐饒にするのを業とせられる。それ故その御精神は、穀物の種子に擬せられた曲玉を、三種の神器の一と數へてゐるのでも推されるし、又皇孫に、此の齋庭の穗をきこしめせと勅命のあつたのでもわかる。新嘗祭が此の神に淵源するのはこれによつても明かである。要するに日域に木草を繁茂せしめるのが、高皇産靈神の御德であると共に、五穀を繁茂せしめて、蒼生に衣食の憂のないやうにするのが天照大神の御德であらせられる。高皇産靈神の領域が日域であるに對して、天照大神は日それ自身の神であらせられる。これに因て、漢土の木神と皇國の日神との間に、密接な類似の性質があることが知られる。而して此の兩思想は更に日本の國土をいふ名稱に於いて、全然融合せられてゐるのを認めざるを得ない。

十二　葦原《ノ》中《ツ》國の意義

日本書紀に引用してある一書に、天照大神が皇孫瓊瓊杵尊に三種の神器を御授けになつて、さて其の時の勅に、「葦原千五百秋之瑞穗國、是吾子孫可レ王之地也、宜爾皇孫就而治焉、行矣。寶祚之隆當二與二天壤一無レ窮者矣。」とある。又書紀神代紀に、天神が諾冉二神に勅せられた時の言に、「豐葦原千五百秋瑞穗之地」とある。此の名稱の意義に就いては日本書紀通釋卷三に、

さて此國號、豐は稱辭、葦原は大三輪社鎭坐次第記に、傳曰、初伊弉諾伊弉冊二神、生二大八洲國及處々小島一、而地稚如二水母一浮漂之時、大己貴神與二少彥名命一、戮レ力殖二蘆葦一、固二造國土一、故號曰二國造大己貴命一、因以稱曰二葦原國一とあり、又續後紀の長歌に、日本乃《ヒノモトノ》、野馬臺能國袁、賀美侶伎能、宿那毘古那加、葦菅乎、殖生志津々、國固米、造介牟與利、云々ともある如く、當昔此浮漂る土を造り固めむか爲に、葦をいと多く、國のはたてに殖られたる、其生《レ》繁《ヒ》りたれは、其葦の中なる國と成れるを以て、葦原國とも、葦原中國とも謂へりしなり。瑞穗は、記に水穗とあり。記傳云、水は借字にてみつ〳〵しきを云、穗は稻穗なり。書紀に、天照大神云々勅曰、以二吾高天原所御齋庭之穗一、亦當レ御二於吾兒一、とある穗も然り。さて水穗國と云號も、此齋庭之穗に由緣あることなり。さて千五百秋と云も、此水穗に係たる祝辭にて、（秋と云も、穗にかゝれる故也。）長く久く、御孫命の

此水穗を所聞食へき國と云意もて、名けたる國號なること、彼大嘗祭《ノ》祝詞に、此同祝辭を御孫《ノ》命の大嘗所聞食ことに、係て云るにても知べし。(又大殿祭詞も、云さまはかはりたれと、萬千秋云々は、猶瑞穗に係れり、)と云り。けにも此國號こゝには如何に通えたり。(重胤云、豐葦原は國號の謂ならす。國と成へき地ありと云意なるか故に、地字を書れたるものなり云々。)

とあり、

葦原《ノ》中國について本居宣長の國號考(本居宣長全集第四)に、

葦原《ノ》中《ッ》國とは、もと天つ神代に高天原よりいへる號にして、此御國ながらいへる號にはあらず。さて此號の意は、いと〲上つ代には、四方《ヨモ》の海べたはことごとく葦原にて、其中に國處は在て、上方より見下せば、葦原のめぐれる中に見えける故に、高天《ノ》原よりかくは名づけたるなり。かれ古事記書紀に、此號はおほく天上にしていふ言にのみ見えたり。心をつけて考ふべし。その中に此御國にていへるも、いと稀にはなきにしもあらざれども、そは御孫命の天降坐て後には、此御國にても、もと天上《アメ》にありていひならへる號をもて呼べることも有しより、おこれるなり。さてよもの海邊《ウミベ》のこと〲に葦原なりしことは、續後紀に、仁明天皇の四十の御賀《ミホギゴト》に、興福寺の僧等の獻れる長歌に、日本乃、野馬臺能國遠、賀美侶伎能、宿那毘古那加、葦菅遠、殖生志川《ウエオフシツ》々、國固米造介牟與理云々とよめる、此事今傳はれる古書どもには見えざれども、かくよめるは、必ずそのかみ據ありけむ。さればもと、大穴牟遲少名毘古那二柱《ノ》御神の、國造堅めむために、植生《ウエオフ》し廻らしたまへるなりけり。かくて中昔のころまでも、海の渚には、いづくにも葦の多かりしこと、世々の歌どもなど見てもしるべし。さて此葦原《ノ》中《ツ》國てふ號には、くさぐさ說あれども、皆古への意にかなはず、そのわろき由は、こと〳〵に論はむもわづらはしければもらしつ。

又これを豐葦原之水穗國ともいへり。豐は美稱にて、大八洲嶋のたぐひなり。そは此國《ノ》號へすべて係れり。葦のみにかけて云にはあらず。葦原は上件にいへるが如し。水の字は借字にて、物のうるはしきをほむる言にて、これは穗をほめたるなり。書紀に瑞《ノ》字を書れたるはあたらず。彼字につきて、祥瑞などの意とな思ひまがへそ。穗は稻穗をいへり。葦のにはあらず。凡て稻穗をたゞに穗とのみいへるは、萬葉に秋《ノ》穗などもいひ、書紀に、天照大神又勅曰、以吾所御齋庭之穗亦當御於吾兒とあるが如し。さて皇國は、萬の事も物も、異國にはまされる中にも、稻は殊に萬《ノ》國に比ひなく、はるかにすぐれて、いと美好《メデタ》きこと、神代よりかくの如く深き由緒のありて、今に至るまでまことに水穗國の名に負へるたふとさ、いふもさらなるを、天の下の諸人、かゝるめでたき稻をしも朝夕に給《タウ》べながら、皇神の御惠をおろそかに思ひなすべきわざかは。そも〳〵人は命ばかり重き物はなきを、それ緒《ツギ》てながらふることは、もはら稻の功《チカラ》にしあれば、世にこればかり重く貴き寶は何物かあらむ。その稻のかばかりすぐれてめでたきにも、皇國の萬《ノ》國にすぐれて、最尊きほどはいちじるきものぞ。

とある。

さて以上は國學者が葦原《ノ》中《ツ》國の名義に就いての解釋であるが、たゞこればかりでは、未だ飽き足らぬ處があるやうに考へられる。これは甚だ俗の考のやうであるが、大昔此の大八洲國の海邊には、至る處に葦が澤山と生へてゐたといふことであるが、葦には食ふべき實もなく、今日では荒蕪地に葦やよしが澤山生へてゐる。かやうな草木が繁茂してゐる處は決して豐饒な處とは言はれない。然るに豐葦原《ノ》千五百秋瑞穗の國といへば、此の國には稻穗が繁茂してゐたことは確かである。だから俗解では此の名稱に矛盾があるやうに考へられる。然るに前に引用した文の中にも見ゆる如く、少彥名命は此の國へ葦や菅を澤山殖ゑつけて、その爲めに此の命は國造りの神となり、大穴牟遲《ノ》神と共に恩澤を蒼生に與へた有功の神として尊崇せられてゐる。然らば何が故に葦は豐饒の意味を有し葦原が稻穗の繁茂する意味に解せられるのであるか。本居氏などの解釋では到底此の質問に對して合理的の解答を與へる事は出來ない。

葦が穀物の豐饒を意味するのは、其の物の實用から來たのではなく、葦の發生力の旺盛なのに對する上代人の信仰である。殊に漢土の陰陽說によると、葦や蓬や萊は桑桃等の樹木の如く生成、發生力の最も盛な處から、陽氣を多量に含有する植物と信ぜられたのである。故に此の說によると葦原《ノ》中《ツ》國は、漢土で不老不死の國と信ぜられた神仙《ノ》鄕たる蓬萊山の如きものである。蓬の如き萊の如きは決して稻や稷の如く、實際上人間がその實を採つて食料とすることの出來るものでない。然るに蓬萊山が不老不死の靈域と信ぜられたのは、此の島に生ずる其の植物は生成の陽氣を含み、人をして不老不死の有樣に爲す效用を有するものと信仰せられた爲めである。それ故に我が神典に於いて、開闢神の一に可美葦牙彥遲《ノ》神といふ神のあるのも了解されると思ふ。宇宙發生の元氣がこの葦の草で代表せられてゐるのを以つて見ても、確かに此の植物が、吉祥《メデ》たい植物であるといふ信仰を持たれてゐたことが知られる。葦原《ノ》中《ツ》國が五穀豐饒にして、草木の繁茂する處といふ意味に解せられるのは、此の理由によるのである。

葦原《ノ》中《ツ》國といふ中《ツ》國は、葦原の中にあるといふ意味でないのは勿論であるが、萬國の中に於いて、その中央に位する國といふ意味でもなく。それは高天原と夜見《ノ》國の中間に位するといふ意味である。漢人が自國を中夏といひ中國といふのは、世界萬國の中央に位する國といふことであるが、古代の日本人が葦原《ノ》中《ツ》國といつたのは高天《ケ》原と夜見國との中央に位するといふ意味である。何となれば葦原の國は光明の發生する處、日出處の靈域と考へられたから、若しも此の世界に於ける方向を以つて云へば東方日出處であるからである。

十三　千五百秋の瑞穗國の意義

千五百秋の瑞穗《ノ》國といふのは如何なる意味の名號であるか。此の名稱から見るときは、秋は文字の示す如く、四季の中の秋にも考へられ、千五百秋に稻穗の豐かな國と解しても差支へはなく、從來は專ら此の義に解したのである。然るに諾冉二神が、御生みになつた大八洲國の中で今日の本島を豐秋津洲といふ。その秋は明神の明と同義で、あかるい嶋といふ意味に取つた方が穩やかである。古事記によると、大倭豐秋津嶋の一名を、天御虚空豐秋津根別ともあるから、此の豐秋は豐明の義であると解した方が穩かに聞える。若しまた、此の秋をその文字の通りに四季の秋と見ても、その原義を尋ねると、矢張光明の義である。國語では春と秋とは日の光に關係し、夏と冬とは氣候の寒暑に關係した言である。春を paru といふ pa は、榮燿を faye といふのと同じ意味で光の義であり、秋を aki といふのは、ake 明の轉音であつて明らかなるの義である。夏を natu といふのは、atu（暑）に na といふ接頭辭を加へた形、冬を fuyu といふのは、冷を fiyu といふのと同語である。それ故に豊葦原千五百秋瑞穂國といふのは、草木の繁茂する、常しへに明るき稲穂の國といふ意に解される。これは後世、我が國號を日本といふのと同じ意味の名稱である。それ故に、高木神と天照大神の御孫が、此の國の君主であるべきは勿論である。

皇孫瓊瓊杵尊が高天原から高千穂峯に御降りになつたといふのは、今日の霧島岳に御降になつたと見るべきである。此の山を呼んで高千穂といふのも、これは稲穂に因める言である。稲の穂も、高峰といふ穂も同言である。國語では高い處を fo といふのであるから、稲の顚を fo といふのも、高く秀いでたるが故で、山の嶺を fo といふのと同じ意味の言である。上代の人は、稲の穂と高千穂の穂とを連想したと見えて、日向國風土記に、

臼杵郡内知鋪郷、天津彦々火瓊瓊杵尊、離二天磐座一、排二天八重雲一、稜威之道々別々、而天二降於日向之高千穂二上峯一時、天暗冥晝夜不レ別、人物失レ道、物色難レ別、於茲有二土蜘蛛一、名曰二大鉗小鉗一、二人奏二言皇孫尊一、以二御手一抜二稲千穂一爲レ籾投二散四方一、必得二開晴一、于時如二大鉗等所奏一、搓二千穂稲一爲レ籾投散、卽天開晴、日月照光、因曰二高千穂二上峯一、後人改號二知鋪一

と見えてゐる。

第六篇　幽顯の世界

第一章　素戔嗚尊

一　素戔嗚尊と大氣津比賣、月讀命と保食神

素戔嗚尊は元來風の神であるが、風の荒い性質を發揮するので、父の伊弉諾尊から夜見國へ逐ひやられた運命を有してゐた。然し此の國へ參るまでは、天國に於いても又顯國に於いても、粗暴な行爲を發せられると共に、風の樣な性質や大地の如き發生の性質を現はされてゐた。その一は、此の尊が大氣津比賣神を斬られたといふ傳說である。古事記の傳へによると、素戔嗚尊は、高天原に滯留中、天《ツ》罪を犯された爲めに、鬚を切られ手足の爪を拔きとられて、神やらひにやらはれて下界へ御降りになつた。其の途中にひもじくなつたので、大氣津比賣神を訪問されて食物を御乞ひになつた。そこで比賣神が、鼻、口、尻から種々の食物を取り出して素戔嗚尊に奉ると、尊はその比賣に立ち向つて、汚穢の物を己に薦める無禮の者だと御怒りになつて、大氣津比賣を斬り殺した。すると、此の比賣神の頭に蠶がなり、二《ツ》の目に稻種がなり、二《ツ》の耳に粟がなり、鼻に小豆がなり、陰に麥がなり、尻に大豆がなつた。神產巢日神は

これを取らせて、種子とせられたとある。卽ち古事記神代巻に、

（速須佐之男命）乃ち其の大宜津比賣神《ノ》を殺したまひき。故殺されたまへる神の身に生《ナ》れる物は、頭《カシラ》に蠶《カイコナ》生り、二つの目に稻種《イナダネ》生り、二つの耳に粟生り、鼻に小豆《アヅキ》生り、陰《ホト》に麥生り、尻に大豆《マメ》生りき。故是《カレココ》に神産《カミム》巣《ス》日御祖命《ビミオヤノミコト》、茲を取らしめて、種《タネ》と成したまひき。

とあるのが其の例である。また書紀神代巻に引ける一書に、

卽ち軻遇突智埴山姫に娶《ア》ひて稚産靈《ワカムスビ》を生みき、此の神の頭の上に蠶と桑と生《ナ》り、臍《ホソ》の中に五《イツクサノタナツモノ》穀生りき。

とあり、また一書に、

既にして天照大神天上《アメ》にましまして曰《ノタマハ》く、葦原中國に保食神《ウケモチノ》ありと聞く、宜しく爾《イマシ》月夜見尊就《ユ》きて候《ミマ》せ。月夜見尊勅を受けて降ります。已にして保食神の許《モト》に到りたまふ。保食神乃ち首《カウベ》を廻らして國に嚮ひしかば、則ち口より飯《イヒ》出づ、又海《ウナバラ》に嚮ひしかば、則ち鰭《ハタ》の廣《ヒロ》もの、鰭《ハタ》の狹《サ》もの、亦口より出づ、又山に嚮ひしかば、則ち毛の麁《アラ》もの、毛の柔《ニコ》もの、亦口より出づ。夫れ品《クサグサノモノ》物悉く備へて、百《モヽトリノツクエ》机に貯《アザ》へて饗《ミアヘ》たてまつる。是の時に月夜見尊忿然作色《イカリオモホテリ》して曰《ノタマハ》く、穢らはしきかも、鄙しきかも、寧ろ口より吐《タク》れる物を以て敢て我れに養《カ》ふべけんやとのたまひて、廼ち劍を拔いて擊殺《ウチコロ》したまひき。然して後に復命《カヘリコトマヲ》して、具に其の事を言《マヲ》したまふ。時に天照大神怒りますこと甚だしうして曰《ノタマハ》く、汝《イマシ》は是れ惡しき神なり、相見じとのたまひて、乃ち月夜見尊と一日一夜隔て離れて住みたまふ。是の後に天照大神復《マタ》た天熊人《アメノクマヒト》を遣して往いて看せたまふ。是の時に保食神實《マコト》に已に死《ミマカ》れり、唯《タヾ》し、其

の神の頂《イタダキ》に牛馬化爲《ナ》れり、顱《ヒタヒ》の上に粟生《ナ》れり、眉の上に蠒《カヒコ》生れり、眼の中に稗《ヒエ》生れり、腹の中に稻生れり、陰《ホト》の中に麥及び大豆《マメ》、小豆《アヅキ》生れり。天熊人《アメノクマヒト》悉く取持ち去《ユ》いて奉進《タテマツ》る。時に天照大神喜びて曰《ノタマハ》く、是の物は則ち顯見《ウツシキ》蒼生《アヲヒトクサ》の食ひて活くべきものなりとのたまひて、乃ち粟、稗、麥、豆を以て陸田種子《ハタツモノ》と爲し、稻を以て水田種子《タナツモノ》と爲す。又因て天邑君《アメノムラギミ》を定む。卽ち其の稻種《イネタネ》を以て始めて天狹田《アメノサナダ》及び長田《ナガタ》に殖う。其の秋の垂穎《タリホ》、八握《ヤツカホ》に莫莫然《シナヒテ》甚だ快し。又口の裏《ウチ》に蠒《カヒコ》を含み、便ち絲を抽くことを得たり。此より始めて養蠶《カヒコ》の道あり。保食神、此をばウケモチノカミと云ふ。顯見蒼生、此をばウツシキアヲヒトクサと云ふ。

とあり、更に通釋巻之六、水田の解釋に、

水田、纂疏に用レ水而耕種曰二水田一と有る如し。本にも、名義抄にも、タナツモノと訓る、田根津物の義なり。さて諸物の種子は、田根と云事にて、稻種に起りたるなるへき事、出雲風土記に、飯石郡多禰郷云々、稻種墮二此處一故云レ種とある文を引合て知るへし。（これ種と云は稻種なるか故なり。）穀物を多那都毛能と云も、稻を主と立たる稱なるを思ふへし。

とあり、また通釋巻之六「已到保食神許」の解釋に、

平田翁云、此神は其生坐る時より、此程まで此國に住居ませるを、其地は何處なりけむと云れたるか如く、此神の産土は知かたけれと。（重胤は、阿波國なりと云へれと信かたし。）今月夜見尊の到り玉ひし處は、山城國葛野の地にして、此神坐しゝ處は、攝津國稻倉山なるへし。

とあり、また通釋巻之六「保食神」の解釋に、

保食神、和名抄に日本紀云、保食神（和名宇介毛知乃加美）保猶ニ保持一也、宇氣者食之義也、言是保ニ持食物一之神也、とあり。大忌祭詞に、御膳《ミケ》持《モタ》須留若宇加能賣命登、御名者白氏とあるも、其意なり。又記に食物乞ニ大氣津比賣神一と見えたるも、其御食を保持ち坐神に渡らせ給ふか故に、乞し給へる者なり。又攝津風土記に、稻倉山、昔止與岐可乃賣神、居ニ山中一以盛レ飯、因以爲レ名。又曰、昔豐宇可乃賣神、常居ニ稻掠山一而爲ニ膳厨之處一、後有レ事不レ可レ得レ已、遂還ニ於丹波國比遅乃麻奈韋一（地名）と見えたる、其盛飯といひ、爲ニ膳厨之處一と云ひ、共に其宇氣を保持ち玉ふか故也。神祇宮に坐す御名を、大御膳都神と申す事、祈年祭詞に見え、又其を御膳魂神《ミケツムスビノ》と申す御名、四時祭式鎭魂祭條に見えたるか如し。

とある。

二　食神の名義

神典に見えたる大氣津比賣《オホゲツヒメ》・保食神《ウケモチノ》・稻倉魂《ウカノミタマ》は、何れも五穀の神、食物の神であつて、其の名稱は種々になつてゐるが、何れも食物といふ意味の言を神の名にしたのに過ぎない。その言の語幹は ke, ka である。大氣津比賣神の名は ofo-ke-tu hime であつて、ke は食物の事である。uke-moti の uke は ke といふ語幹に、接頭辭の u を添へた形である。moti は古典にも持の義に解してゐるむきもあるが、その原義は日神を大日孁貴神といふ貴《ムチ》、大穴牟遲命の牟遲と同語で、一種の敬稱である。汝を namuti といふ muti と同語である。此の muti は、ma-uti の複語であ

つて、語幹は uti でこれに ma といふ接頭辭を加へた形に過ぎない。稻倉魂を uga-no-mitama といふ。此の uga は uke-moti の uke と同語である。食物の主要なものは五穀であるが、畜類、魚貝も食物の中に入るべきものであるから、保食の口から毛の麁《アラ》もの、毛の柔ものも出るし、鰭の狹ものも、廣ものも出る事になつてゐるのである。書紀に引いてある一書に稚産靈神の頭から蠶と桑とが生れたとあるのは、養蠶が農業の最も貴重なものとせられた時に起り得る思想であるから、後世のものであることは明かである。又前に引用した一書によると、保食神の頂が牛と馬とになつたとあるが、これも牛と馬とが農業に廣く使用せられて、その最も主要なものと思惟せられたからである。然るに農事に牛馬を使ふことは、比較的後世のもので、太古には此の家畜は我が國には無かつたのである。牛を usi といふのは、朝鮮語の syo と關係があり、馬を uma といふのが、支那語の ma から來てゐることを考へたならば、此の事は悟られよう。

三　素戔嗚尊と月讀命とは同一神ならず

さて書紀の一書によると、天照大神が月讀命を遣はして、保食神から五穀を得ようとしたときに、其の饗應ぶりの無禮なのを怒つて月讀命はこれを斬り殺したとある物語の筋は、古事記に、須佐之男命が大氣津比賣神をおとづれたときに、此の神の饗應ぶりが無禮だつたので、怒つてこれを殺したといふ物語と酷似してゐるので、平田氏などは古事記の大氣津比賣神と、書紀の保食神とが同神であるが如く、月讀命と素戔嗚尊とは同神であらうと說いてゐる。尤も此の二神を同一の神と思はせるのは、ただに此の一事ばかりでなく、伊弉諾尊が三神を分封せられたときに、古事記によると、月讀命は夜のをす國に任ぜられ、須佐之男命は海原を治《シ》らせよと命ぜられたとあるのに、書紀の一書によると「月讀命者、可三以治二滄海原潮之八百重《シホノヤホヘ》一」とあるから、此の點から考へると、月讀命と素戔嗚尊の任處が同一であり、又素戔嗚尊が遂に夜見國の神となられた事は、結局何れの傳も同一であるから、これは古事記に月讀命が夜食國を治らせよと任命せられたと類似があると見られるのである。かかる文獻的例證から考へると、素戔嗚尊と月讀命とが同一の神であるやうにも考へられるのである。

然し退いてこれを考へると、此等の推測は何れも正鵠を得たものと思はれない。月讀命が夜の食す國に任命せられたといふ夜は、晝夜の夜である。此の神は天上にましましたが、晝の間は日神が現はれてゐて晝を支配してゐるが、夜になるとかくれさせ給ふので、その夜の間は月讀命が支配せられるといふ處から、月讀命は夜の神とせられたのである。然るに素戔嗚尊が支配する夜見國といふのは、地下の闇い處にある國であつて、これを夜見といふのは yami の義であり、此の顯國の人が經驗する yoru とは全く異つた現象である。晝夜の夜も闇い處からこれを yomi (yami) といつて月讀命の名となり、地下の世界も yami で闇い處からこれを yomi といふのである。月讀命の yomi も夜見の國の yomi も同じ意味の夜から轉じた言葉であるが、その指す處は全く異つてゐるのである。書紀の一書に、月讀命が保食神を斬り殺したとあるのは、古事記に素戔嗚尊が大氣津比賣神を斬り殺したとあるのと同一の傳說であるが、書紀の一書がこれを月讀命としたのは、夜見神たる素戔嗚尊と、夜を支配する月讀命とを混同した結果である。此の道理を辨へぬ處から、平田氏などが、素戔嗚尊と月讀命とを同一神であると論じたのは大なる誤である。又書紀の一書に、月讀命が滄海原潮の八百重を治らせと任命せられたのは、月の出沒が潮の滿干に關係する自然の現象から得た知識に基づく傳說である。然るに、素戔嗚尊が海原を治らせよと任命せられたのは、伊弉諾尊が貴しき三子を任命するに當つて、日と月とは何れも天上にあるものだから、其の任命も其の當を得たのであるが、風の神たる素戔嗚尊の任地を見出すには餘程困難な立場であらせられた。顯國は當時猶ほ御自身の治らす處となつてゐた處であるから、此の國の主となす譯にはゆかない。そこで此の大八洲國を除き、又天上を除いて、此の外に任地を求むれば海原より外にないのである。夜見國はあると言うても、これは汚穢國で、惡神ならばせんかたなく此處に追ひ逐るべきであるが、素戔嗚尊は、生れたときに風神であつて、日・月と相並んで貴き御子であらせられたから、これを夜見國へ遣すべきわけがない。まづ斯様な關係から素戔嗚尊は、古事記によると、海原を治らすことに任命があつたわけである。それ故に月讀命が海原を治らすのと、素戔嗚尊が海原を治らすとの間に差異のあることを認めねばならぬ。

古事記によると、五穀の種子を求めさせたのが神產巢日御祖神となつてゐるが、書紀に引いてある一書によると、保食神の處へ使者をやつて、五穀の種子を天上にもたらし來らしめたのは天照大神となつてゐる。この二傳の中何れが正しいかといふと、大氣津比賣卽ち保食神は、地上に產するものを支配する神であり、さうして素戔嗚尊は夜見國神であると共に地の神でもあるが故に、此の神はまた草木保護の神となつてゐる。それ故に五穀の種子に關しては、天上の月讀尊に關する物語とするよりも、素戔嗚尊に關する物語とする方が正しい。古事記や書紀の傳によると、素戔嗚尊は大氣津比賣を殺した亂暴な神となつてゐるが、此の物語の精神から云へば、決して左様なものでない。素戔嗚尊は地それ自身であるから、大氣津比賣神が、自身の口、鼻及び尻から種々汚穢のものを取り出して、素戔嗚尊に喰はしたといふのは、田地に肥料卽ち糞などをかけて、五穀の種子を植ゑつける用意を致す、農夫のする仕事を指したものである。保食神若しくは大氣津比賣神は、地の神たる素戔嗚尊の一部分を爲すものであるから、此の尊が保食神を斬つたといふのは、尊自身が己の身體を斬つたこと、卽ち耕作したことになる。そうして保食神の身體の各部から五穀が生えて來たことは、地上から種々の五穀が生じて來たことを意味するのである。而して牛馬や、桑蠶や、魚貝が、素戔嗚尊の身體から生じて來たというのは少し變な事になるが、蓋し保食神は元來主として五穀を支配し、牛馬桑蠶は衣食住に必要な處から、保食神の保護するものと信ぜられたからである。前にも述べた如く、此の五穀の種子を天上から求めさせた神が、神産巢日神と天照大神とになつてゐるが、天照大神は伊弉諾尊から種子に擬せられた曲玉を授かり、且つまた此の神が高天原に於いて行はれた事は、專ら農桑に關することで、これは神典に記されてゐる如くであるから、保食神を求めさせたのは書紀の一書にある如く、天照大神とした方が穩かである。

四　八股の大蛇退治

古事記の文によると、素戔嗚尊は天國から追はれ、途中に於いて大氣津比賣神を斬り殺し、更に進んで出雲の肥河上に到ると、足名椎といふ老人と手名椎といふ老女が櫛名田比賣と呼ぶ童女を中に置いて泣いてゐる場面に出會つた。そこで尊はその哭く由を尋ねられると、彼等のいふのには、彼等の間には最初八人の稚女があつたのが、毎年八俣遠呂智が來てこれを喰ひ、已に七人は喰はれて了つたが、今また其の遠呂智が來て生き殘つた此の一人の娘を喰ひ殺すことになつてゐるので、かくは泣くのであると答へた。其處で尊が大蛇の形は如何樣にかと尋ねると、彼が目は赤酸漿の如く、身一《ヒトツ》に頭八つ尾八《ヤツ》あり、またその身には蘿《コケ》・檜・榲が生えてゐて、その長さは八谷八尾に度つて居り、其の腹は、常に血爛れてゐると答へた。そこで尊の云はれるのに、汝等その女を吾に與へるならば、その大蛇を退治してやらうと申された。老夫婦は喜んで其の求めに應じたので、尊は八《ヤツ》の桶に酒を容れさせて、蛇の來るのを待つてゐた。大蛇は果してやつて來たが、其處に酒のあるを見ると、これを飲み乾して終に醉ひ倒れた。これを見てゐた尊は、十拳の劒を以つて此の大蛇を殺して了つた。其の時大蛇の血は肥河の流れとなつて流れた。尊が此の大蛇の尾を切られたときに其處に都牟刈之大刀があつた。尊はこれを珍奇なる物と思召して天照大神に獻上された。これが卽ち草薙の大刀であるといふことになつてゐる。

さて此の物語の筋は、所謂 Perseus 及び Andromeda 型の物語である。此の物語は、東は安南から、西はセネガムビヤ、スカンヂナヴィヤ、スコットランドに達する間の地域に、遍在する有名な物語である。此の物語は處によつて多少の差異はあるが、大體に於いては一樣である。今試みに其の大要を摘んで云へば、或る處に多くの頭を持つてゐる蛇、或は龍、或は怪物がゐて、時々人身御供を捧げないと、その住民をたやして仕舞ふと信ぜられた。そこで多くの人の犧牲がそれ等の怪物に捧げられて來たが、最後に王樣の女が犧牲に供せられるべき順になつた。王女は怪物の餌食となるべく待つてゐると、其處に一人の青年が現はれて來て、少女の爲めにその怪物を退治して、遂にその娘と結婚するといふ筋になつてゐる。(Frazer ; Golden Bough, The Magic Art. vol. 2. p. 155)。世界の多くの國に於いては、水神に人を犧牲に供して、その神の怒を柔らげ、或はこれによつてその神の生殖を盛にする習俗が行はれた。其の神が女性なれば男子を犧牲にし、男性なれば少女を犧牲にする。これは神と人とが夫婦となつて生殖力を强めるといふ信仰から起つてゐるからである。かゝる物語は開化した國に於いても昔噺の形となつて傳はつてゐる。歐洲の上代に於ける Perseus 及び Andromeda の咄、中古に於ける St. George と龍との咄の如きは其の適例である。然し時としてはそれが或は儀式としてか、或は見世物芝居となつて傳はつてゐる。例へば、バワリヤ州の Furth といふ處では、龍の退治と稱する演劇が每年夏至の頃に演ぜられる。さて其の日になると、近傍の村々から多くの人々が此の芝居を見物しようとして、それが演ぜられる市の辻場に集つてくる。舞臺の正面には、王女が黃金の冠を被り、銀を鏤めた衣裳をきて立ち、或は座してゐる。さて王女に對しては、木の枠を貼つて拵へた恐しい龍か怪物が置かれ、その內部には、これを活動させる爲めに、二人の人がかくれてゐる。そこへ一人の侍が伴人を連れて現はれて來て、王女に何故に此處に悲しんでをられるかと尋ねる。王女は今此處に龍が來て自分が呑まれるからと答へる。これを聞いた侍の云ふには、然らば其の怪物を退治してさしあげるから、御心配には及ばないと云つてこれを慰める。やがて侍は鋒を以つて龍の胃袋を目掛けてつく、其處には豫め牛の血をつめた膀胱がかくしてあつて、それを間違なくつき當てる樣に注意して突くのである。其の時血汐が龍のからだから迸出する、此の事がこの演劇の主要な目的であるから、若しもその侍が此の藝をしくじると、觀客から非常な苦情が出る。侍は劍を拔いて龍を斬り殺すと、王女の處へやつて來て、此の市を苦めた龍を首尾よく退治に及んだ由を申上げる。すると、王女は花飾を侍の腕に纏きつけて語るには、今直ちに我が父と母とが此處へ來て、汝《ソナタ》に此の王國の半分を與へるであらうと云ふ。これがすむと、伴人は侍と王女とを飲食店へつれてゆき、終日飲食して歌舞をする。此の劇を見物する爲めに、ボヘミヤ人やバワリヤ人は、何里ともない遠路をも厭はず彼處へやつて來て、龍の腹から流れた血を白い布に漬し、或は血に染つた土を包んで來て、これを痲畑の畝へ安置し、其の繁殖を祈る。それ故に此の龍退治の芝居は、單に遊戯娯樂の爲めでなく、實はこれによつて田畝を農饒にする咒術であることが分る。これを以つてこれを觀ると、此の劇は極くの太古から傳はつて來た、眞面目な、嚴格な、宗教的意味を有してゐたものであることが窺はれる。

The Legend of Perseus の著者 E. Sidney Hartland 氏は、我が神代史に傳はつてゐる素戔嗚尊の八股の大蛇退治の物語を、此の型の物語と解してゐる。余輩ははじめ、八股の大蛇が八《ッ》の頭を持つてゐるのを見てこれは我が國人の思想でなく、必ず佛典によつて傳はつた印度の思想と考へた。然るに Hartland 氏の著書を讀んで見ると、此蛇なり龍なりに、七頭乃至九頭のものが多いので、我が神典にある大蛇に、八頭のあるといふのも、必ずしもこれを印度的のものと見做す必要のないことを悟つた。但し外國の大蛇では頭の數が七か九であるのに、我が國の大蛇に八頭とあるのは、我が國の聖數が八であるからである。思ふに Perseus 及び Andromeda 型の大蛇退治の物語は、我國にも極く大昔から存在してゐたもので、其の原意は他のものと同樣であつたに相違ないが、神典の作者がこれを己の藥籠中のものに取り入れる際、これに更に新しい意義を附加したのである。然らばその意義とは何であるかといふに、此の物語の精神が五穀の豐饒を祈るのに在ることは更に變異はないが、大蛇が大地の現身であつて、其の精は鋏の劔であるといふこと、並びに此の大蛇はまた隨つて素戔嗚尊それ自身であるといふことである。先づ大蛇が土地であり、山岳であるといふことは、古事記の文にもある如く、大蛇の身に蘿と檜の木と榲が生えてゐるといふことで、これは大蛇を山と見、土地と見做さなければ解しがたいのである。それがまた素戔嗚尊自身のからだであるといふことは、書紀の一書に、

素戔嗚尊の曰《ノタマハ》く、韓鄕《カラクニ》の島は是れ金《コガネ》銀《シロガネ》ありて、若使吾《タトヒア》が兒の御《シラ》する國に浮寶《ウキタカラ》あらずば、未是佳也《ヨカラジ》とのたまひて、乃ち鬚髯《ヒゲ》を拔き散《アカ》つ、卽ち杉と成る、又胸の毛を拔き散《アカ》つ、是れ檜《ヒノキ》と成る、尻《カクレ》の毛は是れ柀《マキ》と成る、眉の毛は是れ櫲樟《クス》となる、云々。

とあるので知られる。又八股ノ大蛇の尾から草薙ノ劍が出たといふのは、どう云ふ意味かといふに、これは山の中から鐵を掘り出し、これを以つて名劍を造るので、卽ち土地の精は此の鐵に凝結してゐると考へられたのである。素戔嗚尊が天照大神と誓約をして、御子を生むときに、劍を以つて素戔嗚尊の物質と爲したのは、卽ち素戔嗚尊が土地の神で、土地の精は鐵であるから、鐵でこしらへた名劍はとりもなほさず素神の物質と呼ばれた所以である。それ故に風神として又土地神としての素戔嗚尊は五穀ノ神であるのみならず樹木の神でもある。

日本書紀に引いてある一書に、

素戔嗚尊の所行無狀《シワザアヂキナシ》。故《カ》れ諸神《モロモロノカンタチ》科《オホ》するに千座置戶《チクラノオキト》を以てし、遂に逐《ヤ》らひたまひき。是の時に素戔嗚尊其の子五十猛神《イソタケルノカミ》を帥ゐて、新羅國に降到《クダ》りまして、曾尸茂梨《ソシモリ》の處に居《マ》します、乃ち興言《コトアゲ》して曰《ノタマハ》く、此の地《クニ》は吾れ居らま

くほりせじとのたまひて、遂に埴土《ハニツチ》を以て舟を作り、乗りて東《ヒンガシ》に渡り、出雲國の簸の川上に在る鳥上《トリカミ》の峯《タケ》に到ります。……初め五十猛神《イソタケルノカミ》天降ります時に、多《サハ》に樹種《コタネ》をもて下りき。然れども韓地《カラクニ》に殖ゑずして、盡く以持《モ》ち歸りて、遂に筑紫より始めて、凡て大八洲國の内に播殖《マキオホ》して青山に成さずといふことなし。所以《コノユヱニ》、五十猛命を稱《タタ》へて有功《イサヲシ》の神と爲す。卽ち紀伊國《キノクニ》に坐《マシマ》す大神《オホンカミ》是なり。

とあり、又一書に、

素戔嗚尊の曰《ノタマハ》く、韓鄕《カラクニ》の島は是れ金銀《コガネシロガネ》あり。……夫《ソ》の瞰《クラ》ふべき八十木種《ヤソコタネ》、皆能く播《マ》き生《オホ》しつ。時に素戔嗚尊の子《ミコ》、號《ミナ》を五十猛命とまうす、妹《イロト》は大屋津姬命《オホヤツヒメノミコト》、次に抓津姬命《ツマツヒメノミコト》、凡て此の三神《ミハシラノカミ》亦能く木種《コタネ》を分布《マキホドコ》す。卽ち紀伊國《キノクニ》に渡し奉る。然して後に素戔嗚尊熊成峯《クマナリノタケ》に居しまして、遂に根國に入りましき。

とある。また國史綜覽卷之五に、

通釋、五十猛神ノ御名ノ名訓、本ニ「イソタケル」トアレド、神祇本源ニ引ル、大宗秘府略記ニ伊猛《イタケル》トアルニテ定《ム》ベシ。偖五十ハ八十ナドト同ク美稱カ、（平田翁ハ、出雲國仁多郡ニ、伊我多氣神社トアル、此ヲ杵築大社記ニ、伊我多氣大明神ハ、五十猛神是ナリトアリ。サレバ伊ハ嚴ノ省略ナルカト云リ）猛ハ神武紀ニ梟帥、此云《ヲ》ニ多稽屢《タケル》ト注サレ、崇神紀ニ伊頭毛多鷄流《イヅモタケル》、景行紀ニ日本武尊《タケル》ナド例イト多シ。此五十猛神ト申スハ、御父大神ニ相亞《イ》テ、武ク强キ稜威ナン御在坐ス大神ニハ渡ラセ玉ヒケル、並々ノ神ニシテハ、工物セサセ玉フマジキ御事ナルヲ、想像リ奉ルベクナン有ケル。記ニ見エタル、大穴牟遲神ハ八十神ノ爲ニ窘メラレ玉ヘル時ニ、此大神ノ武勇ヲ頼ミ參ラセ玉ヘル事ナルモ、思合スベクナン有ケル。サテ此神ハ天上ニマシ坐シ間ニ、生シ御子ナルベシ。サテ大宗秘府略記ニ、韓神者、伊猛命號ニ韓《カラ》神曾保利神ノマタ内侍所御神樂式ニ、韓神之事素戔嗚尊子也トアルニ據テ、平田翁云、此神ヲ古事記ニ大歲神ノ御子トアルニ、此式ニ素戔嗚命ノ御子トアル事イト珍《メデ》タシ。正シキ傳也、大宗秘府略記ノ傳ト合セ考ベク、韓神曾富利神ト申スハ、五十猛神ナル事ヲ辨フベシ。

とあり、更に國史綜覽卷之五に、

宣長云、五十猛神ハ、「イダケル」トヨムベシ。コノ神ノ又名、大屋毘古神ノトモ、伊太《イタ》祁《ケ》曾《ソ》神ノトモ、韓國伊太氏《カラクニイダテノ》神トモイヘリ。大屋彥神トイフハ、古事記大國主神ガ、八十神ニ殺サルル處ニ、御祖《ミオヤ》神云々取出活《トリイデイカシテ》云々、乃速《イソカシ》ニ遣《ヤリテ》ノ於木國之大屋毘古神之御所ノトアリ。此記ノ文ヲ、神代紀一書ナル、素戔嗚尊之子號曰ニ五十猛命一、妹大屋津姬命、次抓津《ツマツ》姬《ヒメ》命凡三神亦能分ニ布木種一、卽奉レ渡ニ於紀伊國一也、マタ神名帳ノ紀伊國名草郡伊太祁曾神社、大屋津比賣神、都麻都比賣神社、ナドノ文ト合セ考フルニ、其妹ヲ大屋都比賣トイヘバ、大屋毘古ハ、其兄神トハ聞エタリ、木種ヲ分播セシ故ニ、木國ト名ケ、又木ノ用ハ家ヲ作ルヲ主トスルヨリ、大屋ト云ヒシナルベシ、又伊太祁曾神トイフ由ハ、五十猛有功《タケイサヲ》神ノ略ニテ、「サヲ」ヲ約ムレバ「ソ」ナリ、紀ニ五十ノ字ハ、ミナ「イ」ト訓メリ、「イ」ハ語助ナルベシ、猛キ功アリシ故ノ名トキコユ 以上記傳ヲ概括ス ○按伊太氏神ト云由ハ、神名帳、出雲國意宇郡玉作湯神社、同郡揖屋神社、同郡佐久多神社、出雲郡珂須伎神社、同郡出雲神社、同郡曾枳能神社、ノ同社ニ、皆韓國伊太氏神社アリ。紀伊國名草郡伊達神社アリ。韓國ハ、五十猛神ノ韓國ヨリ木種ヲ持チ歸リシニ緣アリ。「イダテ」ハ「イタゲ」ト音通ヒテ聞ユレバナリ。釋紀ニモ、伊太祁曾神者、五十猛神也。

とあり、更に國史綜覽卷之五に、

（曾戸茂梨）ハ、一條兼良公が日本紀纂疏ニ、在ニ新羅一之地名トアリ。谷川士淸が通證ニ、見林曰、高麗曲有ニ蘇志摩利一、或云ニ廻庭樂一、蓋素戔嗚尊所レ作樂也、遺音載在ニ仁智要錄一、今按、曾聞ニ其舞圖一、着ニ簑笠一、以屈折、蓋摸ニ素尊流離辛苦之體一也トアリ。建内繁繼ガ八坂社舊記集錄ニ、韓語ニ、牛ヲ쇼ᄉᆞト呼ビ又約メテ쇼《ソイ》トモイフ頭ヲ모리《モリ》ト云、쇼ᄉᆞ모리《ソシモリ》ハ、韓國樂浪ニアル地名ニテ、其山ヨリ出タル地ノ名ナリトアリ。是說取ルベキニ似タリ。但シ「ソシモリ」ハ樂浪ニ在リトイフハ誤ニテ、牛頭ハ、漢時ノ臨屯郡、今ノ朝鮮江原道春川府ニ在リ、東國輿地勝覽、江原道ノ條ニ、春川都護府距京師二百五里ニ本貊國、新羅善德王六年、爲ニ牛首州首一作頭一置ニ郡主一、マタ牛頭山在ニ府北十三里一トアリ。延喜式伊太氐神ニ、特ニ韓國ノ字ヲ冠スルト、上ニ引ケル紀ノ一書ノ文トヲ合セ考フルニ須佐之男父子二神ノ、新羅地方ニ往來シ給ヘルハ、明確ナルヲ覺ユ。欽明紀十三年是歲百濟棄ニ漢城與平壤一新羅因此入居ニ漢城一今新羅牛頭方、尼彌方也トアリ、方ハ城ノ義ナリト云、コノ牛頭方ハ、ソシモリト緣アリヤ否ヤ、後考ヲ俟ツ、重胤云日本書紀傳此曾戸茂梨ノ事ニ就テ、度會延佳說ニ、按和名抄高麗樂曲、有ニ蘇志摩梨一疑其地風俗之歌曲乎、トイヒ、……西大寺資財流記帳高麗樂具ノ中ニ、蘇志摩利、縣笠二蓋各皀羅衣トアル縣ノ字ハ通用ニテ懸笠ナラント先ニハ思ヒシカドモ、猶《ホ》字ノ任《マヽ》ニ縣笠《アカタカサ》ニテ田舍人ノ用ヰル下品ノ笠ト云意ナルベク、皀羅衣《クサイウスキヌ》ト云モ、甚ク襤褸《ヤツヤツ》シキ御有狀ヲ模シ象レル者所見タリ、云々。

とある。

五　素戔嗚尊の曾尸茂梨降下

素戔嗚尊は、其の子五十猛命と共に新羅國の曾尸茂梨の處に降られたといふ。然るに尊は我れは此地に留まるのを好まないと云つて、埴土の舟に乘つて東に渡り、出雲に到つた。而して五十猛と共に曾尸茂梨に降つた時持つて行つた樹種を彼處にまかないで、これを我が國にまき、筑紫を始めとして大八洲國を悉く青山に變じたといふ。さて何が故に尊は新羅へ降られたのであるか。また何が故にその地に留まるを欲しないで、樹種をも彼の地に植ゑないでこれを我が國にのみ植ゑたのであるか。その意味については從來疑問に附せられたことはない。先づ曾尸茂梨といふ語について言へば、これは日本語とは思はれず、それはたしかに韓語であらう。然らばそれは果して何といふ事かと尋ねるに、これまでに解釋せられた如くこれは韓語쇼ㅅ모리 syos mö̇ri の對音でこれを國語に譯すれば牛頭の義である。さて牛頭と云ふ名は三國時代の韓國の地名に多く見えるのであるから、從來これを現實的歷史的地名として何處であるかと歷史家によつて種々と考究せられたのである。然し素戔嗚尊が歷史的人物でなく、我が神代史に於ける大地の神であらせられたといふ余輩の考察の如くだとすれば、此の神が韓國に降られたといふことも、その處の地名についても、全然考察の方面をかへて考へなければならぬ事になるのである。余輩は直接にこれが解釋を陳べる事をさし控へ、先づこれに類した例證を引用するを便と考へる。日本書紀崇神紀六十五年秋七月の條に、「任那國遣二蘇那曷叱《ソナカシ》知《チ》一令《ム》二朝貢《ミツギタテマツラ》一也」とあり、垂仁紀二年の條に、「是歲任那《ミマナ》人蘇那曷叱智《ソナカシチ》請《申サク》之欲レ歸《マカリカヘリナン》二于國《ニ》一」とあり、其の續きに、一に云ふ。御間城天皇の世《ミヨ》に、額に角有る人《ナヒタ》、一の船に乘りて越國《コシノ》の笥飯《ケヒノ》浦に泊れり。故れ其處を號けて角鹿《ツマカ》と

曰ふ。問ひて曰く、何れの國の人ぞ。對へて曰く、意富加羅《オホカラ》國王の子、名は都怒我阿羅斯等《ツヌガアラシト》、亦の名は于斯岐阿利叱智干岐《ウシキアリシチカンキ》と曰ふ。傳《ツテ》に日本國《ヤマトノクニ》に聖皇《ヒジリノキミ》有すと聞《ウケタマハ》りて以て歸化《マヰオモム》く。

とある。

任那人の蘇那曷叱智は、定めて額に角ある人であらう、都怒我は確かに國語で角額の義であり、于斯岐も牛來であらうと考へるが、さて然らば額上に角のあるといふことは何を意味したのであるかといふに、姓氏錄左京皇別の條下に、

昔磯城瑞籬宮、御宇御間城入彥天皇御代、任那國奏曰、臣國東北有二三巴汶地一、地方三百里、土地人民亦富饒、與二新羅國一相爭、彼此不レ能二攝治一、兵丈相尋、民不レ聊レ生、臣請將軍令レ治二此地一、卽爲貴國之部也、天皇大悅、勅二群卿一、令レ奏二應遣之人一、卿等奏曰、彥國葺命孫鹽垂津彥命、頭上有贅、三岐如二松樹一（因號松樹君）、其長五尺、力過二衆人一、性亦勇悍也、天皇令二鹽垂津彥命遣一、奉レ敕而鎭守、彼俗稱宰爲レ吉、故謂其苗裔之姓爲吉田氏、云々。

とある文を參照するがよい。

此の傳說によつて見ると、額上に角あるといふのは、松樹の如く生へたるをいふのであることが分る。素戔嗚尊が牛頭といふ處に降られたといふのも、角の如く生へた木の義であらう。更にこれを解釋して云へば、開闢神の一名たる角杙、活杙と同じ意味の言であらう。角ある人とは、角杙の來朝を意味するのであらう。單に此の解釋のみでは未

だ不充分であるから、余輩は更に天の日矛の傳說を解釋して見ようと思ふ。

六　天ノ日矛とその子孫

古事記中巻應神天皇の段に、

又昔新羅國主《シラギノコニキシ》の子有り。名は天之日矛《アメノヒボコ》と謂ふ。是の人參渡來《マヰワタ》りけり。參渡來りける所以は、新羅國《シラギノクニ》に一つの沼あり。名を阿具奴摩《アグヌマ》と謂ふ。此の沼の邊《ホトリ》に一賤女《アルシヅノメ》晝寢したりき。於是《ココニ》日の耀虹《ヒカリヌジ》の如《ゴト》其の陰上《ホト》を指したるを、亦一賤《アルシヅノ》夫《ヲ》其の狀《サマ》を異しと思ひて、恒に其の女人《ヲミナ》の行《オコナヒ》を伺ひけり。故《カレ》是の女人其の晝寢したりし時より妊身《ハラ》みて、赤玉《アカダマ》をなも生みける。……故《カレ》其の天之日矛の持ち渡り來つる物は、玉津寶《タマツタカラ》と云ひて珠二貫《タマフタツラ》、又振浪比禮《ナミフルヒレ》、切浪比禮《ナミキルヒレ》、振《フル》風比禮《カゼヒレ》、切風比禮《カゼキルヒレ》、又奧津鏡《オキツカガミ》、邊津鏡《ヘツカガミ》、幷せて八種《ヤクサ》なり。

とある。然るに書紀垂仁紀に、

三年春三月、新羅王《シラギノコキシ》の子天日槍《アマノヒボコマヰ》來歸けり。將來物《モテキタルモノ》は羽太玉一箇《ハフトノタマヒトツ》、足高玉一箇《アシダカノタマヒトツ》、鵜鹿鹿赤石玉《ウガカノアカシノタマ》一箇、出石小刀一口《イツシノカタナヒトツ》、出石桙一枝《ヒトツ》、日鏡一面《ヒノカヾミヒトツ》、熊神籬一具《クマノヒモロギヒトソナヘ》、幷せて七物《ナナクサ》あり。則ち但馬國に藏めて常に神物《カミノモノ》と爲す。

とあり、また古事記神代巻天岩屋戸の處に、

天香山の五百津眞賢木《イホツマサカキ》を、根許士《ネコジ》に許士《コジ》て、上枝《ホツエ》に、八尺勾璁の五百津の御須麻流の玉を取り著け、中枝《ナカツエ》に、八《ヤ》尺鏡《タノカガミ》を取り繫《カ》け、下枝《シツエ》に白丹寸手《シラニギテ》・靑丹寸手《アヲニギテ》を取り垂《シ》でて、此の種種《クサグサ》の物は、布刀玉命、布刀御幣《フトミテグラ》と取り持たして、云々。

とあり、書紀景行紀に、

爰に女人《ヲムナ》有り、神夏磯媛《カムナツシヒメ》と曰ふ、……天皇の使者《ミツカヒ》至ると聆《キ》きて、則ち磯津《シツ》山の賢木を拔《コジト》りて、上枝には八握劒を掛《トリカ》け、中枝には八咫の鏡を挂け、下枝には八尺瓊を挂け、亦素幡《シラハタ》を船舳《フナノヘ》に樹て、參向《マヰ》きて云々。

とあり、仲哀紀に、

時に崗縣主の祖熊鰐《クマワニ》、天皇の車駕《オホムタ》するを聞《ウケタマハ》りて、豫て五百枝の賢木を拔取《コジト》り、九尋船《ココノヒロノ》の舳《ヘ》に立てて、上枝《カミツエ》には白銅鏡《マスミノ》を掛《トリカ》け、中枝《ナカツエ》には十握劒《トツカノ》を掛け、下枝《シモツエ》には八尺瓊を掛けて、云々。

とあり、

又筑紫の伊覩《イトノ》縣主の祖五十迹手《イトテ》、天皇の出《イデ》ますと聞《ウケタマハ》りて、五百枝の賢木を拔取《コジト》りて、船の舳艫《トモヘ》に立て、上枝には八尺瓊を掛け、中枝には白銅鏡を掛け、下枝には十握劒を掛けて、穴門の引島《ヒケシマ》に參迎《マウムカ》へて獻る。因りて以て奏して言さく、臣《ヤツコ》敢て是の物を獻ずる所以は、天皇、八尺瓊の勾《マガ》れるが如くに、曲妙《タヘ》に御宇《ミヨシロシメ》せ。且《マ》た白銅鏡の如くに、分明《アキラカ》に山川海原《ヤマカハウナバラ》を看行《ミソナハ》せ。乃ち是の十握劒を提《トリヒサ》げて天下を平《ム》けたまへとまうす。

とある。

古事記によると、かの「赤玉の婦は、天之日矛に云つて曰はく、吾祖の國に行かんとす」とある。此の祖國につきては、古事記傳巻三十四に、

吾祖之國は父の國にて、皇國を指して云るなり。其由《ノ》は、此の娘子は、彼賤女の陰上を、日光の刺たるより妊《ハラミ》て

生れたるなれば、父は天《ツ》日にして、天《ツ》日は初《メ》、伊邪那岐《ノ》大御神の御禊に因《リ》て、筑紫の阿波岐原にして生坐《アレマシ》つればなり。かゝれば、天照大御神即《チ》天《ツ》日に坐坐《マシマス》こと、古傳《ヘノ》の趣、いよゝいちしろきものぞ。と云つてゐる。

此の傳說の意は、誠に皇國を天《ツ》日の本《ノ》國と爲してゐる趣に聞える。

第二章　大國主命（闕）

第三章　少彥名命（闕）

第四章　彥火火出見命と綿津見國（闕）

第七篇　神代史の結構

第一章　神代史に關する古來諸家の解釋

一　佛教・儒教と神道

國史綜覽稿卷之一に、

神代ノ史ヲ說クモノ、兩部神道、唯一神道、度會、山崎等ノ諸派アリ。兩部神道ハ、僧最澄空海ノ徒ニ昉マレリ。初メ最澄入唐シテ、天台教ヲ傳ヘ（最澄ハ密教ヲモ傳ヘタレトモ其專ラ之ヲ唱ヘシハ空海ナリ。）後ニ空海入唐シテ、三部ノ密經（大日經、金剛頂經、蘇悉地經）ヲ傳ヘ、其說ヲ敷衍シテ眞言密宗ヲ開ク、之ヲ密宗或ハ密教トイフ。其中ニ金剛界、胎藏界ノ兩部アリ。金剛ハ智ナリ、胎藏ハ理ナリ。此兩部ヲ以テ、本邦ノ神祇ニ配當シ、本地垂跡ノ說ヲ說ク。本地垂跡トハ、天竺ノ諸佛ヲ以テ本地トシ、本邦ノ諸神ハ皆諸佛ノ假リニ跡ヲ垂レシモノナリト言ヘルナリ。例ヘバ盧舍那佛ハ本地ニテ、其垂跡ハ天照大神ナリトイヒ、阿彌陀佛ハ八幡大神ノ本地ナリトイフ類ノ如シ。垂跡ノ字ハ、肇法師維摩經序ニ、非レ本無ニ以垂レ迹、非レ迹無ニ以顯レ本、本迹雖レ殊而不思議一也（貝原好古諺艸所引）トアルヨリ出タリ。盧舍那ハ梵語ニテ漢譯光明遍照ノ義ナリ。モトハ諸佛ノ泛名ナルヲ、一佛ノ名ト定メ、大日佛ト稱シテ天祖ニ配當セシナリ。世に傳フル所ノ天地麗氣記及ヒ神道五部書（寳基本紀、御鎭座傳記、御鎭座次第記、御鎭座本記、倭姫命世記）等ハ、皆密教ノ兩部ト神道トヲ照シ合ハセテ揑造セルモノニシテ、漢人ノ僞託ニ係レリト言フ。最澄空海ノ徒ハ、神代史ヲ說クコト、概略カクノ如シ、北畠准后親房神皇正統記元元集ヲ著ハシ、一條關白兼良日本紀纂疏ヲ著ハシ、神代ノ事ヲ說キタレドモ、皆兩部ノ說ト陰陽五行、易經、宋學ヲ雜ヘ擧グルニスギズ。後土御門天皇ノ延德ノ頃、卜部兼《ノ》倶（兼倶ハ卜部平麿ガ二十一代ノ孫ナリ。平麿ハ伊豆ノ人ニテ、仁明帝ニ仕ヘ、遣唐使使部ヨリ、正八位上神祇官ヲ歷テ、從五位下丹波介ニ至リ、元慶五年ニ卒セリ。）其先兼延ノ名ニ僞託シテ、名法要集ヲ著ハシ、唯一神道ヲ創ム、唯一ノ義ハ、法華經ノ唯有ニ一乘法一無レ二亦無レ三ト云ヘルニ取レリトモ云ヒ、或ハ孝德紀ノ詔ナル帝道唯一ヨリ取レリトモ云フ。別ニ一派ヲ起シタルガ如クナレドモ、タダ兩部習合ノ說ヲ沿襲シテ、別ニ祈咒ノ法ヲ雜ヘシノミ。德川氏ノ時ニ至リ、山崎敬義（闇齋）出デ、度會延佳《ノブヨシ》ノ說ヲ承ケ、宋儒理氣太極ノ說ト、陰陽五行トヲ以テ、神代史ヲ解說ス。之ヲ垂加派神道ト曰フ。垂加ハ其自ラ號スル所ナリ。上ニ擧グル所ノ諸家、其說ク所、牽强附會多ク、愈出テ、愈擾レ、列擧スルニ遑アラズ。元祿中新井君美（白石）古史ヲ究ムルニハ、先ヅ古言ヲ解釋スベシトノ說ヲ立テ、東雅ヲ著セリ。又古史通ヲ著ハシテ、神ハ卽チ人ナリト云ヒ、高天原常世國ハ、皆常陸ニアリトイヘリ。寛保中、吉見幸和（泰軒又風水）、五部書說辨、神學辨疑等ヲ著シテ、五部書ノ僞託ナルコトヲ辨ジ、且《ツ》兩部垂加神道ノ妄ヲ排セリ。

其說亦神ヲ以テ人トナシ、高天原、天香山、天高市ハ、皆大和ニ在リ、大和國ニ都ヲ建テシ者ナリト云ヘリ。此ノ二氏理ニ據リ實ヲ徵シ、兩部垂加等ノ揑造弁陋ナルニ類セズトイヘドモ、高天原ハ常陸及ビ大和ニ在リ等ノ說ニ至リテハ其言臆斷ニ過ギ、亦附會ヲ免レズ、幸和ニ稍後レテ伊勢貞丈（安齋）故實學ヲ以テ江戸ニ鳴リ、世ノ神道者流ヲ目シテ巫學者トシ、痛罵ロヲ絕タズ、神道ノ字ハモト神祭ノ道ナルヲ、中古以來儒道佛道ノ名目アルニ因リ、神道ト云フ事ヲコシラヘ、三社託宣ナドヲ僞撰シテ世俗ヲ欺リ、惡ムベキノ事ナリト云ヘリ。君美ニ稍先チテ僧契沖アリ。亦古言ヲ解釋シテ古史ヲ誤リ論ヲ唱ヘ、萬葉集代匠記等ノ著アリ。加茂眞淵其說ヲ奉ジ、著ス所多シ、本居宣長ニ至リ、眞淵ノ志ヲ嗣ギ、集ヲ大成シ、古事記傳ヲ著シ、精覈淹博、古言古典、賴リヲ以テ大ニ明カナリ。伴《ノ》信友、平田篤胤等踵ギ起リテ、其說ヲ紹述シ、頗《ル》闡發スル所アリ。信友ハ緻密ニシテ穩當、篤胤ハ精悍ニシテ往々博雜ニ流ル、宣長ヲ駁スル者橘守部アリ、篤胤ヲ奉スル者鈴木重胤アリ。瑕瑜並《ビ》見《エ》、互《ニ》出《テ》、要スルニ皆宣長ノ範圍ヲ出ルコト能ハズ。蓋《シ》兩部、唯一、垂加等ノ說ハ、姑《ク》置キテ論ゼズ、古言ヲ釋キテ古史ヲ攻ムルハ其言的確ニシテ易フベカラズ。而シテ神代ノ事ニ關スル書ハ紀記古語拾遺等寥々數部ニスギズ、眞淵宣長ノ徒ノ解釋略備レリ。

とある。

神道は天皇の始祖を、國民の信仰する神祇の至高神として、天皇を現神とするが故に、其の基礎は中々强固であるが、如何なる外教といへども、此の國に渡來して信徒を得ようとするには、此の國教を度外視しては決して勢力を張ることは出來ない。そこで行基菩薩が本地垂跡を唱へて、盧沙那佛を天照大神の本地であると主張し、聖武天皇の信賴を得たのは、佛教を日本に傳播する方便としては、最も宜しきを得たものである。さうして此の事業は空海の密教によつて益〻發揮せられたのである。極東民族の宗教思惟は當時猶ほ Shaman 教の範圍を出でなかつたから、此等の社會に來て宗教を弘めようとするには加持祈禱を第一とする宗教でなくてはならぬ。其れ故に空海が密教を唱へ出でて咒文祈禱を此の宗教の要道としたのは決して偶然の事でない。

天地麗氣記及び神道五部書の如きは、神道を主として密教の兩部を加へたものであり、北畠親房の神皇正統記及び元元集、一條兼良の日本紀纂疏は從來僧侶の輩によつて創められた兩部の部と、陰陽五行と易經、宋學とを加へたのを特徵としてゐる。その後、土御門天皇の御宇に、卜部兼倶は唯一神道を唱へ出したけれども、その說は未だ兩部說を脫出することが出來なかつた。

德川時代になると、佛教は衰へて漢學は盛になり、特に官學は朱子を主としたから、宋學を以つて神代史を合理的に解釋しようとする企が現はれた。山崎闇齋が、度會延佳《ノブヨシ》の說を承けて、宋儒の理氣太極の說と陰陽五行との說を以つて、垂加派の神道を唱へ出したのは卽ち其れである。神代史には或る程度に陰陽五行說を含有するが故に、此の神道派に於いて說く處適〻肯綮にふれてゐる處はあるが、其の全部を無理に此の說で說明しようとしたので、遂に牽强附會に終つたのである。漢學には古來から二個の思潮がある。其の一は、陰陽五行說などを中心とする宗教的傾向と色彩を有する道學と、人倫五常を主とする儒道とである。所謂宋學なる者は儒學ではあるが、餘程易經と陰陽說とを包含するが故に、德川時代に於いても此の儒學に飽きて來て、敢て古學を復活せしめようとする學風が起つてきた。荻生徂徠の如きは、此の派の巨擘である。儒教は元來合理的であるが故に、此の學問が盛になれば、神代史を宗教的よりも道德的に、理論的よりも歷史的に解釋しようとする學者の現はれてくるのは、蓋し自然の勢である。新井白石や吉見泰軒が、神は卽ち人なりと說き、神代史の記述を人事上の記載と解釋したのもこれが爲めである。

神話はその性質上から見て、必ずしも合理的のものでなく、寧ろ詩的のものであり不合理的のものが多いのであるから、これを合理的に解釋しようとするのは無理な注文であつて、佛教の理論から見ようとするものも、漢學の理論から見ようとするものも、或はこれを歷史的に見ようとするものも、均しく附會の說に陷らざるを得ないのである。是に於いて漢學流行に對する反動から、本居等の學者が起つて來て、神代史を合理的に解釋しようとする一切の說、殊に漢學者流の解釋を非難罵倒して、これは、その文字の通りに信ずべきものであることを唱導した。此等の國學者の眞摯な態度と熱誠とは、大いに同情を得て可なりの信賴を博し得たのであるが、元來不合理的な神話をその述べてある通りに信ずべしとは、甚だ無理な注文であるから、世の識者からは同情も贊成も得なかつたのである。

二　國學者の態度

德川時代の國學者は、漢學者に對抗して一旗幟を押し立てて行かうと云ふのであるから、何事でも漢學臭味のものはこれを排斥して、漢學者の說に妥協し同化せしめようと云ふ考はなかつた。本居氏などは國學を主張して漢思想を片端から排除しようと務めたから、神典の解釋に於いても、漢思想の解釋を許さなかつた。かやうにして國學は本居氏によりて殆ど絶頂まで登り込められて、最早その上に出づることは出來ない。平田氏は國學の方ばかりに割據してゐては、別に本居氏の上に說を出すことは困難と考へたから、支那印度の典籍を涉獵して、彼の國々の神々や聖人を、殆んど日本から出たものだと論證することに全力を傾注した。漢籍の方面では、神典と同じ傾向と性質を有する緯書、道學のものまであさり、これを神典に引きつけて說明するのに努めた。それ故に此の方面には國學者の缺點を補ひ、學界を裨益した事は尠くないが、其の結論に至つては殆ど兒戲に屬するもので、何等の價値の無いものとなつて仕舞つた。

三　明治時代の合理的說明

明治の代になつて、西洋の文物は輸入せられ、國家の文運は各方面に於いて全く面目を一新するほどに發展を遂げたのであるが、言語の學問は殆ど停滯して何等進步の成績を見ない。從つて神代史の硏究なども、德川時代の有樣で、別に新しい意見が發表せられなかつた。然し本居氏や平田氏のやうに、神代史をその文字の通りに信ずることは出來ないので、矢張りこれを合理的に解釋しようと努めた。ただ神話學といふものが閑却せられてゐた爲めに、その見解は德川時代の新井白石などのそれと大差は無かつた。然し、新井氏や吉見氏が、高天原を日本國內の常陸とか大和とかに解釋したのに反して、明治の學者は多くこれを外國に求めた。何となれば、それは大國主命を、大八洲國を統治した神だと神典に書いてあるからである。大八洲國卽ち日本國が、大國主命の領土であつたとすれば、これを征服した天孫は、外國にいらせられたと解するのが合理的であるからである。然しさうなれば、日本國土着の人民は、外國から渡つて來られた皇族に支配せられたといふことになる。これほど國民にとつて屈辱的なことは無いけれども、我が國の學者はそれに何等の疑も起さないのみか、これを尤もな事と考へたのである。それが爲めに我が國では、出雲民族とか大和民族とか熊襲民族とかいふやうな異民族がゐたことになつて、考古學者や土俗學者などの間にも、其の説が採用せられて、その見方で遺物が解釋せられたのである。

神代史が普通の歴史物語のやうに解釋されて、此の現世の上に出來た出來事を、譬喩的に書き綴つたものと考へられたから、日本人種も單純なものでなく、土着の出雲系の民族と、外國から進入して來た異民族とが存在し、今日の日本人は其の混合融和した複雜なものと思はれるやうになつた。それと共に神代史の上に活動してゐる神々は、無論普通の人間と解せられたから、神典の中で至高の神と記されてある天照大神でさへ、後世の天皇の如き人間と見做されたのである。それで、若しも此の神を天神《ツ》と見るときは大不敬事と思惟せられることになつた。何となれば、これを神と見ればそれは思想上の話になつて、事實虛空のものになるからと信じられたからである。此の見解は今日に於いても大なる勢力を有してゐる。

然るに近年になつて、漸く神話は神話であつて歴史でないといふ事が了解せられて來たので、我が國の神話も他國の神話と同樣に取扱はれて研究せられるやうになつてきた。それで追々と新しい意見が提出せられて、從來の合理的解釋とされたものが排斥せられるやうになつて來たのは、實に斯界の一進歩として慶賀すべきことである。

第二章　神代史中の神々の御性質

一　神々は靈魂及び擬人の神なること

神代史に現はれてゐる神々の中でも、其の形體は種々であつて一樣でない。その中の過半數の神々は其の名前ばかりであつて、其の樣子などが殆ど分からない。尤も、多くは、某の比古、某の比賣とあつて、男女の兩性だけは判別せられるが、その餘のことは一向に分からない。從來の解釋によると、此等の神々は何れも人間のやうな形を備へてゐたものと考へられてゐたのである。然し余輩の研究した結果によると、神代史の文面では、殆ど普通の人間と異つたやうなことは無いやうに見えるけれども、それを前後の文面から推して考へて來ると、決して左樣なものでないことが分つた。例へば伊邪那岐命、伊邪那美命は、その御本體は大木であつて、天地を貫く巨人であらせられ、高皇產靈尊も同樣である。天照大神は神功皇后のやうな神と考へられたけれども、その御本體は太陽であり、月讀命は太陰即ち月であり、素戔嗚尊は風であり、後に夜見國の神である。大國主神は出雲の土豪のやうな勇士と考へられてゐたけれども、その御本體は國土の魂であり、少彥名命は鵠であり、大山津見神の本質は大蛇であり、綿津見神の本體は鱶であり、鹽椎翁は潮であり、武甕槌神は電雷であり、彥星は星であり、猿田彥神は流星である如きこれである。斯やうに擧げて來ると、一ツとして人間と同じな神はない。瓊瓊杵尊より以下神武天皇に至る三代の皇孫は、此等の神神の中で最も人間のやうな形を執られた方と云ふべきであるが、その生れ方を見て、また其の御壽命の長くあらせられるといふことを考へると、これもまた決して常の天皇のやうな現神でなく、實に神であらせられる。

外國の神話に現はれてゐる神は、完全に人の形になつて、その本體は何であつたかを推測することの出來ないのが多いのであるが、我が國の神々は、假令文面の上からは、大體は普通の人間のやうに記されてゐようとも、その名稱の上から、又その記載されてゐる內容から、その神の本體が窺はれるやうになつてゐる。例へば產靈神の一名が高木神であるから、此の神が高樹であることが知られる。天照大神がその魂代として日像を造られ、かつその御名が大ヒルメムチとあるので、その本體が太陽であることが知られ、素戔嗚命の毛が樹木であるといふので、その本體が大地であることが知られ、大宜津比賣が斬られて種々の穀物となつたといふので、此の神が五穀の擬人化であることが知られ、少彥名命が高皇產靈神の手の間から漏れ、又大國主命の掌上に載せられ、又飛んで此の尊の面上を嚙んだと云ふので、其の本體が鵠であることが推され、豐玉姬命が御子を產むときに八尋和邇になつたといふので、その本體が鱷であることが知られる類である。

此等の例を以てこれを見ても、神代史上に現はれてゐる神々は皆所謂神であつて、人間であらせられないことが知られる。さうして我が神典には、一度も人間の發生せられた傳說も說明もなく、人間の活躍した例證もない。人は單に蒼生として記載せられてあるに過ぎないから、普通の人間は草木と同列に置かれたのである。此の如く神代史上の役者は、悉く神であるが故に、書紀は此の書を特に神代史と題したのである。已に普通に人間の如くに記載せられてゐても、その實は神々であるから、其の住處も、決して此の世界に限られてゐないのが當然の事である。

これを要するに、神代史上に活躍してゐる神は自然物の魂か、さなくばこれを人に擬したものである。その魂といふものの中には、觀念に名稱をつけたものばかりのものもある。さやうな神々をこれまでは多く通常の人の如くに考へてゐたから、神代史の物語は充分に會得せられなかつたのである。神代史上に現はれてくる神々はかやうなものであるから、結局人といふものは現はれて來ないのが當然である。

二　神代に於ける神と人

然らば、人の時代でない神の時代が、如何にして人間社會の出來事を記錄する歷史の劈頭に冠らせられてゐるのであるかと云ふ疑問が起つてくる。それは上代人の思想になつて見ないと了解せられない。たとへば、我が皇室の御祖先は天照大神であらせられる。その天照大神は如何なる方かと云へば、神代史に於いては明かにこれを日神と稱へて居り、その御姿に擬して造られたものが、八咫の鏡であるから、その本質が天上に輝く太陽であることは云ふまでもない。我々の祖先は、皇室の御祖先を太陽であると信じてゐたのである。今日の人から見れば太陽は天上に輝く自然界の一物體であつて、人間とは全く別な物と考へるのであるが、上代の人は他の國民と同樣に、人間と自然物との間に區別を建ててゐないのである。卽ち自然物も人間の如くに智情意を具備してゐる靈物と信じてゐたのである。卽ち人と物との差別はなく、精神界と物質界との間に、今日の人の如く峻別を置かなかつたのである。それ故に皇室が太陽から生れて來たと同樣に、臣民の祖先も自然界の物から出たものと信じたのである。

三　姓氏錄による神別・皇別・蕃別

上代は、固より貴族制度であるから、皇室の臣民と稱して、一家族の單位を爲すものは、有力な豪族で、氏姓を有する程の身分のものに限られ、一般の人民は草木の如くに見做されたのである。此等の豪族は何れも皇室の從者であつて、また神であるから、此等の神々ばかりの時代が上代にはあつたと思惟せられるのである。後世になつて、朝廷に於いて姓氏の類別を定められたときに、これを神別、皇別、蕃別の三種に分つたことがある。此の三者の中、蕃別を除外すると、皇室の臣民は神別と皇別とより成立つわけである。神別は、神代からの神々の苗裔であるから、それが神であつたことは勿論である。皇別は、天皇から降られたものであるから、それも結局神の子孫に過ぎないことになる。それ故に海外よりの歸化人もない上代に於いての社會が、神のみであつたことも想像せられる。これぞ國史の冠頭に神代史といふ一篇が置かれるわけであつて、我が國が神の國であるといふ考へもよく了解せられるのである。

第三章　神代史上に表はれたる幽顯世界

一　高天原・顯國・夜見國

我が神代史上に現はれてゐる神々は、宇宙の魂か或はこれを擬人的にしたものであるから、此等のものの住む世界は必ずしも此の現世界のみに限られないのも自然の勢である。此の神代史上に於いては、現實の世界、卽ち人間の經驗し得られる世界を顯國と稱へてゐる。此の世界の事々物々悉く五官に感知せられるが故に、かやうに名づけたものである。顯國は人間の實際生息してゐる世界であるから、これほど大切な世界はない。然し此の世界に起る事件を說明する必要上から、現實には經驗することは出來ないが、然し精神的には思考し又想像せられる世界が顯現してくる。これは我々には實際見聞することの出來ない幽冥な精神的の世界である。此の世界の中で、光明の世界であり、善事の根本である世界が天上にあると思惟し、これを神典では高天原と呼び、又闇黑の世界、世界の總ての惡の起つてくる處と思惟する世界、これを神典では夜見國と稱へてゐる。卽ち地下の世界である。これを要するに人間の實際生存してゐる現實の世界を中にして、上方に天國、下方に地國を置くのである。此の三大世界を置くことは世界の民族の頭中に自ら起つてくるものと見えて、此の現象は獨り我が國民に限らない。卽ち顯國は現實の世界で、天國と地國とは精神上に信念上にのみ存在する世界である。これを幽界と稱へてゐる。幽界が人類の史上に現はれてくるのも、實は現實世界の諸相を說明して滿足感を得んが爲めの欲望、希望から生じてくるのである。

二　滄海原と常世國

我が神代史に於いては、今の三世界の外に猶ほ世界がある。その一は海原といふ世界である。これは滄海原ともいふ。此の名稱は天國を高天ヶ原といひ、顯國を葦原といふのと同じ意味の稱呼であつて、單にこれを平面に廣がつてゐる原野と見るの謂ではない。例へば、高天原と言へばとて、單に蒼々と天上に見える廣い場所といふ意味でなく、その上に顯國の如き國があり、それを高天ヶ原といふのである。これと同じ樣に滄海原と稱しても、單に海洋の廣々たる處を稱する名稱でなく、その實はその海面の下に、顯國の如き世界があると想像し、これを滄海原といふのである。それ故に滄海原といふ國は一面に於いては顯國の一部であると共に、また一面に於いては夜見ノ國の一部とも見られるが、實は其の中間に位してゐる國で、顯國及び夜見ノ國の何れにも屬しない一區域を爲す世界である。この外にまた常世ノ國と稱する世界がある。此の國は天上でもなく、地下でもなく、海でもなく、その位置は天國、地國、海國、顯國の四國が接觸する處で、而もその所屬を以つてすれば、顯國に屬すべき國である。此の國は顯國の極邊にある國であるから、此の國にも、人は時には到ることは出來る。然しその國は顯國のとは別な區域を爲してゐるが故に、その國の人は神でもなく、人にして神の如き性質を具へてゐる故に、これを神人ともいひ仙人とも云ふ。これ等神人若しくは仙人は人ではあるが、神の如くであるから不老不死である。

三　外來の神と固有の神

神典に現はれてゐる神々も、また此の神々の住處たる國々も、悉くが日本人の思想ばかりで出來たものでなく、中には外國の思想、殊に漢國の思想から出來たものもある。此の時代の劈頭第一に現はれてゐる所謂開闢神は、悉く漢土の陰陽五行思想を根柢とする道家の神をかりて來たものであるから、我が國の固有の神とは見做されない。此の外國の思想から出來た産靈《ノ》神の子として記されてある天照大神、月讀命と素戔嗚尊は、我が國民の信念から起つた神である。それで此の三神の中、天照大神は高天《ヶ》原の、素戔嗚尊は夜見《ノ》國の主人公となつた。此の二國は然し漢土の上代には無い國であつて、此の二國はその統治者たる神と共に、我が國固有のものである。然し神典で宇宙發生の神として漢土の産靈《ノ》神を立てゝゐる以上は、此の神の始末をつける必要がある。こゝに於いて高天《ヶ》原の實際の統治者卽ち君主は、我が國の大昔から崇拜されてゐた天照大神であるが、此の大神の傍に高皇産靈尊《ノ》、一名高木神を配することになつてをり、また夜見《ノ》國では、素戔嗚尊は伊邪那美命を妣としてゐる。卽ち天國に於いては天照大神は伊邪那岐命と同體である高皇産靈尊を父とし、夜見《ノ》國に於いては素戔嗚尊は伊邪那美命を母としてゐる。此の二國に於いては外來の神は固有の神の父母といふ位置を占めてゐる。

さて然らば顯國の統治者は如何になつてゐるかと言へば、初めに此の國を支配してゐたものは國土の魂であり、從つて我が國民の一般に尊信した大國主《ノ》神である。卽ち顯國玉《ノ》命であつた。此の神は父素戔嗚尊の子であつて、夜見《ノ》國から顯國へ返された神であり、其の女を嫡妻とし、父の尊から貰つた生太刀、生弓矢を以つて、其の反對者を追ひふせ、大國主《ノ》神として、また顯國玉《ノ》命として葦原中國《ノ ッ》を支配した神である。此の神が顯國の君主であることは、その一名が顯國玉（魂）といふのでも分かる。又此の尊の勇武な性質は、素戔嗚尊《ノ》の系統に屬する上からも、又その一名を葦原《ノ》醜男とも、八千戈命とも言ふことによつて想像せられる。さて此の神は一柱で顯國を經營せられたのでなく、その和魂として少彥名命が配せられてゐる。さうして此の少彥名命は高皇產靈《ノ》尊の一子であつて、常世《ノ》國の神である。大國主命と少彥名命とが二柱で顯國を經營せられたといふのは、宛かも高天《ケ》原に漢思想の高皇產靈《ノ》尊と固有の天照大神とが並存し、夜見《ノ》國に漢思想の伊弉冉尊と固有の素戔嗚尊とが並存した如く、顯國に於いては漢思想の少彥名命は固有の大國主《ノ》命と並存したのである。

四　和魂・荒魂、神典の君臣の關係は天地の關係

大國主《ノ》命が素戔嗚尊の任命によつて大八洲國をうしはいてゐた處へ、天《ツ》國では皇孫饒饒杵尊を中《ツ》國に遣はされてこれを統治せしむることとなつた。皇孫は天照大神の物質によつて素戔嗚尊の方に生れなさつた方である。これを言ひ換へると、皇孫の和魂は天照大神であるが、荒魂は地神たる素戔嗚尊の魂である。さうして皇孫に於いて尊まれる處は、その和魂である天照大神の皇孫であるといふにある。然るに大國主命の本來の性質は素戔嗚尊の精神で所謂荒魂で、これに配されるその和魂は、高皇產靈尊の子である少彥名命であるが、大國主命の本質は、荒魂である素戔嗚尊の御子であるといふ點にある。そして皇孫は天神から葦原《ノ》中《ツ》國を治らせよといふ命令を承けて、高天原から葦原《ノ》中《ツ》國に降臨することになつたのである。そこで素戔嗚尊《ノ》から此の國をうしはけと命令を受けてゐた大國主命は、天孫に服從することになつた。卽ち此の降伏によつて我が國に於ける君臣の關係は規定せられたのである。卽ち天《ツ》神の皇孫は

君の地位に居り、地神の子孫は臣位に安んずることになつたのである。それ故君臣の關係は天地の關係であつて、これを踰えることは出來ないといふ精神がその中に含まれてゐるのである。皇室を表象する三種の神器は、よく皇室の性質を云ひ表はすものである。卽ち玉は天神、劔は地神であつて、その尊ぶ處は地神よりも天神であるが故に、天神の象徵たる鏡を、祖先の御魂代として崇尊するのである。

五　神と現神

天皇を現神と稱し奉るのは、形は人間であらせられるが、その魂は神であらせられるといふ信仰から起つた稱呼である。そこで皇孫瓊瓊杵尊は、此の顯國の統治者となられた方であるから、この尊こそ後の世でいふ天皇で、現神と稱し奉るべき方だといふ國學者がある。余輩の知る所では、既に故人となられた芳賀博士の如きはその一人である。然し余輩からこれを見ると、瓊瓊杵尊は顯國の君主となられても、これを現神と云ふことは出來ない。何となれば、此の尊は此の國土で御生れにならずして、猶ほ天上で御誕生なされた方であるからである。その點から見ても此の尊を現神の始祖と云ふことは出來ない。神典の精神から見ると、天皇は我が國民の信ずる總ての神の君主であり、又その神の支配する國と緣故親屬であらせられねばならぬから、瓊瓊杵尊は天國と地國との神を父母として、顯國の神々とは親屬のよしみはある。然しながら我が國の上代の人の信仰には、猶ほ大山國があり、また海原の國がある。瓊瓊杵尊は最初はこれ等の國とは緣故はないが、併しその血統を引かねばならぬことになつてゐる。卽ち瓊瓊杵尊が顯國へ御降りになつて、大山祇神の女、木花開夜姫を御娶りになつたのがその理由である。大山は國土の一部に相違ないが、大國主尊の「主」たる意味は、國土内の平野地帶の「主」を意味し、此の外に山岳地帶の一部もあるので、殊に此の山岳地帶の一部は大山津見神の領土と信ぜられてゐたのである。それ故に、皇孫はまた此の神と結んでその血統を引き、その信仰をも一身に集める必要があつたのであり、彥火火出見尊は卽ちその結果である。處で此の尊にしても、これを天皇と云ふことは出來ない。何となれば此の尊の生れ方が已に尋常の人の生れ方と異つてゐて、火の燃える最中に御生れになつたのであるから、これは已に現神ではあらせられない譯である。此の命はまた海國へ御出になつた。海國は前にも述べた如く海底にある幽界であるから、此の國は神でなければ行かれない處である。また古事記の云ふ所によると、日子穗穗手見命は、高千穗宮に五百八十歲もましましたとある。此の命が現神でないことはかくの如く御壽命の長い事でも分る。次に鵜葺草葺不合命は、日子穗穗手見命が海神綿津見の女豐玉姬を娶つてから生れた方である。豐玉姬は和邇であらせられるから、葺不合命は決して現神といふことは出來ない。まづかやうにして、皇統の次第を考へて見ると、皇孫は天神地祇及び海神、その外何れの神とも血統の關係があり血緣をも引いて居つて、而も何れの神よりも尊い神でいらせられる。それ故に皇室は精神上の統一者であると共に、政治上の君主でいらせられる。

六　神代史の結末

然らば如何なる神の時から人の世となつて、神の世は終りを告げたのであるかといふに、書紀の神代の卷は、鵜葺草葺不合尊までを神代とし、神武天皇以後を人の世と見做して居り、古事記もまたその趣旨である。處で何の理由を以つて、神人の二世をかくの如く區別をつけたかと云ふに至つては、何人も未だ決定的な解釋を與へてをらぬ。余輩の考によると、先づ神典の精神を窺ふに、日本の天皇は國中にあるあらゆる神祇の主長でなければならぬから、幽界顯界のあらゆる神々と血緣の關係を結びつけてあるのである。皇孫の御誕生によつて高天原と夜見國との關係がつき、皇孫の御降臨によつて顯國と天國との關係がなり立ち、天孫と大山津見神の女との御結婚によつて大山との關係がつき、彥火火出見命と海神の女との結婚によつて海神との關係がつき、是に於いて顯幽二世界の國々と神々とは、悉く皇室と精神的にも政治的にも結合連結せられて仕舞つたのであり、此の外に顯幽二界に於いて關係をつけるべき處は無くなつたのである。さてかくの如く、皇孫が國中のあらゆる神祇と關係がついて仕舞へば、神代史はその結末をつげたのである。此の結末の事は古事記と書紀とに巧に言ひ表はされてゐる。古事記神代のまきの末尾に、

是の天津《アマツ》日《ヒ》高日《ダカヒ》子《コ》波限《ナギサ》建《タケ》鵜《ウ》葺《ガ》草《ヤ》葺《フキ》不合《アヘズ》命《ノミコト》、姨《ミヲバ》玉依毘賣命に娶ひまして、生みませる御子の名は五瀨命、次に稻氷命、次に御毛沼命、次に若御毛沼命、亦の名は豐御毛沼命、亦の名は神倭伊波禮毘古命（四柱）。故御毛沼命は、波の穗を跳《フ》みて、常世國に渡り坐し、稻氷命は妣國として、海原に入り座しき。

とある。唯此の文面では、稻氷命が海原に赴き、御毛沼命が常世國に渡られたとのみあつて、五瀨命の御運命についても若御毛沼命についても記されてない。それ故に此の文面のみでは、御毛沼命と稻氷命とが常世と海原に赴かれた眞實の意義は明かでない。然るに書紀の方になると、神武天皇御東征の時に長髓彥の軍と孔舍衞坂に戰うたときに、五瀨命は流矢に中つて遂におかくれになり、それより皇軍は海路熊野沖を渡らせられたとして、稻飯命と三毛入野命

の御運命を記してゐる。卽ち書紀には、

海の中にして卒《ニハカ》に暴風《アカラシマカゼ》に遇ひて、皇舟《ミフネ》漂蕩《タダヨ》ひぬ。時に稻飯命乃ち歎きて曰く、嗟乎《アア》、吾祖《ワガオヤ》は則ち天神《アマツカミ》、母は則ち海神《ワタツミノカミ》なり。如何ぞ、我を陸《クガ》に厄《タシナ》め、復た我を海に厄むや。言ひ訖《ノタマ》りて、乃ち劔を拔きて海に入りて鋤持神《サヒモチノカミ》と化《ナ》爲る。三毛入野命亦恨みて曰く、我が母及び姨《ヲバ》は並に是れ海神なり。何爲ぞ、波瀾《ナミ》を起し、以て灌溺《オボラ》すやといひて、則ち浪秀を踏みて常世郷《トコヨノクニ》に往《イデ》ましぬ。

とある。さうして古事記の方には孔舍衞坂の戰で五瀨命が登美毘古の痛矢串に中つて御崩になつたことのみが記されてあつて、稻氷命と御毛沼命とのことは記されてない。斯樣に記紀の記載がまち〳〵になつてゐるから、御兄弟四柱の生死につきての眞の意味は、今日までよく了解されてゐなかつた。然し余輩の考へる處によると、御兄弟戰死の物語は、神代史と人代史との連鎖を成すもので、神武天皇が人皇第一代の天皇である所以をなしたものであると思ふ。

鵜葺草葺不合命の御子四柱の中、最後の御子は若御毛沼命であつて、此の方こそ人皇第一代となる運命を有せられた方である。卽ち最後の末子が最も大切な顯國を支配された方である。それについては他の三人の御兄弟の始末をつける必要がある。そこで長子である五瀨命が戰死を遂げられたと云ふのは、夜見國《ノ》へ參られたといふのを、人間界の事件として戰死といふ形にしたのである。その弟の稻飯《ノ》命が劔を按じて海神鋤持神となられたのは、和邇となつて綿津見國へ赴かれたといふことである。さうしてその弟の御毛沼命が浪の秀を蹈んで常世《ノ》國へ渡られたといふのは、高皇産靈《ノ》尊の子、少彥名神が赴かれた遠國へ渡られたのである。此の外神代史に知られた國は高天原一國があるのみであるが、此の國は永なへに天照大神が知ろしめす國であるから、此の國へ赴くべき人を要しないのである。斯くの如くして神代史に知られた幽國が皇兄達によつて占領せられたから、後に遺つてゐるのは此の顯國のみであつて、此の國は自然若御毛沼命卽ち神武天皇のわけまへとなる事になつたのである。斯様にして神代史は終局を告げられると共に、人代は神武天皇によつて開始せられる事となつたのである。

第四章　神代史の精神及びその作爲せられたる推定年代

一　神典の記述と歴史的事實

神代史上に顯現する世界は、此の現實の世界の外に幽界が四ヶ處あつて、神々は此等の世界と交通してゐたのであるから、此の神々が人間でないのは當然である。此等の神々の傳統と活動を述べたのが神代史であるから、此の歴史が普通の歴史でないのはまた云ふまでもない。それ故に、神代史に記された事件は、客觀的には此の現世界に起つた事實ではないが、主觀的には上代人の信念を綴つたもので、それは思想上に起つた事實である。これを言ひ換へて云へば、此等の事實は客觀的に見れば、靈譚のやうに考へられるが、これを主觀的に見れば一個の事實である。これを時間的相續的に發展した事實かと云へば、否と答へざるを得ないが、これを空間的、並立的、主觀的に見れば爭ふことの出來ない事實である。神典の記載は歴史的の體裁を取つてゐるが、普通の歴史の如く、順序的に、時間的に、相續的に起滅した事實の記載として見れば、それは事實でないが、これを此の物語の出來たときの人の思想、信念、風俗、習慣、政治上の狀態の記錄と見れば事實となり得るのである。それ故に神典の記載をそのまゝにそれを事實として取り扱へば、此世に於いては實際に相反した事にもなつて來るが、これを主觀的に見るときには、其處に歴史上の事實が伏在してゐるのを發見することが出來る。

二　出雲・日向二國の地位

今、便宜の爲めに一例を擧げてこれを說明すれば、大國主命は出雲に都して此の大八洲國を支配してゐたとあり、又瓊瓊杵ノ尊から神武天皇に至る三代の間、皇孫は九州の南部、現今の鹿兒島、宮崎二縣の地に據つてゐて、此の大八洲國を治らされてゐたといふのが、神代史の上面に表はれた記述である。然しこれは果して歷史上の事實と考へ得るべきか。出雲國は山陰道の中央に位し、北は日本海に面し、南は高山峻嶺を界として山陽道と對し、さうして山陽と山陰とを分つその大山脈は、北方に於いて、無數の支脈を北海に向つて分出してゐるから、出雲國は、日本國の何れの方面から行くにしても、こゝに至るは容易のことでない。都の方面から出雲に至る今日の鐵道線は、途中に於いて殆んど數十ヶ處のトンネルを通過せざるを得ない狀態なのを以つて見ても、此の國が日本の他の部分と隔離せられた一地域であることが想像せられる。それ故に出雲國は地域としては甚だ小さいけれども、此處に立て籠るときは、大きな國に對しても隨分長く抵抗することが出來るが、然し、此處に據つて日本の他地域の國々を支配するといふことは絕對に不可能の事である。それが證據に、歷史時代になつてから、此の國に據つた諸侯で、大勢力を發揮したものは一ッもないのである。さすれば大國主命が此處に據つてゐて大八洲國をうしはいだと云ふのは、これを實際上歷史的事實としては決して信ずることは出來ない。然し神典には左樣な趣に書いてあるので、今日まで本邦の學者が、その記事をそのまゝ事實と信じて何等の疑を挾まなかつたのは是れまた怪むべき事である。これと同じ樣に、九州の南部、只今の鹿兒島と宮崎の二縣は、交通の最も不便な處で、九州の北部から此の二縣へ鐵道の布かれたのもツイ此の頃のことで、その間には高山峻嶺が横つてゐるので、長い間そこに鐵道を布くことが出來なかつたのである。此の二縣は斯く交通不便の處であるから、外界から、此處に據つた勢力を打ち破ることは容易の業でなく、古代此處に據つてゐた熊襲が、頑强に大和朝廷に反抗して長くその勢力を維持してゐたのを以つてこれを見ても、此の形勢は了解せられる。然し此處に據つてゐて、日本の他の部分を支配しようとすることは出來ない。それは出雲に據つた國が他の國を治めることの出來ないのと同じ事である。それが證據に、歷史時代になつてから此處に據つてゐた諸侯で大勢力を形成した例は一度もないのではないか。此處は地勢上から見て據つて守るに使ふ處ではあるが、出でて他國を攻めるには困難な處であるから、王者の據つて以つて國の基を置くべき處ではない。然るに神典の記する處によれば、瓊瓊杵尊から三代の間此處に據つて大八洲國を治められたとある。これは歷史上から見ても地理上から考へても事實不可能のことである。然るに從來神典に欺なしといふので、それを事實と信じて毫末も此の事に疑問をさし挾んだ學者のないのはこれまた甚だ不可思議のことではないか。

今日常識をもつて本邦の太古史を考へるに、大和の朝廷は五畿內に本據を据ゑて、東は東海東山北陸道の一部に發展し、西は四國、山陽、九州の北半を領する程の大勢力となつたが、當時此の大勢力に反抗し得べき形勝の地に據つてゐた日本人の國としては、出雲と九州南部にあつた國しかなかつたのであり、異民族としては本嶋の東北部を占領してゐたアイヌ人があつたのみである。景行天皇の皇子日本武命の御征伐は此の歷史的事實の反映と見做すことが出來る。小碓尊が日本武といふ稱號を取られたのは、此の尊が御征伐になつた熊襲の酋長を熊襲梟帥《たける》といひ、出雲の酋長を出雲梟帥といふに對した稱號で、實は日本人で大和に抵抗した二大勢力と、大和朝廷の勢力を代表的に示した稱呼に過ぎない。さうして尊の東夷征伐は、主としてはアイヌ征伐にあるべきものである。國史によると、歴史時代になつて漸く大和朝廷に降伏したといふ出雲と熊襲が、神代の昔に於いて天孫の臣民となつてゐたといふのも、事實としては解しがたいことである。

然らば、神典に於いて、大和の朝廷に最も頑强に抵抗した國と、皇室とが最も親密な關係を有してゐたやうに書き綴られてゐるのは何故であるか。これは神典の精神をよく了解した上でなければ、解釋することは出來ない。余輩の考察によると、神典の作られた時は云ふまでもなく、それ以前出雲や熊襲が大和朝廷に反抗してその命令を奉じなかつた時に於いても、大和を根據地とした大和朝廷は、儼然として大八洲國の大部分を領有してゐられたのである。然るに神代史に於いては、時代を大昔に遡らせた結果として、大和の朝廷は大和の國から上天して高天原になつて仕舞つたのである。その證據に高天原には天香山もあり、高市もある。此の二處は大和にある有名の地である。そこで德川時代に吉見泰軒が高天原は大和だといふ說を立てたのも、一應理由の存する處である。然し高天原は何處までも高き天の原であつて大和でない。その高天原の天國に高市があり香山のあるのは、大和の都に此の二《ツ》の地名があつたときに、神典が作られたので、高天原を形容するに實際の國郡の名を借りて來たまでのことである。思想上に於いては、高天原は高天原で大和でない。かやうにして大和の朝廷は高天原に遷られた結果として、大八洲國は出雲に據つた大國主命の領土と見做さなければならぬ結果に立ち至つたのである。それ故に神典で天上から度々使を大國主命の處へ立てゝ、その降服を諭したとあるのは、實は大和から屢々兵を出して出雲國を攻めた事實を反映してゐるものである。そうして高天原から武甕槌神をやつてこれを降服させたといふのは、出雲も遂に大和の威力に抵抗し得なくなり、降服したといふ事實を物語るものである。又皇孫が天上から熊襲の高千穂岳に御降りになり、此處に三代の間御住みになつたとあるのは、大和朝廷から屢々御親征になつたのを語るものであつて、天孫が大八洲國を治らす當初に、此の邊土に都を定められたといふのでない。

三　熊襲の平定せられたる年代の推定

實際、歴史上から云へば、出雲も熊襲も二つながら大和の朝廷に取つては、最も惡むべく畏るべき不屈の强敵であつたに相違ない。然るに神典にあつては、その出雲國に據つた大國主命の父は天照大神の弟となつてをり、熊襲國の始祖となつてゐる火酸芹命《ホノスソリノ》が、彥火火出見尊の御兄君となつてゐるのは何故であるか。これは神典の精神が此の二敵國と妥協し懷柔しようといふのにあることは察するに難くない。卽ち朝廷の祖先と、敵國の祖先とは血族の因ありといふ理由を以つて、此の二國の人民を安堵せしめて、忠良なる臣民に導かうとする政治上の懷柔策と見るより外に、これを說明すべき途はないのである。若しもこの考察が正鵠を誤らないものとし、出雲なり熊襲なりが朝廷に服從した年代が明かに知られゝば、神典の作られた時代を推定することが出來る。何となれば、神典の文によると、此の二國は朝廷の命を奉じて皇室と密接な關係を有するものと記されてあるからである。然るに、不幸にして此の時代の事を記した記錄の徵すべきものがないので、此の二國の歸順した年代を知ることが出來ない。然しまた、熊襲が儼然として九州の南部に據つて大和朝廷に反抗してゐたといふ事實は、確實な漢土の史料によつて、これを推定することが出來る。然らばその漢史の資料とは何かといふと、それは魏志の倭人傳である。

魏志の倭人傳によると、三國の時代に、我が九州の南部に於いては熊襲が狗奴國として知られてゐて、未だ大和の朝廷に服從してゐなかつたことは云ふまでもなく、當時九州の北部に據つてゐた女王國と對峙してゐたのであるから、神典の著作年代が此の時より上に出ないことだけは確かである。此の女王國が何時大和の朝廷に征服せられたか、史實の徵すべきものがないので的確なことはこれを知ることは出來い。然し此の國が司馬晉の初め頃までは、確かに九州の北部に存在してゐたことは、漢史の方面からこれを推知することが出來る。漢國の樂浪郡や帶方郡と、密接な關係を有してゐた九州北部の女王國が、此の二郡の滅亡に際して、大なる影響を受けたであらうことは想像するに難くないことであるから、此の女王國の滅亡もまた、漢の二郡の滅亡の前後にあるべしとは誰人も考へることであらう。此の二郡の滅亡は西晉の末であつて、此の事件は韓半嶋の形勢に大なる影響を生じた。卽ち、樂浪・帶方の二郡の地は高句麗の勢力内に入り、忠淸全羅に據つてゐた馬韓は百濟となり、慶尙道に據つてゐた辰韓は新羅となり、辨辰は任那となり、玆に朝鮮半嶋に四國の出現を見るに至つた。斯かる大變動が半嶋に起る以上、九州の北部は云ふまでもなく、我が國全體の上に波動を及ぼしたに相違ない。大和の朝廷が此の機會に乘じて、九州の北部を略し、進んで半嶋の南部に勢力を發展したことも想像するに難くない。

大和の朝廷が九州の北部を併合し、更に朝鮮半島の南部に據つてゐた任那を保護國とし、一方半島の西に於いて百濟を朝貢國とし、東に於いては新羅を威壓して、これを屬國としたといふやうな大勢力となつた時でも、大八洲國には、猶ほ朝廷の命令を奉じない國があつたのを忘れてはならぬ。國史に傳はつた口碑傳說によると、初め仲哀天皇は、神功皇后と共に、九州なる熊襲を御征伐せんと思召したのであるが、その時神の御託宣があつて、熊襲の如きは其の儘にして置いても、先づ第一に新羅の國を討伐すべしとの事であつた。仲哀天皇は、此の御託宣を信じられなかつた爲めに御崩御になつた。そこで神功皇后は、神の命令に從つて先づ新羅征伐を實行しこれを討ち平げることに成功すると、熊襲も自ら降服したといふ趣になつてゐる。熊襲の降參は神功皇后の時にあつたことになつてゐるが、それが果して然るや否やといふことは、傳說のことであるから、これを確實にすることは出來ない。然し熊襲の來降は三韓征服の後にあつたことは事實として認めることが出來る。國史の方面からは、唯だこれだけの事のみを知ることが出來るが、何れにしても、三韓征伐頃に、朝廷の命を奉じない國として熊襲のあつたことを知らなくてはならない。

吾人は更に漢史の方面から猶ほ一層確實に、熊襲などの消息を、窺ひ得る歷史的事實を見出すことが出來るのである。

四　南史に傳はれる倭王と南朝との關係

漢史の資料といふのは、南史の東夷傳倭國に關する左の記事である。南史卷七十九、夷貊(下)、東夷倭國の條に、

晋安帝時（397—418 A. D.）有倭王讚、遣レ使朝貢、及宋武帝永初二年、（421 A. D.）詔曰倭讚遠誠宜レ甄可レ賜

除授一、文帝元嘉二年（425 A. D.）、讚又遣二司馬曹達一、奉レ表獻二方物一、讚死、弟珍立、遣レ使貢獻、自稱二使持節都督倭・百濟・新羅・任那・秦韓・慕韓六國諸軍事安東大將軍倭國王一、表求二除正一、詔除二安東將軍倭國王一、珍又求三除正二倭洧等十三人平西征虜冠軍輔國將軍等號一、詔並聽レ之、二十年（443 A. D.）倭國王濟遣レ使奉獻、復以爲二安東將軍倭國王一、二十八年（451 A. D.）加二使持節都督倭・新羅・任那・加羅・秦韓・慕韓六國諸軍事安東將軍一如レ故、幷除二所上二十三人職一、濟死、世子興遣レ使貢獻、孝武大明六年（462 A. D.）詔授二興安東將軍倭國王一、興死、弟武立、自稱二使持節都督倭・百濟・新羅・任那・加羅・秦韓・慕韓七國諸軍事安東大將軍倭國王一、順帝昇明二年（478 A. D.）遣レ使上表言、自レ昔祖禰、躬擐二甲冑一、跋二涉山川一、不レ遑二寧處一、東征二毛人一、五十五國、西服二衆夷一、六十六國、陵二平海北一、九十五國、王道融泰、廓土遐畿、累葉朝宗、不レ愆二于歳一、道遥二百濟一、裝二飾船舫一、高句麗無道圖欲レ見レ呑、臣亡考濟方欲二大擧一、奄喪二父兄一、使三垂成之功、不レ獲二一簣一、今欲三練レ兵、申二父兄志一、竊自假二開府儀同三司一、其餘咸各假授、以勸二忠節一、詔除二武使持節都督倭・新羅・任那・秦韓・慕韓六國諸軍事安東大將軍倭王一、齊建元中（479—482）除二武持節都督倭・新羅・任那・加羅・秦韓・慕韓六國諸軍事鎭東大將軍一、梁武帝卽位、（502 A. D.）進二武號征東大將軍一

とある。此の文面によると、晋の安帝の時に倭王讚なる者が使を遣はして南朝に朝貢したのである。安帝は西紀三九七年から四一八年まで在位の君主である。そして倭國の方では、讚の次にその弟珍が立つて倭王となり、珍の次に濟が立つて倭王となり、濟の次に其の子興が立つて倭王となり、興の次にその弟の武が倭王となつたのである。此の武

といふ倭王は順帝の昇明二年（西紀四七八年）に南朝に上表してゐる。その文は前に引用した通りである。さて此の文の趣によると、武は祖考の時から東に於いては毛人五十五國を征し、西方に於いては衆夷六十六國を服し、海北に於いては、九十五國を討平したとあるが、その祖禰とは誰を指したのであるか明かでない。且つまた武の時には討平せられてゐたといふ趣に見える此等の衆夷も甚だ曖昧であるし、此の文章も大いに事實を誇張し棒大にしてゐる所があるから、その文字の通りにこれを受取ることは出來ない、然し毛人といふのは蝦夷であることは明かであり、西方の衆夷といふのは出雲や熊襲を包含してゐることは確かであり、海北諸國といふは朝鮮半嶋の諸族を指したことは誤りがない。さすれば此處に擧げたる如き東夷の五十五國、西夷の六十六國、海北諸族の九十五國などは、何れも誇張妄誕の數であつて、勿論事實でないのは明かであるが、倭國は武の祖考の代から、東は毛人と西は九州あたりの倭人と戰爭を起してゐたといふのは事實であると斷定して差支へはない。殊に武の廣言する所によると、九州の熊襲も中國の出雲も、東方の毛人も自分の代には討平し盡されて、その命令を奉ずるやうになつたとあるが、それは果して然るや否や、此のやうな誇張した尊大な書き振りから見て、大いにこれを疑はざるを得ない。然し武王の表文は確かに倭國內部の事情を語るものであつて、その點から見て此の記事は、歷史上重要の價値を帶びて來るのである。

毛人が大仕掛に朝廷から討伐せられ始めたのは、齊明天皇の頃からであつて、それが全く服從したのは桓武天皇の頃である。毛人の據つてゐた區域は廣大で、而も東北絕遠の地であつたから、これを征服し得たのは、それほど多くの歲月を經たのである。熊襲の如き、出雲の如きは、その土地は狹小であり、人々も衆多といふことは出來ないから、これを征伐して服從せしめたのは、固より蝦夷に比すれば必ず容易の業であつたに相違ない。然し倭王武が外國に自己の威力を誇示する爲めに、此等の民族の討伐を特書する所から見ると、熊襲や出雲との戰爭は猶ほ自身の代に於いても、實際は繼續せられてゐたのかも知れないし、然らざれば彼等の服從は、當時の人々の記憶には猶ほ甚だ新たなことであつたに相違ない。倭王が南齊から冊封を求める意思は、明かに、これに因つて朝鮮半島の諸國を威壓しようといふのにあつたのであり、隨つて倭國の威勢は武の時代といへども未だ大いには振はなかつたのであることが知られるのである。

倭人が朝鮮半島に勢力を扶植することの出來たのは、漢人の勢力が朝鮮半島から驅逐せられて、半島の諸國は土著人によつて建設せられたと云ふ形勢となり、半島全部が大いに動搖した時であつたから、玆に好機會を得て、倭人が半島の南部に勢力を打ち建てることが出來たのである。然るに我が國の爲めに、大なる不利益となつたことは、丁度此頃、高句麗には廣開土王といふ英主が現はれて、四方に領土を擴張し、一氣に半島全部を併呑せんとする勢を示したことである。我が國はこれと戰爭して兩度とも大敗を取つてゐる。これが爲めに我が威力は、半島に於いて大いに頓挫したのは確かである。此の王の後には長壽王といふ英君が位を繼いだから、我が國は依然として半島に勢力を伸展せしむることが出來なかつた。

以上述べて來た事は、從來歷史家の認める史的事實であるが、余輩は更に玆に新に、我が勢力が朝鮮半島に振はないやうになつた今一の原因を擧げて見たい。それは大和朝廷が半島の南部を經略して一部勢力を扶植した事は事實であるが、顧みて本國の事情を見ると、九州の南部には熊襲があり、中國の北部には出雲があり、東海の東北にはアイヌがあるといふ始末だから、常に後顧の患があつたのである。大和の朝廷が力を半島の經略に傾注することの出來なかつたのは、此の內的の事情があつたからであるのを忘れてはならぬ。倭王武の上表の文は、明かに之れを證明してゐるのである。我が國が朝鮮半島に勢力を失墜してから後、蝦夷の征伐を大々的に計畫せられた事などを見ると、熊襲や出雲が全然討平せられたのは、我が國が任那などを新羅に略取せられて、その恢復を放棄してから後にあつたのであるまいか。かやうに考察すると、神典の著作は欽明天皇の時代より後になるわけである。

我が國の歷史家の中には、南北朝の初めから五六十年に亙つて、倭王が前後八回ほど、使者を南朝に遣はしてその封冊を求めたのは、韓國に駐劄してゐた任那の國司等の勝手の取計ひであつて、大和朝廷の與かり知らぬ處であると見做すものがある。然しそれが果して事實であらうか。日本書紀の編纂者が、神功皇后を、暗に三國時代頃九州に據つてゐた卑彌呼に擬してゐる處などから推して考へても、それよりも上代に於いては、文明の點について、遙かに漢國のそれに劣つてゐた倭國人が、漢國を尊んでゐたのは事實であるから、前後八回の封冊なども、必ず大和朝廷の意志であつたと見ても差支へはない。三國時代に九州の北半を領してゐた卑彌呼が親魏倭王の稱號を魏帝より賜つて、これを隣人に誇示したことは何人もこれを拒むことの出來ない事實である。南北朝時代頃の大和の朝廷の威力は、固より卑彌呼の類でない。然し朝鮮半島には高句麗の如き大國があつてこれと戰つて志を得なかつた大和朝廷は、また本邦內に於いても、熊襲の如き、出雲の如き、蝦夷の如きものが悉く心服してをらなかつたといふ事情から考へると、大和朝廷が猶ほ南朝の諸帝を宗主と仰いだとしても毫も怪むに足らない。倭王が自ら要請した南朝からの封冊の稱號を吟味すると、其處に我が國人が南朝を大國として尊重してゐたことが知られるやうである。

大和朝廷が南朝に使者を遣はして朝貢し始めたのは倭王讃の時からである。この時は丁度東晋の末から、南北朝の初めに亙る時代である。宋の文帝の時に倭王珍は、自ら使持節都督倭百濟新羅任那秦韓慕韓六國諸軍事安東大將軍倭國王と稱して、その通りに除正せられん事を要望したのである。これによると、當時我が國に於いては、漢國に對して、漢人の稱するまゝに自國を倭と稱し、「ヤマト」と云ふ自國の名稱を用ひなかつたことが分かる。且つ自ら倭國王と稱したのであるから、南朝の屬下たることに自ら甘んじてゐたことも確かである。さて此の稱號の中に見える秦韓といふのは辰韓を意味するのであるが、何が故にこれを辰韓と書かないで、秦韓と稱したのであるか。三國志の東夷傳によると、辰韓は秦人の建てた國であるから、其の故實に據つたのだと云ふ人もあるかも知れないが、當時の倭國の文官が、果してかやうな歷史上の考證をして、辰韓をことさらに秦韓と改めたのであると考へられるかどうか。余輩は然うは考へないのである。當時我が國人は漢人を秦人と稱してゐたから、辰と秦と同音なるが故に、漢人の意を迎へるが爲めに、辰韓をことさらに秦韓と改めて書いたものに相違ない。それと同樣の動機から出でたと思はれるのは、慕韓といふ稱呼である。これは明かに馬韓を指すのであるが、馬韓を慕韓と稱したことは絕えて漢土の歷史にないことである。然るに我が朝廷に於いてこれを慕韓と改めたのは、慕と馬とはその音が相ひ近いが故に、慕韓と書いて中國の文化を慕ふといふ意を寓したものである。此の稱號から見てかやうに解釋すると、當時我が國に於いて如何に自家を卑下して、南朝の漢天子を尊んでゐたかが窺はれる。これを要するに當時我が國に於いては、漢國と同等の地位にある國家であるといふ觀念が未だ起つてゐないことが推されるのである。此の狀態は、少くとも倭王武の代に至るまで變化はなかつたのである。倭王武は、梁の武帝の卽位の時に、征東大將軍の號を得てゐるから、西曆五〇二年頃までは確かに我が國は、南朝に對して臣と稱し、それに甘んじてゐたのである。

然るに推古天皇の十五年（西紀六〇七年）卽ち隋の煬帝の大業三年に、我が國から使節を隋に遣はしたときの國書に、「日出處天子、致書日沒處天子、無恙云々」の文句があつたといふことが隋書と北史との倭國傳に記されてあり、又推古紀十六年の條に載せてある隋への國書には、「東天皇、敬白西皇帝」とある。この文辭を見ると、明かに此の時の日本の天皇は、少くとも隋の皇帝と同等の資格を有してゐるといふ觀念を抱いてゐたのみでなく、日の出沒には上下がないとしても、日出を慶び日沒を悲むは人情であるから、日本の天皇が、自ら日出處の天子と稱したのは或る意味に於いて、日沒處の天子よりは位置が高いやうに感じてゐたのであるとも考へられる。煬帝が此の國書を觀て、怫然と色を爲したと隋書に書いてあるのも、天下唯一の君主と、古來思つてゐる漢天子から云へば無理からぬことである。煬帝の方から見れば、當時の日本も、古來からの倭國で、漢天子の臣下であるから、此の國書への返書は依然として日本天皇を臣下と見做しての意味で書かれてゐたのである。小野妹子がその返書を事に託して齎して來なかつたのも大いに意味のあることであらう。

南史によると、倭王武は、梁の武帝から「安東大將軍倭國王云々」の封冊を受けてこれを喜んでゐたのである。それは丁度西紀五百二年で、書紀の年代によると、武烈天皇の四年に當る。それから推古天皇が、隋の煬帝の大業三年に使者を遣はし國書を奉呈したのは西紀六百七年に當る。此の間實に百五年の年月を經過してゐる。それ故に、推古天皇から百年前に於ける日本の君主が、漢土の君主に對する關係は君と臣とであるが、推古天皇の頃になると、その態度は少くとも同等の資格である。我が國民が漢土と交通したのは、記錄の徵すべき範圍に於いてこれを云へば、前漢時代であつて、其の一部の君主が、漢天子に對する關係は常に君臣の關係であつた。卽ち後漢時代から三國へかけて、九州に據つてゐた奴國の君主、伊都の君主、乃至九州の北部を支配してゐた卑彌呼などは、悉く漢土の君主から倭王といふ稱號を得てこれを得々として喜んでゐたものである。その後大和の朝廷に於いても、倭王で滿足してゐたこと前に述べた通りである。然るに推古天皇の隋の煬帝に對する態度は、全く從來のものと變つてゐて、我が國の位置を何處までも漢國のそれと同等に置かうといふ精神を示してゐる。是れは固より當時萬幾を攝政輔佐せられてゐた聖德太子倂びに天皇の御意思に相違ないが、當時、社會の思想風潮に、左樣な氣分が澎湃してゐたのにも原因するのである。これを近代の言葉で表はせば、國家の自尊心、國民の自覺心が勃興してゐることに歸著するのである。

五　國力發展の原因

然らば何時の頃から斯樣な自覺心が我が國民の間に湧いて來たか、また如何なる事情、理由の下に、かくの如き自覺心は發生したものか。これはまた更に考察を要する問題である。武烈天皇の御宇から、推古天皇の朝に亙つては、我が國威が海外に於いて進展發揚したとは言はれない。何となれば朝鮮半島に於ける我が勢力は漸く衰頽に向ひ、欽明天皇の朝には、我が屬國たる任那は新羅に占領せられて了つた。それから推古の朝に至るまで、これが恢復を圖り、列聖はそれに御軫念されたのであるが、それにも拘はらず、その目的を達せられないでゐたのである。かゝる狀態から云ふと、此の百年の間に、我が國威は海外に發展し、國運旭の上るが如き隆々たるものでないやうに感ぜられる。然るに推古朝に至つて我が國は、漢土に於いては南北の兩朝を合一して禹域を統一し、以つて秦漢時代の隆盛を致し、その威勢は亞細亞の大半に鳴り響いた隋國に向つて、同等の位置で交際を結ばうとした意氣を持つてゐた。これは國力の充實、自覺力の勃興したことを豫想せざれば、決して想像しがたき事實である。然らば此の矛盾は如何に解決せらるべきか。

國家の自覺は國力の發展と前後し並行するものである。これを國史に徵すると、漢土の三國時代、九州の北半に據つた卑彌呼は、その領域が狹小であつたが故に、その自尊心もまた强くはなかつた。それ故に、魏の封冊を此の上もなきありがたい事と思惟して、それをその國人に誇示したのである。南北朝時代の大和の朝廷は、その領域の廣さに於いても、その勢力の强さに於いても、決して卑彌呼の如きものでない。それ故に、同じく漢天子から策命を奉じたとしても、その受け方、貰ひ方が前代のものとは大に趣きを異にしてゐる。南史の云ふところによると、倭王珍が南朝に除正を願つたときは、その稱號の如きも先方から命ぜられたものでなく、此方からその形式を申し出でて、是非その通りの策命を授かりたいと、半ば强請的の態度が見える。殊に倭王が宋朝に上つた表文には、東方の毛人、西方の衆夷、海外の蕃夷を討平して服從せしめた國數を列擧し、堂々とその威力の尋常のものでないことを誇らかに書き立ててゐる。これによつて見ると、同じく封册を受けるにしても、決して平身叩頭してこれを求めてゐないのである。故に大和の朝廷が漢土の南朝から封册を貰つた態度と、卑彌呼女王が魏國から貰つた時の態度に於いては、其の態度に於いても精神に於いても已にそこに大なる逕庭の存するのを認めざるを得ない。其の理由は云ふまでもなく、卑彌呼の勢力は大和の勢力の如き强大なものでなかつたからである。それ故に、大和の朝廷でも、今ひときは强盛になれば、最早漢土の封册を受けるやうなことは無くなつたのであらうと思はれる。

南北朝の時代に、倭國が南朝に臣と稱してその封册を受けたのは、必ずしも南方の威勢を畏れ、その文化を慕ふためのみの動機から出たものでない。當時我が國は、半島の南部に於いて覇權を握つてゐたのであるが、前にも一寸述べた如く、適〻此の時、高句麗に於いては談德（廣開土王）といふ英主が位にあつた。そして此の王の在位期間の（392—412 A. D.）、三百九十二年は東晋の太元十七年で、四百十二年は安帝の義熙八年である。三百九十二年は魏の道武帝の登國七年で、四百十二年は永興四年にあたる。高句麗では談德の次に長壽王といふのが後をつぎ、此の王は四百九十一年まで在位の君主であつた。卽ち魏の太和十五年、南朝では北齊の武帝永明九年（491 A. D.）までである。而して此の間高句麗は、北朝拓跋魏に結んでその威力をかり、朝鮮半島を威壓しようとする政略を執つたから、百濟と日本とは南朝の威勢をかりてこれに當らうとしたのである。それ故に倭國の當の敵は高句麗であつたのである。然るに長壽王の後、文咨王が位についたけれども、その勢力は父の代に及ばず、爲めに半島南方の經略を斷念しなければならなかつた。これが第一、我が國が、使節を南朝に派遣して、その聲援をかりようとする必要がなくなつた原因である。

これと同時に漢土に於いては、南北兩朝相並んで對抗競爭してゐた結果が、北朝も南朝も共に漸く衰弱してきた上に、北方には突厥といふ强敵が現はれて、その勢威は漸次中國を呑まんとする勢を示したので、南北兩朝は突厥に朝貢して一意その歡心を買はんとすることとなつた。此の如く南北兩朝の勢力が衰頽して來たことも、我が國から南朝の封冊を受けなくなつた第二の理由と見る事が出來る。

第三の理由としては、新羅が我が任那國を併呑してからは、新羅と高句麗との間が、昔日と變つてきて互に仇敵の間柄となり、さうしてまた百濟國は此の二國と昔からの怨敵であるから、こゝに於いて三國は互に敵視して鼎立の姿を形成するに至つたといふことである。それであるから、新羅は我が任那を併呑してからも、我が國の勢を顧慮する必要があるので、矢張り從前の通りに朝貢を怠らないのであり、百濟の忠勤も昔にかはらず、高句麗もまた昔の如く、我が國を敵視することなきのみならず、寧ろ我が國を大國と考へ、好感を以つて對するやうになつた。それ故に我が國は任那を失つた後と雖も、國家としての名譽は、割合によく半島諸國間に維持せられた譯である。

以上は倭王武の時から推古天皇の時に至るまでの、我が國の外國に對する關係であるが、此の形勢は、我が國として、國民の自覺心、自尊心の勃興を催起せしむるに足ると見做される。かくの如く此の時代に於ける我が國と外國との關係が、國民に自覺心の勃興を促す素因であつたと思はれるが、それと共に、國內の事情からも國民に自覺心を喚起させるやうな出來事があつたらうと思ふ。惜しいことに文獻の徵すべきものがないので、これを探り知る事は出來ないが、試みに臆說を述べて見ても、必ずしも虛妄の事としてこれを斥けられることは無からう。

それは前に一寸述べて置いた如くに、倭王武が宋の天子に上つた表文の中に、昔祖禰の時から、東に毛人、西に衆夷、海北に蕃國といふやうに、多くの國々を討平して領土が擴大したことを述べ立ててゐるが、その討平せられた夷屬の中には勿論出雲や熊襲が含まれてゐたことは確かである。尤も、表文の書き樣が大まかな爲めに正確な點は分らないが、此等の諸夷衆が、武の祖宗の時に討平せられて仕舞つて、自身の時には其の患はなかつたかどうか。それとも猶ほその事業は、王自身の代にも引き續いてゐたかどうかといふことは問題である。表文では、此等の諸國は悉く討伐せられたといふのであるが、これは固より誇張の文句であるから、その實、猶ほ自身の代になつても、征伐を續いて行つたこととかとも思はれる。毛人が實際に服從したのは、桓武天皇の時であつたことを思へば、その完全な服從が武の時でないといふことが證せられる。出雲や熊襲は、アイヌの如く反抗の根據が深いものでなく、その據つた境域も廣いものでないから、その討伐が比較的短い歲月の間に完結せられたことは甚だ自然の事であるが、此等の種族が武の時に全く忠良の臣民と成り終つたか何うかは疑問である。此の出雲と熊襲とが、大和の朝廷に征伐せられて、全く服從したのはいづれが先でいづれが後であるか。今的確にこれを證する史料はないが、此の二國の服從は、何れを先後にしても、歲時に於いて大した懸絕の無かつたと思はれるのは、神典に此の二族の據つた國を同樣に取扱つてゐるのでも判かる。思ふに此の二國が、大和の朝廷に服從したのは多分武の後の事ではあるまいか。これを要するに倭王武から推古天皇に至る百年の間は、日本國民の自覺心の初めて興つた時期と見做され、此の間に於ける朝鮮半島及び漢土の形勢は、消極的に我が國の自尊心に勃興を促す機會を與へ、これと同時に、此の間に於いて我が國人の全部が積極的に悉く大和の天皇の臣民となつたと見るべきで、此の時期が卽ち出雲と熊襲とが前後して朝廷に服從した時期であらうと思ふ。

大和の朝廷が九州に於いて熊襲を平げ、中國に於いて出雲を服屬せしめたことは、宛かも秦の始皇帝が六國を滅ぼして禹域を一統したのと類似のものである。漢土の國家は秦の始皇帝によつて全く面目を一變し、萬般の事が創建せられた如く、我が國に於いても大和朝廷の國家統一後はまた萬般の上にその面目を一新することになつた譯である。秦の始皇帝は周代に行はれた封建の制を廢して郡縣の政を布いた。これは、少しく時代は後れるが、我が朝に於いて、孝德天皇の時に氏族政治をすてゝ郡縣の制を設けたのにも比すべきものである。又始皇帝は、古來一國の君主は王といふ稱號を有してゐたのであるが、此の諸王を服屬せしめて王者の中の王となつた以上は、從來の王といふ稱號では、自分の尊嚴を表はすに不充分であると考へたので、新に號を建てて自ら皇帝と稱へたが、これと同じ現象が恐らく我が國でも起つたに相違ない。最も我が國では、君主をオホギミとかスメラミコトとか稱して居り、此等の號を改めた形跡はないが、外國に對する場合、又は外人に對する場合には、從來使用して來た王では滿足が出來なくなり、同じ漢文字でも王よりは一層高い稱號でなくてはオホギミの稱號としては不適當な感じが生じてきたに相違ない。此の理由から天皇と稱したのではあるまいか。天皇の稱號の由來に就いて、津田博士が既に東洋學報第十巻に「天皇考」と題した論文を草して詳細に論證してゐる。その中にたゞ推古天皇時代にかういふ御稱號が用ひられたことは確實であらう。それは此の天皇の十五年（歳次丁卯）に書かれた法隆寺金堂の藥師像の光背の銘に「池邊大宮治天下天皇」とあるからである。この例から考へると、かの推古天皇紀十六年の條に見える「東天皇敬白西皇帝」の語も、文字通りに承認して差支がないやうであり、同じ天皇の時代に撰錄せられたといふ「天皇記」の名稱もまた肯はれる。（隋との通聘については隋書の記事と對照して別に研究すべき點が多いが、「日出處天子致書日沒處天子」は推古天皇十五年卽ち大業三年の文書「東天皇」云々は其の翌年のものとして考へ得られよう。）けれどもそれより前については確實な證跡が何もない。のみならず古事記に御歷代の御稱號が（前に述べた五代を除くと）すべて「某命」とあつて「某天皇」としてないのは、其の原本となつた帝紀の書き方を其のまゝに踏襲したものらしく、さうしてそれは推古天皇までも含んでゐるのであるから、此の天皇の時代にも「天皇」の語は公式の又一般に承認せられた御稱號としては用ひられてゐなかつたことが、それから推定せられはすまいか。帝紀の原本に「天皇」とあつたならば、安萬侶が（彼の時代には一般に「天皇」の御稱號を用ひてゐたに相違ないから）それを故らに「命」と書き改める筈はなく、また其の帝紀が書かれた時に「天皇」が公式の御稱號であつたならば、それを故らに「命」と書く理由もなからう。だから推古天皇の時代には此の御稱號がまだ公式のものとして決つてはゐなかつたので、それはかの藥師佛光背の銘に聖德太子を聖王と書いてあるとほゞ同樣な、或はまた同じ時代に「法興」といふ年號らしいものが用ひられたのと大差のない、いはゞ一部人士の私案に止まつてゐたのではあるまいか。ところが、それが外交文書にも、また同じ系統の人々の手によつて編述せられた皇室の御系譜（天皇記）にも、採用せられ、次第に廣く行はれるやうになつて、何時しか公式の御稱號となつたのではあるまいか。同時にまた獨立國として支那に對抗しようといふ考の生じて來た此の時代の思潮の所產として、最もふさはしく考へられる。かう考へると、此の御稱號は大體推古天皇のころ始まつたと見做して差支がないやうである。

と說いてゐるのは正鵠を得たものである。

六　日本といふ國號の起源

日本の君主が、王と書かれないで、天皇と書かれることは、此の國が獨立をして支那と對抗する意氣の發露と見られるが、それと同じ動機から國家の名稱に就いてもこれを改める必要を感ぜられたのに相違ない。朝廷では太古から日本國をヤトマと呼び、漢字で日本と書くやうになつても、依然として自國ではこれをヤマトと訓ましたことは、書紀が「日本」といふ文字に注したところを見ても判かる。然るに外國に遣はす公文書にこれを漢字で書く場合に、從來は「倭」と書いたものであるが、此の名はもと漢人が我が國を呼んだ名であり、さうして此の名前で本邦の君主は、漢天子から倭王といふ稱號を拜受してゐたのである。それ故に、倭といふ名では漢天子の藩屬國のやうな感がつきまとうてゐて、儼然と獨立の地歩を取ることになつた我が國の名稱としては、當を得てゐないといふ感を生じたに相違ない。然らば純然たる日本名たる「ヤマト」といふ名前を漢字に譯して使用したならば如何にといふ議も起つたであらうが、此の名前は常に倭と連結せられてゐた名前で、これを漢字で譯すると倭の對譯といふ感じがして、我が國の地位を示すに足る稱呼と思はれないといふ處があつたに相違ない。それ故に推古天皇の朝廷で、隋國へ國書を認めるときには、「日出處」とか「東」とかいふ雅文めいた漠然たる名稱を使用したのであらう。我が國で、自國を日出處といふ時には漢土を日沒處と稱するのは當然なことであるから、隋書に記してある通りに、推古天皇の國書には隋國を日沒處と稱したのである。此の日沒處は西方の國といふことであつて、而もそれが國語で呼ばれる場合にはこれをクレと稱したのであらう。國史に吳國を常にクレといふのは、藝苑日渉（文化十四年村瀨之熙著）に、「吳此譯二苦列一、暮字譯語、蓋猶レ言二日沒處一」とあるが如く、日の沒する處卽ち暮であるから、これをクレと稱したのである。日本から西方に位する漢土をクレと稱するからには、漢土より東方に位する自國を、日出處とか東とか漢字で書き、これを國語ではアヅマと稱したことがあつたに相違ない。古事記などの傳へによると、アヅマとは東海道の東方を呼ぶ名で、その起原は日本武尊が東夷御征伐の折に碓氷峠に登られたときに、東方を顧みて橘姫を御追懷せられ、「アヅマハヤ」と仰せられたのに因るとあるが、それは一ツの物語であつて、アヅマと呼ぶ地名の説明傳説に過ぎない。余輩の考へによると、アヅマといふのは略した言で、正しくは朝ツ間といふことで、朝の方といふ義であらう。此のアサツマといふ言につきては、古事記傳巻三十五に、

男淺津間若子宿禰ノ命、御名ノ義、淺津間は、地ノ名にて、大和ノ國葛上ノ郡なり。（葛城は、御母后の御本鄕にて由あり）。書ノ紀ノ此御卷（仁德）の大御哥に、阿佐豆磨能《アサツマノ》、天武ノ卷に、幸二于朝嬬《アサツマニ》一、因以看《タマフ》二大山位以下之馬ヲ於長柄杜《ナガラノ》ニ一（長柄も葛城にあり）。姓氏錄に、大和ノ朝津間《アサツマノ》腋上ノ地、萬葉十（五丁）に旦妻山《アサヅマヤマ》、又朝妻之片山木《アサヅマノカタヤマキ》之爾《シニ》などあり。（今も

朝妻村あり。さて又和名抄に、近江ノ國坂田ノ郡朝妻ノ郷ありて、中昔の書どもにも見えたれど其《ソレ》には非ず。又書紀ノ私記に、難波にありと云るは由なし)。

とある。

さて呉の國をクレといふことについては、日本書紀によると、應神天皇の時に使者を呉《クレノ》國に遣はしたことが書いてあるが、これは雄略記にあるのを間違へて彼處に轉入したものだといふことになつてゐる。然し雄略天皇の時に呉をクレと稱したかどうか。雄略紀十四年の條に、「身狹ノ村主青等共二呉國ノ使一、將二呉所レ獻、手末才伎《タナスエノテヒト》、漢織《アヤハトリ》、呉織《クレハトリ》及衣《キヌ》縫《ヌヒ》兄《エ》媛《ヒメ》弟《オト》媛《ヒメ》等一、泊二於住吉津《スミノエノツ》一」とある。さて此の記事が果して實際の事實を傳へたものであるか何うか。大いに疑なきを得ない。何となれば、第一には、兄媛弟媛などいふ名は、兄磯城弟磯城、兄猾弟猾などいふ名稱と同類で、古傳の中によくでてくる名稱であつて、實際の人物でないことは既に世人の知るところである。第二には、漢織呉織といふのは甚だをかしい。何となれば呉とは南朝を呼ぶ稱であり、漢とは北朝を呼ぶ稱であるが、我が國に於いて漢と言へば專ら隋唐を指す名稱である。呉國の使者が、北朝の織工を獻じたとすることが已に奇怪な咄である。況んや我が國では、隋の世になつてから、從來呼びなれてゐた呉と新たに呼ぶ漢とを區別する爲めに、漢をアヤともアナとも稱したのである。故に呉音といへば南朝の音であり、漢音といへば隋唐の音をいふのでも分かる。かるが故に、我が國の人が支那の北方から來た織女を漢織といふのは、推古の朝になつて隋と交際してから起つた名稱で、雄略天皇の時代にかゝる名稱があつたとは思はれない。此等の理由によつて、雄略紀の記事は推古の時代に起つたことで、雄略天皇時代に實際起つた事實でないと見るべきである。

國史の上代に於いて、支那を呼ぶ呼稱に三樣がある。一は秦と書いてこれをハタと訓せる名であり、一は呉と書いてこれをクレと訓ますることであり、今一は漢と書いてこれをアヤと訓ませることである。此の三樣は國史に於いては同時に起つたもののやうになつてゐるが、その實をいへば起原は各〻異つたものである。漢人を秦といふことは、秦始皇帝の統治した秦國から起つたに相違ないが、漢人は秦朝以後になつても永く中國人といふ代りに秦人と稱したのである。司馬晉時代に、印度に渡つて佛國記を著した法顯などは、自國を秦と稱してゐる。それ故に、大和の朝廷と漢人とが初めて接觸したときに、彼の國人を秦人と書き、その織物の華麗なる所からこれをハタと訓んだのである。南北朝の時代に於いて、我が國が南朝に臣と稱した頃も、專らこれを秦人と稱して、充分に彼等に敬意を表してゐたのであらう。既に前にも述べた如く、倭王珍が自ら稱した稱號の中に、辰韓といふべき名稱を秦韓と稱してゐる處からこれを見ても、當時日本人が南朝人を秦人と稱して尊敬してゐたことが推される。然るに、其の後日本が自覺心を起して漢人と對等の地位を構へるやうになつてから、呉の國人をはじめ廣くクレビトと稱へ、自國をばヤマト或はアヅマと稱へたのである。而して南北朝が隋に併合せられ、支那全土が北朝に統一せられるに及んで、本邦人は漢人を專らアヤヒトと稱したのであらう。

國史では、東と書いてこれをアヅマともヤマトとも訓ませる如く、また日本と書いてこれをヤマトと訓ますのである。日本といふ國號の起原に就いては、本居、伴、星野、木村氏など國學者の說があり、近頃になつて內田銀藏氏の說がある。此等の諸説を比較考察するに、日本といふのは常にこれをヤマトと訓ませ、その公式に國號となつたのは大化の改新以後であるが、その以前にも非公式に使用せられてゐたといふ内田氏の説は正鵠を得てゐるやうに思はれる。内田氏はその「日本國號の起原」（史學雜誌第十一編第一號）に、本居、伴、星野、木村諸氏の所説の要領と自説とを述べてゐるから、以下にその大意を紹介して置くこととする。

第一　本居大人の説。本居大人の説は詳に國號考に見えたり。之に據るに大人の考説の要點は（一）日本《ニホム》の號は、孝德天皇の大化元年に新に制定せられたるものなり。（二）日本とは外國へ示さむが爲めにことさらに建てられたる號にして、始めより「ニホム」と字音にて唱へたるものなるべし。（三）日本紀皇極天皇の巻までに「ヤマト」と云ふに、日本と云ふ文字を用ひたるは、日本紀撰定の時に改め書したるものにして、「ヤマト」に日本と云ふ文字を塡用することは日本紀に始まると云ふにあり。

第二　伴大人の説。伴大人の説は中外經緯傳に見ゆ。之に據るに、大人の考説の要點は、日本と云ふ號はもと早く韓人の稱へ始めしものにして、而して我が國にては其の稱號の佳なるを以て、之を採《リ》用ひられたると云ふにあるが如し。

第三　星野先生の説。星野先生が此の問題を論ぜられたるもの、日本國號考（史學會雜誌第三十號第三十一號に之を載す）及び日本國號考の補考（史學雜誌第十編第十一號に之を載す）あり。而して後者は先生が最近の考説にして、或る點に就きては、前説を補正せられたる所あるを見るなり。故に今專ら日本國號考の補考に據りて、先生の説の要點を尋繹せん。

日本國號考の補考に於て論辨せられたる所に據れば、先生の說の要旨は、（一）上古早く旣に「ヒノモト」と云ふ稱あり、而して日本と云ふ文字は「ヒノモト」といふ原語に對し塡用せられたるものなり。（二）「ヒノモト」とは邦人自ら稱する所にして、而して外國にても之を傳承し、亦從て我邦を「ヒノモト」の國と稱したることなるべし。（三）日本はもと字訓を以て「ヒノモト」と讀みたるものとす。普通に字音を以て「ニホン」と呼ぶに至りたるは、後世專ら漢文を使用し、多く音讀を用ひしが爲めにして、初めよりかく定められたるに非るなりと云ふにあるもの丶如し。

第四　木村先生の說。東洋學會雜誌第九號に木村先生の日本國號考あり。之に據るに先生の考說の要點は（一）日本といふ號は其の初め三韓人の言出したる號ならん、而して何れの代より言ひ始めたりと云ふことは慥ならざれども、崇神天皇の御代に任那國始めて入貢せしより、屢〻韓國と往來せし趣なれば、早く其の御代の頃より云ひ始めたるならん。（二）日本といふ號は、もと三韓人の云ひ出したる號なれども、本邦の國號には、最も適當したる號なるにより、遂に萬世不易の稱號となりたるなり。但しその初は、殊に外國人に對する時にのみ用ふべき例なりき。（三）日本の文字は音にて「ニホン」と唱へしものとす。日本紀に「ヤマト」といふに日本の字を用ひたること多けれども、これ等は皆日本紀を撰みし時に塡めたる文字なりと言ふにあり。先生の說は或る重要なる點に於て頗る伴大人の說と其の趣を同くするもの丶如し。

内田氏の自說

第一　名稱の意義　日本國とは日の出る國と云ふ義にして、即ち東方の國と云ふ意義なるべし。

第二　稱呼の沿革　現に日本紀神代卷に「日本此《ヲ》云《ハ》二耶麻騰《ヤマト》一」と訓注せる如く、倭の字と同じく、一般に「ヤマト」と讀みたることゝ思はるゝなり。而して韓人の如きも古代にありては普通に之を「ヤマト」と讀みたることなるべし。

第三　日本といふ文字が使用せらるゝに至りし來歷　……故に日本と云ふ文字はもと單に「ヤマト」と云ふ國號を漢字にて寫すに當り自然に用ひられたるものにして、もと「ヤマト」と云ふ國號の外に、別に日本と云ふ國號ありしには非るなり。

さて「ヤマト」に日本の文字を塡用すること起れるにつきては、必らず早くより「ヤマト」は「ヒノモトノクニ」と云ふ考あり。其の考を漢字に寫して日本と云ふ文字を用ひ始めしことなるべし。

何人が始めて日本と云ふ文字を用ひ始めたかと云ふことは、固より今日に於て之を詳にする由なし。然れども我國にて始めて此の文字を掌用せるものは、定めて漢韓種なる文士漢學者なるべく、而して此の文字は最初恐らくは是等皈化人幷に在韓日本府に關係ある人々により主として使用せられたるものに係り、從て其の使用は或は韓半島にて創まりしならんと推測するは、決して全く理なしと云ふべからず。又此の「オホヤシマグニ」を以て海東の國卽ち日出處の國なりとする考は、最も容易に韓人の脳裡に起り易きことなりと云ふべし。さればヤマトは日出處の國なりとし、日本の字を用ひて、ヤマトを表示することは先づ韓國にて起れりと云ふも、決してあり得べからざることなりとは云ふべからず。伴大人又木村先生の說亦頗る見る所ありと云ふべきなり。但し余輩を以て之を見れば、そは有り得べきことに相違なしと雖も、之を確むる充分なる證據は未だ提供せられ居らずと云はざるを得ず。故に今日に於て必ず然らんと斷言することは余輩の尙ほ躊躇する所なり。ヤマトを日本と書くことはもと私に一部の文士などによりて始まりしが、後に公にも採用せられて公文書幷に韓國への往復文書などにも自然使用せられたるものならん。さる所より大化改新のときにも前例に倣ひ詔書に此の文字を塡用したるにて、此の時に始めて日本と國號を定めしとは思はれず。

第四　日本と云ふ文字が始めて用ひられし時代　此の文字は書紀には崇神天皇より以前に屬し此の文字を使用しあれども、其が後からの追書なることは毫も疑を容れざれども、其の後に記されたる日本の文字も多くは後世の追書と見て差支なし。然れども繼體天皇の二十五年の條に引ける百濟本記の文に曰く、

大歲辛亥三月、師進至二于安羅一、營二乞德城《コットクノサシ》一。是月高麗弑二其王安一、又聞二日本《ノ》天皇及太子皇子倶崩薨一。

此の文たる頗る玩味すべきものなり。蓋百濟本記の編纂せられたる時代がこれより以後なるは勿論なりと雖、此の文の趣を見るに同時代記錄の原文を其の儘採りて錄したるものと推定せざるを得ず。故に日本と云ふ文字は何れの時より用ひ始められたるか詳に知ることを得ずと雖、我が繼體天皇の頃には既に韓人によりて使用せられ居りしと見做し不可なかるべきなり。

欽明紀には二年の條に日本府《ヤマトノミコトモチ》、日本《ノ》天皇、日本卿等《ノマチキミタチ》、五年の條に日本臣《ノマチキミ》、日本執事《ノツカサ》、日本《ノ》大臣など日本と

云ふ文字は極めて多く使用せられ居れり。是等の文字は蓋し當時實際使用せられたるものにして後よりの追記には非るべし。同紀十一年の條に引ける百濟本記の文に曰く、

三月十二日辛酉、日本使人阿比多率三舟來至都下。

是等は同時代の記錄に據りて記したるものなること殆ど疑なし。されば日本と云ふ文字を用ふることは欽明天皇の頃には既に韓地にて頗る普通に行はれ居り、韓人は我が天皇を日本天皇と稱し奉り、我が在韓の宰臣を日本臣、日本大臣などゝ稱し、而して彼我往復の文書にも日本と云ふ文字は屢〻用ひられ居りしことゝ思はるゝなり。隋の大業三年卽ち我が推古天皇十五年に、我國より隋に使を發したることありて、其の時の國書に日出處天子致書日沒處天子無恙云々とありしよし隋書及北史に見え、又日本紀推古天皇十六年の條に載せたる隋への國書には、東天皇敬白西皇帝とあるにより、當時未だ國號として日本といふ文字を用ふる定めはなかりしならんと云ふ說もあるが如し。されど隋へ國書を送るに當り、「ヤマト」と云ふ國號を漢字にて表するに就き日本と書ずして、東などと書したりとするも其の倭と云ふ慣用の文字を用ひず、此の如く日本と同意義にして一層文雅なる是等の漢字を使用したることは、寧ろ當時我邦に於て頗る普通に、日本と書することの行はれ居りしならんと云ふ推測を強むるに足るものにして決して此の頃日本と云ふ文字が用ひられ居らざりしと云ふ徵證とはならざるなり。かくて此後も、韓の諸國などに對するには、支那に對する場合とは異り、日本と書すること却て先方にも通じ易ければ、引續き多く此文字を用ひ居られしなるべし。されば大化元年にも、從來の例に從ひ、高麗百濟等の使に

詔ありし時は、日本天皇の文字を用ひ給ひたるにて、日本天皇と稱せらるゝ事は、決して此時に始まりし新儀に非ず。かく稱し奉るべきことは、此の時には高麗人百濟人等、既に久しき慣例により、充分習熟し居りしことと思はるるなり。孝徳の朝始めて日本の文字を制定したりと云ふ本居大人の說の從ひ難きことは、既に前に詳論したる所にして、而して此の時故さらに日本の文字を公用のものと定めたりと見做すべき證據も、亦更にこれあることなし。そは同じく大化元年の詔に、「於磯城島ノ宮御宇天皇十三年中、百濟明王ノ奉レ傳二佛法ヲ於我大倭一」と云ひ、齊明天皇紀七年の條に引ける伊吉ノ連博徳ノ書に、「大倭《ヤマトノ》天《アメノ》報《ムクイ》之近《チカキカナ》」の語あり、又天武紀三年の條に、「凡銀ツ在二倭國ノ一、初テ出二于此時一」とある等に徵して之を知るべし。卽ち大化以後も日本、大倭、倭等の文字皆等しく使用せられ居りしこと、大化以前と別に異る所なかりしなり。大化以後日本紀撰定以前の時代に於いて、日本と云ふ文字を用ひたることは、例へば釋道顯に（此の人のことは天智天皇紀元年四月の條に見ゆ）日本世紀の著あるにても明なり。又懷風藻に載せたる釋弁正の「在レ唐憶二本鄕一」と云へる詩に曰く「日邊瞻二日本一、雲裡望二雲瑞一」云々」、而して弁正は、「大寶年中、遣學二唐國一、時遇二李隆基龍潛之日一、以レ善二圍棊一、屢見二賞遇一、有二子朝慶朝元一、法師及慶在レ唐死」とありて、伴大人が之に據り、記紀などの出來たる頃、既に唐國に在りて日本と稱したることありと云はれしも、誠に當れりと云ふべし。さて舍人親王等奉勅修撰の國史を日本紀と號し、日本と云ふ文字を用ひられしは、既に釋道顯の日本世紀など前例ありしことにて、故らに創められたる新例には非るべきなり。

粟田眞人が、文武天皇の大寶二年（唐則天后長安二年）、卽ち古事記の成りしより十年以前、又日本紀の成りしより十八年以前に於て、唐に對し日本國使と稱したることは續日本紀卷三慶雲元年七月甲申の條に、「正四位下粟田ノ朝臣眞人、自二唐國一至、初至レ唐時、有レ人來問曰、何レノ處ノ使人ゾ、答曰、日本國ノ使、我使反テ問曰、此是何ノ州ノ界、答曰ヘ、是大周楚州鹽城縣界也、更問、先是大唐、今稱二大周一、國號緣レ何改メ稱、答曰、永淳二年、天皇太帝崩、皇太后登レ位、稱二號聖神皇帝一、國號二大周一」

釋日本紀卷一、

公望ノ私記曰、大寶二年壬寅、當二唐則天皇后ノ長安二年一、……唐曆云、此歲、日本國遣二其大臣朝臣眞人一、貢二方物一、

日本國者、倭國之別名也、

朝臣眞人者、猶二中國地官尙書一也。

舊唐書に、

日本國者、倭國ノ之別種也（中略）長安三年、其大臣朝臣眞人、來貢二方物一、朝臣眞人者、猶二中國ノ戸部尙書一、

又杜佑の通典に、

倭一名二日本一、自云國在二日邊一、故以爲レ稱、云々。

附記、

「ヤマト」を日本と書すると略ぼ同じ意にて、東とも書したるならんと云ふことは、既に本文の中にも云ひ置いたるが、其の例證は推古天皇の十六年に隋へ遣はされし國書に、東《ヤマトノ》天皇と稱せられ、齊明紀七年の條の分註に引

ける釋道顯の日本世記に、「百濟福信獻ㇾ書祈《マウス》ニ其君紀解ヲ於東朝《ミカトニ》ニ」と記し、又日本紀に倭漢直を屢々東漢直と書けるなど卽ち是なり。東西《ヤマトカフチノ》文氏と云ひ、河内文首を西文氏と稱したるは、東文氏に對して云へるものなること論を俟たず、然れども大和國高市郡檜前村に居れりと云ふ倭漢直を、皇城の東に居るが故に、東漢直と稱すと云ふ舊說はいかゞなり。余輩は國號の「ヤマト」を倭と書くと共に、時に又東とも書きたるより移つて、大和一國を指せる場合にも東の字を用ひ、かくて大和國に住せる漢直を、倭漢直ともまた東漢直とも書せるならんと解することが穩當ならんと思考す。

日本國を日本といふのは、日出處と同義であるが、此の稱呼は神典に本島を大倭豐秋津洲、或は大日本豐秋津洲と稱し、又大八洲國を葦原千五百秋之瑞穗國といふのと結局は同意味の思想から起つてきた名稱である。我が國を日本卽ち日の本或は日出の處とする思想は、神典の全篇に漲つてゐる思想である。さて秋津島といふのは光明の島といふことで、此の島が世界の東方に位し、陰陽說によれば大皞伏羲氏が木德を以つて支配してゐる國である。此の島が葦原の瑞穗の國と呼ばれ、草木五穀の繁茂する境域であることは、これを日の本とし、日の出る處とする陰陽說に淵源するのである。神典では大八洲國を以つて世界の東方に位し、萬國の中に於いて草木の繁茂する、五穀の豐饒なる國で、日の御子の支配する處であるとしてゐるのである。伊邪那岐伊邪那美二神が、產靈神として國土を御產みになつたときに、全世界の國土をば御生みにならないで、此の大八洲國のみを御生みになつたとあるのは、此の國を以つて日の御子の支配する特別の區域であるといふ意思に基づくのである。素戔嗚尊が樹木の種子を天から御持ちになつて下界に降られたときに、これを韓國に植ゑないで、大八洲國のみに植ゑ全洲を悉く青山になしたといふのも、我が國を特別の國とする精神から出た物語である。また韓國から天《ノ》日矛や都怒賀阿羅斯等が來朝したのも、此の精神から出來た傳說である。これを要するに神典に日本《ノ》國を葦原《ノ》中《ッ》國といひ、豐秋津島といふのは、世界の諸國の中に於いて最も尊い神仙などの住むべきめでたい國であるといふ意である。此の如き思想は我が國が漢土を主人國と仰ぎ、自國を漢の東方偏土の國と思惟するやうな時代に發生し得べきものでない。隋の煬帝の如き威力の盛んな皇帝に對しても、同等の國交を修めんとする精神の、鬱勃として湧起した時代でなければ生じない思想である。此の點から見ても、神典の作は、倭王武の末年から推古天皇の朝に亙る百年間の、その後半に屬する時代にあつたであらうと思ふのである。

既に神典の解釋によつて已に了解せられる通りに、此の一篇の作者は漢學に精通し、漢學の中に於いても所謂緯書に屬する道家の說に精通した學者でなければ、此の物語は出來ないのである。而して其れが漢人や朝鮮人の如き外國人の手になつたものでないことは、其の精神は何處までも國粹の保存者であり、愛國者であつて、而も國教に精通してゐた人でなければ出來ないのである。漢學が邦人に依つて學修せられたのは、南北朝の初葉からであらうが、その漢思想を圓滿に了解して、これを巧に國教の精神に結びつけて、その痕跡をも露さない手際に至つては、漢學が邦人に充分に了解せられた時代に生れた人でなければ出來ない仕事である。此の點から考へても、神典の作は、前示した時期の後半にあらねばならぬと思惟せられる所以である。

七　漢土の思想の影響

漢土の思想史を通覽すると、戰國時代から近代に至るまで、二個の思潮が並行して流れてゐる。其の一は人倫五常を主とする道德教でこれを儒教といひ、一は陰陽五行などの說を經とし巫覡等の信仰を緯とする道家の說で、これを道教といふ。儒教も旣に早くから陰陽說などを包合してはゐるが、その大體から云へば道德が主であるに反して、道家は哲學理論から起つたけれども、後には神仙を說く道教となつて、宗教的である。此の二教は何れも我が國に傳はつて來たのであるが、南北朝の時代は道家の說が盛んであつて、緯書と稱する書籍が多く現はれた時代であるから、朝鮮半島から我が國にはその類の書籍が多く傳はり、その學說を說く人が多く渡つて來たのである。此の教は文化の低い東方の人には容易に信ぜられる說であるから、我が國の漢學者は多く此の說を奉じたものと見える。南朝の文化で我が國の思想に多く影響を與へたのは緯書であり、道家の說であつて、淮南子、三五曆記、拾遺記、枕中書の如き書は盛に學修せられたのに相違ない。それ故に此の時代の日本人の思想を動かしたのは經書でなく、緯書であつたやうに見える。此の說によると、東方に蓬萊島といふ樹木の茂る神境があつて、漢人の所謂樂土は東方の島、日出の邊にあつたといふのである。此の說が我が國に擴がつたときに、適〻我が國力は增進して、國民の自覺心は高まつたときであるから、東方に神國があるといふ道家の說は、此の國民に滿足を與へる好個の思想であつたので、本邦人に歡迎せられたに相違ない。そこで本邦で皇室の由來を述べるときに當つて、固有の傳說と思想とを結合せしむるには此の上もなき資料となつたのである。

五穀を豐饒にしてくれる日の神があるといふ本邦固有の思想と、東方日出の域に樹木の繁茂する神仙境があるといふ道家の思想ばかりでは、まだ神典の如き規模の宏大な雄篇は作られない。已に本論に於いて述べた如く、漢土の道家に於いては、東西の二方日出と日沒の邊に神仙境があるといふことは說かれてゐるが、天上に天國があり、地下に夜見國があるといふことは漢人の思想には無いことである。然らば此の思想は本邦人の大昔から有してゐた思想であるか、但しは後世になつて他國の思想の影響を受けて出來た思想であるか何うかは問題である。

野蠻人の神話や半開國の神話などにも幽界は現はれてゐることもあるが、斯る場合には此の民族が耶蘇教とか佛教とかその他の高等な教と接觸した結果に因るのが多いのである。然し未開の民族に於いても、その影響なしに幽界を造り出したものも絕無でないから、我が神典に現はれた高天原や夜見國の思想が必ずしも外國の思想からきたものばかりとは云はれないと主張するものもあらうが、前にも說いた如く高天原に天香山があり、高市があるのは、大和の地名を移したものに外ならぬ。さうして此の大和の天の香山などは、東方の三山にかたどり、高市が漢土の神市に出で、また大和に橿原があるといふが如きは、何れも道家の思想に出たと思はれるから、高天原の手本となつた大和の原が、已に漢土の思想に淵源することを思ふと、高天原が、國人の思想界に湧出したのは、南北朝の時代に漢土の知識を得た後の事としなければならぬ。また此の高天原なり夜見國なりが、神典に見えるばかりで、後世の文學にも宗教にも現はれてこないところを以つてこれを觀れば、此の幽界は太古から國民の信念にあつたものと見做すことは困難である。思ふにこれは佛教と接觸して彼の教にいふ極樂地獄の思想が影響したのではあるまいか。余輩が本論に於いて述べた如く、海國に龍城があり、また其處に如意珠があつたといふことは、明かに佛書から得た知識でなければならぬ。さうして此の物語は神典の根幹を構成する主要な一齣を形成してゐるところからこれを見、またその內容の點から見ても、此の物語の出來た時に、佛教が影響してゐることが分かる。隋書によると倭國に如意珠があると傳へて居るから、此の物語の出來た時代を暗に證明する事が出來る。若しも此の考察に誤が無いとすれば、神典の作られたときには佛教が傳播せられてゐて、其が作者の資料となつたといふことが出來る。

あとがき

本書は序文にもある通り、故白鳥博士の講演の手控である。文中、引用の語のみ多く、說明の割合簡略なのも一にはそのためである。甚しい場合には、他人の說のみ引いて、著者の意見の略してあるところもあり（例へば日本國號の起原の條の如し）、また珍しい異國の例のみ擧げて、誰も知る支那の類例などは省いたところのあるのも（例へば天の墜落を恐れる觀念の條の如し）、またこの故である。なほ著者の心覺えと覺しく、所々に略表のやうなものもあつたが、その前後に織り込み得ないものは、これを省いた。章節の題名の如きも、有るのもあれば、無いのもあり、それらは編者において適宜に補つた。或は著者の構想の變つたためか、題名はありながら、內容は別處にあるものもあつたから、それは內容の所へ題名を移した。（例へば第二篇第二章の「墳墓と土地神との關係」及び「碑と刻石」とを第一章の末に移したが如し。）これらのために、恐らく著者の本意を謬つたところがあるかも知れないが、それでも前後を通讀すれば、ほぼ著者の眞意は諒得せられるやうであるから、讀者の好意ある味讀を冀ふ次第である。

本書は右に言ふ如く、大體未發表の未定稿であるが、その中、第四篇の全三章及び第五篇の第一、二章は嘗て榎一雄氏が發見して、これを東洋學報の第三十一、二卷に分載したことがある。それを今度故博士の令嗣清氏が再び整理校訂して、首尾一貫してここに收めたのである。なほ第一篇第二章の「高木神に就いて」の一篇のみは、嘗て「日本文化史論叢」（昭和十二年十一月刊）に發表されたものをここに收錄したのである。隨つてその文中には、前の第一章の大意を要約した語が繰り返してある。しかしそのお蔭で、第一章では著者が說き忘れたらしい淤母陀琉神、阿夜訶志古泥神の名義の意味をも知ることが出來る。なほ本書に引用の古事記・日本書紀の本文は稿本には皆漢字のみの原文であつたのを、讀解の利便を慮つて、悉く書き下しの和文にした。これも編者のさかしらである。

最も遺憾なことは、第五篇第二章の末尾、同第三章の初頭及び第六篇の大半、第二、三、四の三章の原稿が闕逸して見つからぬことである。著者の結語によれば、これらの神々の名義も要約して述べてあるのであるから、その草稿が完結してゐたことは疑はれないが、今日これを發見出來ないのである。更に遺憾なことは、故博士がこれを未成の不定稿に止め、選練せる成書として發表し得られなかつたことである。しかしそれは今更悔んでも及ばない。著者には別に本論題と關係ある幾多の論稿があるのであるから、いづれそれは別に他の論集として編纂刊行する豫定である。

最後に附言して置くべきは、本論集の第一、二巻を成す『西域史の研究』上下は專ら榎一雄氏が編定校正をし、第三巻目の本書は白鳥清氏の編纂校訂に成つたことである。私も編纂會の一員としていづれにも一通り目を通した。序文は皆津田左右吉博士の執筆を煩はしたものである。ここに記して責任の所在を明かにして置く。

昭和二十九年六月　　和田清

■岩波オンデマンドブックス■

神代史の新研究

1954年10月5日　第1刷発行
1955年1月18日　第2刷発行
2015年9月10日　オンデマンド版発行

著　者　白鳥庫吉《しらとりくらきち》

発行者　岡本　厚

発行所　株式会社　岩波書店
〒101-8002 東京都千代田区一ツ橋 2-5-5
電話案内 03-5210-4000
http://www.iwanami.co.jp/

印刷／製本・法令印刷

ISBN 978-4-00-730270-1　　Printed in Japan

索　引

ア

アキツクニ 顯國　245, 383
——の君主（統治者）　385
アキツクニタマ 顯國玉（魂）　385, 386
秋津嶋→日出處　183
アサツマ 朝ツ間→アヅマ　413
アシハラ 葦原→中ツ國　346〜350
アシハラノシコヲ 葦原醜男　386
アツナヒ 阿豆那比
——の罪　276〜280
アヅマ 東→アサツマ　413
アトヘ 後
——の義　28
アハキ 阿波岐，檍　226
アマツイハクラ 天津磐境　289
アマツツミ 天ツ罪　273〜280, 352
アマツマウラ 天津痲羅，天ツ眞浦　309〜314
アマテラスオホミカミ 天照大神　230〜237, 385
——と皇產靈神　317〜351
——と素戔嗚尊の誓約　244
——と本邦固有の思想　233
アマノイハクスフネ 天盤樟船　282
アマノイハフネ 天磐船　105, 282
アマノイハヤト 天石屋戶　272〜316
アマノトリフネ 天鳥船→鳥船　105, 107
アマノヌボコ 天沼矛，天瓊矛　101
アマノホヒノミコト 天穗日命　264, 265
アメノウキハシ 天浮橋　101〜105, 110
アメノウズメノミコト 天鈿女命　306
アメノオシホミミノミコト 天忍穗耳命　263, 264
アメノクマヒト 天熊人　260
アメノコヤネノミコト 天兒屋命　67
アメノトコタチノカミ 天之常立神　37
アメノヒボコ 天日矛
——の傳說　369〜371
アメノマナキ 天眞名井　269
アメノミナカヌシノカミ 天之御中主神　27, 42, 45, 317
アメノミハシラ 天之御柱（天柱）　79〜81, 99, 100, 124, 127, 137, 142, 143, 298
——と胞　127, 128, 142
——と五岳，鳥居　87, 100
——と心御柱　82
——と矛　306
——に高山を擬す　85
——の材質の變化　94〜98
——の本來の性質　83
——（天柱）の例　83〜86
（なほ，神杆，柱の項參照）
アメノムラクモノツルギ 天叢雲劍→ツムガリノタチ　256, 269
アラカ 阿羅加　292
——神の靈代　100
アラミタマ 荒魂　386
アリヒシカラ 南加羅 Alps-Kara の義　153
アレ 阿禮　285
——と賢木　286
アワナギノミコト 沫蕩尊（沫那藝神）　6

イ

イカヅチ 雷，雷電
――の義，思想　220
イクグヒノカミ 活杙神　38, 60
イクタマ 生魂　343
イザナギノカミ（ミコト）伊邪那岐神（諸尊）　38, 53
――の幽宮　188
――の夜見國訪問　202〜224
イザナミノカミ（ミコト）伊邪那美神（命）　38, 53, 202
イサヲ 功德
――の義　40, 41
イシコリドメ 石凝姥　309〜314
緯書　424, 425
五十鈴宮（伊勢）　189
イソタケノミコト 五十猛命　41
イチキシマヒメ 市杵島姫（逸氣，市寸島）266, 267
出雲　333〜336, 402, 409
――と熊襲の關係　410
出雲大社の神木　100
イナクラノカミ 稻倉神　259
イナヒノミコト 稻氷命，稻飯命　389, 390
イハクラ 磐境（イハサカは誤り）　292, 293
イハフネ 磐船　106
イホツマサカキ 五百津眞賢木　283
陰神　43
陰陽五行思想　331, 375, 385
陰陽思想
――による漢土の聖人神人　247
陰陽說　10, 23
Imitative Magic　177

ウ

ウカノミタマ 倉稻魂，宇迦之御魂　32, 257, 258, 261, 262
ウガヤフキアヘズノミコト 鵜葺草葺不合尊　388
――の御子　390
ウケ 覆槽，宇氣槽，宇氣（臼）　304, 306, 308
ウケモチノカミ 保食神　250, 259, 355〜359
ウジ 蛆
――の字義　218, 219
――と蛇　210
ウシキ 于斯岐，牛來　368
臼　313
――と杵　171
――と生產生殖の關係　308
――は鈿女神　309
ウズメノカミ 鈿女神
――と御巫，臼　308, 309
ウズメノミコト 宇受賣命，臼女命，鈿女命　309, 314
――と宇氣　304
宇宙人 Cosmic Personages　230
宇宙木 Cosmic Tree　292, 295
漢土の――　298
ウヒヂニノカミ 宇比地邇神　37
ウマシアシカビヒコヂノカミ 宇麻志阿斯訶備比古遲神，可美葦牙彥遲神　37, 349
ウマシマヂノミコト 宇麻志麻治命（鎭魂の十神寶）　341

エ

オ

カ

フ

ヘ

ホ

ヤシロ
　木を――とする神　301
ヤタノカガミ 八咫鏡　269, 270, 333
ヤチホコノミコト 八千戈命　386
ヤヒロドノ 八尋殿　146, 147, 302
ヤヒロワニ 八尋和邇　380
ヤマタノオロチ 八股大蛇
　――退治　359～367
　――と印度思想　362
　――と宗教的意味，五穀豊饒の祈禱　362
　――と龍退治物語　361
　――の物語の分布と解釋　360～363
　山，土地の精としての――　363
ヤマト 倭　412, 420
　――と「日本」の文字　418
大和
　――の朝廷　394, 395, 402, 406
日本武命　394
ヤマトノスメラミコト 東天皇
　――の隋への國書　422
ヤマトノミコトモチ 日本府　419

ユ

唯一神道　375

ヨ

陽神　43
陽木　214
ヨミドニサヤリマスオホカミ 泉門塞大神　282
ヨミノクニ 夜見國　192, 209, 329, 357, 383
ヨミノクニ 黄泉國　202, 241
　――（極樂地獄の思想の影響）　426
　――と伊弉諾尊　192
　――に於ける伊邪那美命と素戔嗚尊　323
　――に對する高天原, 中ッ國の意義　244
　――に參らす神の性質　192
　――の神（大地の神）　273
　――の邪氣　217～223
　――訪問の意義　207～211
夜見, 黄泉の字義, 意義　209
ヨモツクニ 黄泉國　202

ラ

雷電の思想　220

ワ

ワ, ヤマト 倭　412
倭王
　――讃　403
　――珍　403
　――武　400～402, 404, 408, 409
倭王と南朝
　南史による――　398～405
ワカミケヌノミコト 若御毛沼命（神武天皇）　391
ワケイカヅチノカミ 別雷神（稚雷神）　286
ワタラヒ 度相　333
ワニ 和邇　380, 390